THEODOR FONTANE

Aus meinem bunten Leben
Ein biographisches Lesebuch

Aus Briefen zusammengestellt
von Gabriele Radecke
und Walter Hettche

Carl Hanser Verlag

1 2 3   00 99 98

ISBN 3-446-19104-6
© Carl Hanser Verlag München Wien 1998
Satz: Satz für Satz. Barbara Reischmann, Leutkirch
Druck und Bindung: Friedrich Pustet, Regensburg
Printed in Germany

INHALT

DER ALTE FONTANE 1876–1898
163

ZU DIESEM BUCH
317

PERSONENREGISTER
321

DER JUNGE LITERAT
1833–1850

Zwischen Apotheke und Poesie

Theodor Fontane ist stets ein passionierter Briefliebhaber gewesen. Über das Schreiben eigener und die Lektüre fremder Briefe hat er sich oft geäußert: Er sei geradezu Briefschwärmer, *schreibt er am 3. Mai 1889 an Wilhelm Gentz, und er ziehe Briefe,* weil des Menschen Eigenstes und Echtestes gebend, jedem andern historischen Stoff vor. *Briefe sind Fontane als reale Geschichtsquellen für seine »Wanderungen durch die Mark Brandenburg« ebenso wichtig gewesen wie als fiktionale Zeugnisse unmittelbaren Sprechens seiner Romanfiguren, als Forum der Selbstverständigung über seine eigenen poetologischen und politischen Auffassungen wie als Medium des freundschaftlichen und familiären Plauderns mit abwesenden Freunden und Verwandten. Als Quelle für die Biographie ihres Autors sind die knapp sechstausend überlieferten Briefe von unschätzbarem Wert – allerdings nur dann, wenn man Fontanes Wendung vom »Eigensten und Echtesten« nicht in der Weise mißversteht, als habe man in diesen schriftlichen Zeugnissen eine gleichsam dokumentarische Objektivation seines subjektiven Erlebens vor sich. Subjektiv sind auch die Briefe selbst: Einerseits belegen sie natürlich nicht jedes einzelne biographische Detail, andererseits aber sind sie auch nicht frei von Rücksichtnahmen auf ihre Empfänger, von den Einflüssen eigenen Wohl- oder Übelbefindens, momentaner Affekte oder langaufgestauten Zorns. Mit Selbststilisierung ist in Fontanes Briefen ebenso zu rechnen wie mit übertriebener Selbstkritik, mit Widersprüchen ebenso wie mit Ungerechtigkeiten.*

Das erste Vierteljahrhundert von Theodor Fontanes Leben ist in Briefen nur spärlich dokumentiert. Das früheste erhaltene Briefzeugnis stammt wahrscheinlich aus dem Jahre 1833 und ist an die Mutter Emilie Fontane, geborene Labry, gerichtet. Es ist ein sehr kindlicher Brief, in dem der Dreizehnjährige beteuert, wie leid es ihm getan hat, sich sobald von dir trennen zu müssen doch einmal mußte es geschehen und ich muß mich daher in mein Schicksal

fügen. *Die wichtigste Mitteilung hebt er sich für den Schluß auf:*
Schicke mir das Hemde was ich vergessen habe und schreibe bald
wieder Deinen dich liebenden Sohn Theodor Fontane.

*Ähnlich wie im Falle Goethes ist auch für Fontanes Kindheit die
Autobiographie die auf weite Strecken einzige Quelle, und wie bei
Goethe ist sie, 1892/93 entstanden, ein Alterswerk. »Meine Kinderjahre. Autobiographischer Roman« lautet der Titel, der unmißver-
ständlich zu erkennen gibt, daß man es hier nicht mit einem ›ob-
jektiven‹ historischen, sondern mit einem poetischen Werk zu tun
hat, mit allen dichterischen Freiheiten und Gestaltungsmitteln, die
solche Lebensbeschreibungen auszuzeichnen pflegen.*

*Aus Fontanes früher Jugend, seiner Schulzeit zunächst in Neu-
ruppin und Swinemünde, dann, 1833, in Klödens Gewerbeschule in
Berlin, von seiner Zeit als Apothekerlehrling in Berlin und Burg bei
Magdeburg zwischen 1836 und 1841, schließlich von 1841 bis 1843
in Leipzig und in Dresden, sind nur vereinzelte, wenig aussagekräf-
tige Briefe erhalten, die noch kaum etwas vom vielgerühmten »talent épistolaire« Fontanes erkennen lassen. Ein Brief an den befreundeten Schriftsteller Wilhelm Wolfsohn vom 8. Juli 1842 ist
zwar deutlich vom Bemühen um literarische Gestaltung geprägt,
aber eben diese Bemühung erstickt jede sprachliche und gedank-
liche Individualität:*

Ach, ich hätte Ursache, so recht überglücklich zu sein, und doch ist
meine Seele gedrückt, ich habe so viel, ich habe fast mehr, als wonach Abertausende streben und ringen, und doch empfind' ich es,
mir fehlt ein Etwas, was weder Kitzel der Eitelkeit noch der Sinne
mir zu ersetzen vermag. Oft hab ich mich in meinem Übermut
vermessen, wahres Erdenglück von wahrer Liebe unabhängig zu
wähnen, und immer wieder werd' ich durch ein nicht zu ertötendes
Gefühl Lügen gestraft. Diese Leere, die mich so häufig beschleicht,
und eben dann mich am ehsten erfüllt, wenn mir die Gegenwart
äußere Glücksgüter mit vollen Händen in den Schoß wirft – sie wird
nicht eher enden als bis ich die Unbekannte, die Namenlose gefunden habe, die mich mit Sehnsucht erfüllt, nach der mein Herz in
unglücklicher Liebe schmachtet, wenn man mich prosaisch schilt:
»schlechter Laune« zu sein. – Werd' ich jene Unbekannte, mein
zweites Ich, werd' ich sie finden? Ich werd' es wähnen und – mich
getäuscht sehen. So oft mich ein liebeverwandtes Gefühl beschli-

chen, ward es plötzlich öde und leer in meiner Seele; die Lippen, die eben noch von begeisterten Worten, vom Ausdruck tiefster Empfindung übergeströmt waren, unterdrückten mühsam ein Gähnen, und das Bewußtsein, daß alles eitel, wohl gar schal und abgeschmackt sei, gewann mehr und mehr Leben in mir. – Es ist traurige Wahrheit, was ich Dir bekenne; wie leicht ist es möglich, daß die Täuschung statt weniger Stunden mondelang währt, daß ich ein Band für das Leben knüpfe, und dann erwachend schmerzlich meinen Irrtum gewahre.

Besonders bedauerlich ist, daß die Entstehung der frühesten literarischen Versuche Fontanes, seine Beziehungen zum Leipziger »Herwegh-Klub«, seine Platen- und Lenau-Begeisterung, aber auch die erste England-Reise 1844 nicht anhand seiner eigenen Briefe nachvollzogen werden können. Man ist auch hier auf eine Darstellung des alten Fontane angewiesen, und wie »Meine Kinderjahre« bietet auch »Von Zwanzig bis Dreißig« (1895–98) nicht die Unmittelbarkeit des Erlebten, sondern die Reflexion des Erinnerten, mit allen bewußten und unbewußten Trübungen, Verschleierungen und Verklärungen des Vergangenen, ohne die eine solche Autobiographie nicht zu denken ist. Ein Beispiel aus »Von Zwanzig bis Dreißig« mag das verdeutlichen.
Seit dem 1. April 1843 arbeitete Fontane als »Defektar« – das ist der für die Herstellung von ständig verfügbaren Arzneimitteln zuständige Mitarbeiter – in der Apotheke seines Vaters in Letschin. Die Vorbereitung auf das Apotheker-Examen unterbrach er, um seinen Militärdienst als Einjährig-Freiwilliger zu absolvieren. Während seines Urlaubs besuchte er vom 25. Mai bis 10. Juni 1844 zum erstenmal London.

Verlobung

Nach Ablauf seiner Dienstzeit – er arbeitete seit Sommer 1845 in der »Polnischen Apotheke« von Julius Eduard Schacht in Berlin – traf Fontane eine folgenschwere private Entscheidung: Er verlobte sich mit Emilie Rouanet-Kummer, einem Mädchen aus verworrenen familiären Verhältnissen, die Fontane in seiner Autobiographie »Von Zwanzig bis Dreißig« schildert. Emilie hatte er schon 1835 im

Kreise seines Onkels August in Berlin kennengelernt. Über die kuriosen Umstände seiner Verlobung schreibt Fontane in »Von Zwanzig bis Dreißig«:

Zu Johanni war ich in die Schachtsche Apotheke eingetreten.

Nun war achter Dezember, an welchem Tage mein *Onkel August* ⟨…⟩ seinen Geburtstag hatte. Während der ersten Nachmittagsstunden erhielt ich, in Dreiecksform, einen in ungemein zierlichen aber etwas schulmäßigen Buchstaben geschriebenen Brief, der dahin lautete: »Lieber Freund. Ich war eben zur Gratulation bei Ihrem Onkel und erfuhr zu meinem Bedauern, daß Sie durch Ihren Dienst verhindert sind, die heutige Geburtstagsfeier mitzumachen. Ich meinerseits werde da sein, bin aber in einiger Verlegenheit wegen des Nachhausekommens. Ich denke, Ihr Bruder soll mich um 10 bis an Ihre Apotheke begleiten, von wo aus Sie wohl den Rest des Weges übernehmen. Ihre Emilie Kummer.«

Und so kam es. Gleich nach 10 Uhr, von wo ab ich frei war, war das Fräulein da. Der noch zurückzulegende Weg war nicht sehr weit, aber auch nicht sehr nah: die ganze Friedrichsstraße hinunter bis ans Oranienburger Tor und dann rechts in die spitzwinklig einmündende Oranienburgerstraße hinein, wo die junge Dame in einem ziemlich hübschen, dem großen Posthof gegenübergelegenen Hause wohnte. Da wir beide plauderhaft und etwas übermütig waren, so war an Verlegenheit nicht zu denken und diese Verlegenheit kam auch kaum, als sich mir im Laufe des Gespräches mit einem Male die Betrachtung aufdrängte: »ja, nun ist es wohl eigentlich das beste, dich zu verloben.« Es war wenige Schritte von der Weidendammer Brücke, daß mir dieser glücklichste Gedanke meines Lebens kam und als ich die Brücke wieder um eben so viele Schritte hinter mir hatte, war ich denn auch verlobt. Mir persönlich stand dies fest. Weil sich aber die dabei gesprochenen Worte von manchen früher gesprochenen nicht sehr wesentlich unterschieden, so nahm ich plötzlich, von einer kleinen Angst erfaßt, zum Abschiede noch einmal die Hand des Fräuleins und sagte ihr mit einer mir sonst fremden Herzlichkeit: »Wir sind aber nun *wirklich* verlobt.«

Der »Tunnel über der Spree«

Ein entscheidender Schritt in Fontanes literarischer Laufbahn war der Eintritt in den 1827 von dem Wiener Schriftsteller Moritz Gottlieb Saphir gegründeten Dichterverein »Tunnel über der Spree«. Am 23. Juli 1843 hatte ihn Bernhard von Lepel, ein mit Fontane befreundeter dichtender Offizier, als Gast zu einer Sitzung des »Tunnel« mitgebracht, am 29. September 1844 wurde er offiziell als Mitglied aufgenommen.

Zu den Angehörigen des Vereins gehörten dichtende Dilettanten aus vielen verschiedenen Berufen und gesellschaftlichen Schichten: Offiziere und Lehrer, Kaufleute und Kunsthistoriker. Die Mitglieder des »Tunnel« gaben sich Vereinsnamen, vor allem, um damit die Standesunterschiede zwischen Adel und Bürgertum zu verwischen. Der adlige Bernhard von Lepel konnte als »Schenkendorf« auf gleicher Ebene mit dem bürgerlichen »Lafontaine« Theodor Fontane verkehren, »Cook« Christian Friedrich Scherenberg problemlos mit »Immermann«, dem Gerichtsrat Wilhelm von Merckel, »Bürger« Heinrich Smidt mit »Fouqué« Wilhelm Freiherrn von Wimpffen. »Petrarca« war der Bankkaufmann Ludwig Lesser, »Carnot« der Offizier und Ingenieur Johann Ludwig Urbain Blesson. Die Gäste des Vereins nannte man »Runen«, die Texte, die bei den Sitzungen vorgelesen und diskutiert wurden, waren die »Späne«. An Friedrich Witte, einen Lehrling in der Schachtschen Apotheke und seinen lebenslangen Freund, schreibt Fontane am 3. Mai 1846:

Ich habe Ahnungen. Das Glück ist mir selten unangemeldet vom Dache gefallen; und wär' es eine Herde Schafe oder ein lächerlicher Trauerzug gewesen, irgendein Umstand wurde mir zur Prophezeiung. Jede Regel hat ihre Ausnahme. Als ich um vier Uhr im Tiergarten schlenderte und lange zweifelhaft zwischen den Reizen eines Sommertunnels und einer Tasse Kaffe in Albrechtshof hin und her wog, ahnte meine Seele noch nicht, daß ich eine halbe Stunde später die Ämter eines Spänexekutors, Protokollführers und Schlüsselbewahrers gleichzeitig bekleiden würde. Der Augenblick meines Eintritts in die Versammlung war auch der meiner Ernennung. Es war ein Privatgeschäft, wobei keine Zustimmung erbeten und keine Opposition geduldet wurde. Man überreichte mir die Schlüssel ohne weiteres Zeremoniell, was mich kränkte, und wies mir meinen Platz an.

Jetzt zum *Tunnel*. Es ist halt Sommer, das sagt viel, wenn auch nicht alles. Es wird jetzt viel mehr geschnackt, gekannegießert und zu Anekdoten gegriffen, als wahrhaft getunnelt. Cook und ich haben vielleicht jeder ein halb Dutzend Sachen vorgetragen, wovon die Hälfte als »recht gut« befunden wurde; über etwas Bedeutenderes hab' ich Dir nicht zu berichten. Außer den »Kapiteln« unsres guten Bürger und den uninteressanten Sachen einiger Runen, ist überhaupt kaum etwas gelesen worden. Ein Lustspiel Fouqués (v. Wimpffen) das neulich abgehaspelt wurde, fiel durch; Schneider schlief beim dritten Akte ein; – Petrarca brachte gereimtes Zeug, aber kein Gedicht; Carnot fand es gut, ich dachte: »soll Dir auch nicht darauf ankommen« und sagte »dito!« am liebsten hätt' ich mein Urteil mit dem Worte: »Spucke!« ausgedrückt. ⟨...⟩

Die Aussicht auf ein Examen macht niemals guter Laune; bei mir kommt noch das Unsichere des Ausganges und die Abneigung gegen die botanischen Studien hinzu, um meine Stimmung zu verschlechtern. Meine heitere und witzige Braut könnte jetzt den günstigsten Einfluß auf mich üben, aber ihre Familie ist von den schwersten Sorgen selbst so niedergedrückt, daß mir's ein Festtag dünkt, wenn ich sie 'mal herzlich lachen und voll guten Humors sehe. An Verseschreiben ist jetzt gar nicht zu denken; und doch hab' ich eine Menge Stoff schon aufgespeichert, so viel, daß ich ihn neulich zu Papier brachte, weil ich trotz allen Vertrauens zu meinem Gedächtnis, doch *solche* Kraft bezweifelte. In den ersten Monaten des nächsten Jahres soll mit Gottes und der Musen Hilfe das Beste aus dem Rohstoff sauber verarbeitet werden. Meine Aussichten für die Zukunft sind die alten d. h. gar keine. Das Vermögen wird mit jedem Tage geringer, die Schulden wachsen und die Kunst Gold zu machen, hab' ich bei meinen chemischen Arbeiten noch nicht weggekriegt. Ich spekuliere jetzt auf eine Anstellung bei der Eisenbahn; so wie ich 500 Taler jährlich habe, schaff ich ein Paar zweischläfriger Bettstellen an, und die Sache geht vor sich.

Die Mitgliedschaft im »Tunnel« hat den Vorteil, daß Fontane den Verein als Referenz angeben kann, wenn er seine Gedichte drucken lassen will. So schreibt er am 31. März 1847 an Hermann Hauff, den Redakteur von Cottas »Morgenblatt für gebildete Leser«:

Ew. Wohlgeboren
erlaub' ich mir, wie schon öfter, einige meiner Verse mit der Bitte zu übersenden, dieselben in Ihrem Morgenblatte abdrucken zu lassen. Der ungeteilte Beifall, dessen sich diese kleinen vaterländischen Sachen in hiesigen Zirkeln zu erfreuen hatten, wurzelte hoffentlich nicht nur in dem Preußentume der Zuhörerschaft, und denk' ich denselben über kurz oder lang, in den Spalten Ihres Blattes zu begegnen. Für diesen Fall werd' ich mir erlauben: Schwerin, Keith und Seydlitz, als ein abermaliges Triumvirat folgen und somit den ganzen Wilhelmsplatz in Ihrem Blatte aufmarschieren zu lassen.

Seit dem 8. Oktober 1847 ist Fontane in der Apotheke »Zum schwarzen Adler« in Berlin angestellt. Die Berufstätigkeit läßt ihm dennoch Zeit für seine schriftstellerischen Arbeiten, und die Veröffentlichung einiger seiner preußischen Gedichte im »Morgenblatt« trägt zur Hebung seines literarischen Selbstbewußtseins bei. Der Brief an Wilhelm Wolfsohn vom 10. November 1847 ist ein Zeugnis dafür:

Daß ich verlobt bin, weißt Du. In diesem Faktum liegt noch kein Grund zur Gratulation, wohl aber darin, daß ich mich glücklich fühle in meiner Wahl und meiner Liebe. Du hast das junge Mädchen bei Deinem Hiersein gesehn. Das Hervorstechende ihres Wesens ist, körperlich und geistig, das *Interessante,* sie wird mich auch da zu fesseln wissen, wo mir größere Schönheit, umfassenderes Wissen und selbst tieferes Gefühl auf meinem Lebenswege begegnen sollten. Mit einem Wort sie ist »liebenswürdig«, sie hat jenes unerklärbare Etwas, was allem einen Reiz verleiht; die Schwächen selbst werden so zu Tugenden gestempelt; Unkenntnis gibt sich als herzgewinnende Natürlichkeit; launenhafte Wünsche und Einfälle kleiden sich in das Gewand des Eigentümlichen. – Ich habe in meiner Liebe viele Kämpfe durchgemacht; ich habe (ohne deshalb meine Braut je minder geliebt zu haben) meine Verlobung wie eine Übereilung betrachtet, ich habe mir die Befähigung abgesprochen, je ein Weib glücklich machen zu können, und habe gleichzeitig meinen eignen Untergang als eine Gewißheit vor Augen gesehn; zu dem allen hab ich den Höllensoff brennender, verzweifelnder Eifersucht gekostet, oder richtiger, meine Seele monatelang damit getränkt. Diese Zeiten sind vorüber; unter allen diesen Stürmen hat sich meine Liebe bewährt; ich darf sie als einen geklärten Wein betrachten, der wenn auch nicht feuriger mit den Jahren wie Rheinwein, doch auch nicht schlechter wie Medoc werden wird. – Um einen passenden Übergang für das Folgende zu finden, muß ich meine obigen Mitteilungen durch das Geständnis ergänzen, daß namentlich der Poet in mir oft blutige Tränen über den verlobten Bräutigam vergoß. Auch diese Mißhelligkeiten sind beigelegt; meine Braut, die sonst in meinen dichterischen Gelüsten nur eine verhaßte Nebenbuhlerin sah, hat diese plötzlich von Herzen lieb gewonnen, und so hoff' ich in Zukunft wie der Graf von Gleichen zu leben, bei welchem Bild ich freilich in Zweifel gerate, ob ich meine Muse oder meine Braut mit der feurigen, schwarzäugigen Orientalin vergleichen soll. Stände meine Braut jetzt hinter mir, und guckte über die Schulter, so wäre eine Maulschelle mein unzweifelhaftes Los.

Nun aber ein Weniges von der Poeterei. In meinem Eifer, vielleicht darf ich sagen, in meiner Begeisterung – bin ich der Alte; in dem was ich leiste, hab ich die Leipziger Staffel hoffentlich weit hinter mir. Es fehlt mir möglicherweise jetzt die Unbefangenheit und Natürlichkeit, mit der ich damals Schlechtes und Gutes in friedlicher Gemeinschaft aufs Papier kritzelte, dafür aber hat sich ein gewisses Bewußtsein, eine Kenntnis dessen, worauf es ankommt, eingestellt, die vielleicht keinen besseren Poeten, aber zweifellos bessere Verse schafft. – Du würdest mich in *dieser* Beziehung sehr verändert finden; ich bin jetzt von meinem *Recht* durchdrungen, ein Gedicht zu machen; das mag Dir andeuten, daß ich ein Anderer geworden bin. Du lächelst vielleicht; du frägst, worauf sich dieses Selbstvertrauen stützt, und lächelst wieder, wenn ich sage, *das fühlt sich*. Ich könnte Dir erzählen, daß ich mit dem Cotta'schen Morgenblatt auf dem besten Fuße stehe, könnte Dir mitteilen, daß man in mich dringt, meine Sachen zusammenzustellen und 'raus zu geben – indessen wiederhol' ich Dir, es ist nicht diese Anerkennung von außen, sondern die tief innere Überzeugung, daß ich einen Vers schreiben kann, was mein Fiduzit erweckt. Diese Überzeugung läßt mich ruhig und bedachtsam handeln; ich laufe mir nicht nur nicht die Beine ab, um einen Buchhändler zu ergattern, sondern ich danke sogar für diejenigen, die mir unter der Hand angeboten werden. Was gut ist, bleibt gut und das andre mag fallen, wenn es vor der eignen, gereifteren Kritik nicht mehr bestehen kann. – Das Lyrische hab' ich aufgegeben, ich möchte sagen blutenden Herzens. Ich liebe eigentlich nichts so sehr und innig wie ein schönes Lied und doch ward mir gerade die Gabe für das Lied versagt. Mein Bestes, was ich bis jetzt geschrieben habe, sind Balladen und Charakterzeichnungen historischer Personen; ich habe dadurch eine natürliche Übergangsstufe zum Epos und Drama eingenommen, und diesen Sommer bereits ein episches Gedicht in neun (kleinen) Gesängen geschrieben, das hier auf die Berliner Herzen seines Eindrucks nicht verfehlte und Dir vielleicht mit Nächstem im Morgenblatte zu Gesicht kommen wird, wenn nicht die größere Ausdehnung des Gedichts seine Aufnahme unmöglich macht. Titel: »Von der schönen Rosamunde«. – Mit heiligem Eifer würd' ich mich unverzüglich an die Gestaltung eines Dramas machen, das bereits im Geiste in mir lebt, wenn ich nicht zwischen heut und drei Wochen wieder hinterm Tische stünde, und dem Publikum statt fünffüßiger Jamben Dekokte u. a. m. zu bieten hätte. Es erbaut mich diese Aussicht wenig, aber sie macht mich nicht unglücklich. Ich habe den Wunsch, Poet von Fach zu sein, lange und für alle Zeit begraben. Nach meiner Meinung muß ein Dichter allemal *Dilettant* sein und bleiben; so wie der Fall mit der melkenden Kuh eintritt, ist es mit der Poesie Matthäi am letzten. In zwei Jahren hoff' ich selbstständig d. h. Apothekenbesitzer, Gatte und resp. Familienvater zu sein; trotz vieler Sorgen, die von dem Augenblicke an auf mich einstürmen werden, hoff' ich doch in meinen Grundfesten unerschüttert zu bleiben, und wenn auch langsam so doch sicher ein Ziel zu erreichen, das sich jedes ernste Streben stecken muß.

Ich wundere mich nicht, wenn diese Sprache Dich stutzig macht; so viel aber hoff' ich von Deiner Freundschaft und guten Meinung von mir, daß Du das Vorstehende nicht als die Herzensergießungen eines arroganten Schlingels betrachten wirst.

Neben dem literarischen Erfolg scheint sich auch in seinem erlernten Beruf eine kleine Karriere anzukündigen. Seit Juni 1848 hat Fontane eine Anstellung als pharmazeutischer Ausbilder zweier Diakonissinnen im Krankenhaus Bethanien. An Bernhard von Lepel schreibt er am 17. September 1848:

Ein Sonnenstrahl des Glücks hat mich getroffen. Ich bin in Bethanien bei *freier Wohnung und Station*, mit 20 Talern monatlich angestellt. Nur während zweier Mittagsstunden hab' ich in der Apotheke zu arbeiten; die übrige Zeit ist mein. Du kannst Dir denken wie viele Pläne und Hoffnungen ich an diese Muße knüpfe.

1848

Die Freundschaft mit Lepel erfährt im September 1848 eine kurzfristige Trübung. Fontane war damals durchaus progressiv und radikal eingestellt und hatte in den Tagen der Märzrevolution auf der Seite des Volkes an den Berliner Barrikadenkämpfen teilgenommen. Leider sind aus dieser Zeit keine Briefe erhalten, und die fast fünfzig Jahre später entstandene Schilderung in »Von Zwanzig bis Dreißig« kann eine unmittelbare Darstellung nicht ersetzen. Die Briefe an Bernhard von Lepel aus dem Herbst 1848 geben jedoch einen Eindruck von der unbeherrscht-aufbrausenden Art, mit der Fontane auf die politischen Zustände reagierte. – Seit dem 8. September 1848 befehligte der spätere Generalfeldmarschall Friedrich Heinrich Ernst Graf von Wrangel die Truppen in den Marken, die er in seinem Armeebefehl vom 17. September 1848 »die Stütze der guten Bürger« nannte. Das neue Kabinett unter Ernst von Pfuel, Franz August Eichmann und Gustav von Bonin nannten die Berliner Demokraten in ihrem Aufruf vom 22. September 1848 das »Ministerium der bewaffneten Reaktion«.

An Bernhard von Lepel, Berlin, 21. September 1848

Ich bin nicht in der Stimmung, auf Deinen unendlich friedlichen Brief, der nach Abgeschiedenheit und nach jedem beliebigen Jahrgang – – nur nicht nach 1848 schmeckt, einzugehn; die Ereignisse der letzten Tage: der Wrangelsche Armeebefehl und das Ministerium »Pfuel, Eichmann, Bonin« erklären geradezu die Contre-Revolution und fordern zum Kampf heraus.

Was auch der Ausgang desselben sein mag, ich *wünsche ihn*, und bin außer mir jenes herrliche Mittel zu entbehren, ohne welches jede Beteiligung eine Unmöglichkeit ist.

Mit dürren Worten: hast Du nicht auf väterlicher Rumpelkammer eine alte aber gute Büchse? Ich fordre es von Dir als einen Freundschaftsdienst mich nicht im Stich zu lassen, wenn Du mei-

nen Wunsch erfüllen *kannst,* und sehe einigen Zeilen, noch lieber
aber dem Muskedonner in Person entgegen. Lache nicht, die Sache
hat ihre sehr ernsthafte Seite. Wär' ich nicht, wie immer, in Geld-
verlegenheiten, ich würde mir auf die einfachste Weise helfen, und
nicht einen so sonderbar klingenden Wunsch (manchem würd' er
nach Renommisterei schmecken) Dir ans Herz legen.

Vielleicht wird alles anders, als es den Anschein hat, und auch
mein Fieber geht wieder vorüber. Dann sollst Du nach langer Zeit
mal wieder von dem Poeten hören; aber der Augenblick erheischt
Taten, oder doch Wort *und* Tat. Schande Jedem, der zwei Fäuste hat
mit Hand ans Werk zu legen, und sie pomadig in die Hosentasche
steckt. Hätt ich Zeit und namentlich Geld, ich wäre ein Wühler
comme il faut, denn alles ist faul und *muß* unterwühlt werden, um
im ersten Augenblick die Mine springen lassen zu können. Ich bedaure zu so winziger Tätigkeit verdammt zu sein, aber was ich leisten *kann,* das *will* ich doch auch leisten und deshalb stöbre nach
und bewahrheite das alte: wer da suchet, der wird finden.

Bernhard von Lepel an Fontane, Bellevue, 22. September 1848

Deinen Brief ⟨…⟩ hab' ich erhalten und glaube behaupten zu dürfen, daß wenn *ich* die Dosis Argwohn besäße, die ein fürchterlicher
Apotheker in seiner berüchtigten infernalischen Giftbude für *Deine*
Seele gemischt hat, ich diesen Brief, in welchem ich direkt und indirekt Attacken aushalten muß, wie Du sie unsern Truppen bei einem
etwaigen Straßenkampf nicht heftiger zudenken kannst, unbedingt
für eine Freundschaftskündigung halten würde. *Ich* huldige der
Konstitution, *Du* der Republik; *ich* habe mich vom Kampfplatz
zurückgezogen, *Du* bist ein Mann der Tat; *ich* soll erröten bei Deinem Ausruf »Schande jedem, der zwei Fäuste hat, mit Hand ans
Werk (Freund, Du meinst kein edles) zu legen, und sie pomadig in
die Hosentasche steckt«, *Du* forderst mich auf, Dir eine Waffe zu
geben, mit der Du vielleicht aus Freundschaft die Pflicht, die *ich* ver-
absäume, mit übernehmen willst. Zwei so verschiedene Leute – dies
würde der Argwohn aus Deinem Brief lesen – können im Jahr 1848
keine Freunde sein, also auseinander mit ihren Herzen, die nur der
Gesang zusammengeführt hatte, der jetzt kein Recht mehr hat zu
leben. Dies alles würde der Argwohn sagen; aber das *Vertrauen,* das
selbst da *weiß* sieht, wo die Farbe vielleicht blutrot ist, weil es weiß

sehn *will*, das *Vertrauen* betrachtet Deinen Brief anders und rechnet ihn zu den Dir eigentümlichen sanguinischen Ergüssen, die so voll Eifers sind, daß Du vor lauter Ehre *nicht siehst*, also *rechenschaftslos* über Deine Worte bist. Ich bin von den Deinigen, ich weiß es, nicht der einzige, der schon öfter darunter litt; aber so wie diesmal noch nie. Du bist bei Deinem Republikanismus ein solcher Zelot geworden, daß Du Deine Freunde (ja selbst *Deinen Freund*) nach dem Gradmesser des Republikanismus beurteilst, der in ihren Köpfen Feuer anlegen soll, und sie verdammst, wenn sie unterm Gefrierpunkt stehn. ⟨…⟩ Da Du aber durchaus politisieren willst, so erklär' ich Dir, daß ich trotz meiner Abgeschiedenheit und obwohl mein Brief nicht nach 1848 schmeckte, doch *so* viel von unserer unheilvollen Zeit weiß, daß ich mit Entschiedenheit sagen kann, die *Gemeinheit* ist auf der *linken* Seite, die *Unehrenhaftigkeit* wird durch die Machinationen der Republikaner repräsentiert, so daß ich meinem Freunde schon aus diesem Grunde zurufe: Wende Dich ab von ihnen. ⟨…⟩

Die Summe von allem ist die: der Argwohn, womit Du alle Welt plagst, trifft jetzt die *arglosen* Schritte der Regierung, den klaren, nicht reaktionären Armeebefehl des Gen. Wrangel, und setzt Dich so in Flammen, daß Du nicht Anstand nimmst, mich um eine Waffe zu bitten, mit der Du gegen meine Partei fechten willst. Könntest Du diese Bitte wohl mündlich *ohne zu lachen* wiederholen? Und welch ein Subjekt wär' ich, wenn ich im Stande wäre eine Waffe zu solchem Zweck abzutreten? Doch dies nur nebenbei gesagt, da es sich von selbst versteht.

Freund, verdirb mir nicht unnütz die Freude, die ich an Dir habe; lege die Untugenden, die mich nach gerade an Dir ärgern ab und scheitere bei Deinem Republikanismus nicht an der Klippe den gentleman dran geben zu müssen. Rühme Dich nicht, ein Wühler zu sein. Sage mir offen, was Du denkst; aber glaube nicht, daß Deine Politik sibyllinische Weisheit und Deine Ansicht über kurz oder lang noch dieselbe sei. Du warst erst ein Liberaler und Rationaler, dann ein *gemäßigter* Liberaler und machtest den *Supranaturalisten* Konzessionen und nun bist Du ein *Republikaner* und im übrigen vielleicht ein *Heide* geworden.

Dein schwarzgesiegelter Brief von heute früh überraschte mich wenig. Meine letzten Zeilen waren eine Übereilung. Ich habe Dich verletzt und mich lächerlich gemacht. Laß diese Blamage, die ich fühle, meine Strafe sein. Auf Deinen Brief einzugehn bin ich vorläufig außer Stande; nur treibt es mich Dir schon heute zu versichern, daß mir die Absicht irgendwelcher Beleidigung nicht in den Sinn gekommen ist. Ich habe jene Zeilen in höchster Aufregung, rein Gefühl, ohne alle Überlegung geschrieben ⟨...⟩. Die Worte: »Schande jedem, der usw.« rief ich nur mir selber zu, um auch den letzten ruhigen Nerv noch ins Fieber zu bringen. Ich war aufgeregt im höchsten Maße, aber es war mir noch nicht genug.

Du hast also diesmal sehr wohl getan mich mit Vertraun und nicht mit Argwohn zu beurteilen, nur die eine Äußerung über den idyllischen Geschmack Deines Briefes war gegen Dich gemünzt. ⟨...⟩

Also nochmals: ich fühle meine Lächerlichkeit und nehme gleichzeitig jede Bitterkeit als eine Übereilung zurück, jede Bitterkeit, die mehr aus dem ganzen Ton des Briefes als aus den angeregten Stellen sprechen mag. Was ich über diese Dir gesagt, ist keine leere Ausrede, sondern Wahrheit.

So weit kriech' ich zu Kreuz. Im übrigen hat Dein Brief gar keinen Eindruck auf mich gemacht, am allerwenigsten mich auch nur im geringsten umgestimmt. ⟨...⟩ Was soll ich dazu sagen, daß ich in Gefahr stehe, nicht mehr gentleman like zu bleiben? was bedarf ich der Entschuldigung, daß ich gradatim bis zur Republik gekommen bin, eine Entwickelung die Millionen mit mir durchgemacht haben? Soll ich wirklich den Wrangelschen Armeebefehl begrüßen, der dem neuen Minister-Präsidenten selbst ein Dorn im Auge ist, soll ich Dir die Frechheit noch erst beweisen, die darin liegt, nach einem Siege der Linken, ihr die Helden der Märztage als Minister aufzudrängen. Soll ich Dir, so wie Leporello die Liebschaften seines Herrn, so die Reaktionsbestrebungen der Hofpartei aufrollen? ⟨...⟩

Einig dürften wir schwerlich werden; alles »Vereinbaren« scheint heutzu Tage auf Hindernisse zu stoßen, aber sollten wir auch in Politicis als Antipoden uns gegenüberstehn, die Kunst wird von Zeit zu Zeit Brücken schlagen, und beim Klang einer guten Terzine werden wir uns fühlen wie ein Herz und eine Seele.

Nichts für ungut.

Familiensorgen, Poetensorgen

Trotz seiner schon über drei Jahre währenden Verlobung mit Emilie Rouanet-Kummer ist Fontane auch anderweitig »tätig« gewesen – nicht ohne Folgen, wie er in einem Brief an Bernhard von Lepel vom 1. März 1849 berichtet:

Für Deinen liebenswürdigen Brief vom gestrigen Tage meinen Dank, und zwar außergewöhnlich herzlich. Er hob nämlich den tristen Eindruck eines 5 Minuten vorher erhaltenen Schreibens stellenweis wieder auf. Denke Dir: »Enthüllungen No II«; zum zweiten Male unglückseliger Vater eines illegitimen Sprößlings. Abgesehn von dem moralischen Katzenjammer, ruf' ich auch aus: »Kann ich Dukaten aus der Erde stampfen usw.«

Meine Kinder fressen mir die Haare vom Kopf, eh die Welt weiß, daß ich überhaupt welche habe.

O horrible, o horrible, o most horrible! ruft Hamlets Geist, und ich mit ihm. Das betreffende interessante Aktenstück (ein Brief aus Dresden) werd' ich Dir am Sonntage vorlegen, vorausgesetzt, daß Du für die Erzeugnisse meines penes nur halb so viel Interesse hast wie für die meiner Feder. Eigentlich wollt' ich schreiben »penna«, um eine Art Wortspiel zu Stande zu bringen, aber es schien mir doch allzu traurig; obschon ich in solchen Dingen nicht so ängstlich bin wie z. B. Freunde von mir.

Zur Sorge um die unehelichen Kinder (von denen seine Verlobte wohl nie erfahren hat und über die bis heute nichts Genaues ermittelt werden konnte) treten berufliche Probleme. Fontane hatte auf eine feste Anstellung in Bethanien gehofft, aber diese Hoffnung erfüllte sich nicht. Die Suche nach einer existenzsichernden Position führte ihn zu verzweifelten Entschlüssen, und im Mai 1849 faßte er gar den Plan, nach Amerika auszuwandern.

An Bernhard von Lepel, Berlin, 14. Mai 1849

Dich, mein lieber Lepel, werd' ich nun wohl bald zum letzten Male gesehn haben, und der ersten Aufführung Deines eisernen Friedrich auf der Königl. Hofbühne, dürfte ich schwerlich beiwohnen können. In spätestens 8 Wochen denk' ich auf dem Wege nach New-

York zu sein. Die Sache hat sich schnell gemacht. Ich glaubte mit Bestimmtheit hier angestellt zu werden; es war nichts mit diesem Glauben – ich bin durchgefallen. Zu Michaeli würd' ich Bethanien verlassen, und weil mirs an Vermögen fehlt, meine Knochen wieder für 100 Taler jährlich verkaufen müssen. Dazu hätt' ich unter *allen* Umständen keine Lust, habe sie aber *doppelt* nicht in meiner Funktion (! ein Wort von meinem Vater) als Bräutigam. Ich muß vor allen Dingen nach sogenannter Selbstständigkeit streben; von diesem Streben aber bin ich nie weiter ab, wie wenn ich in jenes pennsylvanische Gefängnis – Apotheke genannt – eintrete. Ich will deshalb mein Glück suchen, find' ich's nicht, so hab' ich wenigstens das Meine getan. Vor einigen Wochen schrieb ich Dir, meiner Braut halber, würd' ich eine Reise nach Italien ausschlagen; jetzt komm ich in die sonderbare Lage, um meiner Braut willen, aus Liebe zu ihr, den Mississippi besuchen zu wollen. Der Hang nach einem eignen Herde, nach Leid und Freud des Familienlebens, ist es was mich über den Ozean treibt. Ich bin gutes Muts,

> »glaube mir, bedächtgem Wagen
> sind die Götter gern geneigt«.

Ich habe, in den letzten Tagen, diesen Gegenstand, in Briefen an die Meinigen und an meine Braut, so vielfach und so ausführlich besprochen, daß ich Dir meinen Plan, in allen seinen Einzelheiten, nicht wiederkäuen mag, ich verspare das, auf eine mündliche Unterhaltung. Dir, *in specie*, komm ich noch mit einer andern Geschichte. Meine Verse, in diesen Zeitläuften von mir selber fast vergessen, mahnen den Schöpfer ihres Daseins an seine Vaterpflichten gegen sie. Sie wollen so gut wie ich selber, auch einen Zweck haben, auch ihren Platz ausfüllen in der Welt, auch sich häuslich niederlassen in diesem oder jenem Herzen. Bliebe ich in Deutschland, so hätt' es damit gute Wege, kommt Zeit, kommt Rat. So aber muß doch noch vorher was geschehn. Willst Du vielleicht bei Duncker einen Versuch machen? sonst wäre mir ein Abfall schrecklich gewesen, jetzt ist er mir fast gleichgültig. Nur das ausbleibende Honorar würde mich verdrießen. Versprichst Du Dir von Deinen etwaigen Bemühungen keinen Erfolg, so laß den Kram auf sich beruhn, und sei, in meiner Abwesenheit vom heimatlichen Boden, nur der Vormund oder das Pupillen-Kollegium meiner verwaisten Verse. Nimm

Dich ihrer an, d. h. verschließe sie in die klösterliche Abgeschiedenheit eines verborgenen Fachs, und ziehe sie, zu Ruhm und Glanz, an das Licht des Tages, wenn Du eine gute Partie für sie ausfindig gemacht, und eine Mitgift von wenigstens 20 Louisd'oren in Aussicht hast.

Doch auch der Auswanderungsplan zerschlägt sich, vor allem wohl aus dem Mangel an Geld, der auch den Kauf einer Apotheke scheitern läßt. Fontane gibt daraufhin den Apothekerberuf endgültig auf und versucht, sich anderweitig eine Existenz aufzubauen.

An Bernhard von Lepel, Berlin, 5. Oktober 1849

Da sitz' ich denn wieder, und koste die Reize des Chambre garni. Die knarrende Bettstelle, die mitleidsvoll aus den Fugen geht, um einer obdachlosen Wanzenfamilie ein Unterkommen zu bieten, – der wankelmütige Nachttisch, – das gevierteilte Handtuch, – die stereotypen Schildereien: Kaiser Nikolaus, und Christus am Kreuz, alles ist wieder da, mir Auge und Herz zu erquicken. O, es ist schön!

Kannst Du mir nicht sagen, mein lieber Lepel, warum ich zu gar nichts komme? Ich mache so geringe Ansprüche, und doch, – selbst das Kleinste wird mir verweigert. 400 Taler, worauf mit Recht der Spruch erfunden ist: »zum Leben zu wenig, zum Sterben zu viel« ersehne ich nun schon seit Jahr und Tag, und obschon ich gar nicht wählerisch bin, obschon ich *all und jede* Subaltern-Stellung, die nicht besondere Fachkenntnisse erheischt, mit Freuden annehmen würde, dennoch ist es nicht möglich, auch nur ein solches Minimum zu ergattern. Es gibt mehr denn 2 Dutzend Posten zu denen ich nicht schlechter wie andre Menschenkinder zu verwenden wäre. Geschäftsführer einer Apotheke, Eisenbahnbeamter, Sekretär, Kalkulator, Registrator, Lehrer in Chemie, Geographie und Geschichte, Konstabler-Wachtmeister, Redakteur einer gesinnungslosen Zeitschrift, ministerieller Zeitungsleser und Berichterstatter, Billeteur eines Theaters, Bücher-Croupier in der Königl. Bibliothek und noch hundert andre Dinge könnt' ich so gut werden wie alle die Hinze und Kunze, denen das Glück des Lebens, in Gestalt von 400 Talern, so reichlich zufließt. Sage mir, Lepel, woran liegt es? Greife nicht zu dem alten, billig gewordenen Witze: »weil Du zu allem taugst, taugst Du zu gar nichts« nein, das bestreit' ich allen Ernstes; ich habe in all den Stellungen, die mir bisher meinen Bissen Brot gewährten, wenn auch schweren Herzens, doch immer meine Pflicht erfüllt, und ich würd' es wieder tun, gleichviel, an welchen Platz auch, man mich ferner stellen möchte. Der langen Rede kurzer Sinn ist der: Lepel, Freund! Steige wieder auf die Warte, und schau aus, ob Du nicht in Nah oder Fern ein Plätzchen entdeckst, eine »kleinste Hütte, in der Raum ist für ein glücklich liebend Paar« natürlich mit nicht allzu viel Arbeit, vor allem aber mit den unerläßlichen 400 Talern jährlich. – Du lächelst vielleicht, während Du das Vorstehende liest; lächelte ich doch, während ich's schrieb, und doch hat das alles eine sehr, sehr ernste Seite, und es ist mir gar nicht so bloß Spaß damit. Mir ist *dies* Junggesellenleben, wie ich es zu führen nun wiederum verdammt bin, ganz gründlich zuwider und ich sehne mich nach einem Herd, sei er auch so klein, um nur gerade ein Töpfchen Kartoffeln dran kochen zu können. Man wird ja alt; wie lange noch, so ist es aus guten Gründen auch mit der Chambre garni Herrlichkeit wieder vorbei, und der Ladentisch, jenes schrecklichste »6 Bretter und 2 Brettchen« wird wieder meine Welt. Es heißt zwar immer: »Arbeit schändet nicht« und namentlich solche, die immer auf dem Sofa gelegen haben, sind sehr freigebig mit diesem Trost, aber rufe Dir mal meine ganze Wesenheit vor die Seele und frage Dich dann was ich empfinden muß wenn ich dem Lehrling zurufe: »sputen Sie sich! wiegen Sie genau! denken Sie die China-Pomade kostet dem Herrn X. Y. kein Geld? mein Gott, lassen Sie doch das schöne Kind nicht so lange warten; Sie sehen ja, sie hat Eile.« Darauf ergreif' ich in heiligem Eifer selbst die Pomadenbüchse, wickle mit einer zarten Bemerkung die Salbe in doppeltes Papier, und überreiche irgend welchem Saumensch, die abends hinter den Haustüren abgeknutscht wird, pfiffig lächelnd, ihre Haarschmiere. Und dabei: *Streben nach Unsterblichkeit.* Wahrlich der Platensche Nimmermann, der auf dem Nachtstuhl Tragödien macht, ist an Lächerlichkeit ein Quark dagegen.

Und es könnte alles anders sein! Sieh, das verbittert mich jetzt, zu Zeiten, bis ins tiefste Herz. Der Egoismus meines Vaters, der immer Geld hatte für Wein und Spiel, und nie für Erziehung und Zukunft seiner Kinder hat schlimme Frucht getragen. Man ließ mich Apotheker werden, weil man das Geld verprassen wollte, was zur Ausbildung der Kinder hätte verwendet werden müssen, und jetzt, wo sich die Reue darüber leise im Herzen regt, ist es zu spät: die Not ist da, der Bankrutt bricht herein – jetzt *kann* niemand mehr helfen. – Ich habe von Haus sehr trübe Nachrichten, die wenig geeignet sind, mich frei und froh in die Zukunft blicken zu lassen.

Bei der Suche nach Publikationsmöglichkeiten, die ja nun Fontanes einzige Geldquelle sind, leisten alte Freunde wertvolle Hilfe. So versucht Wilhelm Wolfsohn, in Moritz Katz (Dessau) einen Verleger für Fontanes Versepos »Von der schönen Rosamunde« zu finden. An Wolfsohn schreibt Fontane am 10. November 1849:

Eben erhalt' ich Deine freundlichen Zeilen. – Habe Dank wegen Deiner Bemühung, mich ins deutsche Publikum einzuschmuggeln. Der hinkende Bote kommt übrigens nach. Ich habe nämlich vor fast drei Wochen an Schwab nach Stuttgart geschrieben und ihn gebeten, die Herausgabe meiner Sachen bei Cotta zu vermitteln. Erhalt' ich darauf einen günstigen Bescheid, so bist Du »*alter Praktikus*« genug, um zu wissen, daß nichts über Cotta geht. – Auf der andern Seite bin ich ein so gründlicher Pechvogel, daß ich, nach der Wahrscheinlichkeitsberechnung, von Schwab *gar keine* oder eine abweisende Antwort zu gewärtigen habe. In diesem Fall möcht' ich mir den »alten Dessauer« nicht haben aus der Nase gehen lassen. In Erwägung alles dessen, und mit Bezugnahme auf den salomonischen Spruch: »Ein Sperling in der Pfanne ist besser wie zehn auf dem Dach«, ersuch ich Dich, die Herausgabe der in bezug auf Druck und Presse noch ganz jungfräulichen »schönen Rosamunde« tapfer zu betreiben, *wenn Du mir ein anständiges Honorar dafür verschaffen kannst.*

Ich bin in der trübseligen Lage, diese Bedingung, sogar *unterstrichen*, stellen zu müssen, da ich bereits auf dem Punkt angelangt bin, daß ich mir aus dem Spruche: »Seht die Lilien auf dem Felde an – und ihr himmlischer Vater kleidet sie doch«, einzig und allein noch Trost schöpfen kann. Es deutet obiges Bibelzitat nicht etwa bloß auf ein kleines Zerwürfnis mit meinem *Schneider* hin, der mir die fernere *Bekleidung* verweigert, – an solche Bagatellen ist man gewöhnt; nein, nein: »des Menschen Sohn hat nichts mehr, darauf er sein Haupt lege.« Es ist alles alle geworden.

Ich bin nämlich seit dem 1. Oktober nicht mehr in Bethanien, und lebe seit der Zeit, als bummelnder Freiherr, Louisenstraße 12, 3 Treppen. Die geringe Barschaft ist aufgezehrt, der Kredit erschöpft, und ich bin entschlossen, am 1. Dezember wieder unter die *Hand*arbeiter zu gehen. Ich weiß noch nicht, ob als Apotheker oder als Kutschenschlagaufmacher *(allen Ernstes!)* bei der Eisenbahn.

Die Herausgabe meiner Sachen bei Cotta, oder aber, *gegen Honorar,* der Rosamunden-Abdruck in Dessau, würde mich meinen gefaßten Plan vorläufig wieder aufgeben lassen, woraus Du vielleicht einen neuen Antrieb schöpfst, auf einige Achtgroschenstücke zu bestehen.

Die gutgemeinten Ratschläge der Freunde stoßen jedoch gelegentlich auch an die Grenzen seiner Selbstachtung. Am 15. Januar 1850 schreibt er an Bernhard von Lepel:

Eggers fragte mich gestern ob ich nicht Bilderaufseher im Museum werden wollte? Du kennst doch die langweiligen Gesichter und die dünnen Leiber mit dem Bedientenrock drauf! Nächstens, wenn beim Latrinen-Personal ein altes Weib gestorben sein wird, werden sie mich fragen, ob ich nicht um ihre Stelle einkommen will.

Wie er schon im Brief an Wolfsohn vom 10. November 1849 betont hat, würde Fontane seine literarischen Arbeiten am liebsten im Verlag der deutschen Klassiker, bei Cotta in Stuttgart, erscheinen lassen. Der schwäbische Dichter Gustav Schwab, der enge Verbindungen zu Cotta hatte, schien ihm dafür der geeignete Vermittler. In einem Brief an Schwab vom 18. April 1850 gibt Fontane einen Rückblick auf seinen bisherigen Bildungsgang, wobei er es – vor allem, was das Abiturienten-Examen *und das geplante Medizinstudium angeht – mit der Wahrheit nicht allzu genau nimmt.*

Ich bin 30 Jahre alt, im märkischen Sande geboren, an der Ostsee großgezogen, und meines Standes – Apotheker. Warum ich das bin? Mein Vater sprach: »car tel est notre plaisir«; zudem war er selbst Apotheker; ein andrer Grund liegt nicht vor. Mit 16 Jahren trat ich in die Lehre; mein Lehrherr war human; meine eigensten Neigungen stießen nicht geradezu auf Widerstand, so hielt ich aus. Zwanzig Jahr alt kam ich nach Leipzig. Mit jener nur der Jugend eigenen Unverwüstlichkeit, setzte ich es durch, bei Tage Geschäftsmann, bei Nacht ein Mittelding von Student und Literat zu sein. Burschenschafter, so wie Schriftsteller siebenten Ranges wurden mein Umgang. Zahlungsunfähige Buchhändler standen im Hintergrunde und tauschten gegen jammervolle Schmeichelein wahre Massen von pathetischen Freiheitsgedichten ein. Einer, mein besondrer Protektor bot mir die Redaktion eines belletristischen Blattes an und ich, ehrlich genug, um auch Andre für ehrlich zu halten, schlug ein, kündigte meine Stellung, und war fest entschlossen, wie fast jeder Zweiundzwanzigjährige, der das Leipziger Pflaster tritt, »unter die Literaten zu gehn«. Gnädige Götter hatten es anders bestimmt. Mein Protektor war ein Lump und brach sein Wort; ich bin ihm dankbar dafür. Augenblicklich freilich war die Verlegenheit groß. Wiedereintreten in eine eben aufgegebene Stellung, das ließ ein verzeihlicher Dünkel nicht zu; was war zu tun? Ich beschloß Medizin zu studieren, kehrte ins elterliche Haus zurück, und saß, zu Absolvierung des Abiturienten-Examens, emsig über Cicero und Tacitus, Mathematik und Algebra, nur dann und wann einen Blick in Hamlet oder Macbeth werfend, um meine gelangweilte Seele an andrer Speise zu erquicken. Wohl möglich, daß jetzt bereits »Doktor, praktischer Arzt und Geburtshelfer« an meinem Klingelschilde stünde, wenn mich nicht das Gesetz allgemeiner Wehrpflichtigkeit beim Schopf genommen und in ein Garde-Regiment gesteckt hätte. Diese Unterbrechung meiner Studien entschied über mein Studium überhaupt. Ich gab alles weitere Ankämpfen gegen mein Schicksal auf, und beschloß reumütig in die Arme der edlen Apothekerkunst zurückzukehren. – Mit diesem Entschlusse wurde mir eine Ruhe zu Teil, die bald anfing auf meine poetischen Arbeiten den besten Einfluß zu üben. Eine, trotz meiner Grenadierschaft nach England unternommene Reise kam dazu; ich sah und erlebte was, und allmählich alles bloße Pathos über Bord werfend, brachte ich es endlich bis zu wirklichen Gedichten. Der Wener- und Wettersee, Tower-Brand, ein Jäger, und mehre andre sind aus jener Zeit.

Doch ich werde zu breit; fass ich die letzten 5 Jahre kurz zusammen. Ich habe sie mit Rezept- und Versemachen ehrlich hingebracht. Wurde mir's mit dem tag- und nachtgequälten Leben in der Apotheke zu viel, so ging ich ein Vierteljahr aufs Land, und die, in der Stadt aufgespeicherten Stoffe vornehmend, war ich im Hause meiner Eltern und Freunde ein gerngesehner Gast. Es kamen freilich auch trübe, *sehr* trübe Stunden, und der heimatliche Boden wäre schwerlich noch unter meinen Füßen, wenn ich nicht inzwischen mich verlobt und aus inniger Liebe zu meiner Braut jeden übereilten Schritt unterlassen hätte.

So liegen die Sachen noch. Ich habe längst erkannt, daß es sich um das *Sein* und nicht ums *Scheinen* handelt. Der Hochmut ist jetzt ferne von mir, über den Apotheker hinauszuwollen. Aber es geht auch damit nicht: meine Vermögenslosigkeit macht mir den Ankauf einer Apotheke unmöglich; so daß ich, nach gerade den Hafen ersehnend, angefangen habe mich nach Andrem umzutun. Von meiner Feder leben *kann* ich weder, noch *will* ich es; auch glaub ich, es sind nicht die Schlechtesten, die dies ehrliche Geständnis ablegen. Mein Streben geht nach einer subalternen Stellung im Unterrichts-Ministerium. Trügen meine Aussichten wieder, so sei es drum; ich bin seit Jahren daran gewöhnt meine Hoffnungen hinauszutragen.

Ich schließe. Von meinem persönlichen Jammer lebt wenig in meinen Gedichten. Gott sei Dank! Die Ferne hat den Reiz, und gerade vom Pillenmörser aus ist das sich Anklammern an die Percies und Douglasse psychologisch richtig.

POLITISCHER JOURNALIST
1850–1859

Im Juli 1850 wollte Fontane in die schleswig-holsteinische Befrei-
ungsarmee eintreten, nachdem Preußen mit Dänemark Frieden
geschlossen hatte. Die allein weiterkämpfenden Schleswig-Holstei-
ner unterlagen den Dänen in der Schlacht bei Idstedt am 24. und
25. Juli 1850. Während der Reise nach Hamburg und Kiel erreichte
Fontane ein dienstliches Schreiben seines »Tunnel«-Freundes Wil-
helm von Merckel vom 30. Juli 1850, in dem es hieß:

Auf meinen Antrag hat der Herr Minister des Innern genehmigt,
daß Ew. Wohlgeboren vom 1. August d. J. ab bis auf weiteres mit
monatlich vierzig Talern Diäten ⟨…⟩ im Literarischen Kabinett beschäftigt werden.

Das »Literarische Kabinett« war eine 1848 gegründete Zensur-
behörde der preußischen Regierung, die für eine regierungsfreund-
liche Haltung der Presse zu sorgen hatte. Wilhelm von Merckel
hatte Anfang April 1850 die Leitung der Einrichtung übernommen;
schon damals hatte sich Fontane über Bernhard von Lepel um eine
Anstellung im »Literarischen Kabinett« bemüht. Mit dem Eintritt
in den Staatsdienst glaubte Fontane aller seiner Sorgen enthoben
zu sein. An Lepel schreibt er am 4. August 1850:

Petz ist wieder da. Ich bin mit meinen Briefen, worunter auch der
einliegende an Dich, gleichzeitig hier eingesprungen.
    Ein Merckelscher Brief mit einer *Anstellung im literärischen Ka-*
binett wurde mir zur Rückberufungs-Ordre. Mein alter Lepel, so
Gott will, bin ich nun durch; ich bin sehr erfreut. Leb wohl, schreib
bald, noch besser *besuche mich.*
    Mußt Dich aber vorher anmelden, denn von 9–3 Uhr bin ich im
Dienst.

Die neue Stellung erlaubte nach fünfjähriger Verlobungszeit end-
lich auch die Eheschließung mit Emilie. Am 14. Oktober 1850
schreibt Fontane an Lepel:

Empfange meinen letzten Junggesellen-Brief. Es ist eine Art Todesurteil, das man sich schreibt, ohne es zu wissen.

Um 11 Uhr stand ich gestern abend (mit Paul Heyse, den ich auf der Straße ergattert hatte) vor der Knorr'schen Kneipe; »halb zog es ihn« aber die Müdigkeit siegte, ich machte kehrt und ging – schlafen. Verzeih das. Nun noch eins – die Hauptsache.

Du kennst ohngefähr die romanhafte Lebensgeschichte meiner Braut. Du wirst morgen ihre 3 Geschwister kennen lernen

den Stabsarzt D. Müller, –

eine Frau v. Below und

eine Frau Dr. Fels.

Ich muß Dich nun bitten genannte Drei immer nur als *Cousins* und *Cousinen* meiner Braut zu betrachten, da sie *vor der Welt* als solche gelten. – Eine junge und recht hübsche Dame aus Liegnitz (ein Frl. Mattersdorff) die morgen als Intima meiner Braut auch zugegen ist, würde sonst die Kunde von *neuen* Verwandtschaftsbeziehungen mit nach Liegnitz (wo die *Mutter* meiner Braut, *Tante* genannt, lebt) nehmen und der Chronique scandaleuse unerschöpflichen Stoff geben.

Ich rate Dir der *Vereinfachung* halber immer ganz kurz von »*der Braut*« zu sprechen und Dich auf Cousinen- und Geschwisterschaft gar nicht einzulassen.

An Friedrich Witte, Berlin, 1. November 1850

Ich schreibe Ihnen beim hellen Schein Ihrer Stobwasserschen Lampe, für die ich mich – eingedenk der Talgmöpse, die ich noch vor 6 Wochen brannte, – gedrungen fühle, wiederholentlich hiemit meinen Dank auszusprechen. ⟨…⟩

Nun aber wollen Sie wohl erfahren, wie's dem jungen Ehepaare geht. Nun, bis jetzt liegt kein Grund zur Klage vor; die Wohnung ist reizend, das tägliche Brot erscheint, gut zubereitet, als »Gemüse und Fleisch« auf dem zweigedeckten Tisch, die Betten (nichts Unerhebliches im Ehestande, wie Sie gehört haben werden) sind mit Hilfe von Matratzen und Sprungfedern so bequem wie möglich, an Ruhe fehlt es nicht und an Arbeit auch nicht (dieser letztere Satz bezieht sich auf mein Leben im allgemeinen und nicht etwa auf die Betten), so daß ich – da sich das lachende Gesicht meiner Frau nur selten in Schmollfalten legt – ein undankbarer Esel sein müßte, wenn ich nicht voll Freude und Zufriedenheit sein wollte. Dann und wann beschleicht mich die ängstliche Frage: »Wie aber, wenn es mit deiner Lektorschaft plötzlich ein Ende nimmt?«, doch hat ein bescheiden Stück Selbstvertrauen noch immer Kraft genug gehabt, der Frage mit einer tröstenden Antwort zu begegnen. Denken Sie sich, daß ich jetzt eine wahre Wut habe, Zeitungsredakteur zu werden! Ich schreibe jetzt gar nicht für politische Zeitschriften, aber nicht etwa, weil ich keine Neigung dafür hätte, sondern umgekehrt, weil mir für das Übermaß der Neigung der Kampfplatz, der Spielraum fehlt. Zum Korrespondenzartikelfabrikanten bin ich verdorben, dies Neuigkeiten-Aufpicken und In-3-Zeilen-citissime-Weiterschaffen mag recht verdienstlich (in doppelter Bedeutung) sein, mir aber kommt es ein bißchen wie unter meiner Würde vor; es scheint mir auch dieser Klatsch mehr für alte Weiber als für Männer gemacht. Mit einem Wort, ich will kein Neuigkeitskrämer, sondern ein Mensch von Meinung und Urteil sein. In einem Moment gleich dem jetzigen an der Spitze eines einflußreichen Blattes stehn *heißt an der Spitze einer Armee stehn*. Nun noch ein paar Worte über meine Gedichte. Sie werden jetzt gebunden, in 3 bis 4 Tagen sind Exemplare da; vielleicht schließ ich diesem Briefe noch ein Pflicht- und Freundschaftsteil für Fritz Witten bei, wo nicht, so werd ich Sorge tragen, daß auf Buchhändlerwegen mein neuestes klassisches Werk in Ihre Hände gelangt. Auf den Erfolg bin ich sehr gespannt; mein Verleger tut immer, wie wenn eine 2. Auflage so sicher wie »Amen« in der Kirche sei, was mich mitunter geradezu in Verlegenheit setzt. Daß sie hie und da Anklang finden werden, glaub ich selber.

Die Sicherheit der neuen Stelle währte indessen nur kurz: Am 31. Dezember 1851 wurde das »Literarische Kabinett« aufgelöst, und Fontane sah sich erneut den bittersten Existenzsorgen ausgeliefert. Die eigene literarische Tätigkeit sollte darunter jedoch nicht leiden. Fontane steckte voller Pläne, die er Bernhard von Lepel in seinem Brief vom 7. Januar 1851 mitteilt. Am Beispiel des gefeierten Dichters Emanuel Geibel erkennt er jedoch auch die Fragwürdigkeit dichterischen Ruhmes.

Am 31. v. M. als ich in der Schadowstraße No 4 erschien, überraschte mich die Sylvestergabe, daß das Kabinett aufgelöst und der Literat Th. Fontane an die Luft gesetzt sei. Eilig strich ich noch

40 Taler Diäten für Monat Dezember ein und verschwand für immer aus den heiligen Hallen, in denen ich 5 mal 4 Wochen Zeuge der Soßen-Bereitung gewesen war, mit welchen das lit. Kabinett das ausgekochte Rindfleisch Manteuffelscher Politik tagtäglich zu übergießen hatte. Gott sei Dank kann ich mir nachträglich das Zeugnis ausstellen, daß von meiner Seite kein Salz- Senf oder Pfefferkorn jemals zu der Schandbrühe beigesteuert worden ist. – Meine Frau, als ich ihr erklärte, daß nun jedes Hindernis beseitigt sei und das Hungern losgehn könne, kriegte natürlich einen kleinen Schreck; meine Beredsamkeit indes und der Hinweis auf vorläufig noch vorhandne 40 Taler beruhigten ihr geängstetes Gemüt, und es werden bald nun 8 Tage, daß sie das Unverschuldete mit Fassung trägt. Es versteht sich von selbst, daß meinerseits Schritte die Hülle und Fülle geschehn, um den Schaden wieder auszuflicken; bis jetzt – wie sich wiederum von selbst versteht – ohne Erfolg. Vielleicht krieg' ich eine kleine Stellung bei der Konstitutionellen Zeitung. – Ich muß bekennen, daß ich dem Zeitungskram am liebsten Lebewohl sagte und die nächsten 10 Jahre, das beste Teil unsrer Kraft, an eine *ordentliche* Arbeit setzte, aber was kümmern sich unsre Zeiten und unsre Menschen um ein Gedicht, selbst um ein *gutes* Gedicht. Sie meinen, es kann ungeschrieben bleiben, und es ist nichts dagegen zu sagen. Man faselt immer von dem »sich Bahnbrechen der Genies«; man lasse ein Genie hungern und es verquint eben so wie der erste beste Flickschneider. Chatterton vergiftete sich um nicht zu verhungern; Otway verhungerte wirklich. Kein Mensch zwingt sein Schicksal und auch die Genies nicht; wenn uns was glückt, so denken wir Wunder! was wir für Kerle sind und doch sind wir nur Lieblingspuppen in der großen Lenkerhand, die uns einen Flitter mehr anhängt und, um des Flitters willen, uns öfter über die Bühne führt. – Du wirst das Vorstehende nicht mißverstehn. Es soll damit gesagt sein: wenn ein Genie nicht durchdringt was ist dann erst von Talenten und Talentchen zu erwarten! Das höchste Maß der Kraft unterliegt im Kampf, – was unsereins?! Glück, Glück!

»Vor Unwürdigem kann Dich der Wille der ernste, bewahren;
Alles Höchste, es kommt frei von den Göttern herab. –«

Die klugen Leute die da meinen alles sei in unsre Hand gelegt und der Mensch *könne, was er wolle*, sie mögen das Gedicht eines gewissen Schiller lesen und sich bescheiden, meintwegen auch beschei . en, wenn sie's nicht glauben wollen. Doch wozu all die Abgedroschenheiten! räsonieren kannst Du selbst; Du willst Bestimmtes, Neues hören. So vernehme denn das große Wort, daß ich ein *Epos*, ein richtiges, wirkliches, großes Epos zu schreiben gedenke. Stoff: Barbarossa. Du entsinnst Dich, daß das ein alter Plan ist, aber jetzt erst fühl' ich meine Flügel in so weit gewachsen, daß ich mich mit einer Aussicht auf Erfolg an die Sache wagen kann. Vor 3 Jahren hatt' ich die *Begeisterung*; ich bilde mir ein jetzt auch die *Kraft* dazu erobert zu haben. Viel ist dadurch gewonnen, daß ich die *Form habe*. Ich entschied mich damals für die Terzine, und hatte doch – bei aller Bewunderung dieser Form – das Gefühl davon, daß ich ihr nicht gewachsen und schon um deshalb mein Bankrutt wahrscheinlich sei. Jetzt hab ich's; – und zwar ohne der abgeleierten Nibelungenstrophe meine Honneurs zu machen. – ⟨...⟩

Vor 3 – 4 Tagen begegnete mir Emanuel Geibel auf der Straße; ich trat an ihn heran, wir schlenderten dann eine kurze Strecke, – bei Paul Heyse setzt' ich ihn ab. – Durch Eggers – der Geibeln tagtäglich bei Kuglers sah – hab ich Näheres, zum Teil sehr interessante Details über den Dichter der 25 Auflagen erfahren. Geibel ist krank; das Wichtigste ist ihm sein Dreck; von der Qualität und Quantität seines Stuhlgangs ist seine Tageslaune abhängig. Von einem guten Sch ... kehrt er zurück wie von einem guten Werk, oder wie von einem Monument, das ihm schon bei Lebzeiten gesetzt wurde und das er mit eignen Augen gesehn hat. Wenn ihm nicht recht im Leibe ist, so sagt er: der *kalte Frosch* ist wieder da! Eggers, ein feiner Beobachter, meint, daß er das Paddengeschlecht auch wohl nicht eher loswerden würde, als bis es ihm vergönnt sei, vom Parterre aus, die bis zur Raserei gesteigerte Publikum-Begeisterung über ein *Geibel*'sches Stück zu beobachten. Eggers fuhr fort: Geibel fühlt mehr oder weniger, daß es *innerlich* mit ihm zu Ende geht und daß *äußerlich* die Kritik, die nach gerade nur noch einen Virtuosen in ihm erkennt, immer festren Boden gewinnt, – *das* kann er nicht ertragen, *das* ist die Wurzel seiner Krankheit. Eitelkeit und Gereiztheit (jedem Tadel gegenüber) haben bereits den Höhengrad der Lächerlichkeit erreicht. Am ersten Abend las er bei Kuglers ein Gedicht. Paul Heyse war auch zugegen und in seiner bekannten schnabbrigen Manier entgegnete dieser: daß die Sache recht nett aber doch eigentlich unbedeutend, ohne Gedanken und tiefren Gehalt sei.

Geibel verfärbt sich, klappt sein Buch zu, stellt sich vor Paul Heyse hin, den Oberkörper vorgebeugt und beide Hände auf die Knie gestützt und buchstabiert ihm mit Stentorstimme in den Hals hinein: »S. ch. a-a-a-a-a-f! Schaf, ja Schaf! Das Gedicht ist gut, und wer es nicht findet, ist ein – Schaf!« Allgemeine Verlegenheit; Paul lachte und gab durch einen Scherz der Sache wiederum eine leichte Wendung. – Dieser Vorfall ist komisch, aber ich habe weder über die Anekdote lachen, noch die Hauptperson dabei *auslachen* können. Solch Maß von Eitelkeit und daraus sprießender Empfindlichkeit ist tragisch, und meine erste Empfindung beim Anhören der Schnurre war: es gibt kein Glück. Wenige hat das Schicksal so gebettet wie den modernen Walther von der Vogelweide, und doch – unglücklich. Grafen buhlen um seine Freundschaft, um das Glück seiner Nähe; auf verstimmten Leierkasten und auf Kistingschen Flügeln hört' er die Melodie zu seinen Liedern; an allen Schaufenstern steht in Golddruck »Geibels Gedichte«; 25 Auflagen in 10 Jahren; Kapitale beim Bankier; schöne Weiber an der Hand und kluge Freunde an der Tafel; alles, alles – und doch den kalten Frosch im Leibe. Kein Glück!!

Die materielle Not im Hause Fontane ist so groß, daß der junge Ehemann zu den unterschiedlichsten Mitteln greift, um ihr abzuhelfen: Er bittet den König um eine Gabe aus dessen Schatulle, und er will dem Freund Friedrich Witte ein Zimmer mit Verköstigung vermieten. Beide Versuche scheitern jedoch. Die Publikation einer Lyrik-Anthologie unter dem Titel »Deutsches Dichter-Album« soll wenigstens eine kleine Verbesserung der Haushaltslage bewirken. In all der Unsicherheit wird das erste Kind dieser Ehe geboren, der Sohn George.

An Friedrich Wilhelm IV., König von Preußen, Berlin, 13. März 1851

Allergroßmächtigster König
Allerdurchlauchtigster König und Herr!
Ew. Majestät wollen dem Unterzeichneten, dessen poetische Versuche – durch Vermittlung des Herrn Hofrat Schneider – je zuweilen die Ehre des Vortrags vor Ew. Majestät gehabt haben, auf Augenblicke Gehör schenken.

Durch erfolgte Auflösung des literarischen Kabinetts urplötzlich meiner Existenzmittel beraubt, geh' ich seitdem, an der Seite einer jungen Frau, – der ich noch vor kurzem eine äußerlich sorgenfreie Zukunft bieten zu können glaubte, – den drückendsten Verhältnissen von der Welt entgegen.

Wenn es nun in erster Reihe die einfache Dürftigkeit ist, die mich mit einem Gesuch um Unterstützung vor Ew. Majestät treten läßt, so gesellt sich als zweites Motiv der lebhafte Trieb hinzu, meine ganze Kraft einmal an größere, bereits im Geiste empfangene Arbeiten setzen zu können und – die Unmöglichkeit, unter den augenblicklich gegebenen Verhältnissen, zu irgendwelcher Konzentration meiner Kräfte zu gelangen.

Die zwei, zu Gunsten armer Poeten ausgeworfenen Summen, sind, wie ich weiß, vergeben; – es ergeht deshalb an Ew. Majestät meine alleruntertänigste Bitte dahin,

daß Höchstdieselben geruhen wollen, aus dero Schatulle mir eine bestimmte Unterstützung auf bestimmte Zeit angedeihn zu lassen,

In Untertänigkeit Ew. Majestät

getreuster

Theodor Fontane.

An Friedrich Witte, Berlin, 19. März 1851

Da wir hier gerade die Familiengemütlichkeit beim Wickel haben, so kann ich Ihnen, gleich zu Anfang meines Briefes, mit einem Plane kommen, den Emilie und ich neulich ausgeheckt haben. Wie wär' es, wenn Sie bei Ihrer Rückkehr nach Berlin bei uns Quartier nähmen? Wir beziehen zu Michaeli eine bei weitem geräumigere Wohnung, und würden bei Wahl derselben auf Friedrich Witte gebührende Rücksicht nehmen, wenn wir wüßten: er will sein Heil bei uns versuchen. Sie würden, je nachdem Sie sich für ein einziges Zimmer oder für Stube und Kammer erklärten, fünf bis sieben Taler zu zahlen haben. Mittagbrot würde mit höchstens fünf Silbergroschen, Abendbrot ohngefähr mit der Hälfte berechnet werden. Überlegen Sie sich die Sache und genieren Sie sich vor allen Dingen keinen Augenblick, mit Bestimmtheit zu erklären: bester Freund, ich dank' Ihnen! Zweierlei könnte Sie vielleicht stutzig machen. Zunächst die Furcht, durch die unmittelbare und andauernde Nähe eines Stücks Poetentum, geheißen Theodor Fontane, in Ihren wissenschaftlichen Arbeiten gestört zu werden. Darauf hab' ich zu erwidern, daß ich die Möglichkeit einer unbeabsichtigten Ansteckung, einer Verführung wider Willen, nicht in Zweifel ziehn kann, weiß aber mit Sicherheit, daß an wohlüberlegtes Propagandamachen von meiner Seite nie gedacht werden wird. Sie werden mir überhaupt das Zeugnis ausstellen müssen, daß ich Sie zu allen Zeiten vor der Kirke »Poesie« mehr gewarnt, als Ihnen zauberhafte Schilderungen von dem Leben bei ihr entworfen habe. Ein zweiter Punkt ist der Geldpunkt. Sie wissen, daß ich über Krösusschätze nicht eben verfüge, und es wäre sehr leicht möglich, daß ich eines schönen Tages vor Fritz Witte erschiene und dem Unglücklichen entgegendonnerte: la bourse ou la vie! Fritz Witte würde sich meiner Verzweiflung und meines Hungers erbarmen und sich ausbeuteln lassen bis auf den letzten Kreuzer. Diese Szene – Gott gebe, daß sie bloß zu Ihrer Erlustigung auf dem Papiere steht und stehen bleibt – könnte sich allerdings mal ereignen. In diesem Fall aber geb' ich Ihnen zu bedenken, daß Sie der Gefahr einer Überrumpelung durch mich auch dann nicht entgehen würden, wenn Sie in der Kugel hoch oben auf dem Sophienkirchturm Ihre Wohnung aufschlagen wollten. – Genug davon! Ich sehe Ihren Erklärungen mit nächstem entgegen.

An Friedrich Witte, Berlin, 17. August 1851

Vorerst hab ich die Ehre, mich Ihnen als Respektsperson, will sagen als neugebackenen Vater vorzustellen. Am Donnerstag abend 11 ¹/₂ Uhr schenkte mir meine liebe Emilie einen krebsroten, aber doch ganz allerliebsten Jungen. Kind und Mutter sind wohl und letztere insonderheit glücklich. Ich bin es wahrlich auch; aber es drückt mich von Zeit zu Zeit doch danieder, wo es eigentlich mit uns hinaus will. *Fest entschlossen bin ich, mich nicht zu verkaufen,* und werde mich weder durch Not noch durch Tränen davon abbringen lassen; schlimmstenfalls muß ich sehen, als Abschreiber oder überhaupt als *Hand*arbeiter mein Brot zu verdienen. Ich schreib Ihnen das in einer etwas gedrückten Stimmung, weil ich mich heut vormittag über Buchhändlergesindel mal wieder geärgert habe. Und auf die Réelleté und Honnêteté solcher Bursche ist man angewiesen! Denken Sie sich, schreibt mir dieser Dummkopf von Verleger (Herr Otto Janke), 2 Gedichte von Mörike müßten – unter vielem anderen – aus der Anthologie wegbleiben, *sie taugten nichts*. Ich hab ihm geantwortet: »Mit seiner gütigen Erlaubnis verstünd er von dergleichen nichts«, aber man ärgert sich doch über solche Unverschämtheit.

Bei der Wahl unserer Wohnung haben wir Fritz Witten nicht aus dem Auge verloren und werden zu Michaeli in die Luisenstraße No. 35 〈...〉 übersiedeln. Sie erhalten ein sehr hübsches 2fenstriges und geräumiges Zimmer, wenn Sie's wünschen, auch noch eine 1fenstrige Stube daneben. Daß Sie durch mein Zimmer (das entreeartig ist und liegt) hindurch müssen, wird Sie – der Sie schwerlich allabendlich mit einem »Feger auf die Kneipe rücken werden« – kaum je genieren.

Nachdem mit der »Zentralstelle für Preßangelegenheiten« eine Nachfolgeeinrichtung zum »Literarischen Kabinett« gegründet worden war, konnte Fontane auf eine Wiederanstellung hoffen. An den Leiter der »Zentralstelle« und Herausgeber der »Preußischen Adler-Zeitung«, Ryno Quehl, richtete er am 24. Oktober 1851 die Bitte, ihn beim Feuilleton, oder aber (und das noch lieber fast) beim englischen Artikel Ihrer Adler-Zeitung zu verwenden. Zum 1. November 1851 trat Fontane seine neue Position in der »Zentralstelle« an. Weil der Dienst seiner politischen Einstellung nicht entsprach, wollte er als Korrespondent der »Adler-Zeitung« nach London gehen. Dafür mußte er sechs Wochen Urlaub nehmen, um die er Ryno Quehl am 18. Februar 1852 bat:

Gestatten mir Ew. Wohlgeboren in Nachstehendem einen dringenden Wunsch gegen Sie aussprechen und dessen Erfüllung bei Ihnen nachsuchen zu dürfen.

Eine kleine Summe Geldes, von Verwandten mühsam für mich aufgebracht, erlaubt es mir meinen langgehegten Plan eines halbjährigen Aufenthalts in England wieder aufzunehmen, vorausgesetzt daß Ew. Wohlgeboren freundliche Gesinnung mir den Verbleib in meiner augenblicklichen Stellung gestatten und meine auswärtige Mitarbeiterschaft meiner Tätigkeit hier am Orte gleich erachten wird.

Bestimmter formuliert geht meine Bitte dahin:

mich für den Lauf des Sommerhalbjahrs, unter Aufrechterhaltung alter Beziehungen und Bedingungen, als Ihren Londoner Berichterstatter installieren zu wollen, der hiermit den Entscheid über das »Wie« seiner Verwendung – ob als Feuilletonist oder politischer Korrespondent vertrauensvoll in Ihre Hände legt.

Am 23. Februar 1852 hatte Fontane die Genehmigung seines Vorgesetzten in Händen, und der Reise nach London stand nichts mehr im Wege – mit Ausnahme der leidigen Geldfrage. Er bittet den preußischen König um einen Zuschuß, der ihm auch gewährt wird, lehnt aber ein Unterstützungsangebot der »Tunnel«-Freunde ab.

An Friedrich Wilhelm IV., Berlin, 6. März 1852

Allerdurchlauchtigster, Großmächtigster König!
Allergnädigster König und Herr!
Geruhen Ew. Majestät nachstehende untertänige Bitte gnädigst hinzunehmen.

Mein seit vielen Jahren gehegter Wunsch: England behufs literarischer Studien (namentlich der altenglischen Ballade) auf längre Zeit besuchen zu können, steht auf dem Punkt sich zu verwirklichen. Meine Mittel sind gering; – so wag' ich es denn meinen Königlichen Herrn, der meinem Talente gelegentlich gnädige Worte der Anerkennung gezollt hat, um eine Reise-Unterstützung von 50 Talern anzugehn.

Ich ersterbe als Ew. Majestät Alleruntertänigster Diener
Theodor Fontane.

An Bernhard von Lepel, Berlin, 15. März 1852

Ich habe heut die Sache noch mal hin und her erwogen; – es geht nicht! Wenn die Menschen lauter gentlemans wären, so ging es, aber sie sind – Philister, und gewisse Freunde mit bombastischen Redefiguren an der Spitze. Verzeih mir's Gott, wenn ich Unrecht habe.

Es hat nichts Drückendes nächst Gott seinem *König*, seinem *Vater* und seinem *Freund* etwas zu schulden; aber ich kann dem *Tunnel* nicht zugestehn, der Vierte in diesem Bunde sein zu dürfen. Du sagst: ich sei zu soupçonnös; ich aber sage Dir: ich *kenne das Pack*. Gewisse Gesichter werden mir immer unleidlicher; *ich kann kaum noch meine*

Rolle spielen; wär' ich nur erst weg! Dabei wiederhol ich catonisch: verzeih mir's Gott, wenn ich ihnen Unrecht tue. Aber ich glaube, ich habe einen feinen Riecher in derlei Dingen und mir klingen vom vorigen Sommer her Äußerungen im Ohr, die auf Selbst*sucht,* Scheelsucht und Charakter-Misere hinauslaufen. Iterum censeo …

Auf der andern Seite kann ich Dir nicht verhehlen, daß mir das Zurückweisen der in Rede stehenden Summe schwer wird, weil ich sie eigentlich brauche. Von meinem Vater bekomm ich 200 Taler; hiermit schließt die ganze Herrlichkeit ab. Von dieser Summe muß ich für kleine Schulden, Reisevorkehrungen und die Reise selbst mehr als die Hälfte verausgaben, so daß ich mit kaum 100 Talern in London ankommen werde, dennoch bleib' ich bei meinem Refüsieren. In letzter Instanz wird es mir durch Bettelbriefe bei der Verwandtschaft, schlimmstenfalls so gar *auf Wechsel* immer noch möglich sein Geld zu erhalten und weder jenes Zusammenschnurren noch diese Gefahr sind mir so drückend und bedenklich wie irgend welche Abhängigkeit vom Tunnel, dessen Gesinnung Du zu hoch taxierst, weil Du in jeden Einzelnen wenigstens ein Fisselchen Lepel hineinträgst. Ich habe nach dieser Seite hin alles Fiduzit längst eingeschustert, die *erklärten Philister sind noch die besten.*

Dies alles meine unmaßgebliche Meinung. Wie Du — wenn der Antrag überhaupt noch zur Sprache kommt — meine Ansichten durchschimmern lassen willst, weiß ich nicht; — es wird also wohl einfaches Zurückziehn das Beste sein. ⟨…⟩

Ich lese meinen Brief so eben (nach 3 Stunden) noch 'mal durch. Ich finde, daß ich mich fast überall viel zu allgemein ausgedrückt habe und scheinbar auch gegen Personen zu Felde ziehe, die das nicht um mich verdient haben, z. B. die oft mit Überzeugung bekämpfte Fraktion, in der Du gestern abend warst, ist durch und durch noble, und ihnen gesellt sich noch mancher zu; — aber selbst *eine Minorität* ist völlig angetan, mir den Spaß zu verderben.

London

Anfang April brach Fontane zu seiner zweiten Fahrt nach London auf. In den Briefen an seine Frau schildert er die Eindrücke seiner Reise, die ihn über Köln, Aachen, Brüssel, Antwerpen, Gent und Ostende nach Dover führte.

Um 9 Uhr abends war ich in Köln. Die Stadt ist scheußlich, der Dom das herrlichste, großartigste was ich überhaupt je gesehn. Wenn man den Kölner Dom sieht und noch in Zweifel ist ob dem griechischen oder gotischen Baustil der Vorzug gebührt, so kann man meinetwegen ein guter Mann und sogar ein doktrinärer Kunstverständiger sein, aber ein Herz im Leibe hat man nicht: *das* weiß auf der Stelle wohin es sich zu wenden hat. »*Schönheit*« mag dort wie hier sein, aber solch Dom ist mehr als schön; ganz andre Kräfte die das Menschenherz bewegen, finden darin ihren Ausdruck. Es ist der Zug nach dem Höchsten, die Sehnsucht die über das Irdische hinausgeht, was die »himmelanstrebenden« Dome schuf.

Begeb' ich mich vom Dome ins Hotel. Es ist so, wie hundert andre. Beefsteaks, Kellner, abgerissene Klingel – alles wie bei uns zu Lande; nur von dem Bett muß ich Dir eine Beschreibung machen. Das Gestell groß, hoch und von einer Solidität der Bauart als sollten 6 Brautpaare wie König Gunther und Brunhilde ihr Beilager darin halten; dazu ein Deckbett von der Größe eines mäßigen Oreillers, so daß ich mich gezwungen sah Schlafrock und Mantel als Hilfstruppen heranzuziehn. Half aber doch nichts, ich fror jämmerlich und laboriere seitdem an Zahnweh, das ich auch hier nicht loswerden dürfte, da mein Schlafzimmer kalt und ein Erscheinen in Filzschuhen, Shawl und andren Zierraten meiner Gesundheitsnecessaires leider unangebracht ist. – Das Interessanteste in meinem Kölner Hotel war das Water-Closet: es ist sehr eng darin und die Wand vor Einem befindet sich so nahe, daß man sie mit der Nasenspitze berühren kann. Die zudringliche Nähe war von talentvollen jungen Malern, die sonst wohl die Mauern und Wände der Häuser mit gewissen mehr riesigen als naturgetreuen Abbildungen auszustaffieren pflegen, zu ähnlichen Kunstleistungen benutzt worden, die teils aus Bleistiftzeichnungen, teils aus dauerhaften tiefen Gravierungen bestanden. Mitten unter diesen lautren Schöpfungen der Phantasie und Laune befand sich, wie ein Professor im Bordell, die bekannte Figur des pythagoräischen Lehrsatzes, die mich vor Zeiten auf der Quartaner-Bank immer sehr traurig gestimmt, heute aber mein hellstes Lachen zur Folge hatte.

Am 23. April 1852 traf Fontane in der englischen Hauptstadt ein. Dort hielten sich damals noch viele deutsche Flüchtlinge auf, die nach der Revolution von 1848 Deutschland hatten verlassen müssen und mit denen Fontane vielfältige Beziehungen aufbaute. Zunächst versuchte er sich als Deutschlehrer zu etablieren, was aber – vor allem wegen der großen Konkurrenz – nicht den erhofften Erfolg brachte. Die Artikel, die er für die »Adler-Zeitung« schrieb, faßte er später zusammen und veröffentlichte sie 1854 als Buch unter dem Titel »Ein Sommer in London«.

An Emilie Fontane (Mutter), London, 28./29. April 1852

Meine Briefe aus Brüssel und Gent (falls sie nicht verloren gegangen sind, was ich von dem erstren beinah fürchte) wirst Du gelesen haben, so daß ich (da sich's nicht verlohnt über Gent und Antwerpen – an und für sich höchst interessant und sehenswert – zu sprechen, wenn man in London ist) mit meiner Überfahrt von Ostende nach Dover beginnen kann. Die Sonne neigte sich, sie und wir steuerten nach Westen, aber so schnell auch unser Schiff war sie war doch schneller und gegen 8 Uhr sank sie ins Meer. Zauberhafter Anblick! auch einer Landratte geht das Herz dabei auf und hätte sie auch schon – wie meine Wenigkeit – die Seekrankheit im Leibe. Nachdem ich die üblichen Opfer gebracht, schlich ich in die Kajüte und schlief ein; als ich erwachte waren wir in Dover. Ich werde diese Nachtlandschaft vorläufig nicht vergessen: auf hohem Quai, an den das Meer anbrandet, liegt in weitem Halbkreis die Stadt, die jetzt (es war Mitternacht) von tausend Lichtern flimmerte und die Felsen halb erhellte, die hinter ihr hoch in die dunkle Nacht hineinwuchsen. Im übrigen tranken wir Tee und schliefen aus. Am andern Morgen (die Nachtzüge die gleich weiter gehn sind furchtbar teuer) fuhren wir nach London. Ich hätte nicht gedacht, daß die Stadt – deren rein äußerliches Leben und Treiben ich wenigstens kannte – mich wiederum so mächtig bewegen würde und noch in diesem Augenblick brauch' ich nur nach den Verbindungsstraßen zwischen City und Westend (hier herrscht das regste Leben) zu eilen, um urplötzlich meine Sorgen von mir genommen zu sehn. Die Großartigkeit dieses Schauspiels hat etwas unendlich Erhebendes; weil man *sich überhaupt vergißt*, vergißt man auch sein Elend und seine Not und fühlt sich nur gehoben durch das Gefühl ein *Teil* jener Gesamtheit, ein Glied jener großen Menschheitsfamilie zu sein, die *so* lebt und *solches* schafft. In Bewundrung der *Gattung* verliert man die *einzelne Spezies* und sich mit, ganz aus dem Auge.

Du wirst vielleicht sagen: daran erkennt man den Anglomanen, den guten *pp* Fontane, der seit Jahr und Tag in alles englische Wesen vernarrt ist. Ich muß das gerade jetzt bestreiten: vieles behagt mir gar nicht und läßt mich, wenn ich vergleiche, deutlich einsehn, daß wir in aberhundert Dingen weit voraus sind. Zudem hab' ich *persönlich* noch gar nichts Angenehmes oder Bestechendes erlebt und höre von Deutschen, selbst von solchen denen es hier gut geht und die gar nicht daran denken England zu verlassen, daß es in Deutschland eigentlich besser sei. Wie viel daran wahr ist, laß ich dahingestellt, aber das darf ich nach einer 8tägigen Erfahrung bereits versichern, daß mein diesmaliges Urteil über London anders ausfallen wird, als vor 8 Jahren. Ich war damals unerfahren, gutmütig und wenn ich so sagen darf schwärmerisch genug, alles was ich *anders* fand sofort auch *besser* zu finden; dieser Standpunkt indes ist überwunden und ich kritisiere jetzt mit feiner gebildetem *Sinn*. Was ich unter diesem »feiner gebildeten Sinn« verstehe, werd' ich Dir gleich sagen – es ist durchaus keine arrogante Bemerkung. Ich meine nämlich: einzelne meiner 5 Sinne (namentlich der Geschmackssinn) haben sich geschärft und während ich z. B. anfange das ausschließliche Recht der englischen Küche mit einigen Zweifeln zu betrachten, verwerf' ich bereits die Schöpfungen des englischen *Kunst*geschmacks in Bausch und Bogen. Ausnahmen bestätigen nur die Regel.

Nichtsdestoweniger – und Du wirst mir zugestehn, daß ich in Vorstehendem nüchtern genug geurteilt habe – kann man sich gegen die Großartigkeit des Gesamttreibens nicht verschließen und wie berechtigt es sein mag diesem ewigen tollen Durcheinander alles wahrhaft Erquickliche und Wohltuende (denn es fehlt die Liebe) abzusprechen, – *das Imposante des Schauspiels* ist über jeden Zweifel erhaben. – ⟨...⟩

Nun etwas über mein Leben hier. Die ersten 4 Tage verbracht ich in – der *deutschen Flüchtlingskneipe*. Ihr werdet mir Sinn und Verstand genug zutrauen, um von vornherein zu wissen, daß nur ein seltsamlicher Zufall so etwas ermöglichen konnte. Auf dem Dampfschiff bat mich ein junger Deutscher so zu sagen um mein Protektorat, da er kein Wort englisch spräche und ohne Vermittler schwerlich von der Stelle kommen werde. So kamen wir uns näher, und da ich alsbald in ihm einen überaus harmlosen Menschen kennen lernte, hatt' ich bei der Ankunft in London nichts dagegen ihm die Hälfte meines Cabs zu überlassen und »London-Coffee-House« wohin ich meinen Kutscher bereits beordert hatte mit »German Coffee-House« zu vertauschen; ich konnte den Teufel wissen, was da los sei. Wir kamen an und fanden – eine Räuberhöhle, wenigstens war das der erste Eindruck, der durch Genuß eines Beefsteaks aus angegangnem Pferdefleisch nicht beseitigt wurde, ja, ich glaubte allen Ernstes 2 Minuten lang – wobei sich mir die Haare zu Berge sträubten – es sei ein Fürstenpodex, oder mindestens eine Grafenlende, wovon mir der Kerl eine Schnitte vorgesetzt. – Später fand ich, daß ich der Kneipe und ihrem Besitzer in gewissem Sinne unrecht getan hatte: alle englischen Gastzimmer (so weit sie unsereins kennen lernt – es mag auch bessre geben) sind ungemütlich und man stürbe drin, wenn sie nicht den *Kamin* und den *Teppich* hätten. – Erspare mir die weiteren Details über den 4tägigen Aufenthalt im German-Coffee-house; nicht als ob es so scheußlich gewesen wäre, daß ich mich vor der bloßen Rückerinnerung fürchtete, gegenteils, Bedienung und Speise ward alle Tage besser und übertraf das teure boarding-house, in dem ich jetzt stecke, immer noch wesentlich in Kaffebereitung und dergleichen. Aber ich schweige davon, weil es langweilige, gleichgültige Tage waren und meine geistige Speise lediglich in den Mitteilungen bestand, die mir Freund Blomeyer (so hieß mein Reisegefährte und Stubengenoß, – ein zahmer Demokrat) über die hervorragenden Flüchtlings-Persönlichkeiten machte. Diese Mitteilungen waren zum Teil wirklich interessant und fix und fertige Kapitel für einen Räuberroman. –

⟨...⟩ Ich bezahle wöchentlich 12 Shilling für Wohnung, 5 Shilling für Heizung (es ist hundekalt) und 16 Shilling für Kaffe (morgens) und Tee (abends). Macht 33 Shilling (gerade 11 Rthr) pro Woche, pro Monat also 44 Taler. Dies ist einmal überhaupt (für einen norddeutschen Geldbeutel) kolossal, und ist in specie unverschämt für das, was geboten wird. Wenn sich die Engländer für ihre Frühstücke (d. h. Kaffe mit Imbiß) 1 Shilling bezahlen lassen, so ist das unter Umständen durchaus nicht zuviel, sondern gegenteils noch billig. Man erhält alsdann auf silbernem Kaffebrett 2 silberne Kannen, mit Kaffe und Tee gefüllt, dazu Butter, Milch, 2 Arten Weißbrot, Zucker (soviel man will) und Eier. Wer in solch Frühstück einzuhauen versteht (und es lernt sich) der sorgt gewissenhaft dafür, daß sein Wirt nicht zum reichen Manne wird. Aber von solchem Frühstück ist hier gar nicht die Rede: man kriegt eine Blechkanne mit trüber, mäßig-starker Lurke gefüllt, – fabelhaftes Zeug das den Namen »Milch« usurpiert, Zucker und Weißbrot, und würde den ganzen Kram mit einem halben Shilling (5 Sgr) über den Kopf bezahlen. ⟨...⟩ Wer sich selbst die Dinge kocht und backt die er nötig hat, der kann hier so billig leben wie irgend wo anders; im ersten Einkauf ist *sehr vieles* wohlfeiler als bei uns und erst die Zwischenhändler, die Ausschnit-ter und Ausschenker, treiben den Preis in die Höh'. – Doch genug davon; mein Brief wird sonst zu praktisch, und meine ganze Praxis ist doch nur Tuerei. So sagt ihr; ob's wahr ist, laß ich dahingestellt sein. –

Meine Tage verbring' ich jetzt in höchster Einfachheit und Regel-mäßigkeit, nicht aus Prinzip sondern aus »*Muß*«. Das wichtigste ist nämlich zunächst, daß ich einzelne Arbeiten an Quehl schicke, und wird das spätestens am Sonntag geschehn. Ihr glaubt gar nicht, wie mich das gedrückt hat und doch weiß ich am besten, daß es nicht eher möglich war. Bin ich diese Last los (d. h. brauch' ich nicht mehr *ausschließlich* dafür zu denken und zu schreiben – denn fortarbei-ten muß ich, aber peu à peu) so beginn ich ein andres Leben und fasse meinen eigentlichen Zweck: »hier was zu lernen« mehr ins Auge. – Ich werde dann Kirchen (d. h. Predigten), öffentliche Ver-sammlungen, Gerichtssitzungen und dergleichen besuchen um mein Ohr mit der Sprache vertrauter zu machen, vielleicht geh' ich dann auch ⟨...⟩ auf ein Paar Wochen nach Brighton. Jetzt in der aus-schließlichen Arbeitsperiode verfahr' ich in folgender Weise: um 8 wach' ich auf; hätt' ich nichts zu tun, so würd' ich aufstehn und Zeitung lesen, – wie die Sachen aber stehn bleib' ich noch 1 Stunde im Bett und überlege und ordne mir den Stoff für meine Aufsätze. Dann 'raus! gefrühstückt; gegen 11 beginne ich zu schreiben und unterbreche mich nur durch Kaminstökerei. Um 3 Uhr bin ich stumpf; ziehe mich an und laufe in die City, teils zum Zeitvertreib, teils um Briefe abzugeben, oder dies und das zu kaufen. Zwischen 5 und 6 krieg ich Hunger und Durst, die ich beide durch ein Glas *Ale* im ersten besten Bierhaus (kostet 1 Sgr 8 Pf) lösche. Dies Bier ist so nahrhaft, daß ich's nun wieder 2 Stunden lang mitansehe. Gegen 7 Uhr bin ich wieder zu Haus und verzehre als dinner zwei Ham-mel-Koteletts mit denen ich heut – weil ich mich fast gebrochen – für immer gebrochen habe. Jeden 3. Tag (weil ich sonst jammervoll verquiente) schlag ich aber über die Stränge und esse im Drurylane-Coffee-house ordentlich. Da kann man sich mit den Hammelkoteletts wieder aussöhnen und Lachs, Hummer, Steinbutte und dergleichen sind geradezu unvergleichlich. Wo nehm' ich aber nun noch Platz her! ich muß doch mein Tagewerk wenigstens auserzählen. Um 8 Uhr fang ich an Briefe zu schreiben und eine kleine Teepause abgerechnet, schreib ich mich ins Bett hinein. Das werd ich dann auch heute tun, lebt alle recht, recht wohl, Gott erhalte Euch und führe alles zum Besten.

Zu Beginn seines Londoner Aufenthalts erwog Fontane, seine Ehefrau nachkommen zu lassen. In den Plänen für das gemeinsame Leben in England fällt die traditionelle Rollenverteilung des Ehepaars auf: Nach Emilies bevorstehender Entbindung würde der Ehemann ein Schlafzimmer für sich allein benötigen. Die Frage stellte sich schließlich aber nicht, denn Emilie übersiedelte nicht nach London.

An Emilie Fontane, London, 31. Mai 1852

Was zunächst den gestrigen Tag angeht, so geriet ich morgens früh auf einen falschen Bahnhof (vor 8 Jahren gingen die Brighton-Züge von *dem* Punkt aus, den ich mit außergewöhnlicher Pünktlichkeit schon $1/4$ Stunde vor Abgang erreichte) und wie wohl ich mich in Trab setzte um den Irrtum wieder gut zu machen, so wars doch vergeblich. Übrigens beteure ich feierlich, daß sich die Sache *so* verhält und daß ich die Zeit nicht verschlafen habe, was vermutlich Dein erster Gedanke gewesen sein wird. Ich fuhr dann nach Richmond, mit dem Omnibus hin und dem Steamer zurück, und verbrachte trotz völliger Einsamkeit einen genußreichen Nachmittag. Die gehobne Stimmung jener Stunden läßt mich diese Zeilen schreiben (in diesem Augenblick bin ich von vielem Laufen leider sehr müde und die *Art* wie ich meine Wünsche und Pläne auskrame wird des poetischen Schwunges entbehren, – vielleicht desto besser!) und mich kurzweg die Worte aussprechen: *wir müssen alles dran setzen, um eine Zeitlang hier leben zu können.* Sieh, ich habe hier jetzt im großen Ganzen eine trostlose Existenz, ich lebe – um Dir durch einen Vergleich eine lange Schilderung zu ersparen – täuschend ähnlich wie Vater in Neustadt und entbehre noch dazu der Mittagsgenossenschaft, die, ob gut oder schlecht, den Alten wenigstens amüsiert.

Nichtsdestoweniger komm ich zu keiner Betrübnis, oder gar zu einem Bedauern über den getanen Schritt – man stürze sich in diesen Menschenstrudel, der sich London nennt und die Seele kehrt frisch, wie aus einem Bade neu wieder zu ihrem Tagewerk zurück. Das Menschenherz trachtet nach Freude; bei uns zu Haus ist die Freude, die wir suchen und finden eine andre wie hier: es fehlen die Kaffe und Teegesellschaften mit ihrem gemütlichen Geschwätz, es fehlen die Morgen-Konzerte und die Saure-Milch-Satten, es fehlt der Tunnel mit seinen guten und schlechten Gedichten, mit seinem Stiftungs- und Eulenspiegelfest, es fehlt das alles und warum soll ich's leugnen, es *fehlt Einem damit gelegentlich wirklich etwas.* Aber wenn die Freude hier andre Kleider trägt so hört sie doch nicht auf Freude zu sein und man muß blind oder ein verbohrter Philister sein, wenn man sie nicht als solche erkennen und sich ihr hingeben will. Nach Richmond fahren durch blühende Felder, während 20 Omnibusse einen Wettlauf machen und Tausende geputzter Menschen dichtgedrängt auf den Wagendächern sitzen, alle froh, alle lachend, denn die City-Kontore und die qualtrigen Gassen liegen hinter ihnen, – dann eintreten in den Richmond-Park, sich lehnen auf das Geländer und hundert Ellen hinunter blicken auf die malerischste Landschaft von der Welt, durch die sich die von Böten wimmelnde Themse schlängelt dann weiter schreiten, das Auge erquicken an dem samtnen Rasen, einatmen den Duft des Weißdorns, sich lagern unter Ginsterbüschen und dann endlich heimkehren auf dem Steamer, der schlank und flink wie ein Fisch durch den Strom hingleitet – *auch das ist Genuß, ist Freude* und hat das Herz nur *einen* Menschen dran es hängt (denn ganz ohne Menschen geht es nun mal schlechterdings nicht) so wiegte solch Nachmittag jede Gesellschaft auf, sie sei noch so gemütlich-deutsch. – Ich lege hierauf so viel Gewicht, weil mich vielfach die Frage beschäftigt hat: wie würde sich Emilie in dies eigentümliche Leben schicken und finden? und weil ich zu dem Resultat gelangt bin: eine Fahrt nach Richmond oder sonst wohin würde Dich von allem Heimweh kurieren, so lang Du noch zwei Augen im Kopfe hast. Aber wie die Übersiedlung ermöglichen? Ich bin entschieden *gegen* einen Verkauf unsrer Sachen, weil man nie wissen kann, wie's kommt, auch betracht' ich England zunächst immer nur noch als *Schule,* ob es mir je was andres wird und mich der Heimat entfremdet, steht sehr dahin. Wir brauchen a) wenigstens 100 Taler zur Übersiedlung; – wenn Mine nicht mitkommt (ich bin sehr dafür *daß sie kommt,* Mädchen sind hier teuer und verwöhnt) 25 Taler weniger. b) 20–30 Taler *direkt* für Deine Entbindung. c) *allermindestens* 50 Taler monatlich. Glaubst Du a. und b. beschaffen zu können?! daß wir c) erhalten, halt' ich nicht für unmöglich wenn ich an Quehl schreibe und Du *persönlich* (nach dem 24.) das Gesuch unterstützt. Nun noch der Hauptpunkt. Wir würden dann hier Chambre garni wohnen; glaubst Du Dich innerlich stark genug das Unbehagliche, Unkomfortable gelegentlich sogar Niederdrückende solchen Lebens zu ertragen?! Wir würden höchstens 3 Stübchen haben: ein Wohnzimmer (nicht voll so groß wie mein Zimmer in der Louisenstraße) ein Schlafzimmer zunächst für Dich und mich, dann nach Deiner Entbindung für mich allein, und ein zweites Schlafzimmer, das dann die eigentliche Kinderstube (so wie auch Minens Aufenthalt) sein würde; dazu eine Küche, *vielleicht auch nicht,* denn man weiß sich hier auch anderweit zu behelfen.

Das Vorstehende hat gewiß wenig Verlockendes: Gêne, Umstände aller Art, mühsames Beschaffen von Geld, Reisestrapazen, Aufgeben – wenigstens zeitweises – mehr oder minder liebgewordner Menschen und Verhältnisse, alles um schließlich in London, einsam und fremd, Chambre-garni zu wohnen und die Suppe vielleicht in der Stube zu kochen. Aber das triste Bild hat auch eine Kehrseite: einmal, wie schon 10fach gesagt, alles das ist nur Schule, ist die mögliche Staffel zu was Bessrem. Der Zauber dieses Londoner Lebens wird auch Dich berühren und Dich immer wieder, wenn Du aus Unmut und Heimweh vergehen willst, Dir selbst und Deiner trübsten Stimmung entreißen. Auch Du wirst dabei *lernen,* reicher an Anschauungen und eigentümlichen Erfahrungen zurückkehren und eine große Rückerinnrung für Dein ganzes übriges Leben haben. Wie wichtig es für *mich* ist, brauch' ich Dir nicht erst zu sagen; kehr' ich Ende August nach Berlin zurück, so war alles wieder *halb,* die Aufgabe die ich mir gestellt, ist in Monaten nicht zu bezwingen. Zum Schluß aber sei noch eins hervorgehoben: ich rechne nicht darauf *hier* mein Glück oder auch nur mein gutes Brot zu finden, aber *es ist doch jedenfalls nicht* unmöglich. Wenn ich erst die Sprache inne haben werde, so wird sich noch manches finden; bedenke, daß man hier nur ein bißchen Wissen und versteht sich wie überall ein bißchen Glück zu haben braucht, so ist der Lehrer fertig, wogegen man in Deutschland immer nach meinem Paß fragen und mir diese Laufbahn verschließen wird.

47

Ziehe alles reiflich in Erwägung. Ich kann Dir hier keine Genüsse versprechen, aber wir sind nun mal auf ein apartes Leben angewiesen und vor allen darauf, rastlos zu probieren wo Frau Fortuna denn eigentlich steckt. Es heißt ja: der Kühne findet sie noch am ehsten.

Im übrigen geniere Dich nicht rund heraus zu erklären: nein! – Ich liebe viel zu sehr die »bequemen Tage« als daß ich außer mir sein sollte, wenn Dein Entschluß mich von hier fortberufen und mir Kämpfe ersparen sollte, die wahrlich nicht wenig Mut und Ausdauer erfordern.

Ende September ging Fontanes Urlaub zu Ende, und am 25. September kehrte er nach Berlin zurück. Am 1. Oktober 1852 nahm er seinen Dienst in der »Zentralstelle für Preßangelegenheiten« wieder auf.

An Friedrich Witte, Berlin, 18. Oktober 1852

Seit dem 25. bin ich zurück, und, um die alte Redensart wieder loszulassen: meine Reise liegt wie ein Traum hinter mir. Ich bin nicht sehr traurig darüber, daß es mit England nichts wurde; ich würde mich dort bei aller Bewunderung, die ich dem *Ganzen* zolle, nie heimisch gefühlt haben, denn der einzelne, auf den man dort zumeist angewiesen ist und in dem einzig und allein der dauernde Reiz des Lebens liegt, läßt dort viel zu wünschen übrig, ja, ich muß es sagen, mehr noch denn hier.

Dazu kommen die Schwierigkeiten einer fremden Sprache. Es ist lächerlich zu behaupten, daß man irgendeine Sprache in 6 Monaten oder gar in 4 Wochen lernen könne, man lernt freilich sprechen, man versteht alles, man kann selbst Reden halten über Cobden und Lord Derby, aber das ist nicht das, was unsereins unter Innehabung einer Sprache versteht. Wir verstehen darunter die völlige Gewalt über dieselbe, und diese zu haben erfordert Jahre; ja, ich wage die Behauptung, daß es von Hunderten immer nur einer zu dieser Meisterschaft bringt, auch wenn er 30 Jahre in Frankreich oder England lebt. Wir Schreiber aber bedürfen dieser Meisterschaft über die Sprache, um uns überhaupt wohl zu fühlen, wir müssen uns mit Leichtigkeit in Assonanzen und Alliterationen ergehen können, wir müssen imstande sein, unser Ohr mit dem Wohllaut eines neuen Reimes zu kitzeln, mir müssen mit der rechten Hand 6 Antithesen und mit der linken 12 Wortspiele ins Publikum schmeißen können, und wo wir das *nicht* können, wo wir's nicht einmal verstehen, wenn's andere tun, da ist nicht unser Boden, da ist nicht unsere Lebensluft, und Heimweh befällt *uns* doppelt. – Nichtsdestoweniger wäre ich gern auf 2–5 Jahre in England geblieben, denn es ist eine unvergleichliche Schule, ist's für jeden und für mich insbesondere. Du weißt so gut, als ich Dir's sagen kann, daß es bei mir in 100 Stücken hapert und daß mich die *halbe* Bildung zur Verzweiflung bringt, die das Kennzeichen und die Lebensgefährtin eines Giftmischers ist. Es ist zu spät für mich, noch einmal auf die Schulbank zu gehen und in Griechisch und Latein nachzuholen, was ich in Tertia und Sekunda versäumte; ich sage, es ist zu spät, und es ist auch nicht nötig. Nur muß ein Äquivalent vorhanden sein, nur muß man ein Gegengewicht in die Schale werfen können, nur muß man tüchtig und gründlich sein in irgendwas. Um deshalb wär ich gern in England geblieben: ich würde mit (für einen Fremden) glänzender Kenntnis der Sprache, der Literatur und der Zustände des Landes zurückgekehrt sein und würde hinfort einen Berg gehabt haben, auf dem ich mich gefühlt hätte wie der Hahn auf seinem Mist. Hierum bin ich gekommen; der Markt deutscher Sprachmeister ist in London durch Konkurrenz ruiniert, und aufs Unsichere hin konnt ich meine Frau nicht zu einer Übersiedelung veranlassen, die uns – neben unendlichen Kosten und Schwierigkeiten – leicht möglicherweise aus dem Regen in die Traufe geführt hätte. – So geht es denn nun hier im alten Geleise weiter, nur insoweit besser, als ich nicht mehr in den Zaum beiße und einem Leben ade gesagt habe, das die Götter mir versagt zu haben scheinen. Ich mühe mich jetzt zu erwerben und bin ruhiger, wenn auch das nicht glückt, denn ich trage dann gewissermaßen schuldlos das mir Auferlegte und fühle nicht mehr den Stachel: du hättest es ändern oder vermeiden können.

Während des Jahres 1853 suchte Fontane seine England-Erfahrungen in Berlin gewinnbringend einzusetzen, indem er Englischunterricht erteilte. Schon im Oktober 1852 hatte er in der »Vossischen Zeitung« inseriert:

Unterricht im Englischen namentlich Konversationsstunden (über englische Literatur und englisches Leben) erteilt ein junger Mann,

der so eben von einem längeren Aufenthalt in London zurückgekehrt ist. Die Stunden 15 sgr., für mehrere Teilnehmer billiger.
Näheres Magazinstraße No 16, 2 Treppen rechts.

Daneben engagierte sich Fontane verstärkt im »Tunnel«, dessen Se-
kretär er von seiner Rückkehr aus England bis zum Mai 1854 war.
Die Arbeit am ersten Band der »Argo«, des neuen Publikations-
organs des »Rütli« (einer Unterabteilung des »Tunnel«), und der
programmatische Aufsatz »Unsere lyrische und epische Poesie
seit 1848« sind die wichtigsten literarischen Unternehmungen
dieser Zeit. Doch die sich abzeichnende Etablierung des Journali-
sten Theodor Fontane erlitt erneut einen herben Rückschlag: Am
14. Oktober 1853 – dem Tag, an dem sein zweiter Sohn Peter Paul
geboren wurde – wurde Fontane aus den Diensten der »Zentral-
stelle« entlassen. In seinem Gesuch um Wiedereinstellung an den
neuen Leiter der »Zentralstelle«, Immanuel Hegel (ein Sohn des
Philosophen), faßt Fontane seine Tätigkeiten der letzten Jahre zu-
sammen.

An Immanuel Hegel, Berlin, 28. Oktober 1853

Unterm 14. d. M. ist mir durch Ew. Hochwohlgeboren die Anzeige
meiner Entlassung aus meinem bisherigen Dienstverhältnis geworden. Diese Entlassung trifft mich hart und wollen es Ew. Hochwohlgeboren der Bedrängnis meiner Lage zu Gute halten, wenn ich in
Nachstehendem den Versuch mache, eine günstigere Entscheidung
Seitens Ew. Hochwohlgeboren herbei zu führen.

Ich wurde im August 1850 durch Herrn Kammergerichts-Rat
v. Merckel für das damalige literarische Kabinett engagiert und ver-
blieb darin bis zur Auflösung desselben, die freilich schon 5 Monate
später erfolgte.

An die Stelle des literarischen Kabinetts trat die Zentralstelle für
Preßangelegenheiten, die ich nicht sofort um Wiederanstellung an-
zugehen wagte, als mit den Personen auch die Dinge, die in der
Presse zu vertreten waren, gewechselt hatten, und meine nun 5 mo-
natliche Dienstzeit mir keinen genügenden Anspruch auf weitere
Beschäftigung zu geben schien.

Ich machte vielmehr eine Immediat-Eingabe an Seine Majestät
den König, und mich auf ein Interesse stützend, das Allerhöchstder-

selbe bei verschiedenen Gelegenheiten für meine poetischen Arbeiten an den Tag gelegt hatte, bat ich ihn mich zur Erreichung einer gesicherten Existenz auf irgend eine Weise behülflich zu sein. Seine Majestät der König hatten die Gnade eine Kabinettsordre zu erlassen worin ich dem Ministerium des Innern aufs dringendste zur Berücksichtigung empfohlen und meine Unterbringung auf irgend eine Weise, als Sein entschiedener Wunsch bezeichnet wurde.

Teils diese Kabinetts-Ordre, teils persönliche Beziehungen, in die ich – um dieselbe Zeit – zu dem damaligen Chef der Zentralstelle Herrn Dr. Quehl trat, bewirkten meine Wiederanstellung im November 1851 und blieben in Wirksamkeit bis zum Eintritt von Ew. Hochwohlgeboren.

Meine Tätigkeit innerhalb dieser zwei Jahre aber war folgende: ich korrespondierte bis zum 1. April 1852 für kleinere, von der Zentralstelle aus zu unterstützende Blätter, namentlich für das Danziger Dampfboot, die Erfurter Zeitung, so wie später für die Heidelberger und mittelrheinische Zeitung. Am 2. April desselben Jahres ging ich nach London, und wiewohl meine Reise dahin auf mein spezielles Gesuch geschah, darf ich doch andrerseits versichern, daß eine Reihe von »Londoner Briefen« – ganz äußerlich nach ihrer Zahl und Ausdehnung beurteilt – nicht hinter dem Gehalte zurückblieb das ich damals, wie jetzt, von der Zentralstelle bezog. – Im Oktober 1852 von England zurückkehrend, trat ich wieder in mein früheres Verhältnis ein und korrespondierte in der oben angegebenen Weise bis zu Neujahr 1853. Um diese Zeit erhielt ich die Revision der Preußischen Ztng.; ein Abend- und Nachtdienst, der meinen Wünschen mehr denn jeder andre entsprach, aber die Kräfte meiner nicht allzu festen Gesundheit überstieg und mir eine katarrhalische Lungenaffektion zuzog, die im Mai, bis zu den unverkennbarsten Anzeichen der Abzehrung gediehen war. Ich kam um Urlaub ein, erhielt ihn, unterzog mich während zweier Monate einer Brunnen- und Molkenkur, genas ersichtlich – selbst über eignes Erwarten – und stellte mich am 1. August wieder zur Verfügung meiner Behörde.

Direktor Quehl's Ausscheidung war damals schon im Werke, so wurde mir der Bescheid: die Ernennung eines neuen Chefs abzuwarten, der über die Verwendung meiner Dienste entscheiden werde. Sie kamen und – beschlossen meine Entlassung.

Gestatten Sie mir, hochgeehrter Herr, auf drei Punkte in Vorstehendem Ihre besondre Aufmerksamkeit hinzulenken: auf die nun 3jährige Dauer meiner Beschäftigung innerhalb der ministeriellen Presse, – auf die Kabinettsordre Sr. Majestät des Königs, – und auf die Krankheit die ich mir, ohne irgend ein Verschulden, lediglich in Erfüllung meines Dienstes zugezogen habe.

Auf diesen Umstand leg' ich um so größeres Gewicht, als er es, leichtmöglicherweise, gewesen sein könnte, der zur unmittelbaren Ursach meiner Entlassung geworden ist. Andre sind, während meiner Krankheit, an meine Stelle getreten und mit Arbeiten betraut worden, die mir bis dahin oblagen. So hat sich allmählich die Ansicht meines Überflüssigseins, schließlich sogar die Unmöglichkeit meiner weitren Beschäftigung ergeben, die vielleicht nicht eingetreten wäre, wenn man mich als einen Beurlaubten (der ich war) und nicht als einen Ausgeschiedenen betrachtet hätte.

Möglich daß dabei Fehler meiner Seite begangen sind und daß eine gewisse Scheu und Zurückhaltung mich *außerhalb* eines Kreises eine Stellung nehmen ließ, *in* den ich gehörte, und daß ich – eine Berufung abwartend, die nicht kam – durch eigne Schuld zu einem Fremden geworden bin.

Indem ich mich jedoch versichert halte, daß Ew. Hochwohlgeboren mir dies Benehmen nicht zum Schlechten deuten werden, verbleib' ich Ihrer geneigten Antwort entgegensehend, Ew. Hochwohlgeboren

ganz ergebenster

Th. Fontane

Dieses Gesuch blieb zunächst ohne Resonanz; am 7. Dezember 1853 hat Fontane es wiederholt. Diesmal hatte er Erfolg: Am 1. Januar 1854 konnte er die Arbeit in der »Zentralstelle« wieder aufnehmen.

Zu den neuen Bekannten, die zu Anfang der fünfziger Jahre in Fontanes Lebenskreis traten, gehört auch der Husumer Dichter Theodor Storm, der seit 1853 als Assessor am Kreisgericht in Potsdam tätig war und bald zu einem gerngesehenen Gast im »Tunnel« und vor allem im »Rütli« wurde. Fontane hat Storm besonders als Lyriker geschätzt. Seine Kritik an der »Husumerei« Storms, an der »Provinzialsimpelei«, die sich »mitunter bis zum Großartigen« steigere – so Fontane in »Von Zwanzig bis Dreißig« –, bezog sich stets auf Storms Lebensform; sie deutet auf die grundsätzlich ver-

schiedenen Charaktere der beiden Autoren, deren Gegensätzlichkeit ein Grund dafür ist, daß es nie zu einer rückhaltlosen Freundschaft zwischen ihnen kommen konnte. Dennoch blieben sie – wenn auch mit großen Pausen – bis kurz vor Storms Tod im Jahre 1888 miteinander im Briefwechsel. Einen Eindruck von den unterschiedlichen Lebensauffassungen der beiden Männer gibt ein brieflicher Disput über einige etwas anzügliche Bemerkungen Fontanes. Am 24. Juli 1854 schreibt Storm an Fontane:

Sie haben, liebster Fontane, neulich einen Stein zwischen uns geworfen, und ich – mit Ihrer Erlaubnis – habe Sie zu lieb, um meinerseits nicht den Versuch zu machen ihn aus dem Wege zu bringen.

Schon mehrfach hatte ich früher erfahren, und ich meine, ich habe es wenigstens halbwege gegen Sie ausgesprochen, wie Sie über manches meinem Gefühle nach Unantastbare, z. B. über Verhältnisse zu Ihrer Frau sich gegen Dritte nicht allein äußerten, sondern auch in einer Weise, die ich anfänglich mit Ihrem edlen getragenen Wesen nicht vereinigen konnte. Ich habe oft darüber gedacht; ich brachte es unwillkürlich mit einer Äußerung über Sie in Verbindung, wo einer, als gesagt wurde »Fontane hat eine vornehme Persönlichkeit« erwiderte »Nein, er hat die Persönlichkeit eines feinen Schauspielers.« Mißverstehen Sie das nicht; es war nichts Unlauteres dabei. – Dann habe ich mich wohl auch gefragt, ob denn die Begeisterung notwendig mitunter an sich selbst verzweifeln, ob denn der Pathos notwendig mitunter den Katzenjammer kriegen, und sich an den unsauberen Orten von seinem Rausche erholen muß; ich habe mir auch gedacht – und dann hätt' ich Ihre Hand fassen mögen – es ist eine Desperation über seine kümmerlichen Lebensverhältnisse.

So vielleicht kamen Sie denn auch dazu, als wir neulich abends zusammen von Kuglers kamen, einer, meiner Frau gegenüber, ⟨…⟩ alle Rücksicht ⟨…⟩ abzustreifen, und die unbarmherzigsten Zweideutigkeiten und Nuditäten vor ihr auszuschütten ⟨…⟩.

Ich habe mit Ihnen gegrollt; ich bin sehr zornig auf Sie gewesen; meinet , Ihret , unsrer aller wegen. Daß Sie dadurch dem sonst so erfreulichen Aufenthalt bei Ihnen eine starke Quantität Unbehaglichkeit beimischen, davon will ich nicht grade reden; aber Sie haben etwas gestört, was sich nicht leicht so ganz wieder herstellen läßt – das Gefühl der Neigung, des sicheren Vertrauens, mit dem so oft und mit besondrer Vorliebe grade Ihrer bei uns gedacht wurde. Sie werden vielleicht sagen, ich sei zu heikel in diesen Dingen. Das aber werden Sie nicht sagen können, wenn Sie sich erinnern, was Sie an jenem Abend alles gesagt haben.

Wenn Sie nun weiter alles herzliche Entgegenkommen und alle Freundlichkeit bedenken, die ich seit dem Augenblick unsrer ersten Bekanntschaft von Ihnen empfangen habe, und ferner, wie wert und lieb Sie mir sind, so begreifen Sie, daß ich hier nicht schweigen konnte; was ja denn überall nicht taugt.

Und nun schreiben Sie mir ein gutes Wort, und – bleiben wir die Alten!

Fontane antwortet postwendend am 25. Juli 1854 mit einer Entschuldigung und einer Selbstcharakteristik.

»Mich schuf aus gröbrem Stoffe die Natur!« Ich kann Ihnen nicht leugnen, daß ich mich heut früh nach Eintreffen Ihres Briefes bei apart guter Laune befunden habe. Schon dafür bin ich Ihnen dankbar; aber auch dafür, daß Sie mir Gelegenheit geben, Ihnen und Ihrer lieben Frau meine freundschaftliche Hochachtung zu versichern und mein Bedauern darüber auszudrücken, daß im Übermut ausgesprochene Worte Sie beide verletzt und irre an mir gemacht haben. »Man soll nicht Anstoß geben« ist eine jener Regeln, mit denen auch ich es halte, wiewohl ich im allgemeinen einer von der Opposition bin und die Ausnahmen liebe. Seien Sie versichert, daß ich hinfort mehr auf meiner Hut sein und Bemerkungen verschlucken werde, von denen ich jetzt weiß, wie Sie sich dagegen verhalten.

Nach dieser gründlichen Revozierung und Abbitte (der eine wahre Gedächtniskasteiung vorausgegangen ist, um die corpora delicti noch wieder ausfindig zu machen) bitt' ich, es mir nicht als norddeutsche Dickköpfigkeit auszulegen, wenn ich bei aller Nachgiebigkeit im Einzelfall doch aufs bestimmteste erkläre, gerade so bleiben zu wollen, wie ich bin, und mir nicht einen Charakter wegdisputieren oder wegratschlagen zu lassen, der seine sittliche Berechtigung hat trotz einem. Ich habe nicht Lust, hier den deutschen Biedermann par excellence zu spielen, aber ich darf mit gutem Gewissen behaupten, daß ich von Natur offen, ehrlich, unverstellt und ein lebhaftes, unterm Einfluß der Minute stehendes Menschenkind bin. Ich hab es noch immer nicht gelernt, mich im Zaume zu halten.

Ich lache und weine noch im Theater, wenn die Situation komisch oder rührend ist. Ich bin noch so dumm (wenn meine Frau – schon wieder! – nicht dazwischenkommt), meinen letzten Groschen zu teilen, und ich platze auch mit einer Zweideutigkeit heraus, wenn mir gerade danach zumute ist. Ich habe hinsichtlich meiner Taten und Worte eine große Unbekümmertheit, und von meinen Worten möcht ich gelegentlich sagen: sie haben mich. Wenn ich nun so die Menschen um mich her ansehe, kann ich aus ihnen nicht abnehmen, daß ich gut täte, meinen alten Adam auszuziehen und mir den modernen anständigen Menschen zuzulegen. Ich weiß, was es mit dieser Anständigkeit auf sich hat. Ich halte Ihnen gegenüber mit der Bemerkung nicht zurück, daß ich auf meine Anständigkeit geradezu poche, daß ich den Plunder des *sogenannten* Anstands je nach Laune verachte oder verlache, und daß alles, was ich tun kann, einzig darin besteht, mich im Verkehr mit den Menschen zu akkommodieren. Dies wird Frau Klara Kugler gegenüber (die mir durch Eggers sagen ließ: ich dürfe nicht mehr über meine Frau und meine Ehe – die übrigens beide gar nicht so übel sind – wie bisher sprechen) hinfort der Fall sein. Ein gleiches gilt von heut ab von der Familie Storm. Sollte aber meine Natur stärker sein als meine Vorsätze, und sollten immer wieder Verstöße mit drunterlaufen, so würde mir nichts andres übrig bleiben, als mich aus Kreisen zu verbannen, für die ich zu roh und ungeschliffen bin. Mein lieber Storm, ich denke so: man soll jede an sich berechtigte Natur (und als solche werden Sie die meinige wohl anerkennen) gelten und gewähren lassen und selbst vor gewissen Konsequenzen solcher Natur nicht erschrecken. Es gibt *notorische* und *fragliche* Unanständigkeiten. Jene werd' ich nie begehn, diese sehr oft. Glauben Sie doch nicht, daß um die letztern irgendwer glücklich herumkomme. Grete Heyse ist außer sich, daß Bodenstedt von »ihrem kleinen Leibchen« gesprochen hat, und doch sagte Paul Heyse in einer Damengesellschaft bei Merckels von einer Dame: das Frauenzimmer ist ja nur Kopf und Popo. Einzelne Ihrer schönsten Liebesgedichte werden unanständig gefunden, und ein leises Entsetzen, das noch immer vibriert, lief durch das ganze Königreich Kugler und die angrenzenden Ortschaften, als Sie von Frau Klara ein Zimmer verlangten, um »Ihrer Frau die Milch abzunehmen«. Man hat das sehr unanständig gefunden; ich find' es ganz gemütlich. Sie wollen daraus ersehn, daß, wie in tausend Dingen des Lebens, so auch hier man mit sich selbst im reinen sein und hinterher sich aus der Auffassung der Menschen nicht allzuviel machen muß. Man wird je nach den Personen, mit denen man verkehrt, sein gesellschaftliches Betragen in Einklang mit deren Wünschen und Anschauungen zu bringen haben, aber im letzten wird man bleiben, wie man ist, bevor einem nicht das Einsehn kommt, daß dies »Sein« eigentlich nichts taugt.

Storm gab sich mit diesen Ausführungen jedoch noch nicht zufrieden und setzte den Streit in seinem nächsten Brief vom 5. August 1854 fort, wobei er auch die Äußerungen Fontanes zitiert, die ihn so verärgert hatten:

Nun sind wir ja noch mit unsrer Debatte, der schriftlichen nicht fertig; und zu Ende muß doch alles in der Welt, sogar wir selber, so unsterblich wir übrigens auch sein mögen.

Also – Sie mögen in vielem, was Sie geschrieben recht haben, nur darin nicht, daß Sie zwei so unbefangene Menschenkinder ⟨...⟩ zu den Prüden werfen wollen, und vor allem darin nicht, daß Sie Redensarten wie:

Nun will er sich die unglückliche Liebe mit Baden und Turnen kurieren; die könnte er sich ja auf eine viel leichtere und bequemere Weise vertreiben!

oder:

In den Schoß weinen! – Nä, *dazu* ist ein Schoß nicht da!

einer Frau gegenüber *nicht* zu den *Notorischen* zählen. Ich will getrost ein Geschworenengericht von Tausenden aufstellen lassen, und – es gehe um meine rechte Hand – Sie sollen einstimmig verurteilt werden.

Fontane antwortet noch am selben Nachmittag; danach erwähnen beide in ihren Briefen die Auseinandersetzung nicht mehr.

Was den streitigen Punkt zwischen uns angeht, so brenn' ich eigentlich darauf mit Ihnen darüber zu sprechen. Ich geb Ihnen gern zu, daß solche Reden nicht »keusch« sind, aber sie sind nicht »unanständig«. Vielleicht führt unsre Unterhaltung zu folgendem Kompromiß: es hängt alles von dem Ohr ab, das hört. Die Jungfräulichkeit wird beleidigt, aber die alleranständigsten Frauen haben ihre Freude dran.

Ich kann Ihnen die Beispiele zu Dutzenden geben; andrerseits geb ich Ihnen zu, daß Berlin und der märkische Sand die wahre hohe Schule der Zweideutigkeit ist und das was andren Orts Anstoß erregt, hier mit herzlichem Lachen aufgenommen wird. Ländlich sittlich – oder auch unsittlich. Es liegt Stoff für eine lange und wie ich glaube interessante und nicht unfruchtbare Unterhaltung vor.

Seinen besonderen Interessen entsprechend wurde Fontane im Dezember 1854 mit dem Lektorat der englischen Zeitungen betraut und im Sommer 1855 gar nach England entsandt, um dort eine regierungsfreundliche »Deutsch-Englische Pressekorrespondenz« aufzubauen und die Auswertung der englischen Presse vor Ort vorzunehmen. Eine Einrichtung dieser Art, die Pressekorrespondenz von Max Schlesinger und Jakob Kauffmann, bestand bereits seit 1850, war der preußischen Regierung aber zu demokratisch eingestellt. Ludwig Metzel, der direkte Vorgesetzte Fontanes in der »Zentralstelle«, hatte ihn am 19. August 1855 für die Aufgabe empfohlen:

Als der geeignete dazu erscheint mir der pp. Fontane, welcher eine ansprechende Persönlichkeit hat und wenn gleich als politisch durchgebildet nicht betrachtet werden kann, so doch soviel allgemeine geschichtliche Kenntnisse, sprachliche Fertigkeit und in Folge zweimaliger längerer Anwesenheit in London Personal- und Ortskunde besitzt, daß das Unternehmen Aussicht auf Erfolg durch seine Mitwirkung bietet.

Am 10. September 1855 traf Fontane zu seinem dritten, längsten und letzten Aufenthalt in London ein. Gleich nach der Ankunft schreibt er an seine Frau Emilie:

My dear Lady.
Vor zwei Stunden sind wir mit der »Counteß of Lonsdale«, einer Gräfin, die sich ihrer Wanzen halber wahrhaftig schämen sollte, bei London-Bridge glücklich angelangt, und nachdem mir vom Steuerkontrolleur drei Bände Vanity Fair (mit meinen herrlichen Randglossen) als Nachdruck konfiziert worden sind und ein Bootsjunge für eine Fahrt von fünf Minuten mich noch extra um vier Schillinge geprellt hat, bin ich mit Hilfe eines Cabkutschers durch meine Lieb-

lingsstraße Moorgate Street bis Finsbury Square gerollt und mache nach stattgehabter, äußerst notwendig gewesener Säuberung, von meinem bedroom aus (der eine Hundehütte ist wie alle englischen Bedrooms) den schwachen Versuch, Dir einige Zeilen zu schreiben.

In der Tat »einen schwachen Versuch«; denn es saust und braust mir noch immer im Kopf und Du mußt für heut die allerbescheidensten Ansprüche machen. Ich lebe also noch! was mir erstens sehr lieb ist und zweitens gar nicht so sicher von mir erwartet wurde. Als Du mich am Freitag früh wecktest, war ich gerade mit einem Traum beschäftigt, der aus einem sinkenden, wassergefüllten Schiff und einem zerbrochenen Steuerruder bestand. Ich schwieg natürlich, weil ich Dich nicht ängstigen wollte, aber es war mir keineswegs gleichgültig, geschweige angenehm. Die Details meiner Reise erfährst Du morgen; heute nur noch soviel, daß die Überfahrt au fond eine glückliche war, dennoch aber mich aufs äußerste mitnahm. Für den, der nicht seekrank wird, ist die Wasserreise angenehmer, jeder andre ist ein Tor, wenn er über Hamburg geht. Auch in bezug auf die Kosten waltet kein großer Unterschied. So mußt ich z. B. fast £ 1 für Beköstigung bezahlen, wiewohl ich in den sechsundfünfzig Stunden nur einmal gefrühstückt, ein halbmal Mittag gegessen und vier Flaschen Sodawasser getrunken habe. Die Geschichte konnte höchstens vier bis fünf Schillinge kosten, nichtsdestoweniger wird einem eine wackre Rechnung geschrieben und man bezahlt sie. Auf meinem Schmerzenslager am Sonnabend und die folgende Nacht hab ich Eurer viel gedacht und Euch auf Eurer Reise, so wie auch zu Bett begleitet. Ich wünsche von Herzen, daß es Euch gut gehn und Du Dich recht sehr erholen mögest. Was mich angeht, so bin ich in diesem Augenblick zwar sehr wohl, aber auch ebenso aufgeregt. Unterwegs hatt ich einen ordentlichen Graul vor London, als ich aber heut durch dies Riesentreiben wieder hindurch oder dran vorüberfuhr, da ging mir doch wieder das Herz auf und aller Groll war vergessen, wie beim Wiedersehn einer geliebten Person, mit der man eine Zeitlang verknurrt war. Die Verstimmung wird auch wiederkommen.

An Emilie Fontane, London, 14. September 1855

Ich kann in gar keiner besseren Stimmung an Dich schreiben; ich bin nämlich ein bißchen fißlich und lache in einem fort. Was doch ein Glas Grog alles machen kann, und noch dazu aus dem philiströsesten Menschen von der Welt! Denn im Grunde bin ich doch nur ein Philister. – Mein augenblicklicher Zustand, der eigentlich mehr auf Boxen, Tanzen, Kopfstehen usw. aus ist als auf Briefe schreiben, hat folgende Entstehungsgeschichte. Ich habe mich gestern im Prinzeßtheater (König Heinrich VIII. [Shakespeare] wurde gegeben) etwas erkältet und kam vor einer Stunde ⟨…⟩ auf den glücklichen Gedanken, Grog zu trinken. Der Oberkellner, ein kapitaler Kerl, meinte, er wolle mir ein Glas mit einem Segensspruch (der sein Privateigentum sei) zusammengießen – vor solchem gefeiten Grog risse jeder Schnupfen aus wie Schafleder. Natürlich bat ich ihn, das Seine zu tun, aber der ganze Segensspruch scheint in nichts anderm als in einer doppelten Ladung Rum bestanden zu haben und so schreit' ich denn auf dem schlüpfrigen Pfade der Besoffenheit der Genesung entgegen. O, dieser himmlische Zustand! Was wäre mir jetzt nicht alles gleichgültig? Ob ich hier eine neue Zeitung begründe oder wieder für die harmlose Westfälische von Berlin aus korrespondiere, ob ich ein berühmter Mann werde oder im großen Haufen rettungslos verloren gehe, ob ich Manteuffeln befriedige oder zur Verzweiflung bringe, ist mir alles ganz gleichgültig, und es ist in der Tat der größte Beweis meiner Liebe zu Dir, daß ich selbst in diesem meinem seligen Zustand noch eine besondere Freude an Dir habe und wohl wünschte, Du säßest vor mir und könntest Dich über diese harmlose, leider flüchtige Ausgelassenheit Deines endesunterzeichneten Mannes ärgern oder freuen, oder beides zugleich. Was macht mein kleines Georgechen? Bewundern ihn die Leute in seinem schottischen Kittel, oder ist er so ungezogen, daß alle Bewunderung aufhört? Ich denke oft an Euch, auch nüchtern, und mit herzlicher Freude, und bin ordentlich überrascht, daß Du mir doch mehr fehlst als der Junge. Du wirst an dieser Stelle vielleicht weinen und ausrufen: »Wenn er nüchtern ist, sagt er mir so etwas nie!« Aber finde darin Deinen Trost, daß in der Unbewachtheit des Rausches der eigentliche Mensch erst zutage tritt, und freue Dich über diese Geständnisse, selbst wenn sie Dir Tränen kosten. Nun aber sei es genug. Die Tischglocke (die hier in einem großen kupfernen mexikanischen Schilde besteht, dessen Töne immer an den 1. Akt von Ferdinand Cortez erinnern) wird bald rufen, und so sei denn abgebrochen, um auf dem nächsten Bogen einer nüchternen Betrachtung Raum zu lassen.

Die Arbeit in London, fern von der Familie und ganz auf sich allein gestellt, ist Fontane nicht immer so leicht gefallen, wie es dieser in etwas angeheitertem Zustand geschriebene Brief vermuten lassen könnte. Schaffenskrisen bleiben nicht aus. So schreibt Fontane am 6. Dezember 1855 an Bernhard von Lepel:

Ich bin kaputt. Es geht über meine Kraft. Ich büffle. Von London seh und hör' ich nichts. Ich leb' hier gerade so wie in Letschin. Ich mache bis 6 Uhr eine Zeitung, esse, schreibe Briefe, arbeite weiter und geh um 2 zu Bett. Das ist mein Leben. Es *muß* anders und besser werden. Dem Rütli für seine prächtigen Briefe und Porträts meinen schönsten, herzlichsten Dank. Ich bezweifle, daß ich in den nächsten 4 Wochen Gelegenheit finde ihn speziell auszusprechen. ⟨...⟩ Was aus mir hier wird, mögen die Götter wissen; ich weiß nichts.

Ende März 1856 wird die »Deutsch-Englische Pressekorrespondenz« wegen Unrentabilität eingestellt, Fontane bleibt jedoch als halbamtlicher Presseagent in London. Im September und Oktober 1856 unternimmt er eine Reise auf den Kontinent, die ihn nach Berlin, Bamberg, München, Mannheim und Paris führt. Aus Paris schreibt er am 14. Oktober 1856 an seine Frau:

Seit heut' früh fünf Uhr bin ich hier. Das Großartigste, was ich von Paris bis jetzt gesehn habe, ist das Hotel, in dem ich wohne. Im übrigen läßt sich mein Entzücken halten. Etwas mag an meiner Stimmung liegen, aber nicht alles. Es kommt mir alles so räuberhaft vor; eine Unmasse konfiszierter Gesichter, und bei aller Pracht und Schönheit doch auch furchtbar viel Plunder. – Mein Entzücken wird schwerlich sehr wachsen. Die Größe der Stadt imponiert mir nicht, denn gegen London ist es ein Quark; die Kinkerlitzchen und »geschmackvollen Arrangements« aber lieb' ich nicht, wenn sie nicht mehr sind als Schein. Für 20 Francs kann ich nicht essen, einmal weil ich das Geld nicht dazu habe, und zweitens, weil es *allein* nicht schmeckt; und was nun gar die Kneipenwirtschaften und das geputzte Elend angeht, so hab' ich ein Grauen davor und wollte, ich hätte die pflichtschuldige Besichtigung dieser Sehenswürdigkeiten hinter mir. So bleiben denn nur die Kunstschätze, und von ihnen hoff' ich das Beste. Es ist sehr unwahrscheinlich, daß ich 14 Tage hier bleibe, länger gewiß nicht.

*Am 23. Oktober 1856 kommt Fontane wieder in London an. Die Un-
zufriedenheit mit seiner Situation, vor allem der gesellschaftlichen
Isolation, verstärkt sich weiter. An Emilie schreibt er am 1. November 1856:*

Ich bin nicht verstimmt, nicht traurig, in diesem Augenblick sogar
still-zufrieden, aber ich muß doch sagen – es ist von einer unglaublichen Tristheit. Ich bin absolut ohne allen geistigen Verkehr, und es
wird immer schlimmer. 〈…〉 Ich bin fest entschlossen, mir an meiner Stellung und meinen Jahren nicht länger etwas zu vergeben; ich
will nicht jedem jungen Menschen länger die Cour machen, und
wenn das zu absoluter Einöde führt, so werd ich sie ertragen. Dies
würde mir gar nicht so schwer werden, wenn ich bessre Nerven
hätte; ich kann es beschwören, daß es mir jetzt eine wahre Freude
ist, von morgens früh bis abends spät zu schreiben und zu lesen,
aber – ich kann es nicht aushalten. Ein paar Tage geht es, aber dann
bin ich wie im Fieber, muß mich ausruhn und weiß dann in diesen
Ruhestunden nicht, was ich anfangen soll. Stilles, harmloses, unbe-
deutendes Geplauder, das einem so wohl tut und die Stunden hin-
bringt, kann ich mir nicht verschaffen. Die Abende sind so lang, und
in die Clubs kann ich nicht, weil – der Rock fehlt.

*Obwohl Fontane nicht unbedingt ein Familienmensch ist, fehlen
ihm Frau und Kinder doch sehr. An seinen knapp sechsjährigen
Sohn George schreibt er am 25. Januar 1857:*

Deine Bleistiftzeichnungen sind mir gestern zugegangen und
haben mich sehr erfreut. Die Vieren sind von der äußersten Por-
trätähnlichkeit und berechtigen zu den schönsten Hoffnungen.
Werde unter den Malern, was Dein Vater unter den Dichtern
ist, und Du wirst als Nachtwächter Dein gutes Brot haben. Den Pre-
diger, den Du gezeichnet, würd' ich gewiß als solchen erkannt haben, wenn er nicht einem Wickelkinde ähnlich sähe. Vielleicht ist
das ein feiner Gedanke von Dir, eine Schelmerei; Du betrachtest die
Geistlichen als Wickelkinder des lieben Gottes, während wir andern
wild aufwachsen oder schief gewickelt sind. – Im Baumschlag bist
Du glücklich; Du malst ihn, eh' er da ist und gibst statt dessen eine
einzige Knospe, die, nach ihrer Dicke zu schließen, die ganze Pracht
des Frühlings enthält. Niemand kann Dir beweisen, daß die Blätter,

die darin verborgen sind, nicht alles aus dem Felde schlagen, was die Landschaftsmalerei bis jetzt geleistet hat. – Eine besondre Aufmerksamkeit hast Du dem »Hotel« gewidmet, was ich nur billigen kann. Der Rauch steigt aus zwei Schornsteinen in die Höhe und läßt auf eine gute Küche schließen. Flasche und Glas stehn auf der Straße und scheinen anzudeuten, daß der Wirt ein splendider Mann ist, der nicht blaß wird, wenn sein Gast einen Teller zerbricht. Die beiden Bäume, von denen der eine im zweiten Stock, der andre gar sich auf dem Dach befindet, sind mir nicht völlig klar; doch muß denn alles klar sein? Dummes Zeug! Alles Große hüllt sich in Dunkel, und alles Dunkle (nur muß es *sehr* Dunkel sein) darf auf die Größe pochen, die sich in ihm verbirgt. Wir wollen mündlich unsre Gedanken über diesen Gegenstand austauschen.

Empfiehl mich Deiner Mama und Großmama sowie auch dem kleinen Theodor und harre aus in der Kunst.

Nachdem Fontane mit einer Verfügung des preußischen Ministerpräsidenten Manteuffel vom 27. Juni 1857 für drei weitere Jahre als politischer Korrespondent in London verpflichtet wurde, übersiedelte Emilie Fontane mit den beiden Kindern nach London, wo sie am 27. Juli 1857 eintraf. In einem ausführlichen Brief an Henriette und Wilhelm von Merckel vom 23. August 1857 gibt Fontane eine anschauliche Schilderung seiner Wohnung in 52 St. Augustine Road, Camden Town:

Zu was Bessrem könnte man wohl einen englischen Sonntag verwenden als zur Unterhaltung mit fernen, lieben Freunden! Kanzelberedsamkeit oder wohl gar jenes Schmoren in der Sonne, das man Landpartie oder Sonntagsvergnügen zu nennen pflegt, haben mich schon in der Heimat selten aus meinen 4 Pfählen gelockt; wie könnt es hier anders sein, wo der anglikanische Geistliche sein Exerzitium *abliest* und die feiste Gottseligkeit des reichgewordenen Speckhökers einen mit Hochachtung vor all den ehrlichen Leuten erfüllt, die sonntags vormittag lieber eine Havannazigarre als die Heiligkeit einer englisch-frommen Versammlung riechen. Was die Sonne und das Gebackenwerden angeht, so ist kein Unterschied zwischen Greenwich und Pichelsberg, nur hat mans billiger bei uns. Fahrt nach Greenwich, mit Frau und George, inklusive Mittagbrot, 15 Taler; Fahrt nach Pichelsberg, inklusive Aal und Gurkensalat, höchstens 1 Taler 17 ½ Sgr. Das Vergnügen verhält sich zueinander *umgekehrt* wie die Preise, und doch hab ich der Verlockung von Pichelsberg jahrelang widerstanden.

Noch einmal, es wird einem leicht, einen englischen Sonntag am Schreibtisch zuzubringen, doppelt leicht, wenn man, nach jahrelangem Entbehren aller Häuslichkeit und ihrer selbst von mir nicht bestrittenen Reize, mal wieder sein Eigen um sich hat, noch dazu ein Eigen so hübsch und so comfortable wie 52 St. Augustine Road und alles, was es umschließt.

Seit 14 Tagen sind wir nun hier und freuen uns unsrer luftigen und geräumigen Zimmer, unsrer Küche und unsrer Bedienung um so mehr, als die ersten Wochen, die wir mit einem kranken Kinde und unter beständigem Ärger in meinem alten Chambre garnie verbringen mußten, nichts weniger als angenehm waren. Bei dem herzlichen Interesse, das Sie an unsrem Wohl und Wehe nehmen, darf ich Ihnen wohl eine ausführliche Beschreibung unsres Hauses und unsrer Lebensweise geben.

Camden Town ist eine der im Norden gelegenen Vorstädte von London. Das Terrain steigt hier an, weshalb der ganze Stadtteil zu den gesundesten zählt; das Wasser läuft ab, keine Feuchtigkeit; im Winter, glaub ich, ein wenig kalt. Weil hoch gelegen, hat man schöne Aussichten auf London selbst; nach der entgegengesetzten Seite hin haben wir die schönen Höhedörfer Hampstead und Highgate ganz in der Nähe. Unser nächster Nachbar ist Copenhagen Fields, der neue riesige Viehmarkt von London (früher in Smithfield) und eine der Sehenswürdigkeiten der Stadt. Wenn ich »nächster Nachbar« sage, so meint das immer noch in ehrfurchtsvoller Entfernung; denn die Nähe von Viehmärkten kann mißlich sein.

Unser Haus besteht aus 3 Etagen, ein Souterrain, ein Hochparterre und ein Eine-Treppe-hoch. Zwei-Fenster-Front wie fast alle englischen Häuser. Die Vorderfront des Hauses ist gefällig: flaches Dach, der Abputz von graubrauner Farbe, die Fenster breit mit venezianischen Blenden; eine 12 Stufen zählende Sandsteintreppe, zu einem pfeilergetragenen Vorbau führend, aus dem man dann in den Flur (Hochparterre) des Hauses tritt. Vor dem Hause ein kleiner Blumengarten von der Größe einer 2fenstrigen Stube, hinter dem Hause ein Rasenplatz zum Spielen für die Kinder und zum Wäschetrocknen; das Ganze den *einfacheren* und kleineren jener Sommerwohnungen nicht unähnlich, denen man in der Tiergartenstraße oder auf dem Wege nach Schöneberg zu begegnen pflegt. Der Unterschied zugunsten unsrer Berliner Villen bleibt immer der, daß dieselben meist einen individuellen Charakter tragen, während englische Vorstadtsstraßen aussehn wie eine ausgepackte Schachtel Nürnberger Spielzeug, *bevor* das letzte bunt angepinselt ist. Alles ganz gleichmäßig; die Häuser nur durch ihre Nummer unterschieden. Bei uns kann ein Mensch auf seine Wohnung stolz sein, ohngefähr so, wie man vor 200 Jahren auf Tracht und Kleidung stolz sein konnte. Alles war charakteristisch, der Ausdruck des Individuums. Welcher vernünftige Mensch ist heutzutage noch auf die schwarzen Beinkleider stolz, die er trägt? A. und B. und C. tragen ganz dieselben. So ist es hier mit den Häusern; wie man 10- und 8- und 6-Taler-Hosen hat, so hat man 80- und 60- und 40-£-Häuser, nicht die *einzelnen* unterscheiden sich, sondern nur die *Gruppen*. Wir haben ein mittelgutes (60 £ mit Abgaben), wie es sich für uns geziemt; seiner innern Einrichtung nach nähert es sich schon den guten. Das Souterrain besteht aus Küche und Speisezimmer, gewöhnlich breakfast-parlor geheißen. In demselben nehmen wir unsren Tee und unser Mittagbrot. Es ist bis jetzt noch sehr einfach in seiner Einrichtung, wird sich aber verbessern, sobald sich unsre Kasse einigermaßen erholt hat. Die Küche ist groß und hübsch; daneben ein kleines Waschhaus; kaltes und warmes Wasser immer zur Hand. Zwei Speisekammern und ein Kohlenkeller beschließen das unterirdische Reich. Das Souterrain hat übrigens besondre Aus- und Eingänge, so daß Bäcker, Fleischer und alle die andern Shopkeeper, die einem hier alles ins Haus bringen, nie die Staatstreppe, die nur für gentlemen ist, betreten dürfen. Das Hochparterre ist der eigentliche Stolz des Hauses. Teppiche überall, eine Flurlampe, die Flurwände wie Stuck, im Hintergrunde eine Gartentür von teils mattem, teils blau und roten Glase. Dies alles präsentiert sich zuerst, nebst einer teppichbelegten Treppe, die ins Erste-Stock führt. Zur Linken des Flurs sind die beiden drawing-rooms von großer Eleganz. Die Wände, die breiten wie die schmalen, nach Art eines Bilder- oder Spiegelrahmens hergerichtet. Jedes Feld gleicht einem Trumeau, unten ein Holzpaneel als Träger des Ganzen, darauf erhebt sich in ganzer Zimmerhöhe ein mehr als handbreiter ponceau roter Rahmen, dieser Rahmen wieder umschließt die weiß und grüne eigentliche Tapete, die da, wo sie sich dem roten Rahmen nähert, wiederum nach allen Seiten hin mit ausgeschnittenen Blumen reich besetzt ist. Die eigentliche Tapete hat also jedesmal einen doppelten Rahmen, erst den Blumenrahmen, dann mehr nach außen hin den ponceau farbenen. Ich beschreibe dies so ausführlich, weil ich es ganz reizend und *nachahmenswert* finde. Die englischen drawing-rooms sind 2 Zimmer, die aber in ihrer Zusammengehörigkeit zugleich den Charakter *eines* Saales haben. Eine torwegartige Tür verbindet beide, und wenn die letztre offensteht, gleicht das Ganze *einem* Zimmer; das Vorderfenster führt auf die Straße, das Hinterfenster auf den Rasenplatz, der sich Garten nennt. Den back-drawing-room hab ich dadurch entweiht, daß ich ihn seiner repräsentativen Hoheit entkleidet, einen großen, langen Tisch hineingestellt und ihn zu meinem Arbeitszimmer gemacht habe. Es arbeitet sich trefflich darin; ich hätte nie gedacht, daß ich angesichts solcher Tapete und mit meinen Stiefeln auf einem Teppich, der 20 £ kostet, so unbehindert Korrespondenzen schreiben könnte. Ich würde selbst Verse machen können, wenn mir anderweitig meine Mittel solche Extravaganzen noch gestatteten. Ich eile zum Schluß, es wird sonst des Guten zu viel. Die vorerwähnte Treppe führt uns in den ersten Stock, der aus 4 Schlafzimmern besteht, 2 großen und 2 kleinen. Das für meine Frau und mich bestimmte ist recht hübsch und macht mit seinem englischen Staatsbett einen guten Eindruck, das andre große Zimmer bewohnen Rosalie und die Kinder; Betsy, das englische Mädchen, schläft in einem der kleinen Räume, der vierte und letzte ist eine angehende Fremdenstube, hier spare-room geheißen. Durch ein an der Flurdecke befindliches Loch steigt man mit Hilfe einer Leiter aufs Dach, von dem man eine reizende Aussicht hat. Da haben Sie unsre Wohnung von Kopf bis Fuß.

Nachdem ich nun mit meiner Beschreibung fertig bin, fühl ich, daß einzelnes darin mißverstanden werden und den Anschein gewinnen könnte, als sei ich bei der Einrichtung über ein verständiges Maß hinausgegangen, oder wenn das nicht, als sei ich ein weniges gekitzelt beim Anblick einer blumenbesetzten Tapete oder einer Glastür mit blau und roten Scheiben. Ich muß mich darüber erklären. Der Luxus und die Anforderung an eine gewisse elegante Außenseite ist hier ungleich größer als bei uns; wer anständig wohnen will, muß mindestens so wohnen und so eingerichtet sein, wie wir es sind. Verglichen mit Deutschland, ist es schön und prächtig, verglichen mit dem hier Gäng und Geben, ist es nur eben anständig. Viele würden selbst das noch bestreiten. Wir haben kein Fortepiano, nur einen einzigen Wandspiegel, keine Damastgardinen, kein Sofa (nur 4 Lehnstühle), keinen Kronleuchter, kein Gas, keine Ausschmückungsgegenstände, keine Blumen, keine Schränke und Mahagony-boards, keinen Groom, der in seiner mit Silberknöpfen besetzten Jacke die Tür öffnet, wenn geklingelt wird, und die Visitenkarten in Empfang nimmt. Sie werden herzlich lachen, wenn Sie das lesen: »Fontanes und ein Groom!« Sie haben ganz recht, es ist zum Lachen; aber hier würde mans umgekehrt ganz in der Ordnung finden, daß ich solchen aufgeputzten Tagedieb im Hause hätte, dessen ganze Funktion darin besteht, Auskunft darüber zu erteilen, ob Mrs. Fontane zu Hause ist oder nicht. Man kann hier natürlich unter höchsten Einschränkungen leben so gut wie bei uns; von dem Augenblick an aber, wo man respectable people bei sich sehen und vor der Welt einen Gentleman repräsentieren will, ist es mit der Einschränkung und dem Sicheinpferchen in ein armes Stübchen vorbei. Die Art und Weise, wie wir hier leben, ist eine durchaus gebotene und nach englischen Vorstellungen von jeglicher Überhebung weit, weit ab. Es bliebe noch übrig, sich selbst die Frage vorzulegen: wie wird das alles auf dich wirken? wird es deinen Sinn auf das Äußerliche und Nebensächliche des Lebens lenken? wird es dich dir selber untreu machen? Ich antworte darauf mit jener Seelenruhe, wie sie aus der vollsten Überzeugung fließt: nein! Meine Frau und ich, die wir in dieser wie in mancher andern Beziehung von einer gleichen Organisation sind, lachen über das Ganze und werden dermaleinst von diesen Blumentapeten ohne Herzschmerzen Abschied nehmen. Was ich mir in der Welt erobern möchte, das ist eine gesicherte Existenz und die Unabhängigkeit, die daraus fließt; ob ich mich derselben indes auf einem Brüsseler Teppich à 20 £ oder auf einer Diele mit Klaffritzen erfreue, ist mir im wesentlichen gleichgültig. Ich bin kein Barbar, und ich ziehe das Feinere und Schönere vor, aber die Feinheit des Geistes und der Empfindung, jene echte Schönheit, die den Menschen und sein Tuen adelt, wird mir stets weit über Spiegelscheiben und venezianische Blenden gehn, und ich werde gern wieder in die erste beste Berliner Mansardenwohnung einrücken, wenn mir dadurch die Gelegenheit gegeben wird, unabhängig und ohne Dürftigkeit unter den alten Freunden leben zu können. Daß die Zeit kommen wird, ist meine Freude und meine Zuversicht.

Mit der Schilderung seiner Wohnung hat Fontane bei den Merckels einige Verwirrung ausgelöst. Unter den »venezianischen Blenden« konnten sie sich nichts Rechtes vorstellen, so daß Fontane im nächsten Brief (vom 20. September 1857) erläutern mußte, daß es sich um eine Art Jalousien handelt. Überhaupt nutzt er den Brief, um möglichen falschen Vorstellungen von der Eleganz seines Londoner Domizils entgegenzuwirken; selbst die gerühmte gute Aussicht vom Dach des Hauses hat er selbst noch nicht genossen: die Wahrheit zu gestehn, ist noch niemand von uns durch die Luke gekrochen. *– Von seinem Familienleben und dem Verhältnis zu den beiden Söhnen spricht er in einem Brief an seine Mutter vom 18. September 1857:*

Ich bin fest davon durchdrungen, daß die Schul- und Lehrzeit die ich, noch dazu in an und für sich komfortabler Weise hier durchzumachen habe, durchaus nötig für mein späteres Leben in der Heimat ist. Dieses klare Einsehn macht es mir leicht die Schattenseiten, die nicht wegzuleugnende Gemütlichkeits-Dürre, zu tragen. Ich befinde mich in der Lage eines Menschen der um 6 Uhr nachmittags Appetit hat, aber diesen Appetit mit Freuden bis zu halbem Hunger steigen sieht, weil er annehmen darf, daß er um 7 Uhr eine gute Brühsuppe mit mehren andern Gottesgaben auf seinem Tische vorfinden wird. Emilie schreibt Dir von meiner »nervösen Kränklichkeit« was ein milder Ausdruck für das ist was *kribblig* nennt. Das bin ich nun allerdings; ich kann aber nicht zugeben, daß das in Kränklichkeit seinen Grund habe, eher in Gesundheit, nämlich in jener Gesundheit des Geistes die immer weiß was sie will, klare verständige Auffassung liebt und sich in 5 Minuten nicht dreimal widerspricht. Mit herzlicher Freude geb' ich Emiliens Benehmen gegen mich das beste Zeugnis; direkt quält sie mich so gut wie gar nicht und unsre Ehe hat sich nach der Seite hin sehr glücklich gestaltet. Du weißt aber, daß ich sie für witzig, espritvoll, klug und umsichtig gekauft habe. Witzig ist sie wirklich, aber sie ist zu gleicher Zeit in allem was sie sagt so hin und her huschig, so planlos, so unselbstständig, so abhängig vom Moment und von jedem neuen Einfall der ihr durch den Kopf geht, daß eine Unklarheit entsteht die mich mitunter aufs höchste ärgert. Ich mag darin oft hart und ungerecht sein, aber der Grund ist au fond schmeichelhaft für Emilien und liegt darin, daß ich von ihren Fakultäten eine zu gute Meinung habe. Die Kinder sind wirklich sehr nett; der Kleine scheint mir, wie Onkel August zu sagen pflegte: »etwas mit dem Dummbeutel gekloppt.« George ist Liebling, leider ziert er sich und hat eine völlig diplomatische um nicht zu sagen intrigante Natur. Ich bin neugierig, was daraus wird. Erziehen läßt sich da nichts; erziehn und doktorn heißt in der Regel – verderben. Man steht vor all diesen Dingen wie vor Rätseln und weiß eigentlich gar nichts.

Der erhoffte Nutzen aus seinem langen London-Aufenthalt hat sich indessen in der Heimat nicht einstellen wollen, wie Fontane später immer wieder mit Befremden hervorhebt. – Wegen seiner kranken Lunge hat Fontane kurzzeitig eine Kur im schlesischen Salzbrunn erwogen. Doch in einem Brief vom 21. Juli 1858 teilt er dem Freund Bernhard von Lepel seine neuen Reisepläne mit:

Mit meinem Entschluß bleibt es beim Alten. Ich gehe nach Schottland statt nach Schlesien. Die Reise nach Salzbrunn hätte mich 300 Taler gekostet; den Ausflug nach Schottland hoff' ich mit 100 bis 120 Talern machen zu können, eine Summe die ich mir durch Briefe und Feuilletons hoffentlich zurückverdiene. Natürlich ist das keine *Brunnenkur* und die Lungen haben nicht viel davon, eine Badereise indes unter so mannigfach erschwerten Umständen hätte mir auch kein guts getan. Lange wird die ganze Geschichte hier wohl nicht mehr dauern und durch den nächsten Winter hoff' ich mich noch, auch ohne zuvor einen Riester über die Lungen gelegt zu haben, mit Hilfe von englischem Sodawasser durchzuschlagen. Wo nicht, so bleibt einem der Trost pro patria gestorben zu sein. Schreibe dann an betreffender Stelle:

> Er focht die Frage ehrlich durch
> Von Schleswig-Holstein-Lauenburg,
> Bei Kälte, Schnee und Julihitze
> *Er* war der Mann stets bei der Spritze,
> Er schrieb und schrieb sich auf den Hund,
> Nun ist er dod und – ist gesund.

In einem längren Nekrolog bitt' ich Dich dann meines Chefs in ehrenvoller Weise Erwähnung zu tun. Vielleicht so: »er tat was er konnte – nichts.« 〈...〉

Ich erwarte nun unter allen Umständen Dich bald zu sehn. Gib die schottische Reise nicht auf, Du kannst sie so gut nicht wiedermachen. Sieh ein paar Taler dabei nicht an. Im übrigen seh ich nicht ein, warum Du nicht auch »Reisebriefe« schreiben willst, vielleicht für Spener oder Voß oder irgend ein andres Blatt. ⟨...⟩ Vor allem entschließ Dich rasch, damit die schönen Sommermonate nicht ungenützt vergehen. Dein Zimmer hier wird bereits eingerichtet.

Vom 9. bis 24. August unternahm Fontane mit Lepel die Reise durch Schottland. Der literarische Ertrag dieser Tour ist das schottische Reisebuch »Jenseit des Tweed«, das 1860 bei Springer in Berlin erscheint. – Politische Veränderungen in Preußen führen auch zu einer grundlegenden Änderung in Fontanes Lebensplan. Am 6. November 1858 war das Kabinett Otto Theodor Freiherrn von Manteuffels entlassen worden, nachdem Kronprinz Wilhelm – der spätere Kaiser Wilhelm I. – als Prinzregent die Staatsführung von seinem kranken Bruder Friedrich Wilhelm IV. übernommen hatte. Es begann die liberale »Neue Ära« Preußens, zunächst unter dem Ministerpräsidenten Rudolf von Auerswald. Fontane mußte eine Strategie finden, wie er sich zu der neuen Regierung und zu dem neuen Leiter der »Zentralstelle«, Julius von Jasmund, stellen sollte.

An Emilie Fontane (Mutter), London, 6. November 1858

Als ich vorgestern an Sommerfeldt schrieb, wußt' ich schon von dem Sturze Manteuffels; Du magst daraus, daß ich darüber *schwieg*, am besten abnehmen, daß es mich nicht wie ein Schreckensschlag getroffen hat. Gegenteils, ich bin ganz ruhig darüber. Aus frühren Briefen weißt Du, daß mein Verbleiben hier – und wenn es bis in die aschgraue Pechhütte gedauert hätte – auch nicht segensreich auf die Gestaltung meiner Verhältnisse *daheim* eingewirkt haben würde. Wer weitab lebt, wird meist vergessen oder wenigstens übergangen; es ist wie bei den Hunden, die nächststehenden schnappen die Bissen weg. Nach Jahren, wenn ich darum petitioniert hätte, hätte man mir vielleicht einen ihrer ledernen Subalternposten in irgend einem Ministerium bewilligt; ich zieh' es aber, selbst einschließlich aller Sorgen und Gefahren, durchaus vor, als Lehrer, Artikelschreiber und Stundengeber mich arm aber unabhängig durchzuschlagen. *Du*, als das Kind einer andren Zeit, hast noch die hohen Vorstellungen von »Beamtenschaft« »sichrem Brot« etc ich versichre Dich aber, daß es damit nichts ist und daß es sich mit diesen Dingen gerade so verhält wie mit der Premierleutnant- und Hauptmann-schaft; die alten Vorstellungen gelten nicht mehr; Einfluß, Ansehn, Auskommen, Selbstständigkeit etc. liegen ganz wo anders. Diese Überzeugung hat sich seit *Jahren* (nicht erst seit kurzem) bei mir festgesetzt. –

Die Berliner Freunde, allen voran Friedrich Eggers, versuchen, ihm eine neue Stelle zu verschaffen. Fontane hat den Einsatz Eggers' nicht recht zu würdigen gewußt, wie aus einem erst 1993 vollständig veröffentlichten Brief hervorgeht.

An Friedrich Eggers, London, 20. November 1858

Was ich fürchtete, ist geschehen: Du bist in gutem Herzen und Helfebereitschaft Deinem Freunde Jasmund auf die Bude gerückt und hast mich blamiert. Was von mir gilt »daß ich kein großer Politiker sondern nur ein passabler Balladier sei« gilt mutatis mutandis von Dir: Du hast die Sache zu lyrisch-gemütlich genommen. Weil Du über oder wenigstens außerhalb der Parteien stehst, kommen Dir diese Gegnerschaften wie eine Art Studenten-Ulk, wie ein harmloses Burschen-Duell vor worüber alle Welt lacht, die »Losgehenden« an der Spitze. Vielleicht hast Du recht, vielleicht ist es nur eine Ehrpußlichkeits-Komödie die sich durch das ganze Leben zieht, aber man ist doch nun mal verloren, wenn man die Charakterrolle nicht gewissenhaft durchspielt. Wenigstens der gute Wille dazu muß da sein; der stumbling block pflegt nicht auszubleiben, aber es ist wenigstens nicht klug sich den Stein vorsorglich in den Weg zu rollen, um dann schließlich drüber zu stolpern.

Daß ich Dir so schreiben würde hast Du seit 2 Tagen wohl schon erwartet ⟨…⟩. *Es liegt mir nicht im geringsten daran, mich mit den »neuen Leuten« zu stellen,* alles was dahin abzielt, find' ich dumm und verächtlich. Nicht als ob ich gegen die Personen und ihre Prinzipien irgend etwas hätte, gegenteils, wenn meine letzten 8 Jahre eine völlig normale d. h. in meiner Natur begründete Entwicklung genommen hätten, würd' ich sehr wahrscheinlich auf der Seite der jetzt herrschenden Partei stehn; ihr wißt das alle; Zeuge und Beweis dafür ist namentlich das euch bekannte Gedicht, das ich im Jahre 1849 an den Grafen Schwerin richtete und wofür er sich beiläufig bemerkt nicht einmal bei mir bedankt hat. Die Gesinnung aus der heraus, Front machend gegen Absolutismus und Demokratentum, damals jenes Gedicht entstanden ist, erfüllt mich noch; das Leben und die Verhältnisse aber haben mich zu einer andern Partei, richtiger wohl zu einer andern *Nüance* der großen antiabsolutistischen Partei hinübergeführt und nachdem ich 8 Jahre lang bei derselben gestanden habe, hab' ich nicht Lust, nachdem sich der Wind gedreht hat, dieselbe plötzlich im Stich zu lassen. *Ich würde das selbst dann nicht tun, wenn ich die alte Wirtschaft unbedingt haßte und die neue unbedingt verehrte.* So liegt die Sache aber keineswegs; die neue Regierung hat noch nichts getan, soll erst zeigen ob sie's besser zu machen versteht und ein Enthusiasmus, der vor mir selber wenigstens die Fahnenflüchtigkeit rechtfertigen würde, dürfte alsbald vielleicht auf ein Schauerbad stoßen, das wenig von ihm übrig läßt. Wer dann von alters her der Partei angehörte, der geht mit Recht, ohne sonderliches Grämen, durch all die verschiednen Phasen und Ernüchterungs-Prozesse durch; der aber ist schlimm dran, der voll Vertrauen aus einem andren Lager herüberkam und nun wahrnehmen muß, daß er den guten Ruf der Treue, Zuverlässigkeit und Konsequenz *um nichts* geopfert hat. Darum ausharren an dem Platze, wo man mal steht! Haben sich im Lauf der Jahre die Ecken abgeschliffen, so finden sich von selber friedliche und selbst freundschaftliche Berührungspunkte. ⟨...⟩ – Unter allen Umständen vielen schönen Dank für Deine Bereitschaft nach bester Kraft zu helfen.

Fontanes Verhalten hat bei seinen Berliner Freunden Verwunderung ausgelöst. Bernhard von Lepel schreibt ihm am 28. November 1858:

Neulich wurde Deinetwegen ein wenig geseufzt, weil Du durchaus ein Märtyrer für die Ehre des großen Abgetretenen ⟨Manteuffel⟩ sein und Dich mit den neuen Leuten nicht befassen willst. Ich teile Dir dies vertrauensvoll, das heißt mit der Bitte mit, nicht gleich Lärm darüber zu machen, – welchen Nachsatz ich mir eigentlich sparen sollte, da ich es dadurch vielleicht nur um so gefährlicher mache. Kurzum, es wurde allgemein beklagt, daß Du einen so isolierten Standpunkt mit solcher Zähigkeit einnimmst. Ich würde praktisch genug sein, es nicht zu beklagen, wenn ich wüßte, daß Du etwas davon hättest; aber keine Seele, weder eine der Mitwelt noch eine der Nachwelt, wird es Dir danken. Genug, Du kannst froh sein, wenn Du *später* bei Lichte besehn mit Dir selber zufrieden bist. Als Dein ältester Freund darf ich Dir unumwunden sagen, daß *alle*, ohne Ausnahme, Dich – um es kurz zu bezeichnen – als »einen närr'schen Kerl« betrachten. Man könnte am Ende auch da noch nichts gegen sagen, wenn alle Andern Lumpe wären und Dich nicht zu würdigen vermöchten. Aber so betrachtest Du die Andern auch nicht.

In seiner Antwort vom 1. Dezember 1858 setzt Fontane dem Freund noch einmal seine Beweggründe auseinander:

Wenn ich jetzt durchgängig in bessrer Laune wäre als ich bin, so hätt' ich gestern bei Eintreffen Deines Briefes eine Viertelstunde lang gelacht, so hat es bloß 5 Minuten gedauert. Was Du, glaub ich, mir mal vorgeworfen hast, daß ich einen passabel weißen Menschen mit schwarzer Lackfarbe anstriche, um dann hinterher ausrufen zu können:»seht, welch ein Mohr« dies gemütliche Stückchen scheint der liebwerteste Rütli mit mir armem Kerl aufführen zu wollen. Im Vertrauen gesagt ich vermute, daß mein lieber alter Eggers mal wieder eine seiner glänzendsten Karten ausgespielt und vor versammeltem Rütli-Volk die Erklärung abgegeben hat: »hier hielt ich seine Ernennung zum deutschen Kaiser, 1355 Taler Gehalt, volle Pension, Amtsrock und freie Wohnung, aber denken Sie sich meine Herrn, *er wollte nicht.*« Chor: Wehe, Wehe, Wehe!

Die Sache bei Lichte betrachtet ist nun einfach die: ich bin weder ein Kreuz-ztgs-Mensch, noch ein Manteufffliana, noch ein besondrer Anhänger des neuen Ministeriums von Bethmann-Hollweg bis Patow, ich bin ganz einfach Fontane der bloß nicht Lust hat Manteuffeln unmittelbar nach seinem Sturze anzugreifen, weil besagter Manteuffel (dessen Pech am Hintern und dessen Polizei-Regime mir ein Greul gewesen ist) besagtem Fontane *persönlich Gutes getan hat.* Was ich getan und gesprochen habe, ist nichts als die ganz gemeine Pflicht des Anstands und der Dankbarkeit. Ich befand mich in der Lage einer Frau, die ihren wenig liebenswerten Mann nie geliebt aber auch ihn nicht gehaßt hat, weil er ihr persönlich eher zu Diensten als abgeneigt gewesen ist. Was hat eine solche Frau zu tun, wenn ihr der Mann stirbt? sie wird sich hier zu Lande nicht wie eine indische Witwe en grand parure mit verbrennen lassen, aber sie wird ihr Trauerjahr anständig durchmachen, bevor sie einem andern die Hand gibt und mit ihm ihr Geschick aufs neue versucht. Danach habe ich handeln wollen.

Dies ist unter allen Darstellungen denen mein durchaus nicht hyper-honnettes Wesen unterworfen werden kann, bei Weitem die honnetteste und schmeichelhafteste. Seht Ihr der Sache näher auf den Grund, so mischt sich in das was ohnehin nur ganz alltäglicher Anstand ist, noch eine Menge von Menschlichkeit, Berechnung und arrières-pensées mit hinein, was meinem Benehmen ganz und gar den Charakter der Märtyrerschaft nimmt. *Ich will vor allem gern hier fort*, – das ist eine Sache; ich will hier fort unter wenigstens nicht ungünstig-pekuniären Verhältnissen, das ist eine andre Sache und ich bin drittens ein Sicherheits-Kommissarius, das ist eine dritte und sehr wesentliche Sache. Ich nehme meine Zuflucht wieder zu einem Vergleich. Ein Mädchen gefällt einem (ich spreche von »alten Zeiten«) und man hätte nicht übel Lust sein Heil zu versuchen. Da aber die Chance auf Blamierung fast größer ist als auf Reussierung, so knüpft man seinen Rock zu und geht fest und unbewegt wie der beste Tugendmensch an all der Verlockung vorüber. Ich mag nicht sagen, daß eine derartige Erwägung mich einzig und allein bestimmt hat, aber unter den vielen Motiven die mich so haben handeln lassen wie ich gehandelt habe, hat auch dies seine kleine Rolle mitgespielt.

Ende 1858 kündigt Fontane seine Londoner Stellung und bietet in einem Brief vom 2. Dezember 1858 seine Dienste dem neuen preußischen Ministerpräsidenten Rudolf von Auerswald an. Am 12. Januar 1859 trifft sein Abberufungsschreiben in London ein, am 15. Januar reist Fontane ab, und am 17. Januar 1859 ist er wieder in Berlin. Er hatte gehofft, dort von Friedrich Eggers die Stelle als Feuilletonredakteur der »Preußischen Zeitung« übernehmen zu können. Doch daraus wurde nichts, und Fontane blieb vorläufig stellungslos.

WEGE UND UMWEGE ZUM ROMANCIER
1859–1876

Zu Gast in München

Im Jahre 1854 war Fontanes Freund Paul Heyse auf Vermittlung Emanuel Geibels an den Hof des bayerischen Königs Maximilian II. Joseph berufen worden, wo er für ein Salär von 1000 Gulden pro Jahr keine weiteren Verpflichtungen hatte, als an den gelehrten Abendunterhaltungen des Königs, den »Symposien«, teilzunehmen und den einen oder anderen Stoff aus der bayerischen Geschichte dichterisch zu bearbeiten. Die Berufung zahlreicher Dichter und Gelehrter wie Justus von Liebig, Wilhelm Heinrich Riehl, Heinrich von Sybel und eben Geibel und Heyse war Teil eines kulturpolitischen Programms, mit dem Maximilian II. Bayern in bewußtem Gegensatz zum »Machtstaat« Preußen als »Kulturstaat« etablieren wollte. Bei den ultramontanen klerikalen Kreisen – den »Schwarzen«, wie Heyse sie nennt – stieß die Berufungspolitik Maximilians auf heftige Ablehnung.

Neben dem gleichsam offiziellen Kulturleben am Hof hatte Heyse noch eine private Dichtervereinigung nach dem Muster des Berliner »Tunnel über der Spree« ins Leben gerufen, das »Krokodil«, dem im Gegensatz zum Berliner Pendant in erster Linie Berufsschriftsteller angehörten. Heyse hatte von den Berufssorgen des Englandheimkehrers Fontane erfahren und versuchte, ihm eine Stellung am bayerischen Hof zu verschaffen. Es war daran gedacht, Fontane die Stelle des königlichen Privatbibliothekars zu übertragen. Am 11. Februar 1859 schreibt Heyse an Fontane:

Daß Du wieder im lieben Vaterlande bist, mein Teuerster, ist allen Deinigen sehr tröstlich. Was hilft aber der heimatliche Boden, wenn man ihn nicht sicher unter den Füßen hat, sondern in der Luft schwebt. Die näheren Nachrichten über die geringen Anstalten, die Manteuffels Erben & Kompanie machen, ihr Haus durch eine so stattliche Karyatide zu stützen und zu schmücken, haben uns erschreckt, mich aber fast nicht gewundert. Was sind *Personen* in einer so mächtigen Maschine, die lange Zeit durch Handlanger und Buben in Gang erhalten werden konnte! In dem Gefühl, daß »wir Wilden« in Bayerns neuer Welt doch »bessere Menschen« sind und noch einen Begriff davon haben, was *Menschen* überhaupt bedeuten in einer Zeit, die so überwiegenden Wert auf Pferdekräfte legt, habe ich mit meinen hiesigen Kameraden eifrig Rats gepflogen, wie man Dich gewinnen könnte. Hättest Du seit unsrer Trennung nicht Dein Saitenspiel so schnöde verstauben lassen, so wäre es leicht, Dich als den »Berufenen« hier zu haben, der Du von Gottes und Rechts wegen bist. Der König, der dann und wann eine Ballade von Dir zu hören bekommen, würde auch wohl auf Dich zurückzubringen sein, besonders wenn man ihm die Aussicht eröffnete, daß Du seinen Lieblingswunsch, eine stattliche Reihe bayrischer Balladen entstehen zu sehn, sicherlich besser als irgendein lebender oder längst begrabner Poet erfüllen könntest, vorausgesetzt, daß Du einige Jahre die Wohltat bayrischer Bergluft und möglichster Sorglosigkeit genössest. Unsre hiesigen Freunde, die Schwarzen, würden Dich aber, wenn Du jetzt unter diesem Titel geholt würdest, sehr unter die Lupe nehmen, und das eben erst besänftigte Hundegeheul müßte Dir und uns die Freude etwas stören. Aber Du hast noch so viel andere rühmliche Qualitäten, daß man die Sache wohl bei einem unscheinbareren Zipfel anfassen könnte. Löher, der Privatbibliothekar des Königs, soll *(sub sigillimo!)* demnächst zur Universität übergehen. Es fragt sich, ob er dann die mancherlei Pflichten seiner bisherigen Stellung noch versehen kann. Wir wissen, daß der König noch immer einen literarischen Amanuensis sucht, der ihm Berichte über Novitäten, kleine Auszüge od. dergl. macht. Ist ein solcher nebenbei ein Poet, um so besser. Ist er gar ein Poet wie Ew. Liebden, um so tausendmal besser. Bei dieser Stelle kommt aber natürlich, da sie so sehr persönlich ist, *alles* auf die Persönlichkeit an. Wie wir den König und seine Vorliebe für wohlgewachsene, gewandte, reingewaschene Männer kennen, zweifeln wir alle nicht, daß gerade Du ihm mächtig zusagen würdest. Du bist überdies in Politik beschlagen und hast das Zeug dazu, im Notfall Rede und Antwort zu geben. Machtest Du ihm die Freude, Ludwig den Bayern oder die Sendlinger Schlacht à la Hemmingstedt zu illustrieren, so wäre nichts zu wünschen übrig. ⟨...⟩ Dies sind Wünsche, aber nicht von jener heillosen Gattung, die man *fromme* nennt. Denn die Aussichten sind durchaus günstig, obwohl ich gleich mich dagegen verwahren muß, als *eröffnete ich Dir irgendwelche Aussichten.* Ich habe Dich in die Lage eingeweiht. Hast Du Lust und Vertrauen, sie Dir näher anzusehen, so weißt Du, Bester, daß von unsrer Seite *alles* geschehen wird, Dir zu dienen.

Mein Vorschlag wäre: anstatt vogelfrei in der Mark herumzustreifen, setztest Du Dich je eher, je lieber auf die Eisenbahn und kämst hier an. Es ist nichts leichter, als Dich zum König zu bringen. Du kommst, siehst und siegst, und das Weitere findet sich. Was Du an Balladen und anderen Kostbarkeiten besitzest, raffst Du zusammen. Kannst Du über Nacht noch etwas Wittelsbachisches schmieden, ist's gut. Wo nicht, auch gut. – Du müßtest die Sache ansehn wie ein Abenteurer, wie einer, der bis dato sein Glück noch nicht gemacht hat und auszieht, es zu machen. Zerschlagen sich unsre Pläne – was *hier*zulande immerhin manches für sich hat, da man nicht alle Einflüsse kennt und berechnen kann –, so hast Du hier einige Zeit Dich umgesehn und nichts daran verloren, wir aber haben jedenfalls gewonnen. ⟨…⟩ Außer den Allerintimsten wirst Du natürlich gegen *niemand* von diesem Brief sprechen, der ganz und gar privat, nicht einmal offiziös ist. Je weniger die Zeitungen davon plaudern, desto besser für alle Fälle. Du besuchst *uns* und nicht München.

Am 24. Februar 1859 kam Fontane in München an. Was er dort antraf, hat ihn auf den ersten Blick nicht sehr begeistert. An Wilhelm von Merckel schreibt er am 5. März 1859:

Ich scheine unter keinem besondren Sterne hier eingezogen zu sein. Wind und Regen von Anfang bis zu Ende, halbfußtiefer Schmutz in den Straßen, Paul katarrhalisch, Geibel zahnschmerzig und verschwollen, ich selber, geistig und körperlich, höchstens mit halber Dampfkraft arbeitend. Ich bin nun 8 oder 9 Tage hier, und noch ist meine Angelegenheit um keine 3 Zoll breit gefördert. Wenn ich von Abreisen spreche, was mir bei weitem das liebste wäre, so heißt es: »Du wirst doch bleiben«, ich sehe aber nicht, daß das Bleiben zu irgendwelchen Resultaten führt. Ich klage niemand deshalb an, um so weniger, als das schlechte Wetter und das Unwohlsein beider Freunde raschere Schritte geradezu unmöglich macht, aber ich kann wenigstens nicht umhin, zu bedauern, daß es so ist, wie es ist. Seit

Jahr und Tag will mir nichts mehr recht glücken, selbst was zustande kommt, tritt lau und flau ins Leben.

Hätt ich gewußt, daß die Dinge hier so stehn, wie sie stehn, so wär ich nicht gereist. Zeit und Geld hätt ich an eine so prekäre Sache und an die Passierung eines so dornenreichen Weges nicht gesetzt. Was wir aus Pauls Brief alle schlossen, war das: »Die Dinge sind vorbereitet, Fontane kommt, präsentiert sich dem König, und der König erklärt hinterher, ob ihm Fontane gefallen hat oder nicht.« So fand ich aber die Sachen hier keineswegs. Wenig oder nichts ist vorbereitet, die Gunst und Zustimmung von drei, vier Herrn hab ich mir erst zu erobern, der König weiß von nichts, wie man mich überhaupt an ihn heranbringen will (bloß zur Audienz), ist eine schwebende Frage, und ob Dr. F⟨ranz⟩ L⟨öher⟩ geneigt sein wird, das Feld zu räumen, ist eine andre. Paul hat die Sache einfach so aufgefaßt: »Fontane treibt sich als herrenloser Diener in den Straßen Berlins umher, und es ist gleichgültig, ob er in Perlewitz' Hotel garni oder im Augsburger Hof in Schlafstelle liegt; er kann hier wie dort sich ins Blatt rücken lassen und sein Heil hier wie dort mit gleicher Chance versuchen.« Dieser Auffassung kann ich nun nicht ganz zustimmen. *Mit Manier,* d. h. warm empfohlen und herzlich empfangen, hätt ich mich hier recht gern verwendet gesehn, wenn ich aber überall erst herumschnurren und mir ein paar Chancen gewinnen soll, so ist das eine Beschäftigung, die ich in Berlin bequemer, gefahrloser und mehr im Einklang mit meinen eigentlichsten Neigungen haben kann.

Meine Frau wird über den Gang der Dinge hier natürlich sehr verstimmt sein, bitte, tun Sie beide, was in Ihren Kräften steht, um der lichtarmen Situation die lichtvollste Seite abzugewinnen.

Nach zwei Wochen schienen sich die Dinge jedoch zum Besseren wenden zu wollen. An seine Frau Emilie schreibt Fontane am 19. März 1859:

Meine liebe Herzensfrau
Diese Extra-Anrede muß natürlich was extra's bedeuten; der beifolgende Brief wird Auskunft darüber geben; es ist zwar noch keine Ernennung weder zum Minister-Präsidenten noch zum Nachtwächter, aber es ist doch immer was. Ich bin doch nun nicht ganz vergeblich hiergewesen. Heut um 3 3/4 stieg ich also die marmornen

Stufen hinauf; die weiße Krawatte saß untadelhaft und mit Hilfe von 3 Paar wollnen Strümpfen hatt' ich meinen Fuß so dick und elastisch gemacht, daß alle Risse und Falten in meinen Lackstiefeln wie ausgeplättet waren. Dies machte mich sehr glücklich und war mir eine gute Vorbedeutung. Im Vorzimmer traf ich Baron v. Leonrodt, für den ich wie immer für hübsche stramme Offiziere eine Vorliebe habe und unterhielt mich 10 Minuten lang mit ihm ganz angenehm. Dann wurd' ich gemeldet und zuerst – es waren noch drei andre Herrn da – in das Audienzzimmer geführt. Majestät empfing mich sehr gnädig, sprach zunächst über die 3 Gedichte, die ihm außerordentlich gefallen hätten, ging dann über (halb geleitet immer durch meine Antworten) zu meinen Balladen, schottische Ballade, Schottland, England, Aristokratie und Manchester-Partei (John Bright), orientalische Frage, meine publizistische Tätigkeit in London, Manteuffel, altes Kabinett neues Kabinett, italienische Frage, Krieg oder Frieden, die wahrscheinliche Haltung Preußens, die Beziehungen Preußens zu England, die Chancen des gegenwärtigen Ministeriums, die Gefahren für den Fortbestand eines ungeschwächten Königtums in Preußen, die Intentionen des Regenten, des Herrn v. Auerswald usw. Dann (die Audienz hatte fast $^1/_4$ Stunde gedauert, wo nicht länger) noch ein verbindliches Wort von Seiten des Königs und – Verschwindung nach entgegengesetzten Himmelsgegenden. – Was ich für einen Eindruck gemacht, kann ich natürlich nicht wissen; doch deutet die lange Dauer der Audienz und das ganze Verhalten des Königs darauf hin, daß ich ihn wenigstens nicht gelangweilt habe. Das ist alles was ich zunächst anzunehmen wage. – Was sich nun entwickelt ist mir ziemlich gleichgültig; ich glaube nicht daran daß nur eine Stellung, ein bestimmtes Verhältnis den Menschen glücklich macht, mit Ausnahme der Ehe wenn man den kleinen Teufel gekriegt hat, der im Himmel für einen bestimmt wurde. Mehr kannst Du nicht verlangen.

Doch alle Hoffnungen zerschlugen sich, und Fontane reiste am 28. März 1859 unverrichteter Dinge wieder ab. Viele Gründe spielten zusammen: die unklare Situation am Hof, Fontanes ohnehin nicht große Begeisterung für die Stelle des königlichen Privatbibliothekars, seine Verwurzelung in der märkischen Heimat. Gerade diese Heimatverbundenheit trägt bald nach der Rückkehr aus

München literarische Früchte, denn am 13. Juli 1859 trifft Fontane
eine folgenschwere Verabredung. An den »Tunnel«-Freund Louis
Schneider schreibt er an diesem Tag:

Lepel und ich haben vor am 18. d. M. (Montag) eine Reise durch die
Lande Ruppin, Bellin, Priegnitz etc also durch das ganze Nordwest-
stück unsrer Mark zu machen und Städte, Schlösser, Edelhöfe etc.
zu besuchen in derselben Weise wie wir vor gerade einem Jahr
Schottland und das Hochland absuchten.

Wir haben einzelne Empfehlungen, einzelne Bücher, einzelne
Vorkenntnisse – im Ganzen aber bleibt doch viel zu wünschen übrig
und unsre ergebenste Bitte an Sie geht dahin uns bei unsrem Unternehmen mit Rat und Tat beistehn zu wollen. Wir würden dahin die
Empfehlung eines Buchs, den Hinweis auf ganz bestimmte Sehenswürdigkeiten, auch vielleicht ein paar Introduktionszeilen an diesen
oder jenen adligen Herrn rechnen.

Drei Wochen später wird schon der zweite Ausflug geplant, der den
Stoff für Fontanes ersten publizierten »Wanderungs«-Aufsatz ab-
geben wird. Unter dem Titel »In den Spreewald« erscheint er vom
31. August bis 3. September 1859 in der »Preußischen Zeitung«.

An Elise Fontane, Berlin, 5. August 1859

Da morgen ein ganz kleines Seitenstück zu dem Ruppiner Ausfluge,
nämlich eine Reise nach dem Spreewald beginnt, so will ich, da man
doch nicht wissen kann was einem passiert, wenigstens meine
Briefschulden vorher abzahlen, da die »Ordnung (Arrangierung)
der Verhältnisse überhaupt« den in unsrer Familie bekannten
Schwierigkeiten unterliegt.

Ich danke Dir sehr für den bewiesenen Eifer und guten Willen;
auch die schlechtesten und verachtetsten Bücher sind für Arbeiten
wie ich sie vorhabe immer noch von Wert; man muß es nur verstehn Spreu und Weizen zu sondern, aber das ist eine Kunst die wenige üben, da sie mühselig ist. Auch gibt es herzlich wenig Menschen die selbstständig denken und fühlen und einen Edelstein als
solchen erkennen wenn er auch in einem Kuhfladen liegt. Die meisten räsonieren so: es ist von Goethe oder Grimm oder Arnim *folglich* gut, es ist vom Burgemeister Karl Hoppe in Rheinsberg *folglich*

schlecht. Hoppe mag sehr dumm gewesen sein, das schließt immer noch nicht aus, daß man von ihm lernen oder eine überlieferte Geschichte von ihm dankbar empfangen kann.

Redakteur bei der »Kreuzzeitung«

Fontanes berufliche Existenz erfährt im Frühsommer 1860 eine entscheidende Wende und erhält eine sichere Basis. Der »Tunnel«-Freund George Hesekiel, seit 1848 Journalist bei der extrem konservativen »Neuen Preußischen Zeitung«, der sogenannten »Kreuzzeitung«, hatte Fontane die Stelle des Redakteurs des englischen Artikels bei dieser Zeitung vermittelt. Übermorgen findet mein erstes Debüt bei der Kreuz-Ztng. statt, *schreibt Fontane am 28. Mai 1860 an seine Mutter, und bis zum April 1870 behielt er diese Funktion. Aus englischen Zeitungen stellte er Berichte zusammen, die so veröffentlicht wurden, als stammten sie von einem in England akkreditierten Korrespondenten. – Fontane hat mit den »Wanderungen« und der journalistischen Arbeit das für ihn in dieser Lebensepoche ideale Metier gefunden. Selbstbewußt kann er in München endgültig absagen.*

An Paul Heyse, Berlin, 28. Juni 1860

Eine Übersiedlung nach München – Du wirst das nicht als Undank oder Ungezogenheit gegen Deine frühren freundlichen Absichten fassen – liegt nicht mehr innerhalb meiner Wünsche. So vieles mir dort gefallen hat, so sehr fühl ich doch, daß es auf die Dauer kein Boden für mich wäre. Glänzende Aussichten (d. h. *viel* Geld) würden natürlich meine Sprödigkeit besiegen, aber wie käm ich zu »glänzenden Aussichten«, worauf sollten sie *basieren*? Ich weiß es selber nicht, wie sollten es andre wissen! Unter gewöhnlichen, bescheidnen Verhältnissen leb ich aber doch lieber hier als an irgendeiner andern deutschen Residenz, nur *Wien* könnte mich verführen, wenn es nicht gerade wiederum Wien wäre. Es ist mir im Laufe der Jahre, besonders seit meinem Aufenthalte in London, Bedürfnis geworden, an einem großen Mittelpunkte zu leben, in einem Zentrum, wo entscheidende Dinge geschehn. Wie man auch über Berlin spötteln mag, wie gern ich zugebe, daß es diesen

Spott gelegentlich verdient, das Faktum ist doch schließlich nicht wegzuleugnen, daß das, was hier geschieht und nicht geschieht, direkt eingreift in die großen Weltbegebenheiten. Es ist mir Bedürfnis geworden, ein solches Schwungrad in nächster Nähe sausen zu hören, auf die Gefahr hin, daß es gelegentlich zu dem bekannten Mühlrad wird.

Balladen

Nur täglich drei Stunden, von 9 $^1/_2$ bis 12 $^1/_2$ hatte sich Fontane den redaktionellen Aufgaben für die »Kreuzzeitung« zu widmen. So blieb noch genügend Zeit, am Nachmittag und Abend seiner eigentlichen Tätigkeit als Schriftsteller nachzugehen. Bereits in den fünfziger Jahren hatte Fontane immer wieder versucht, seine Balladen in einem Band gesammelt zu veröffentlichen. Nach der endgültigen Rückkehr aus England nimmt der Plan einer Balladen-Ausgabe durch Heyses Vermittlung neue Gestalt an. Am 1. Dezember 1859 schreibt er an Fontane:

Ich habe heut nur zu dem Nötigsten Zeit; und das scheint mir die Bitte zu sein, daß Du doch vor allem Deinen *Poeten* sammeln und stattlich hinstellen möchtest. Daß dieser Poet nur darum noch nicht nach Verdienst anerkannt ist, weil sich das Publikum ihn erst mit eigner Anstrengung aus »Männer und Helden«, »Gedichte von Th. F.« und diversen »Argos« zusammensuchen muß, ist mir klar, *Fontane, den Balladendichter*, wollen sie haben; und den finden sie einstweilen nur, wenn sie suchen. Wäre es nun nicht möglich, Fontane, den Lyriker, vorläufig dranzugeben und aus dem Gedichtbändchen und Deinen übrigen Sachen alles das zusammenzustellen, was Deine »Spezialität«, Deine unbestrittene Domäne ist? Für einen einfachen und runden Titel müßte freilich gesorgt werden. Das übrige würde Dir keine Not machen. ⟨...⟩

Nochmals: stelle Dich auf Deinen Poeten, und zwar auf den Dichter eines gewissen Archibald Douglas, so wird Dir alles andere von selber zufallen.

Heyses Engagement hatte Erfolg: Im Oktober erschienen sowohl die preußischen als auch die englisch-schottischen Balladen und

Balladenübersetzungen im Verlag von Heyses Freund Wilhelm Hertz. Ein verlegerischer Erfolg blieb jedoch aus.

An Eduard Mörike, Berlin, 29. Oktober 1860

Gestatten Sie mir Ihnen das anbei erfolgende, eben erschienene »Balladenbuch«, als ein Zeichen meiner aufrichtigsten und lebhaftesten Verehrung überreichen zu dürfen.

Möcht' es mir vergönnt sein, Ihnen auf diese Weise, wenn auch zum allerkleinsten Teile nur, die Freude zurückzahlen zu können, die ich der Lesung aller Ihrer Arbeiten, Vers wie Prosa, verdanke.

Sollten Sie sich früher oder später angeregt fühlen, mir ein freundliches Wort, Ermutigung oder Warnung, über das eigne wie über die Übersetzungen zu sagen, so würden Sie zu ganz besonderem Danke verpflichten

Ihren Sie hochschätzenden, ganz ergebensten
Th. Fontane

Anregungen für Balladenübersetzungen hatte Fontane während seiner Englandreisen im »Pictorial Book of Ballads« gefunden. Auch dramatische Dichtungen hatte er in früheren Jahren bereits aus dem Englischen übertragen. So ist zum Beispiel eine Übersetzung von Shakespeares »Hamlet« überliefert.

Bis in seine letzten Lebensjahre schrieb Fontane Balladen, die dann in den Sammlungen der »Gedichte« ihren Publikationsort fanden. Auch an König Maximilian II. von Bayern schickte Fontane am 6. November 1860 die literarischen Früchte seines England-Aufenthaltes, nämlich die Bände »Jenseit des Tweed«, »Aus England« und die »Balladen«. Er erhoffte sich über seine Heimat hinaus literarische Anerkennung und Verbreitung.

Allerdurchlauchtigster, Großmächtigster König,
Allergnädigster König und Herr.
Die aufmunternden Worte die Ew. Majestät in huldvollster Weise an mich richteten, als Allerhöchstdieselben im Frühjahr v. J. die zwiefache Gnade hatten mich in einer Audienz zu empfangen und dieser Audienz eine Einladung zum Symposion folgen zu lasssen, geben mir den Mut abermals vor Ew. Majestät zu erscheinen und um gnädige Entgegennahme einiger Bücher zu bitten, die ich seitdem, in

ziemlich rascher Reihenfolge, veröffentlicht habe. Alle knüpfen an England an, das ich bemüht gewesen bin, von den verschiedensten Seiten her aufzufassen und zu schildern: landschaftlich, sozial, politisch, in Bezug auf Kunst und Poesie.

Sollte das eine oder andre von Ew. Majestät einer Durchsicht gewürdigt und durch Ihre Allerhöchste Zustimmung geehrt werden, so würde mir ein lebhaft gehegter Wunsch dadurch in Erfüllung gehn.

Unter Wiederholung meines alleruntertänigsten Dankes für die Beweise von Huld und Gnade, die mir Allerhöchstdieselben gegeben, verharre ich als Ew. Majestät

Alleruntertänigster Diener
Th. Fontane

Die Reaktion des Königs war reserviert höflich. Fontane vermißte einen Hinweis darauf, daß der Landesherr auch in Zukuft an seinen schriftstellerischen Produktionen interessiert sei. In einem Brief an Paul Heyse vom 23. Dezember 1860 wiederholt Fontane den Wortlaut des an ihn gerichteten königlichen Antwortschreibens:

Herr Doktor Fontane! Mit Vergnügen habe ich, Ihrem Wunsche entsprechend, die Werke angenommen, die Sie seit unsrer Begegnung im Frühjahr vorigen Jahres veröffentlicht. Ich spreche Ihnen für die durch Ihr Anerbieten Mir bewiesene Aufmerksamkeit Meinen Dank aus, der ich mit wohlwollender Gesinnung bin Ihr wohlgeneigter Max.

Wanderungen

Schon während seiner England-Jahre faßte Fontane einen ersten Plan, seine Heimat zu durchwandern, um Geschichte und Geschichten vor Ort zu sammeln und in einem Buche niederzuschreiben. Am 19. August 1856 hält er in seinem Tagebuch fest: Einen Plan gemacht. »*Die Marken,* ihre Männer und ihre Geschichte. Um Vaterlands- und künftiger Dichtung willen gesammelt und herausgegeben von Th. Fontane.« – Die Dinge selbst geb' ich alphabetisch. Wenn ich noch dazu komme *das* Buch zu schreiben, so hab' ich nicht umsonst gelebt und kann meine Gebeine ruhig schlafen legen. 〈…〉 *Die Schottlandreise schließlich verstärkte den Wunsch, sich mit der heimatlichen Geschichte auseinanderzusetzen. In einem Brief vom 16. Mai 1888 an Mathilde von Rohr erinnert sich Fontane an das bewegende Erlebnis am Kinroß-See:*

Jetzt sind es 30 Jahre, fast auf den Tag, daß ich mit Lepel die Reise machte, eine der schönsten in meinem Leben, jedenfalls die poetischste, poetischer als Schweiz, Frankreich, Italien und alles was ich später sah. Das interessanteste Blatt für mich ist das mit dem Douglasschloß im Kinroß-See, zu dem ich mit Lepel im Boot hinüberfuhr und als wir 2 Stunden später, nach Besichtigung von Schloß und Insel, über denselben See hin die Rückfahrt machten und ich dabei an Rheinsberg und den Rheinsberger See dachte, stand es in meiner Seele fest, die Mark Brandenburg und ihre Schlösser und Seen beschreiben zu wollen. Was dann auch geschehn ist.

Am 23. Oktober 1859 hatte die »Kreuzzeitung« mit dem Fortsetzungsabdruck von Fontanes »Märkischen Bildern« begonnen. Obwohl Reiseberichte eine beim Publikum beliebte und von vielen Schriftstellern gepflegte Gattung waren, hatte es bis dahin noch keine vergleichbaren Aufzeichnungen über die Mark Brandenburg gegeben. Das wußte auch Heinrich Proehle, der im darauffolgenden Jahr um Fontanes Mitarbeiterschaft für das Sammelwerk »Unser Vaterland. Bilder aus der deutschen Geschichte, Kultur und Heimatkunde« warb. Am 3. November 1860 schreibt Fontane an Proehle:

Ich habe lebhaft bedauert heut mittag nicht zu Hause gewesen zu sein, als Sie mir die Ehre Ihres Besuches zudachten. Was meine Mitarbeiterschaft an dem neuen Unternehmen angeht (das gewiß prosperieren wird wenn der Verleger nur einen passabel langen Atem hat) so bin ich gern bereit 1 oder 2 »Märkische Bilder«, jedenfalls nicht über 1 Druckbogen hinausgehend, zu schreiben, wenn ich meinerseits der Erfüllung einer doppelten Bitte sicher bin und zwar 1.) unveränderter Abdruck meiner Beiträge und 2.) Honorierung der Arbeiten unmittelbar nach Ablieferung des Manuskripts. Meine Verhältnisse, zumal in diesem Weihnachts-Vierteljahr, gestatten mir nicht von dieser letztren Fordrung abzugehn.

Ich würde, wenn wir uns über diese Dinge einigten 1) Schloß Coepnick (zirka 12 Seiten) und 2) die Müggelberge (zirka 4 Seiten) wählen.

Fontane schickte Proehle den Beitrag »Schloß Coepenick« im Dezember; der Artikel »Die Müggelberge« wurde schließlich in der »Kreuzzeitung« veröffentlicht.

Die Wanderungen, die Fontane bis ins hohe Alter allein oder mit interessierten Bekannten auch in die kleinsten Fleckchen der Mark Brandenburg zu Fuß, mit der Kutsche oder der Eisenbahn unternahm, wurden gut vorbereitet. Systematisch informierte er sich in einschlägiger Literatur oder bei sachkundigen Forschern und Laien, holte dann vor Ort Erkundigungen ein, skizzierte Gebäude und deren Grundrisse und hielt erste Eindrücke in seinem Notizbuch fest. So lud Fontane den Sagensammler und Mythenforscher Wilhelm Schwartz am 25. Februar 1861 ein, ihn auf seinem nächsten Streifzug zu begleiten, weil er sich von dessen Kenntnissen so manche Bereicherung erhoffte.

Am nächsten Sonnabend möcht' ich meine Wanderungen wieder beginnen und zwar zuerst nach *Blumberg* und *Werneuchen.* Die Gegend werden Sie bereits kennen, denn Sie haben über den »Blumental«, Prötzel etc. bereits viel Hübsches erzählt. Ich will nach Blumberg, um die dortige Kirche zu sehen und einen landschaftlichen Rahmen für den Poeten v. Canitz zu gewinnen, – in Werneuchen den Rahmen für den alten, würdigen Repräsentanten der »Musen und Grazien in der Mark«.

Meine Anfrage und mein lebhafter Wunsch gehen dahin, daß Sie mit von der Partie sein möchten. Herr Hertz begleitet uns vielleicht. Nachtquartier in Blumberg oder Werneuchen ganz nach Gefallen. Nur noch zwei Anfragen: 1. Wissen Sie zufällig bestimmt, an welchem Tage die Bernauer ihr Hussiten-Befreiungsfest feiern (12. März, Montag nach Rogate etc. habe ich in Büchern gefunden) und verlohnt es sich, dieser Feier beizuwohnen? 2. Hier in Berlin soll noch der Sohn des alten Pastor Schmidt aus Werneuchen leben, ein ehemaliger Schulvorsteher jetzt a. D. – Schulvorsteher Sachs soll an seine Stelle getreten sein. Wissen Sie zufällig, wo der Alte steckt und ob er in Sachen seines Vaters zugänglich ist?

*Auch Fontanes Mutter und seine jüngste Schwester Elise waren
hilfreich, da sie über die nötigen Kontakte zur einheimischen Bevölkerung verfügten.*

An Emilie Fontane (Mutter), Berlin, 7. März 1861

Nun noch eine Anfrage. Ich will nächstens nach *Bernau*; möchte
aber an irgendwen daselbst empfohlen sein. Wenn ich nicht irre, ist
die Familie Junker aus Bernau und ein Mitglied dieser Familie lebte
oder lebt noch in Ruppin. Könnt ihr mir auf diesem Wege eine Empfehlung, am liebsten aber an einen schlichten Mann – Küster, Schul-
lehrer, etc. verschaffen, damit man nicht mit Kaffetrinken und Redensarten die schöne Zeit vertrödeln muß, so würd' ich dafür sehr
dankbar sein. Vielleicht haben Nernst's eine Bekanntschaft dort; –
es braucht ja nicht gerade ein »Junker« zu sein, kann auch einen
liberaleren Namen führen. Antwortet mir bald darauf, jedenfalls
nicht später als in der nächsten Woche.

*Am 28. und 29. März 1861 wanderte Fontane zusammen mit Wil-
helm Hertz und Wilhelm Schwartz nach Bernau, Blumberg und
Werneuchen. Vorher hatte er bereits die Route genau festgelegt. An
Hertz schreibt er am 26. März:*

Reiseplan

Um 6 ³/₄ abends per Eisenbahn nach Bernau. (Zweck: den das Haus
und den *Char*-Freitag störenden *Früh*aufbruch, der sonst nötig sein
würde, zu vermeiden).

Nachtquartier in Bernau. Um 7 auf. Um 8 nach Blumberg
(1 ¹/₄ Meile). Besuch des Parks. *Nach* der Kirche *in* die Kirche.

Etwa um 1 Aufbruch nach Werneuchen (wieder 1 ¹/₄ Meile). Dort
Kirche, Kirchhof, Pfarrhaus etc besucht, und das Eintreffen von Post
oder Hauderer abgewartet. Dann direkt zurück.

*Im November 1861 erscheint, vordatiert auf das Jahr 1862, der
erste Band der »Wanderungen durch die Mark Brandenburg«, 1865
eine zweite, vielfach umgearbeitete Auflage unter dem Titel »Die
Grafschaft Ruppin« mit der Bezeichnung »erster Teil«. Fontane
hatte bereits 1859 um eine finanzielle Unterstützung seines Vorha-
bens beim Kultusministerium gebeten, die ihm erst 1861 nach*

Bemühungen des Verlegers Hertz für drei Jahre vom Minister Beth-
mann-Hollweg zugesagt wurde.

An Wilhelm Hertz, 24. November 1861

Verzeihen Sie, wenn ich vielleicht oft Gesagtes noch einmal sage.
Das Buch entstand in unmittelbarer Folge meiner Reisen durch
England und Schottland; ich hatte einfach vor, *ohne jegliche Präten-*
sion von Forschung, Gelehrsamkeit, historischem Apparat etc. meinen Landsleuten zu zeigen, daß es in ihrer nächsten Nähe auch
nicht übel sei und daß es in Mark Brandenburg auch historische
Städte, alte Schlösser, schöne Seen, landschaftliche Eigentümlich-
keiten und Schritt für Schritt tüchtige Kerle gäbe. So entstand das
Buch »*wandernd, plaudernd, reise-novellistisch*« ⟨...⟩. Erst als das
Buch halb fertig war, fing ich an, unter Beibehaltung leichter, feuil-
letonistischer Form mich in meine Aufgabe zu vertiefen und so sind
schließlich verschiedne Arbeiten entstanden, *die absolut Neues*
bringen und in ihrem Kern weit über das bloß Unterhaltliche hinausgehend, unsre Spezial-Geschichte in der Tat bereichern. Diese
Arbeiten sind das Beste was über die betreffenden Dinge und Personen existiert, weil eben nichts existiert als das was ich darüber gesagt habe. ⟨...⟩ Die eigentlichen Rheinsberg-Aufsätze aber bringen
einem Historiker gar nichts Neues (mit Ausnahme des Aufsatzes
über die Rheinsberger Kirche) und gehören noch ganz der Epoche
an, wo ich bloß plaudern wollte. Das große Publikum kann diesen
Unterschied nicht merken wohl aber unsre märkischen Historiker.
Ich bitte deshalb, daß Sie in Ihren Briefen an diese Herrn ja betonen
was dies Buch eigentlich sein will, sonst nimmt man die Elle zu lang
und befindet es zu kurz.

Am 27. Dezember 1861 starb Fontanes langjähriger Tunnelfreund
Wilhelm von Merckel. Vermutlich Mitte Februar 1862 schreibt er
an Paul Heyse sehr bewegt von Merckels letzten Tagen:

Nun ein Wort über unsren lieben kleinen Merckel, der nun, wie Du
erfahren haben wirst, seit dem letzten Tage des vorigen Jahres auf
der Hügelhöhe des Schöneberger Kirchhofs ruht, einige Schritt nur
von dem Grabe unsres teuren Kugler entfernt, dessen Tod der nun
Geschiedene so tief und aufrichtig betrauert hatte und dessen Ge-

dächtnis in keinem Freundesherzen treuer bewahrt wurde als in dem unsres Merckel. Ich soll Dir über seine letzten Lebenstage schreiben. Ohne krank zu sein, war er doch schon seit Jahr und Tag matt und leidend gewesen (in Folge von Blutverlusten), und oft hatten wir, wenn er uns verließ, die Bemerkung gemacht: »Er wird doch alt.« Sein Arzt aber nahm die Sache leicht. Er selbst (Merckel) indes scheint nicht ohne ein Todesvorgefühl gewesen zu sein, er berührte diesen heiklen Punkt häufiger in Gesprächen und warf noch in der letzten kleinen Ellora, die bei ihm stattfand, die Frage auf, ob es nicht leichter sei, selbst zu sterben, als ein geliebtes Wesen sterben zu sehn? Die Debatte wurde, wie sich von selbst versteht, heiter geführt, und der, der lieber *zusehn* als selbst *durchmachen* will, wurde mit allerhand schlechten Witzen in die Enge getrieben. Am 21. Dezember war Rütli bei Bormann; M. erschien munter wie immer, erzählte nur, daß er im Lauf des Nachmittags eine Art Krampfanfall – die wir als eine *Kolik* nahmen – gehabt habe und verließ uns munter und guter Dinge. Sonntag d. 22., wiederholte sich der Anfall, und es wurde zu seinem Arzt (v. Arnim) geschickt. Dieser fand, wie ich später erfahren habe, die Sache gleich sehr bedenklich, da Krampfanfälle bei verwachsenen Leuten immer die Vorboten nahen Todes sein sollen. Am Weihnachtsheiligabend war er bereits sehr matt und deutete seiner Frau an, daß es wohl bald vorbei sein werde. Er war dabei weich und wehmütig gestimmt, denn er liebte das Leben sehr. Am ersten Feiertag gings besser und blieb so bis zum Nachmittag des zweiten. Dann wiederholten sich die Krämpfe, ein Schlagfluß lähmte die linke Seite, und als Frl. Clara Baumeister um 5 in die Wohnung trat, wurde sie von der alten Dörthe bereits mit den Worten empfangen: »Gut, daß Sie kommen, er stirbt eben.« Das Leben wehrte sich aber noch, und nachdem er in mühsam geführtem Gespräch (wegen der partiellen Lähmung) sein Haus bestellt und alles geordnet hatte, verschied er ruhig am Morgen des dritten Feiertags (27. Dezember). Aus Rücksicht für mich (die Herzensgüte der Frau v. Merckel verleugnete sich auch in so bittren Stunden nicht) fand die Beerdigung erst am 31. statt, da der 30. mein Geburtstag ist und Frau v. M. nicht wollte, daß ich mit einem Leichenzug in mein neues Lebensjahr eintreten sollte. Seitdem sind nun nahezu 6 Wochen vergangen, und alles ist wie sonst; man kann wieder die Wahrnehmung machen, wie gut man abkommen kann, auch der Liebenswürdigste, der Beste, selbst solcher, der, selbstsuchtslos für andre lebend, diesen andren wirklich etwas war. Seine Witwe betrauert ihn tief und wird es, solange sie lebt, mais – c'est tout. Wir andern lieben ihn nach wie vor und geben dieser Liebe Ausdruck, aber ich habe noch keinem angemerkt, daß ihm etwas fehlte, daß er eine Lücke schmerzlich empfände. Das Ganze ein Avis für die eigne werte Person und ein rechter Eitelkeits-Dämpfer.

Die finanziellen Sorgen und Ängste der Familie Fontane verringerten sich durch das regelmäßige Einkommen, das Fontane von der »Kreuzzeitung« bezog; dennoch berechneten Emilie und ihr Mann sehr genau die Einkünfte, die sie für ihren Lebensunterhalt benötigten. Willkommene Nebenverdienste trugen dazu bei, den Hausstand zu sanieren. Fontane aber dachte über die materielle Absicherung hinaus auch an seine berufliche Zukunft als Schriftsteller: Eine zweite Auflage der »Wanderungen« könnte hilfreich sein, seinen künstlerischen Ruhm noch weiter zu verbreiten. Auch beschäftigte er sich mit der englischen Literatur, vielleicht, weil er bereits in den sechziger Jahren Material und Ideen für einen Roman suchte.

An Emilie Fontane, Berlin, 10. Juni 1862

Ich war ⟨…⟩ am Freitag bei Hertz, den ich sehr lange nicht gesehn hatte. Er sagte mir, daß im nächsten Jahre wohl eine 2. Auflage nötig werden würde, rief dann seinen ersten Kommis, richtete an diesen die entsprechende Frage, die dann durch diesen bejaht wurde. Nun ist es zwar durch dieses kleine Zwiegespräch noch nicht *gewiß*, aber doch *sehr wahrscheinlich*, wenn nicht Krieg dazwischenkommt, und so ständen denn für das nächste Jahr 600 Taler Buchhändlerhonorar in Aussicht, was immerhin sehr angenehm ist. Außerdem hat eine *solche* 2. Auflage doch auch wirklich literarisch einiges Gewicht. Arbeit würd ich noch viel daran haben, aber der unterzieht man sich unter solchen Umständen ja herzensgern. Kommt es wirklich im nächsten Jahr zu einer für unsre Verhältnisse so bedeutenden Extraeinnahme, so hoff ich, daß wir alle unsre Schulden abtragen können: Scherz, Tunnel, Lepel – es ist ja wohl nicht mehr als 350 Taler. Und vielleicht bleibt noch was übrig zu einem Schein oder Papier; es würde mich sehr glücklich machen, denn die kleinen Nöte haben doch etwas höchst Bedrückendes und haben uns während der ersten Jahre unsrer Ehe unendlichen Schaden getan. Jetzt, im Rückblick, erscheint es mir wunderbar genug, daß es noch *so* gegangen ist und nicht schlimmer. ⟨...⟩

Was Du über die modernen englischen Romane sagst, ist richtig, doch gibt es einzelne Ausnahmen, und unter diesen Ausnahmen sind mehr oder weniger die Romane der Eliot. Was *ihr* fehlt, ist ein andres. Während die andren eigentlich nur *Details* haben, hat sie (schon künstlerischer als die andern) Details *und* Komposition; sie versieht es nur im *Maß*; es ist nicht richtig, daß sie über die Details die Komposition *vergißt*, die Details machen sich nur zu breit; gegen die Qualität des Ganzen ist nichts zu sagen, nur die *Quantität* der Beobachtungen und Einzelschilderungen wirken bedrückend. Es ist (das Buch) eine wohlanständig, regelrecht und sauber gekleidete Dame, die ihren Schmuck auch an der rechten Stelle trägt, nur hat sie die Eigentümlichkeit, an einen Ohrring noch einen andern anzuhängen und so fort und fort, bis das halbe Dutzend voll ist.

Fontane konnte sich eines bedrückenden Gefühls nicht entledigen, das ihn während der Vorbereitungs- und Schreibphase ständig begleitete. Dabei plagte ihn nicht nur die Sorge um den Verkaufserfolg des Buches, sondern auch die Angst, dem sich selbst gesteckten Ziel künstlerisch nicht gerecht zu werden. Am 23. Juni 1862 schreibt er an seine Frau:

Du fragst, ob Du mir fehlst? Allerdings fehlst Du mir, nicht wegen Suppe und Braten (was wirklich für halbwegs anständige Menschen ein zu spießbürgerlicher Standpunkt ist) sondern aus allen möglichen andren Gründen. Es würde dies noch viel mehr der Fall sein, wenn ich nicht gerade in diesen Wochen wieder gesehn hätte, daß unsereins ein vollständiges Hetzleben führt und daß, wie es Frauen gibt die sich beständig fragen: was kochst Du heute? unsereins die Fieber-erzeugende Frage nicht los wird: was arbeitest Du heute? Der innerliche Mensch ist immer in einer Art Aufregung und Aktion, immer in der Angst: wie wird das werden? welches Buch brauchst Du? an wen mußt Du noch schreiben? wer weiß etwas davon? wie komponierst Du dies, wie gruppierst Du das etc. etc. Dies ist die *Aufregung* bei der Arbeit; aber diese Aufregung ist lange nicht das schlimmste; das schlimmste ist die Sorge: wird es auch nicht dummes Zeug sein! oder das bestimmte Gefühl »so geht es nicht, das ist albern, das ist verbraucht« und in Folge davon die Notwendigkeit, oft schon mit angegriffenen Nerven, etwas andres, neues, an die Stelle des alten zu setzen. Ich schreibe Dir über diesen Prozeß so ausführlich, um dadurch, allen Ernstes, Dein Mitleid zu erwecken. Denke Dir einen innerlich derart abgehetzten Menschen, der mit Recht verstimmt ist, weil die Sachen nicht so kommen wollen wie er möchte und solch armer Kerl soll nun wegen Lieblosigkeit, Mangel an Aufmerksamkeit etc. angeklagt werden. Es ist eine wirkliche Grausamkeit, der Essigschwamm für den Durstigen. Ich versichere Dich, daß ich oft viel lieber spazieren ginge, oder plauderte, oder im Fenster läge, aber es geht nicht, und ich bitte Dich, mich in Zukunft nach *dieser* Seite hin etwas besser zu behandeln. Jeder geistig tätige Mann, dessen geistige Beschäftigung noch dazu das tägliche Brot schaffen muß, kann seine Zeit zwischen Arbeit und Familie nur sehr ungleich teilen; die Familie wird, was Zahl der Stunden angeht, immer etwas zu kurz kommen. Man sollte sich vielleicht nur öfter *Ferien* gönnen und alle Monate mal sagen: »nun wird 8 Tage lang nicht gearbeitet.« Weiß es Gott, daß mir das sehr angenehm sein würde; aber ich habe bis jetzt zu dieser ruhigen Verteilung meiner Zeit noch nicht kommen können. Auch ist es deshalb schwer, weil man innerlich eigentlich nie fertig wird und Neues gleich nachrückt (und zwar unaufgefordert) wenn das Alte abgearbeitet ist. Ich will diese lange Abhandlung doch mit einer trostreichen Betrachtung schließen. So unbequem dies beständige innerliche Engagiertsein für mich und so empfindlich es gelegentlich für Dich ist, so ist auf die Dauer – in a long run wie die Engländer sagen – eine solche Existenz doch für beide Teile die allein glücklich machende. Wer immer bei »Muttern« ist, wird notwendig ein Philister, ein lederner Patron, dessen Langeweile nachher viel verdrießlicher wirkt, als die Unruhe des immer Beschäftigten, der eben nur Stunden und Tage hat, wo er zur Ruhe kommt, in solchen Stunden aber auch die Ruhe und alles Glück des Familienlebens doppelt genießt. Da hast Du's!

An Emilie Fontane, Berlin, 31. Juli 1862

Dies werden nun also wohl die letzten Zeilen sein, die Dich vorläufig am Ruppiner See aufsuchen. Am Sonntag willst Du wieder hier eintreffen, ich erwarte Dich aber eigentlich schon am Sonnabend nachmittag mit dem Hamburger Zuge; tu ich recht darin, so laß es mich jedenfalls vorher noch in einer Zeile wissen, damit ich Dich und den Kleinen am Bahnhof erwarten kann. Es plaudert sich Sonnabends, mit der Aussicht auf den Sonntag am besten, daher mach' ich diesen Vorschlag. ⟨...⟩

George's Schule hat heut wieder begonnen; gestern war Felix bei ihm und sie haben ihre Reise-Erlebnisse ausgetauscht. Nach dem Tee war er eine Stunde bei mir und plauderte mit mir, ganz nett, verständig, und manierlich. Heut mittag hatten wir folgendes Zwiegespräch:

George. Essen die Holländer immer holländische Soße?

Ich. Nein. Ebensowenig wie die Braunschweiger immer Braunschweiger-Wurst essen.

George. So mein' ich es nicht. Ich mein' es so: wenn die Braunschweiger überhaupt *Wurst* essen, essen sie dann *Braunschweiger* Wurst.

Diese Deduktion, um gerecht zu sein, ist für einen kaum 11jährigen Jungen allerdings ganz *brillant*; er fühlte sofort heraus, daß meine Erwiderung nicht genau passe und traf dann in seiner Weiterfrage sehr richtig und sehr scharfsinnig die schwache Stelle meines Vergleichs. Wir sind ja einig über ihn, er ist sehr ungleich, nett und klug, aber auch unausstehlich.

An Emilie Fontane, Kunersdorf bei Wriezen, 16. September 1862

Als feuriger Liebhaber der ich doch nun mal bin, genügt es mir nicht heute morgen geschrieben zu haben, – ich schreibe heut abend wieder.

Es geht mir ganz gut, – aber ich bin doch sehr hin und diese Strapazen, so ungern ich es auch einräume, übersteigen doch meine Kräfte. Es soll eine Erholung sein und ist eigentlich eine riesige Arbeit. Schlösser, Kirchen, Kirchhöfe, Inschriften, Grabschriften, Bilder, Statuen, Parks, Grafen, Kutscher, Haushälterinnen, Vater, poetische Drechslermeister – alles das und hundert andres dazu, tanzt mir hurly burly im Kopf herum, dazu die Landschaftsbilder, die alle beschrieben werden müssen, dazu gestern die Strapaze des Marschierens und Bergkletterns und nun schließlich ein verdorbener Magen – das halte aus, wer kann. Ich habe in diesen 3 Tagen so viel gesehn, daß das bloße Sehen eine Arbeit wäre, aber es sehen und dabei beständig ordnen, schreiben, arbeiten, einreihen in andres, ist wirklich eine große Anstrengung. Zum Glück ist hier niemand im

Schloß als ein alter Bedienter und eine freundliche Haushälterin (übrigens über 50) sonst könnt' ich es, wenn ich auch noch gesellschaftlich mich abstrapazieren müßte, geradzu nicht leisten.

Im Mai 1863 hatte der Verleger Alexander Duncker Fontane den Redaktionsposten für eine neu gegründete Monatsschrift angeboten. Zunächst begeistert von dem Unternehmen, entschied sich Fontane schließlich doch gegen das nur auf den ersten Blick verlockend scheinende Angebot.

An Alexander Duncker, Berlin, 15. Juni 1863

Heute mittag habe ich Ihren Kontrakt-Entwurf, samt freundlichen Begleitzeilen erhalten und nicht ohne eine gewisse Beschämung, nicht ohne ein gewisses Schuldbewußtsein setze ich mich jetzt nieder, um Ihnen zu schreiben: »sehr geehrter Herr Duncker, es geht nicht, oder richtiger, ich kann nicht«.

Der Fehler, den ich begangen, ist der, daß ich in den ersten Tagen eine Lust und einen Eifer zeigte, der seitdem, unter dem Einfluß von hundert kleinen und großen Erwägungen immer geringer geworden ist. *Verzeihlich*, glaub ich, ist der Fehler, den ich gemacht. ⟨...⟩ Ich habe einen Grund-Irrtum begangen, ich habe in den ersten Tagen geglaubt, daß ich vormittags Zeitungs-Redakteur und nachmittags Revue-Redakteur sein und *doch noch Zeit zu selbständigen Schaffen übrig behalten könnte;* – daran ist aber nicht zu denken. Und doch gilt mir *produzieren* mehr, als *redigieren.* Ich müßte meine Redaktions-Stelle bei der Kreuz-Zeitung aufgeben, wenn ich die Redaktion eines solchen Monats-Journal, zumal die *Gründung* eines solchen, übernehmen wollte. Beides tun, heißt in Redigieren untergehn. Stände pekuniär etwas glänzendes in Aussicht, so ließe sich auch etwas wagen, aber ich kann nicht eine sichre und gutbesoldete Stellung auf etwas unsichres und pekuniär wenig glänzendes ⟨...⟩ hin, aufgeben. Wie ich auch die Sache ansehen mag, es verbietet sich aus äußeren und inneren Gründen, trotz einer gewissen Vorliebe für eine derartige Tätigkeit.

Auch im Jahre 1863 war Fontane mehrere Wochen unterwegs. Die meisten Touren mußte er allein machen, da Emilie sich zu Hause um die Kinder zu kümmern hatte. Seine Reisen führten ihn unter anderem über Hamburg, Heringsdorf, Stettin und weitere Ostsee-orte nach Swinemünde, wo so manche Erinnerungen an seine Kindheit wiedergeweckt wurden.

An Emilie Fontane, Heringsdorf, 24. August 1863

Es sind erst 2 Tage und 2 Stunden, seit ich von Berlin fort bin, und schon habe ich so viele Eindrücke empfangen, so viele alte und neue Menschen gesehn und gesprochen, daß mir zumute ist, als hätte ich den Berliner Staub und die Berliner Rinnsteine schon wochenlang hinter mir. Staub und Rinnsteine, da haben wir's. Es läßt sich gegen diese Badereiserei gewiß sehr viel sagen, in hundert kleinen Dingen verschlechtert man sich, es fehlt an Komfort und manchem andren noch, aber man hat *Ruhe und frische Luft*, und diese beiden Dinge wirken wie Wunder und erfüllen Nerven, Blut und Lungen mit einer stillen Wonne. Selbst in Swinemünde hatte ich am Sonnabend schon dies Gefühl, hier habe ich es seit gestern in einem sehr verstärkten Grade. Es beschäftigt mich ein Plan, den ich Dir durchaus mitteilen muß. Ich schwärme für einen kleinen Hausbau hier; hier in Heringsdorf selbst ist der Grund und Boden schon zu teuer, aber zwischen hier und Ahlbeck, oder in Ahlbeck selbst, das eine Viertelmeile von hier gelegen ist und jetzt sehr in Aufnahme kommt. ⟨...⟩

Nun genug von diesen Plänen; Du wirst begieriger sein zu erfahren, wie es mir eigentlich ergangen ist.

Die Fahrt nach Stettin war nicht sehr angenehm; ich hatte mich sicherheitshalber in ein Coupé für Nichtraucher gesetzt und tauschte dafür einen so penetranten Fischgeruch ein, daß ich schon in Neustadt Kopfweh hatte. Es gibt doch merkwürdig unverschämtes, im frechsten Egoismus drinsteckendes Volk. Als wir nämlich in Stettin endlich ausstiegen und nur ich noch im Wagen war, kam ein kleiner rotbäckiger pommerscher Junker, der mit uns gefahren war, noch mal zurück und zog unter seinem Sitz einen Korb hervor, der mit Leinwand überspannt war. Hatte sich dieser Esel mutmaßlich einige Zander aus Berlin mitgenommen und uns das Vergnügen gemacht, 4 Stunden lang im penetrantesten fish-smell sitzen zu müssen. Das nennt man hierzulande Gentleman, und zu *dem* Behuf setzt man sich in ein Coupé für Nichtraucher.

Stettin gefiel mir außerordentlich; der Sonnabend (Markt am Kai entlang und der Sturm voller Boote von den benachbarten Oderdörfern) tat das Seinige, um das Bild besonders anziehend zu machen. Das Dampfschiff (der Neptun) setzte sich bald in Bewegung 〈...〉, und nun ging es stromab in das Haff hinein. Es erinnerte mich sehr an die Dampfschiffahrten in Schottland, auch kann ich nicht sagen, daß wir bei diesem Vergleich, namentlich in bezug auf die Menschen, sehr zu kurz gekommen wären. Nur freilich fehlte es ganz an eigentlicher Dameneleganz, wovon man in England und Schottland wenigstens immer etwas sieht. Die Landschaftsbilder waren anmutig, aber doch durchaus nicht so schön wie die Elbufer um Hamburg herum. Um 4 waren wir in Swinemünde.

〈...〉 Dies führt mich natürlich auf das Haus, drin ich 5 Jahre lang gelebt, gelernt, gespielt, gelacht, geweint habe. Es ist total *runtergekommen*. Die Apotheke ist verlegt 〈...〉, und in dem Lokal, wo sonst rezeptiert wurde und wo der katholische Gehülfe dem protestantischen Kollegen mit dem Messingleuchter einen Schlag auf den Kopf gab, ist jetzt ein schmieriger Kaufmannsladen. Der Flur, die Küche, die winklige Treppe, die Einteilung der Zimmer ist 〈...〉 unverändert geblieben, aber wiewohl es nie was Schönes war, so hat es sich doch bedeutend verschlechtert; denn alles ist dreckig und absolut ruppig geworden. 〈...〉 Nur der Nußbaum steht noch, der damals seine noch jungen Zweige in das Fenster von Papas Stube, da, wo sein Sekretär mit der ewig knarrenden Klappe stand, hineinwachsen ließ. Ich bin in allen solchen Stücken so unsentimental wie möglich, und ich kann nicht sagen, daß das alles mich tief ergriffen hätte; aber von leiser Wehmut, von einer gewissen Herbststimmung wird das Herz doch beschlichen.

> Dunkle Zypressen –
> Ring dich nicht ab,
> Es wird doch alles vergessen –

so ähnlich sagt *Storm*, und er hat recht. Immer wieder lief ich durch die Straßen der Stadt, aber ich sah kein bekanntes Gesicht, sie sind alle fort, verzogen, die meisten *sehr* weit. Der alte Hofrat Kind lebt noch, aber ich hatte nicht den Mut, ihn aufzusuchen. Über alles andre mündlich; es kann Dich ohnehin nur halb interessieren, weil Du ja Ort und Menschen nicht kennst.

Fontane plante, sein erfolgreiches erstes Wanderungsbuch fortzusetzen. Mit Wilhelm Hertz hatte er sich bereits am 17. Mai 1863 über den zweiten Band »Das Oderland« verständigt:

Es machte sich gestern nicht, daß ich im Geplauder mit Ihnen das Gespräch auf die geschäftliche Frage leiten konnte, wie es mit dem 2. Bande der Wanderungen werden soll und ob Sie noch bei Ihrer frühren Geneigtheit dafür beharren. Natürlich hoffe ich darauf, aber ich weiß es doch nicht und ein halbes Dutzend »brennende europäische Fragen«, andrer Gründe ganz zu geschweigen, könnte Sie doch andren Sinnes gemacht haben.

Was nun den Inhalt des zweiten Bandes angeht, so liegt er, wenn auch noch nicht druckreif, im Wesentlichen vor mir. Ich werde einen Zettel beilegen, der die Überschriften der Kapitel und Unterabteilungen gibt. Es ist fast alles Oderland und Oderbruch; ein paar Sachen aus Teltow-Beeskow sind mit eingeflochten, weil das Leben des Feldmarschall Barfus mich zu einem Abstecher nach Cossenblatt (im Beeskowschen) zwang und Cossenblatt wieder Motiv wurde für Königs Wusterhausen und Teupitz.

An Umfang wird der zweite Teil wohl um ein paar Bogen über den ersten hinauswachsen, was hoffentlich nichts schadet; an Inhalt ist er (im Wesentlichen) sachlicher, wenn ich so sagen darf historischer. Die Liebe ist dieselbe geblieben, Ernst und Eifer sind gewachsen; aber andrerseits ist es wohl möglich, daß eine gewisse Frische, Unbefangenheit und gefällige Plauderhaftigkeit fehlt, die dem ersten Bande vielleicht wesentlich mit zu seiner guten Aufnahme verholfen haben. Ist ein solcher Unterschied da, so ist er (selbst wenn der zweite Band mindres Glück hätte) doch nur eine natürliche Fortentwicklung. Daß ich im *Prinzip* das »plaudern« nicht aufgegeben habe und nicht aufgeben werde, versteht sich von selbst.

Immer wieder bemühte sich Fontane beim Kultusministerium um finanzielle Unterstützung und Anerkennung seines Unternehmens. Nachdem die von Bethmann-Hollweg bewilligten Zuschüsse nach drei Jahren abgelaufen waren, bittet er dessen Nachfolger um Verlängerung.

An Heinrich von Mühler, Berlin, 2. Dezember 1863

Ew. Exzellenz
wollen mir gestatten, Ihnen in Nachstehendem eine ergebenste Bitte vorzutragen.

Ein hohes Ministerium der Geistlichen Angelegenheiten hatte im Jahre 1860 die Gnade, einen Plan, den ich in Betreff eines über die Mark Brandenburg zu schreibenden, historisch-topographischen Buches vorzulegen die Ehre hatte, gutzuheißen und zur mußevolleren Ausführung desselben mir eine Unterstützung von jährlich 300 Talern auf drei Jahre zu bewilligen. Diese drei Jahre sind mit dem ersten Quartal des künftigen Jahres abgelaufen und das gehorsamste Gesuch, das ich heut an Ew. Exzellenz zu richten mir die Freiheit nehme, geht dahin, mir zur Fortsetzung der umfangreichen Arbeit, die bis jetzt gewährte Unterstützung auch ferner gewähren zu wollen.

Die Aufgabe die ich mir bei meiner Arbeit stellte, war, wie ich seinerzeit die Ehre hatte ausführlicher darzulegen, die *Belebung des Örtlichen,* wobei ich es der Besonderheit jeder Einzel-Lokalität überließ, mich in jedem einzelnen Fall erkennen zu lassen, *wo der Lebensquell stecke, was* als charakteristischer Punkt hervorzuheben sei. Dies ergab einen konstanten Wechsel in der Darstellung. Landschaft, Sage, Geschichte lösten sich unter einander ab und aus der Aneinanderreihung der Resultate meines Wanderns und Forschens ergaben sich jene Schilderungen, die nunmehr in zwei Bänden unter dem Titel »Wanderungen durch die Mark Brandenburg« vorliegen.

Diese Spezial-historischen Arbeiten fortsetzen zu können, ist, wie ich mir schon anzudeuten erlaubte, mein lebhafter Wunsch und habe ich um so eher den Mut, Ew. Exzellenz fernere Unterstützung dabei zu erbitten, als ich glaube aussprechen zu dürfen, daß die guten Seiten meiner Arbeit um so mehr hervortreten werden, je mehr es mir glücken sollte, die gestellte Aufgabe mit einer *gewissen Vollständigkeit* zu lösen.

Die Bände I und II, die ich seinerzeit die Ehre hatte Ew. Exzellenz zu überreichen, werden Hochdieselben beurteilen lassen, inwieweit ich überhaupt im Stande gewesen bin, dem Grundplan meiner Arbeit nachzukommen. Möchte sich Ew. Exzellenz Urteil günstig genug stellen, um die Gewährung meines Wunsches tunlich erscheinen zu lassen.

Ew. Exzellenz
        gehorsamster
                Th. Fontane.

Mühler bewilligte Fontanes Gesuch und verlängerte die finanzielle Unterstützung um zwei Jahre.

Die »Wanderungen« fanden ein interessiertes Publikum. Auch der General Ernst von Pfuel, dessen Bekanntschaft Fontane bereits während der Revolution von 1848 gemacht hatte, war ein begeisterter Leser und schrieb Fontane anerkennende Briefe. Dieser antwortete Pfuel, nicht ohne diesem seine künstlerischen Intentionen bezüglich der märkischen Geschichten genau mitzuteilen.

An Ernst von Pfuel, Berlin, 18. Januar 1864

Ihr geehrtes Schreiben vom 15. ist mir eine echte Freude und Ermunterung gewesen, und ich stelle meinen Dank wie billig an die Spitze dieses Briefes. Es tut jedem Schriftsteller überhaupt schon wohl, mit Liebe und Lust an der Sache gelesen zu werden, und jedes eingehende Urteil erfreut ihn natürlich doppelt, wenn es so wohlwollend und nachsichtig auftritt wie das Ihrige. Besonders erfreut hat es mich auch, daß Sie, wenn ich eine Stelle Ihres geehrten Schreibens richtig interpretiere, die eigentlichen Intentionen, die Grundidee meiner Arbeit richtig erkannt haben. Es ist alles auf ein *Ganzes* hin angelegt, auf die Beweisführung: auch im märkischen Sande flossen und fließen überall die Quellen des Lebens, und jeder Fuß breit Erde hat seine Geschichte und erzählt sie auch – man muß nur willig sein, auf die oft leisen Stimmen zu lauschen. Die zwei Bände, die bis jetzt erschienen sind, lassen das, worauf es mir ankommt, erst erraten: die Belebung des Lokalen, die Poetisierung des Geschehenen, so daß (ganz wie am Rhein, in der Schweiz, in Schottland und an vielen Orten ist) in Zukunft jeder Märker, wenn er einen märkischen Orts- oder Geschlechtsnamen hört, sofort ein *bestimmtes Bild* mit diesem Namen verknüpft, was jetzt gar nicht oder doch nur in einer prosaisch-häßlichen Weise der Fall ist. Wenn jetzt ein Berliner die Namen Strausberg, Ruppin, Spandau, Kyritz hört, so tritt nur Häßliches oder Komisches vor ihn hin – die Zucht- und Irrenhäuser leben in seiner Phantasie, nicht die historischen Häuser oder Gestalten dieser Städte. Erst der *Abschluß* meiner allerdings auf weithin angelegten Arbeit wird klar zeigen, worauf es mir ankam: nicht Verherrlichung des Einzelnen, sondern Liebesweckung für das Ganze. Danach müssen auch die drunter laufenden Fehler milde beurteilt werden. – Ich darf sagen, ich befleißige mich der Gewissenhaftigkeit, aber ich muß auf meiner Hut sein, daß ich nicht in Kleinlichkeit verfalle. Penibilität tötet zuletzt Sinn und Auge für das Allgemeine.

Der Leserkreis der »Wanderungen« wurde größer. So erkundigte sich auch der Ritterschaftsdirektor Alexander von Pfuel, den Fontane vermutlich auf einer Reise zu den Pfuelschen Gütern Gielsdorf und Wilkendorf kennengelernt hatte, nach weiteren schriftstellerischen Plänen. Fontane antwortet ihm am 3. März 1864:

Das *Havelland* soll den dritten Teil meines Buches, richtiger meiner bänderreichen Arbeit bilden.

Ich habe mich nun den ganzen Winter über mit Kloster Lehnin (Zauche) mit den Zisterziensern in der Mark, mit der Lehninschen Weissagung, auch namentlich mit Chorin als dem vorzüglichsten Tochterkloster von Lehnin beschäftigt; diese Arbeiten sind nun beendigt und ich habe noch 2 Monate Zeit, eh ich direkt wieder auf die Wanderschaft gehen kann. Bevor nicht die Bäume grün sind, verlohnt es sich nicht. Diese 2 Monate möchte ich nun gern an ein vorgängiges Studium havelländischer Familien resp. havelländischer Familien-*Geschichten* setzen ⟨...⟩

Die »Balladen« trafen auch auf das Interesse der Herausgeber von Anthologien. Bereits 1851 hatte Ignaz Hub Fontane um Beiträge für die dritte Auflage seiner Sammlung »Deutschlands Balladen- und Romanzendichter« gebeten und schließlich die Gedichte »Der Tower-Brand«, »Schloß Eger« und »Seydlitz« aufgenommen. In der vierten Auflage, für die Fontane in seinem Brief an Ignaz Hub vom 28. Mai 1864 auf Wunsch des Herausgebers einige Balladen vorgeschlagen hatte, war er aus unbekannten Gründen nicht mehr vertreten.

An Ignaz Hub, Berlin, 28. Mai 1864

In ergebenster Erwiderung Ihrer geehrten Zuschrift vom 22. Mai habe ich die Ehre, Ihnen anbei ein Exemplar meiner Balladen zu übersenden, mit der Bitte daraus zu nehmen, was Sie für gut und passend erachten. Als meine besten Sachen betrachtet man hier die 6 Feldherrn-Lieder womit der Band beginnt, ferner: Johanna Gray,

Archibald Douglas, der letzte York, das Lied des Monmouth ⟨…⟩ und das Trauerspiel von Afghanistan.

Mein eignes Urteil stimmt im Wesentlichen dem bei; ich möchte fast sagen mit Bedauern, indem es mich mehr erfreuen würde, wenn mir *deutsche* Stoffe ähnlich geglückt wären. Die Dinge behalten dadurch etwas Fremdes und lesen sich mehr wie *englische* denn wie deutsche Balladen. Die vieljährige Beschäftigung mit der englischen Balladen-Literatur und die zu weit gehende Begeisterung, die ich *früher* für die englische Geschichte hatte, ist wohl Ursach geworden, daß ich meine Stoffe fast ausschließlich von jenseit des Kanales nahm.

Kriegsbücher

Die Wanderungsbücher hatten Fontane in Berlin und Brandenburg bekannt gemacht. So wurde auch der Verleger Rudolf von Decker auf ihn aufmerksam. Fontanes Vorgehensweise, sich vor Ort über Geschichte und Gegenwart zu informieren, mag wohl ein wesentlicher Grund gewesen sein, daß sich Decker für den Schriftsteller zu interessieren begann. Das Angebot, nach Schleswig-Holstein und Dänemark zu reisen, um im Anschluß daran seine Eindrücke und Kenntnisse über den Schleswig-Holsteinischen Krieg zu Papier zu bringen, konnte Fontane schon aus finanziellen Erwägungen nicht ausschlagen.

An den Verlag Rudolf von Decker, Berlin, 31. August 1864

Herr von Decker sagte mir vor ungefähr 14 Tagen, daß er behufs Edierung eines Buches über den schleswig-holsteinschen Krieg noch die Zeichenkräfte einiger Maler zu engagieren wünsche. Camphausen, Kretschmer, Rabe und Burger wurden vorläufig genannt; – darf ich Ihnen Mitteilung davon machen, daß der ausgezeichnete Schlachtenmaler Georg Bleibtreu einige Ölbilder für Österreich gemalt hat (die »Erstürmung des Königsbergs bei Schleswig« und »Gefecht bei Oeversee«) und so weit ich seine Intentionen kenne, gern bereit sein würde, einige der Illustrationen zu übernehmen.

Für die Buchillustrationen wurde schließlich der vom Verlag bereits ausgewählte Maler Ludwig Burger bestimmt, dem Fontane schon in seiner Tunnelzeit begegnet war. Während der langjährigen Zusammenarbeit mit dem Decker-Verlag war sein Verhältnis zu dem Maler nicht frei von Spannungen. Fontane konnte sich nicht mit der herkömmlichen Maleranschauung: ›die Bilder sind alles, der Text ist nichts‹ *anfreunden; darüber hinaus war Burger oft unzuverlässig.*

Auf seiner Reise nach Dänemark vom 9. bis 30. September machte Fontane unter anderem auch in Husum halt, um Theodor Storm zu besuchen. Am 25. September 1864 kündigt er aus Flensburg sein bevorstehendes Eintreffen an:

Geehrter Freund, Dichter und Hardesvogt.

Sie haben wohl an der Westküste keine Ahnung davon, daß ich nun schon seit 14 Tagen die cimbrische Halbinsel unsicher mache. Jetzt stehe ich als Gewölk über Husum. Eigentlich wollte ich morgen schon bei Ihnen »der keines Überfalls gewärtig« einbrechen, da aber »Diana« morgen früh nach Sonderburg fährt und Diana speziell meine Göttin ist, so will ich noch zuvor eine Fahrt nach Alsen machen. In Düppel war ich schon früher (Ende Mai).

Danach stünde ich auf Dienstag nachmittag oder abend für Husum in Sicht, da ich von der Alsenfahrt nicht vor Dienstag mittag in Flensburg zurück sein kann.

Meine Absichten in Husum sind folgende:

1. Sie und Ihre sehr verehrte Frau auf eine halbe Stunde zu sehn.

2. In einem Boot wenigstens die nächstgelegene der friesischen Inseln zu besuchen.

Ich bitte Sie nun herzlichst, mich poste restante Flensburg, in zehn Zeilen wissen zu lassen, wie Sie über diese meine Husum-Reise denken.

Es wäre doch möglich, daß auch der allerflüchtigste Besuch meinerseits Ihnen und Ihrem Hause aus irgend einem Grunde nicht paßte, oder daß es unmöglich wäre, einmal im Husumer Gasthof ein Nachtquartier und andren Tags am Husumer Strand ein Boot zur Überfahrt nach Nordstrand zu finden; in jedem dieser Fälle würde ich die Reise unterlassen und meinen Besuch bei Ihnen auf andre Zeiten vertagen.

Sie erhalten diese Zeilen hoffentlich morgen mittag; wenn Sie gleich antworten, muß Ihre Antwort spätestens Dienstag mittag hier sein und ich kann da noch, wenn ich von Alsen zurückkomme, meine Dispositionen treffen.

Theodor Storm antwortet Fontane prompt am 26. September und lädt ihn zu sich nach Hause ein. Fontane verbrachte daraufhin die Nacht vom 27. auf den 28. September 1864 in Husum.

Hand aufs Herz, das ist wirklich eine große Freude. Sie sind natürlich zu jeder Stunde mit und ohne Anmeldung willkommen; leider wohnen wir »eng aber mit Liebe«, so daß, da eine Verwandte auf Besuch ist, die Unmöglichkeit ist, Ihnen Nachtquartier zu schaffen. Aber in den Hotels ist überflüssig Platz, und ein paar Nächte müssen Sie hier bleiben. Für den Tag nehmen wir Sie natürlich gänzlich in Beschlag.

Da werden also ein paar Trümmer des seligen Rütli mal wieder zusammenkommen.

Ihr ThStorm
aber *Land*vogt.

Der kleine Streit aus den gemeinsamen Berliner und Potsdamer Tagen war nicht die einzige Kontroverse, die die Freundschaft zwischen den Schriftstellerkollegen auf die Probe stellte. Als Fontane, der Storms Liebe zu seiner Heimat und seine Haltung gegenüber den dänischen Besetzern kannte, Storm vorschlug, eine Hymne auf den Sieg Preußens über die Dänen zu dichten, ließ Storms temperamentvolle Antwort nicht lange auf sich warten.

Theodor Storm an Theodor Fontane, Husum, 19. Dezember 1864

Liebster Fontane,

Hol Sie der Teufel! Wie kommen Sie dazu daß *ich* eine Siegeshymne dichten soll! Ja, wenn ich das Glück hätte zum *caecum vulgus* zu gehören. So aber weiß ich leider – über das Erstere waren wir ja auch einig – daß wir alles, Beginn des Krieges und etwanige Frucht, lediglich dem Drang der Umstände und nichts dem guten Willen zu verdanken haben und *resp.* haben werden, höchstens das Erstere dem Drang der Nationalpartei; denn dort waren die Treiber; die Herrn regierenden Junker, die schließlich das Kommandowort gaben, waren nur die Getriebenen. Wofür soll ich mich nun begeistern, für den Willen ohne Tat, oder für die Tat ohne den Willen? Bei dem Endresultat könnte man etwa noch die Neider Preuß. Macht preisen; denn nur das wird Preußen ungefressen lassen was ihm von diesen verwehrt wird. – Und dann hol Sie noch einmal der Teufel! Ich soll Herzog Friedrich preisen? Wenn ich Lieder für Herzog Friedrich habe – und ich glaube fast, ich habe sie – so sind sie ganz andrer Qualität. – Überhaupt, ich habe den Phrasenkram, aus dem sich diese Welt zusammensetzt, mitunter bis zum Speien satt.

Am 20. Mai 1865 starb Storms Frau Constanze am Kindbettfieber, nachdem sie am 4. Mai ihr siebtes Kind Gertrud zur Welt gebracht hatte.

An Theodor Storm, Berlin, ⟨31. Mai 1865⟩

Die Nachricht von dem schweren Schlag der Sie getroffen, hat in unsrem Hause wie in dem ganzen Freundeskreise die herzlichste Teilnahme geweckt. Kaum in die Heimat zurückgekehrt, stehen Sie verwaister da, als, so viele Jahre hindurch, in der Fremde. Möge Ihnen Gott die Kraft leihn, so Schweres zu tragen; wie Ihrem Herzen so wird auch Ihrem Hause der Verlust unersetzlich sein. – Die Rosenzeit ist vor der Tür; die heimischen Rosen auch nur ein erstes Mal wieder blühen zu sehn, war ihr nicht vergönnt.

Diese Zeilen werden Sie um einige Tage später erreichen, als sie sollten; aber wir haben erst auf Umwegen (meine Frau begegnete Rosa Stein von ungefähr) von allem was geschehn ist, gehört. Gestern sahen wir auch Pietsch und erfuhren, daß er einen Einlage-Brief zur Post gegeben habe; er ist uns aber nicht zu Händen gekommen. – Möge Kraft und Trost Ihnen in dieser Prüfungszeit nicht fehlen!

Erster Romanversuch

Am 4. November 1865 schloß Fontane mit Wilhelm Hertz einen Vertrag über den Roman »Levin von Vitzewitz. Ein Roman aus dem Winter 1812 auf 13«. Seit 1852 hatte sich Fontane stofflich mit dem Thema vertraut gemacht; vereinzelte Entwürfe folgten im Januar

1862, und schließlich konnte er das erste Kapitel 1863/64 zu Papier bringen. Über die finanziellen Modalitäten wurde man sich schnell einig. In einem Brief an Hertz vom 17. Juni 1866 teilt Fontane nicht nur seine allgemeinen Ansichten über die künstlerischen Gestaltungsmöglichkeiten im historischen Roman mit. Es wird auch deutlich, wie wichtig der Autor das Feilen und Korrigieren der ersten Niederschriften nimmt, um ein möglichst genaues Bild der vergangenen Epoche und ihrer Menschen zu komponieren.

Die wichtigsten Punkte schienen mir folgende zu sein:

1. man muß die Dinge nicht zu gut machen wollen; das gibt nur Unfreiheit und Peinlichkeit.

2. man muß nicht *alles* sagen wollen, dadurch wird die Phantasie des Lesers in Ruhestand gesetzt und dadurch wieder wird die Langeweile geboren.

3. Man muß Vordergrunds- Mittelgrunds und Hintergrunds-Figuren haben und es ist ein Fehler wenn man *alles* in das volle Licht des Vordergrundes rückt.

4. Die Personen müssen gleich bei ihrem ersten Auftreten so gezeichnet sein, daß der Leser es weg hat, ob sie Haupt- oder Nebenpersonen sind. Auf das räumliche Maß der Schildrung kommt es dabei nicht an, sondern auf eine gewisse Intensität, die den Fingerzeig gibt.

Alle diese Punkte sind wichtig und das Hervorheben derselben enthält einen begründeten Hinweis auf vorhandene Schwächen. Ob ich es, da das Ganze fertig in mir lebt, hier und da noch ändern kann, ist freilich eine andre Frage. Das Ganze (womit ich mich nicht rechtfertigen will) ist mehr oder weniger auf eine derartige Behandlung hin angelegt.

Und darüber sei mir noch ein Wort gestattet. Ich habe mir nie die Frage vorgelegt: soll dies ein Roman werden? und wenn es ein Roman werden soll, welche Regeln und Gesetze sind inne zu halten? Ich habe mir vielmehr vorgenommen, die Arbeit *ganz nach mir selbst*, nach meiner Neigung und Individualität zu machen, ohne jegliches bestimmte Vorbild; selbst die Anlehnung an Scott betrifft nur ganz Allgemeines. Mir selbst und meinem Stoffe möchte ich gerecht werden. Ohne Mord und Brand und große Leidenschaftsgeschichten, hab ich mir einfach vorgesetzt eine große Anzahl märkischer (d. h. *deutsch-wendischer*, denn hierin liegt ihre Eigentümlichkeit) Figuren aus dem Winter 12 auf 13 vorzuführen, Figuren wie sie sich damals fanden und im Wesentlichen auch noch jetzt finden. Es war mir nicht um Konflikte zu tun, sondern um Schilderung davon, wie das große Fühlen, das damals geboren wurde, die verschiedenartigsten Menschen vorfand und wie es auf sie wirkte. Es ist das Eintreten einer großen Idee, eines großen Moments in an und für sich sehr einfache Lebenskreise. Ich beabsichtige nicht zu erschüttern, kaum stark zu fesseln, nur liebenswürdige Gestalten, die durch einen historischen Hintergrund gehoben werden, sollen den Leser unterhalten, wo möglich schließlich seine Liebe gewinnen; aber ohne allen Lärm und Eklat. Anregendes, heitres, wenns sein kann geistvolles Geplauder, wie es hierlandes üblich ist, ist die Hauptsache an dem Buch. *Dies* hervorzubringen meine größte Mühe. Daher zum Teil auch die ewigen Korrekturen, weil nicht die Dinge sachlich, sondern durch ihren Vortrag wirken. Ich möchte etwas Feines, Graziöses geben; ob ich es erreiche, steht dahin. Nur das bitt ich Sie schließlich freundlich zu erwägen: wenn Dinge durch eine gewisse Eleganz des Vortrags wirken sollen, so muß es eben kein Stotternder sein, der vorträgt. Mein M. S. aber stottert. Wenn das alles einst rund und nett an Sie herantreten und ununterbrochen, glatt hinfließen wird, wird Ihnen manches besser gefallen.

Wie sehr Fontane sein Roman am Herzen liegt, geht aus einem Brief an Wilhelm Hertz vom 11. August 1866 hervor. Seine eigentliche Berufung sieht er als Romanschriftsteller, nicht aber als Auftragsjournalist für Kriegsbücher. Verpflichtungen gegenüber Decker hindern ihn jedoch immer wieder daran, das Buch zu Ende zu führen.

Sie dürfen nicht glauben, daß mein Feuer für den Roman niedergebrannt ist. Im Gegenteil. Aber eben weil ich so sehr daran hänge, weil ich diese Arbeit als ein eigentlichstes Stück Leben von mir ansehe, so duldet diese Arbeit kein geteiltes Herz. An ein der Sache Fremdwerden ist gar nicht zu denken. Es ist nun 10 Jahre, daß ich mich mit dem Stoff trage und wenn ich nach abermals 10 Jahren (was Gott verhüten wolle) erst an die Fortsetzung der Arbeit herantreten könnte, so würde das weder meinen Eifer erlahmt, noch die Ausführung alteriert haben. Das Feuer flackert nie hoch auf, aber es brennt still weiter; Vertagungen, Unterbrechungen ändern nichts.

Ich wünsche das Kriegsbuch zu schreiben, einmal weil ich das Schleswigholstein Buch dadurch erst zu einem rechten Abschluß bringe, zweitens weil ich eine Lust und ein gewisses Talent für solche Arbeiten, drittens weil ich einen erheblichen pekuniären Vorteil davon habe, aber die Sache ist *mir keine Herzenssache*. Wird das Buch geschrieben – gut, wird es nicht geschrieben – auch gut; es geht der Welt dadurch von meinem Eigensten, von meiner Natur (wohl oder übel) nichts verloren; der Roman aber darf nicht ungeschrieben bleiben. Die Welt würde es freilich verschmerzen können, *aber ich nicht.* So liegt die Sache. Ich möchte das Kriegsbuch schreiben, weil der Roman, wenn Gott mich leben läßt, doch *unter allen Umständen* geschrieben würde.

Am 12. August 1866 brach Fontane zusammen mit Hermann Scherz und Hans von Rohr auf, um die böhmischen Kriegsschauplätze zu besichtigen. Darüber berichtete er zuerst in den »Reisebriefen vom Kriegsschauplatz«, die im September und Oktober in Deckers »Berliner Fremden- und Anzeigenblatt« erschienen. Private Schreiben sind aus dieser Zeit nicht überliefert.

Im Oktober 1867 stirbt Fontanes Vater, der sich seit der Trennung von seiner Frau Emilie im Jahr 1847 nach Schiffmühle zurückgezogen hatte. In seinem Tagebuch hält der Sohn fest: Am 5. Oktober abends gegen 11 Uhr stirbt mein guter alter Papa 71 ½ Jahr alt in Schiffmühle bei Freienwalde. Wir erhalten am andern Morgen die Nachricht von seinem Tode; Sommerfeldt und ich fahren hinüber. Ein Herz- vielleicht ein Lungenschlag hatte seinem Leben ein Ende gemacht. Am Dienstag mittag den 8. trafen Jenny, Lischen, George und Max Sommerfeldt von Berlin ein; zwischen 5 und 6 haben wir, nach wunderlichen Zwischenfällen, den alten Herrn auf der Höhe des Tornower Kirchhofs begraben. Sand, Geröll und große Steine, wie sie dort überall in der Erde stecken, liegen auf seinem Grab; sei ihm die Erde leicht. *Obwohl er keine enge Beziehung zu seinem Vater hatte, geht Fontane die Nachricht von dessen Tod nahe. Überhaupt schlagen Fontane in diesen Monaten Krankheit, finanzielle Unsicherheit und Alltagseinerlei aufs Gemüt. An seine Mutter schreibt er am 3. April 1868:*

Was über unser unverzeihlich langes Schweigen wenigstens zur Erklärung zu sagen ist, wird Emilie wohl gestern schon gesagt haben. Von Entschuldigung soll gar keine Rede sein; man müßte häufiger ein Lebenszeichen geben, häufiger anfragen: »wie geht's, wie stehts?« Im übrigen laborier' ich allerdings an dem Gefühl einer gewissen Brief-Stoffarmut. Ich schriebe doch wohl häufiger, wenn ich dächte: das muß Mama interessieren. Dies Gefühl hab ich aber nicht, oder doch nur sehr selten und es kann nicht gut anders sein. Unsre Tage, selbst die guten, ja vielleicht die guten à la tête, haben einen gewissen Tretmühlencharakter, immer dasselbe, immer wieder Brühsuppe zu Hause und Hühnerfricassée in Gesellschaft; und was nun gar die Menschen angeht, mit denen wir verkehren, so sind sie ja großenteils nur Namen, nur Schatten für Dich. Kann es Dich interessieren zu hören, daß Maler E. der schönen Clementine v. Weigel den Hof macht, oder daß Herr v. Blomberg damit umgeht nach Weimar zu übersiedeln? Zöllner trinkt Karlsbader und Lepel war an Königsgeburtstag auf drei Diners; Hesekiel schreibt einen neuen Roman und seine Tochter auch. Aus solchem Kleinkram setzt sich unsere Konversation, unser Leben zusammen; ist es ratsam dergleichen aufzuschreiben? doch nur dann, wenn man die Kenntnis der Personen voraussetzen darf. Fast muß ich hier auch das Geplauder über meine eignen Kinder mit einrechnen. Ist man zusammen, so läßt sich ganz gut von ihnen erzählen, diese oder jene Schnurre, aber über sie zu schreiben, namentlich über die jüngsten die Du kaum gesehen hast, erscheint mir fast wie eine Prätension. Gewiß ist diese Empfindung nicht ganz richtig, aber richtig oder nicht, sie läßt einen nicht recht zu brieflichem Geplauder kommen.

Die letzten 3 Monate – ich weiß nicht, ob Emilie davon schon geschrieben hat – sind für uns nicht allzu erfreulich verlaufen. Emilie war fast immer krank, erst krank vom Sturm, dann von Grippe, zuletzt kam die Katastrophe mit unsrer Luise. Von meinen Einnahmen wurden die ministeriellen 300 Taler gestrichen, so daß auch nach dieser Seite hin eine Sorge, mindestens die Pflicht neuer Einschränkungen entstand. Mit meiner Gesundheit ging es glücklicherweise leidlich, wiewohl ich eines Abends ohnmächtig umfiel, was natürlich Emilien sehr erschreckte. Arbeiten, ein paar Wochen abgerechnet, hab ich immer gekonnt und das ist bekanntlich die Hauptsache, daß *diese* Maschine nicht still steht. Im Juli oder August hoff ich mit meinem Buche fertig zu sein, was das eigentliche Schreiben angeht; der Druck, der dreimal täglich auftauchende Korrekturbogen-Junge, kosten einem dann freilich noch weitere 3 Monate.

Im Mai entflieht Fontane dem Einerlei für ein paar Tage in den Harz. Die Stille und Zurückgezogenheit nutzt er, um sich mit Werken älterer und zeitgenössischer Autoren zu beschäftigen. Besonders von Storms Gedichten ist er so beeindruckt, daß er dem Husumer Dichter seine Freude über die anregenden zurückliegenden Lesestunden mitteilen muß.

An Theodor Storm, Thale, 22. Mai 1868

Vor 8 Tagen habe ich mich hieher in diese Harzesstille zurück gezogen, wohlweislich zu einer Zeit, wo der Berliner diese Gegenden noch nicht unsicher macht und seine Butterstullen-Papiere noch nicht in den Bodekessel wirft. Es führte mich die Absicht hierher zu ruhn, zu atmen, und mit Beschämung sei es gesagt auch zu dichten. Ich nahm nur drei Bücher mit: die Psalmen vom alten David, die Erzählungen eines Großvaters vom alten Scott und die Gedichte von Theodor Storm. In allen dreien hab ich tüchtig gelesen, gestern abend 2 Stunden lang in Theodor *Storm* ⟨…⟩. Ja, lieber Storm, Sie sind und bleiben nun mal mein Lieblingsdichter und ich bin dessen ganz gewiß, Sie haben auf der ganzen weiten Welt keinen größren Verehrer als mich. An der immer mehr oder weniger stupiden Verehrung der blöden Menge kann Ihnen wenig gelegen sein ⟨…⟩ und nichts ist rarer als die Verehrung Berufener, als die Liebe der Konkurrenten. ⟨…⟩ Es gibt für mich keinen lyrischen Dichter, der meine Empfindung *so oft* träfe wie Sie.
  Es war mir Bedürfnis Ihnen dies einmal zu schreiben.

Ende August bricht Fontane zu einer neuen Reise auf, die ihn nach Erdmannsdorf in Schlesien, auf die Schneekoppe und nach Böhmen führt.

An Emilie Fontane, Erdmannsdorf, 2. September 1868

Während des Schreibens hab ich Deinen lieben Brief vom gestrigen Tage erhalten, für den ich herzlich danke. Burger schreibt, er werde erst am 12. oder noch später in Königgrätz sein. Ich mache nun folgenden Vorschlag: willst und kannst Du in der nächsten Woche auf 3 Tage nach Dresden kommen, so gebe ich die Reise auf die Schlachtfelder auf und setzte das dadurch ersparte Geld an unser Beisammensein auf Brühlscher Terrasse und Bildergalerie. Ich würde mich *sehr* darüber freun, die wohlbekannten Orte und Plätze in Deiner Gesellschaft wiedersehn zu können. Dreierlei scheint mir aber nötig: 1. Das Wetter muß besser geworden sein; Herbstfrische schadet nichts, aber Regen ist doch zu fatal. 2. Du müßtest spätestens am Dienstag abend, oder doch wenigstens am Mittwoch in Dresden eintreffen können, sonst verlohnt sichs nicht und 3. müßte es Dir glücken eine Privatwohnung, ein chambre garnie oder ein hôtel garni auszukundschaften, wo man bloß zu wohnen und sein Frühstück zu nehmen brauchte. Ich liebe Hotel Bellevue sehr, aber es ist doch teuer und legt einem allerhand Zwang und Gêne auf.

Seiner Einladung konnte Emilie nicht folgen, und so blieb Fontane nichts anderes übrig, als zum vereinbarten Termin mit Burger nach Königgrätz aufzubrechen.

Fontanes ältester Sohn George ist mittlerweile zu einem jungen Mann herangewachsen und steht vor der militärischen Abschlußprüfung. Die Eltern Fontane leiden während dieser Zeit mit ihrem Sohn.

An Emilie Fontane, Erdmannsdorf, 5. September 1868

Wegen George bitt ich Dich, Dich nicht zu sehr zu ängstigen. Natürlich kann er durchfallen, aber das kann einem immer passieren; Examen bleibt unter allen Umständen eine Art Lotto. Der Junge hat sich Mühe gegeben, mehr können wir von ihm nicht verlangen; alles andre müssen wir abwarten und uns drin ergeben, es falle aus wie es wolle.

Die Partie nach Potsdam hoffe ich nächsten Sonnabend mir Dir machen zu können; aber *fahren*, nur nicht laufen. So selten wie wir derlei Dinge machen, hat man ordentlich die Pflicht für möglichsten Komfort zu sorgen.

In den letzten Tagen habe ich ziemlich fleißig gearbeitet und zwar an meinem Kriegsbuch, weil mir dasselbe doch schwer in den Gliedern liegt und der Wunsch mich erfüllt: *nur fertig*. Ich habe deshalb auch nicht innerliche Muße genug gehabt, um was andres vorzunehmen. Bis zum 1. Oktober hoff' ich mit dem Gröbsten durch zu sein und während Deiner Abwesenheit im Oktober wenigstens die Hälfte durchkorrigiert und fix und fertig zu haben. Bei Deiner Rückkehr dann will ich mir 8 Tage gönnen und Gatte, Vater und Mensch sein. Im Allgemeinen ist man ja nur Schreibe- und Erwerbs-Maschine, in steter Besorgnis, daß der Kessel platzt.

Das »Programm« – um mit dem Chevalier zu sprechen – ist für die nächsten 4 oder 5 Tage folgendes.

Morgen (Sonntag) Partie nach der norwegischen Kirche Wang, in halber Höhe der Koppe. Diese Partie, nach meinem Geschmack die anziehendste, kostet einen guten, halben Tag, ich werde also erst morgen um 2 oder 3 Uhr zurück sein. Dann ordnen, packen und am Abend um 7 mit Ledertasche und Drittel-Garderobe nach Schmiedeberg (wo ich übrigens mit Herrn v. Wedelstädt schon war.)

In Schmiedeberg bleib ich dann zur Nacht. Beiläufig bemerkt kostet in den Schmiedeberger Fabriken die Quadrat-Elle Teppich 3 und 4 Taler. Danach kannst Du unsern Teppich berechnen. Du mißt ihn in Länge und Breite, multiplizierst beide Ellenzahlen (auf Bruchrechnung laß Dich nicht ein) und multiplizierst dann mit 3 oder 4. Ohngefähr wird unser neuer Teppich 7 Ellen in Länge und Breite haben, macht 49 Quadrat-Ellen. Sagen wir voll 50. Hätte er danach (*unecht*, Schmiedeberger Fabrikat) einen Wert von 150 bis 200 Talern. Dies wird auch stimmen.

Von Schmiedeberg fahr ich am *Montag* früh nach Landeshut mit der Bahn, von Landeshut mit der Post oder Wagen nach Trautenau, wo ich etwa um 2 eintreffen werde. Besichtigung des Schlachtfeldes; Fahrt nach Alt-Rognitz und Königinhof. Dort zu Nacht.

Am Dienstag nach Skalitz und Nachod; zurück nach Skalitz und von dort nach Königgrätz. Wenn's sein kann gleich aufs Schlachtfeld nach Chlum. Nachtquartier in Sadowa.

Am Mittwoch Dub, Roskos-Hügel, Swip-Wald, Problus und zurück nach Königgrätz. Sofort weiter zurück bis Trautenau und wenns sein kann bis Landeshut.

Am Donnerstag von Landeshut bis Schmiedeberg, von Schmiedeberg bis Erdmannsdorf und sofort gepackt um die Rückreise anzutreten. Vielleicht fahr ich auch von Königgrätz am Mittwoch abend in einem Ruck (über Görlitz) bis Berlin und bin schon am Donnerstag früh bei euch. Dies alles muß ich der historischen Entwicklung überlassen; einen Brief von Dir kann ich nicht mehr erwarten, weil es eben ungewiß ist welchen Weg ich einschlage.

Nach der Rückkehr von dieser anstrengenden beruflichen Reise erwarten Fontane in Berlin familiäre Pflichten. Der Geburtstag seiner Mutter steht vor der Tür.

An Emilie Fontane (Mutter), Berlin, 20. September 1868

Meine liebe, gute Mama.
Eine dunkle Sage geht, der Husten sei wieder da, als habe er vor, eine Winter-Belagerung gegen Dich ins Werk zu setzen, Dich einzuschließen und Deine Kommunikation mit der Welt draußen zu unterbrechen. Dies darf nicht sein. Paragraph 1. aller meiner Wünsche ist also: weg mit diesem Husten. Tritt ihm energisch entgegen, mit Brusttee, mit Kurella, mit Speck, vor allem mit einem frühzeitig und tüchtig geheizten Ofen. Vor dem letztren flieht er, wie alles Böse vor der stillen Segenswärme guter Mächte und nur das dicke Deckbett kommt ihm an Macht und wohltätigem Einfluß beinah gleich. Ja, wenn es glückt mit Hilfe dieses letztren Mittels in Schweiß zu kommen, so ist es sogar dem Ofen überlegen, ist der Sanspareil unter allen Rittern vom Spital und verdient jeden ehrenden Beinamen: Hustentöter, Bellfeind, Kratzefried.
Meine liebe Mama, die Länge dieser Abhandlung möge Dir wenigstens zeigen, wie mir's am Herzen liegt, daß Du von dem alten Elend nicht wieder gepeinigt werden mögest und ich lebe allen Ernstes der Hoffnung, daß Du durch eine guter Verschanzung, durch Vorsicht und richtige Verproviantierung dem bösen Feinde siegreich begegnen wirst. Zunächst habe morgen einen guten Tag, an dem sich Licht und Schatten – wie es der 21. September dem Kalender nach muß – nicht bloß balancieren, sondern der Licht und Freude ist durch alle 24 Stunden hin.
Über unsre Zustände hat Emilie bereits berichtet; die nächste Woche wird eine leidliche Angstwoche sein, denn George, wie wir annehmen müssen, steht dicht vor dem Examen und kann jeden Tag vorbeordert werden. Da heißt es denn: kalt Blut. – Mir geht es leidlich. Mit meinem Buche bin ich nun bald zu Rande und nach länger als 2jähriger, unausgesetzter Arbeit, empfind' ich dies allerdings wie Befreiung von einem Alpdruck. Ich sehne mich

nach einem Wechsel in der Beschäftigung und bange doch auch davor. – Und nun leb wohl, meine liebe, gute Mama; 1000 herzliche Grüße Dir und Lischen, Dir noch einen aparten Geburtstagskuß von Deinem alten

Theodor.

1869 wird sich Fontane wieder mehr seiner eigentlichen Beschäftigung, den »Wanderungen«, widmen können. Erfreut berichtet er seiner Mutter am 29. Mai 1869 von seinen Plänen. Auch in familiärer Hinsicht scheint sich alles zu Fontanes Zufriedenheit zu gestalten. George geht seinen Weg beim Militär, und auch die jüngeren Geschwister entwickeln sich prächtig.

Der Monat Mai soll doch nicht zu Ende gehn, ohne daß ich vorher mit Dir ein wenig geplaudert und vor allem Dir meine Freude darüber ausgesprochen habe, daß es wieder um so vieles besser mit Dir geht. Vielleicht bietet sich mir im Lauf der nächsten Monate Gelegenheit, mich, wenn auch nur auf 2 Stunden, persönlich davon zu überzeugen. Ich bin nämlich jetzt mit meinem Kriegsbuch fertig und habe, vor ein paar Tagen, – zu meiner Erholung (der *Wechsel* der Arbeit ist die einzige Erholung die sich unsereins gönnen kann) den dritten Band meiner Wanderungen angefangen. Das »Havelland«. Ich werde es, nach der alten Landeseinteilung, behandeln und in größeren Abschnitten den *Glin*, wo das herrliche Vehlefanz die Hauptstadt ist, den *Friesack* mit der Hauptstadt Friesack und zuletzt auch das Ländchen *Bellin* mit der Hauptstadt Fehrbellin meinen Lesern vorführen, wobei ich dann nicht versäumen werde, sei es von Friesack oder sei es von Fehrbellin aus, einen Abstecher zu Mütterchen und Schwesterchen zu machen. Klingt wie im Märchen. Lise als »Schwesterchen« ist nicht übel. Dagegen bist Du nun als »Mütterchen« vollkommen, was Du aber nicht übel nehmen mußt. Am besten wäre es, ich führe dann nur bis Wustrau, fände Euch dort, promenierte mit euch auf Zieten-Schwerinschen Parkgrund, tränke einen mäßigen Wirtshauskaffe und verschwände wieder, mit dem Hute winkend, am Horizont. ⟨…⟩

Die Kinder sind jetzt wirklich sehr nett. Theo ist klug, fleißig, strebsam; Martha mausert sich sehr heraus und wird elastisch, graziös, leider auch eitel, putzsüchtig und schulschnabbrig; Friedel, ein sehr gutes Kind, auch nett aussehend, ist eine völlig komische Figur,

ein durch ein Verkleinerungsglas angesehner Pachter oder Schiffs-
kapitän. Theo ist der jüngste in Ober-Tertia. Neulich erzählte er uns,
ein Großer habe gesagt: »schwach ist der Fontan nur, aber Mut hat
er«; »na – setzte Theo hinzu – es ist besser wie wenn sie gesagt hätten: stark ist er, aber feige.« Von George leg' ich einen seiner letzten
Briefe bei. Er wird nun in den nächsten Tagen Fähnrich werden, was
seine ganze Seele in Anspruch nimmt. Glückliches Alter!

*Das war der vorletzte Brief, den Fontanes Mutter von ihrem Sohn
aus Berlin erhielt: Am 13. Dezember 1869 starb sie einsam und
zurückgezogen in Neuruppin. An seine Freundin Mathilde von
Rohr schreibt Fontane am 22. Dezember aus Berlin:*

Vielen Dank für die freundlichen und teilnehmenden Worte in
Ihrem gestern früh erhaltenen Briefe.
   Meine Frau reiste gleich nach Eintreffen der telegr. Depesche
(Montag d. 13.) wieder hinunter; wir andern folgten am Mittwoch.
Am Donnerstag haben wir dann unsre gute Mama auf dem alten
Ruppiner Kirchhof – Kaufmann Gentz hatte uns ein Stück Erde ab-
getreten – an einer schönen, baumbepflanzten Stelle zur letzten
Ruhe bestattet. Die ganze Stadt war voll Teilnahme, was uns wieder
einmal zeigte, daß ein ordentliches, ehrliches, anständiges Leben,
voll Strenge gegen sich selbst und voll Güte gegen die Mitmen-
schen, immer noch seine Würdigung findet. Der Sarg war mit Kreuzen und Kränzen überdeckt.

*Die Dobbertiner Stiftsdame Mathilde von Rohr, die Fontane über
Bernhard von Lepel kennengelernt hatte, war eine seiner wichtigsten Briefpartnerinnen. In den Krisensituationen 1870 und 1876
konnte Fontane stets mit ihrer Bereitschaft zum Zuhören rechnen
und ihr seine persönlichsten Gedanken und Empfindungen anver-
trauen, denn immer hatte die alte Dame Verständnis für Fontanes
Beweggründe, sich ausschließlich der Schriftstellerei widmen zu
wollen. Zahlreiche Sagenstoffe und Informationen über die Mark
verdankt der Wanderer ihren unerschöpflichen Kenntnissen. Auch
gehörte sie stets zu den ersten Lesern seiner Werke. In der Kloster-
dame Adelheid vom Kloster Wutz im »Stechlin« verarbeitete er
Wesenszüge der alten Freundin.*

Also die ersten Zeilen nach Dobbertin! Und *was* für Zeilen! jeder Buchstabe ein Glückwunsch. Mög es ein Zeichen guter Vorbedeutung für unsre Korrespondenz sein, daß sie durch Gratulationen eingeleitet wird. Meine Wünsche faß ich dahin zusammen, daß es Ihnen beschieden sein möge in Dobbertin so Rat und Trost und Kitt der Gesellschaft zu werden, wie Sie es hier waren; dann wird Ihnen dort eine gleiche Liebe begegnen und wo man geliebt wird, da ist's gut sein.

Im Oktober jährt sich zum neunzehnten Mal der Hochzeitstag von Emilie und Theodor. In einem Brief an seine Frau erinnert sich Fontane an die zurückliegenden Ehejahre und nimmt den Hochzeitstag zum Anlaß, einige mahnend-überhebliche Worte an seine Frau zu richten – Worte, die Einblick in den nicht immer harmonischen Ehealltag geben.

An Emilie Fontane, Berlin, 15. Oktober 1869

> Das ist das höchste Glück:
> Alte Liebe kehrt täglich neu zurück;
> Es bleibt beim Alten, –
> Auch die Worte die Du im Ohr behalten.

Diese 4 Zeilen sind freilich nur eine Kadetten-Leistung gegen die berühmten 6 Zeilen, die Freund Storm seiner Constanze über einen Brief schrieb, aber wenn Du bedenkst daß Storm auf diesem Gebiete first rate ist und ich höchstens second class bin, außerdem aber von 4 Zeilen nur $^2/_3$ so viel wie von 6 verlangt werden kann, so schneid' ich möglicherweise noch ganz passabel ab. – Für Deinen lieben Brief meinen besten Dank; ich freue mich sehr, daß Dein diesmaliger Aufenthalt, unberufen und unbeschrien, sich dadurch auszeichnet, daß er Dich in besondrem Grade erfrischt und erheitert. Die freundliche, immer gleiche Pflege sieht sich unmittelbarer belohnt.

Heute vor 19 Jahren hatten wir unsren Polterabend. Was ist seitdem alles ins Land, was ist alles zur Ruh gegangen! Es lebt kaum noch die Hälfte von denen, die damals zugegen waren; der Alten ganz zu geschweigen, nenn' ich nur: Kugler, Ernst Schultze, Heinrich Smidt, Max, Herrmann. Tante Lise trat als ein entzückender Backfisch ins Leben ein, heut tritt sie aus; Scherz zog damals, in raffinierter Keuschheit, einen großgeblümten Kattunvorhang zwischen seinem und seiner Lisbeth Lager, jetzt erklärt er mir (ich zitiere wörtlich): »über 40 hinaus gewähre die Ehe keine sinnliche Befriedigung mehr.« Man könnte fast annehmen, er habe den Kattunvorhang wieder aufgespannt.

In weitere Betrachtungen will ich mich nicht einlassen; ich will Dir lieber sagen, was Dir das liebste sein wird, daß ich mich glücklich schätze Dich zu besitzen und daß ich *ganz* glücklich und *ganz* zufrieden sein würde, wenn Du gleichmäßiger wärest und Macht über Deine Stimmungen hättest. Dieses Manquo ist für mich betrüblich, mitunter *sehr* betrüblich, da es aber erheblich besser damit geworden ist, so will ich weiter hoffen und wie mit 18 Jahren denken: die goldene Zeit, sie kommt noch. Nur so viel noch: dem *Körper* schieb' es nicht zu. Trägt er ein gut Teil Schuld, was ich glaube, so behandle ihn danach und bessre ihn auf.

Im Herbst 1869, vordatiert auf 1870, erschien Fontanes zweites Kriegsbuch »Der deutsche Krieg von 1866«. Es sollte das erfolgreichste Werk dieser Gattung werden; 1871 gab der Verlag eine zweite Auflage heraus. Dennoch: Fontane blieb die öffentliche Anerkennung versagt. Er konnte sich weder über Resonanz des Publikums noch über darstellungsgerechte Fachkritik freuen. Auch die politischen Repräsentanten hielten sich mit ihrem Urteil zurück.

An König Wilhelm I., Berlin, 23. November 1869

Allerdurchlauchtigster, Großmächtigster König!
Allergnädigster König und Herr.
Ew. Majestät geruhten huldvollst die Geschichte des 64er Krieges, die zu schreiben mir der Auftrag geworden war, entgegenzunehmen; heute bitte ich um die Gnade Allerhöchstdenselben eine Darstellung des Feldzuges von 1866 – leider zunächst nur den ersten Halbband: »Bis Königgrätz« – überreichen zu dürfen.

Ew. Majestät ehrten mich damals durch Verleihung der goldenen Medaille für Kunst und Wissenschaft; ich wage es heute mit einem ganz bestimmten Gesuch vor Ew. Majestät zu treten.

Im Jahre 1861 wurde mir auf Antrag des Kultus-Ministeriums

eine jährliche Unterstützung von 300 Talern zur Fortführung meiner ethnographischen und spezial-historischen Arbeiten über die Mark Brandenburg bewilligt. Ich empfing diese Unterstützung bis Ostern 1868, wo meine Bitte um Fortbewilligung dieser Summe abschläglich beschieden wurde.

Die Wiederbewilligung dieser sieben Jahre lang aus der Generalkasse des Kultus-Ministeriums empfangenen Unterstützung von jährlich 300 Talern ist es, was ich heute von der Gnade Ew. Majestät erbitte. Manche drückende Sorge würde dadurch von mir genommen, ich selbst aber in den Stand gesetzt werden, meinen Arbeiten mit erneuter Frische und Freiheit mich zuwenden zu können.

Im Vertrauen auf Allerhöchstdero Huld und Gnade, verharre ich als

Ew. Majestät

alleruntertänigster

Th. Fontane

An Emilie Fontane, Berlin, 24. November 1869

Herr v. Decker war gestern bei S. M. zu Tisch; der König soll sich sehr erfreut über das Buch geäußert haben. Glaubs wohl. Burger ist jetzt sehr fleißig; er will noch im Laufe dieses Winters alles zwingen. Das wäre hocherfreulich.

An Henriette von Merckel, Berlin, 29. November 1869

Es ist gleich Mitternacht, aber dieser Tag soll doch nicht schließen, ohne daß ich Ihnen gemeldet hätte

der König hat sich sehr beifällig über das Buch geäußert; ein Geschenk von 80 Friedrichsd'or beigefügt; wegen der 300 Taler Bericht gefordert.

Sie können sich denken, welcher Lichtstrahl damit in meine, nach der finanziellen Seite hin, novembergraue Wohnung fällt. Es war mir zwar geglückt, die Maschinerie bis hieher leidlich in Ordnung zu erhalten, aber doch wirklich nur unter Dransetzung aller Kräfte, was ich auf die Dauer und bei meiner Kränklichkeit, nicht aushalten konnte.

An Emilie Fontane, Berlin, 2. Dezember 1869

Mein Buch wird überall angezeigt (»besprochen« wäre ein zu edler Ausdruck), das heißt der von Decker beigelegte gelbe Zettel, dessen Du Dich vielleicht noch entsinnst, wird, seinem Hauptinhalte nach, abgedruckt. Natürlich sind solche »Kritiken« absolut wertlos für mich, wie ich denn wohl überhaupt drauf werde Verzicht leisten müssen, etwas Lesenswertes über mich zu lesen zu kriegen. Es liegt ja auf der Hand, daß überhaupt nur ganz wenig Menschen im *Stande* sind über den Wert oder Unwert eines solchen Buches ein Urteil abzugeben und von den wenigen, die dazu im Stande sind, tut es vielleicht nicht einer. Selbst was die militärischen Fachblätter über ein solches Buch sagen, ist in der Regel bloßes Gesäure. Nicht einmal auf den *militärischen* Teil gehen sie ernsthaft ein, das Militärische ist ja aber unter allen Umständen nur *eine* Seite des Buches; das Wichtigste daran ist der Aufbau, der Grundriß, die Klarheit der Anlage und es muß einer schon eine gute Künstler-Ader im Leibe haben, um dies Eigentlichste sofort zu erkennen und sich dran zu erfreun. Viele Leser haben es *instinktiv weg*, daß die Dinge so sind wie sie sind, sie freuen sich während des Lesens an einem gewissen etwas, das ihnen wohltut, das angenehm wie Licht auf sie wirkt, aber sie können sich über dies angenehme Gefühl nicht eigentlich Rechenschaft geben. Wenn ich viele *solche* Leser habe, so bin ich zufrieden und leiste auf kritisches Geschwätze Verzicht.

An Emilie Fontane, Berlin, 3. Dezember 1869

Du frägst wegen Bismarck. Bismarck und Zychlinski antworteten beinah umgehend, doch schwieg ich absichtlich über ihre Zuschriften. Aus sehr verschiedenen Gründen. Bismarcks Brief besteht bloß aus 8 oder 10 verbindlichen Sekretär-Zeilen, die der Minister unterschrieben hat. Als *erstes* Anerkennungszeichen für mein Buch waren diese Zeilen etwas mager und ich schrieb Dir nichts davon, um Dich nicht zu verstimmen. Nachdem ich nun aber 8 Tage lang immer Lob und Ehre und – Geld eingeerntet habe, hat es mit der »Reserviertheit aus Varzin« nicht mehr so viel auf sich. Ich muß nun abwarten, wie sich Exzellenz *späterhin* zu dem Buche stellt. Gibt es weiter kein Lebenszeichen, so ist mir das allerdings zu wenig und ich werde mich in diesem Falle auch »reserviert« halten. Doch das muß abgewartet werden.

Auch im Ausland war die Resonanz auf das Erscheinen des zweiten Kriegsbuches verhalten, nur vereinzelte Kurzbesprechungen in den Tageszeitungen vermeldeten das Ereignis. Fontane gibt die Hoffnung auf angemessenere Beachtung dennoch nicht auf und denkt sogar an eine Übersetzung.

An Rudolf von Decker, Berlin, 25. Januar 1870

Die englischen und französischen Zeitungen fangen jetzt an, kurze freundliche Besprechungen über unser Buch zu bringen; das alles hat aber keine rechte Bedeutung, solange dem Konzert der tiefe Baß fehlt. Es wäre wichtig, wenn das Journal des Débats, vor allem wenn die Times sprächen, *nicht* in 10 Zeilen, sondern wenigstens in zwei Kolumnen. Das Buch macht es einem etwaigen Kritiker ja ganz leicht; er blättert über 10 oder 20 Seiten weg und wird dann immer eine Stelle finden, die – ohne alle weitere Überarbeitung oder Kürzung – wie zum Übersetzen und zugleich zur Empfehlung des Buches geschaffen ist.

Daran knüpfe ich an im Weiteren die Frage: Wie denken Sie überhaupt in Betreff einer Übersetzung des Werkes? Soweit ich die Verhältnisse zu kennen vermeine, würde der Erfolg in Frankreich ein respektabler, in der angelsächsischen Welt (England und Nordamerika) ein *enormer* sein. Handelt es sich darum, gute und sachverständige Übersetzer zu finden, so glaube ich, daß ich solche nachweisen kann. Ich führe diesen Punkt nicht weiter aus, weil ich nicht weiß, wie Sie über die ganze Sache denken. Wollen Sie mich im Detail darüber hören, so stehe ich jederzeit zu Befehl.

Fontanes Bitten um eine finanzielle Würdigung seines Kriegsbuches werden nicht erfüllt. Enttäuscht wendet er sich am 24. März 1870 an Wilhelm Hertz:

Die Gegenwart meiner Frau verhinderte mich gestern Ihnen das mitzuteilen, was Sie mutmaßlich längst wissen, daß ich auf das unselige 300 Taler-Gesuch wieder mal eine abschlägliche Antwort erhalten habe. Was mich selber angeht, so kann ich, bei Behandlung dieses Kapitels, einigermaßen Contenance halten, meine Frau aber ergeht sich dabei in so leidenschaftlichen Ausdrücken, bezeichnet ein hohes Ministerial-Reskript so ungeniert als einen »nichtsnutzigen Wisch, dessen Inhalt geflissentlich die eigentliche Wahrheit verschweige« daß ich billig Anstand nehme, so hochverräterische Worte immer wieder heraufzubeschwören. Es wird dadurch nicht anders, daß sie freilich vollständig recht hat. Ich habe die kümmerliche Genugtuung, daß jeder der davon hört, sein empörtes Urteil in die Worte zusammenfaßt: »wenn *Sie* diese Unterstützung nicht erhalten, wer überhaupt *soll* sie dann noch erhalten!« – indessen was gilt den Herrn, die alles vom Standpunkte eines Seminardirektors ansehn, eine solche oberflächliche *Coterie*-Meinung. Zucht muß geübt werden. Arme Kerle. Die schlimmsten sind doch immer die Parvenus!

Dies große Kriegsbuch, die Tag- und Nacht-Arbeit dreier Jahre, war der letzte Zug; alles wieder umsonst, und so darf ich denn sagen: ich habe diesen Literaturbettel gründlich satt.

Das Ende der Tätigkeit für die »Kreuzzeitung« und der Wechsel zur »Vossischen«

Trotz der beruflichen Anspannung kümmerte sich Fontane sehr um die Erziehung der Kinder. Besonders seine Tochter Martha, Mete genannt, lag ihm am Herzen. Da die Familie ihr keine angemessene Aussteuer mitgeben konnte, sollte die Tochter wenigstens Bildung mit auf den Weg bekommen. Dazu gehörte vor allem das Erlernen einer Sprache und die Kenntnis von Kultur und Lebensgewohnheiten anderer Völker. Kontakte, die der Vater während seiner England-Aufenthalte geknüpft hatte, ermöglichten es, die zehnjährige Mete nach London zu schicken. Während der ersten sechs Wochen wurde sie von ihrer Mutter begleitet. Wie modern die Auffassung der Fontanes ist, über die eigenen Landesgrenzen hinüberzuschauen, zeigt ein Brief an Mathilde von Rohr vom 15. April 1870. Dennoch kann sich Fontane nicht mit ganzem Herzen für seine Tochter freuen. Die fehlende öffentliche Anerkennung während der vergangenen sechs Jahre nagt an seinem Selbstbewußtsein.

Allerherzlichsten Dank für Ihre freundliche Oster-Einladung. Wie gerne wäre ich ihr gefolgt! indes die mannigfachsten Gründe verbieten es. Der nächstliegende ist der, daß am nächsten Mittwoch meine Frau und Martha ihren Zug gen England antreten. Gestern war bereits Putzmacherinnen-Tag und die Coiffuren sind fertig.

Die Reise nach England wird viel Geld kosten und aus diesem, wie aus manchem andern Grunde weidlich kritisiert werden. Man muß es darauf ankommen lassen. Wenn man sein Leben nach der bescheidnen Skala einrichten wollte, die andre als vollständig ausreichend für einen ansehn, (oft dieselben Menschen von denen man als »berühmter deutscher Dichter« etc. vorgestellt wird) so hätte ich längst als Nachtwächter in Rixdorf oder in ähnlicher amtlicher Stellung geendet. Verzeihen Sie diese Bitterkeit. Aber, mein gnädigstes Fräulein, Sie glauben gar nicht, was einem alles geboten wird und wenn ich auch die Welt nicht zwingen kann mir meine Ehre zu geben, so will ich mir diese Lebensader wenigstens nicht selber unterbinden. Was unsren Plan angeht unsre Martha nach England zu schicken, so ist es ein wohlüberlegter und wohlgereifter Entschluß, gerade wie der, der uns bestimmte unsren George Militär werden zu lassen. Natürlich können auch wohlüberlegte Entschlüsse kläglich zu Schanden werden. Das Gelingen liegt bei Gott. Aber es ist einem ein Trost, nach seinem Teile getan zu haben, was einem als das Richtige erschien. Da wir unsren Kindern sonst nichts hinterlassen können, so wollen wir wenigstens versuchen, ihnen eine innerliche Ausrüstung mit auf den Weg zu geben, die es ihnen möglich macht vorwärts zu kommen, und dazu gehört beispielsweise Sprachkenntnis. Die volle Kenntnis einer fremden Sprache ist wie ein Kapital von dessen Zinsen man leben kann. Die Reise bezweckt aber mehr! Bekanntschaften in London und New-York sind wie Etappen über die Welt hin, Hospize, Rettungshäfen für die Gescheiterten. Und wer in solcher erbärmlichen Jolle, wie die meinige ist, auf dem Wasser treibt, der tut gut an Schiffbruch und an Rettungshäfen zu denken. ⟨…⟩ Unser alter Plan, es mit einem Pensionat zu versuchen, ist wieder aufgelebt. Das Arbeiten wird mir immer schwerer und das Bücherschreiben bis in die Nächte hinein, um dann nach Jahresfrist 300 Taler in Empfang zu nehmen, hat einen Degout und eine Bitterkeit gegen literarische Tätigkeit in mir erzeugt, wovon ich Ihnen keine Beschreibung machen kann. Meine Frau und ich sind deshalb einig geworden, junge Damen, am liebsten Engländerinnen und Amerikanerinnen, ins Haus zu nehmen.

Alle diese Pläne, mit ihrer Sorge und Unruhe, wären nicht nötig gewesen, wenn es Sr. Exzellenz dem Herrn Minister der Geistlichen-, Unterrichts- und Medizinal-Angelegenheiten beliebt hätte, die große Unfreundlichkeit, die er mir vor 3 Jahren antat, nun endlich wieder gut zu machen. Es hat ihm *nicht* beliebt. Ich bin fest überzeugt, daß sein Bruder der Kabinettsrat und vor allem sein Schwager, mein lieber kleiner Merckel, wenn sie ihm dort oben begegnen sollten, bei seinem Anblick sofort beide Hände in die Hosentaschen stecken und ohne Gruß und Handschlag an ihm vorbeigehen werden. Sie, mein gnädigstes Fräulein, werden davon ausgehn, daß ich mir dies alles selber eingebrockt habe. Ich glaub es nicht; aber es kann sein. Jedenfalls gereicht es mir zum Trost nach meinem Gefühl gehandelt zu haben. Mein Gefühl aber schreibt mir unbedingt vor, auf ein hartes »nein« das meiner Bitte zu Teil wird, nicht ruhig weiter zu bitten, als wäre nichts vorgefallen. Möglich, daß dergleichen im preußischen Bürokratismus alle Tage vorkommt, aber wenn dem so ist, so ist es mir nur ein Beweis mehr, daß dies vielgerühmte Zopfpreußentum mit seinem Dünkel, seiner Filzerei und seiner Grobheit wenig paßt zu dem Zuge meines Herzens.

Es ist mir nicht lieb diesen Brief der einen Ton anschlägt wie ihn meine Briefe im Allgemeinen nicht haben, so ganz ohne irgend ein ausgestecktes rotes Fähnchen, so ganz ohne ein Zeichen der Freude an Sie gelangen zu lassen. Aber diese letzten 8 Wochen, mit Krankheit, Ärger, Sorge, Enttäuschung, liegen so öde und trist hinter mir, daß ich weit zurück greifen muß, um wieder bei einer Oase anzukommen. Daß solche Oasen die Sonnabend-Abende, die Grunewald-Fahrten und die vielen glücklichen Stunden waren, die wir mit Ihnen zubringen durften, mit dieser Versicherung lassen Sie mich schließen.

Der Abschluß seines 1866er Kriegsbuches läßt Fontane jetzt wieder mehr Spielraum für die Fortsetzung der Wanderungsbücher und den in den sechziger Jahren begonnenen Roman. Er erinnert Wilhelm Hertz am 26. April 1870 an den vor vier Jahren abgeschlossenen Vertrag:

Ich schreibe heute wegen meines Romans. Die Arbeiten für den 3. Band der Wanderungen nahen sich ihrem Ende, ich sehe wenigstens Land, in etwa 8 Wochen hoff' ich mit allem fertig zu sein und möchte dann die Sommer- und Herbstesmonate an eine ernste Förderung meines so lange beiseit geschobenen Romanes setzen. Ich halt' es aber zuvor für anständig bei Ihnen anzufragen, ob Ihnen in den 4 1/2 Jahren, die seit Niederschreibung des Kontrakts vergangen sind, die Sache nicht etwa leid geworden ist. Ich glaube der Kontrakt setzt keine Zeitpunkte fest; natürlich war aber nicht auf 5 Jahre und mehr gerechnet und so scheint es mir denn nur in der Ordnung bei Ihnen anzufragen, ob alles noch weitre Geltung haben soll oder nicht?

Ich bin seit 8 Tagen Strohwitwer. Meine Frau ist nach England gereist, um unsren Springhasen (Martha) dort bei der Familie Merington in Erziehung zu geben. Die Kleine kommt erst nach Jahren wieder; meine Frau in 6 Wochen. Ich hoffe, wenn das Kultusministerium davon hört, wird es einen Dankgottesdienst dafür ansetzen, daß es sich selber davon bewahrt hat, einem solchen Verschwender-Paar 300 Taler jährlich zu bewilligen. Dreißig masurische Schullehrer-Witwen können dadurch vom Hungertode gerettet werden. Es ist doch 'was Großes!

Emilies und Marthas Englandreise nutzte Fontane, um seine Arbeitsstelle bei der »Kreuzzeitung« zu kündigen. Seit Jahren belastete ihn das abhängige Angestelltendasein, das ihm für seine eigentliche schriftstellerische Tätigkeit zu wenig Zeit ließ. Immer wieder hatte sich Fontane in der Vergangenheit kritisch über seinen Chef, Dr. Tuiscon Beutner, geäußert. Die zu Beginn von Fontane als privilegiert empfundene Arbeitszeiteinteilung erschien ihm schon seit Monaten ein Hindernis, längere Reisen zu unternehmen. Am 4. Dezember 1869 hatte er Emilie bereits seine Sorgen und Nöte mitgeteilt:

Alles was Du über meine Stellung zur Zeitung schreibst, ist richtig und ist sogar noch viel richtiger als Du wissen kannst; man ist eine bloße Sache, man hat den Wert eines Maschinenrades, das man mit Öl schmiert solange das Ding überhaupt noch zu brauchen ist, und als altes Eisen in die Rumpelkammer wirft, wenn die Radzähne endlich abgebrochen sind, aber so gewiß ich das Brutale schmerzlich empfinde, das darin liegt, so hab ich doch nun noch gerade einsehen gelernt, daß es *hier zu Lande,* in den gesegneten Gauen des norddeutschen Bundes, überall so ist und daß man nur so lange Wert hat, als man tagtäglich und immer aufs Neue seine Brauchbarkeit beweisen kann. Du weißt, daß ich im vorigen Winter 4 bis 6 Wochen nachmittags grippekrank zu Bette ging und doch keinen Vormittag auf der Zeitung gefehlt habe und ich sollte auf 6 oder 8 oder 12 Wochen nach dem Orient reisen, nachdem die Wunden noch bluten, die Goedsche und Heffter durch ihre Abwesenheit der Zeitung und unsrem Dr. B⟨eutner⟩ geschlagen haben! Natürlich gibt es Menschen von einem so himmlischen Kehrmichnichdran, die lachend erklären würden, daß ihnen sämtliche Beutnersche Wunden schnuppe seien, aber dieses dicke Fell hab ich nie besessen und kann es mir nun auch nicht mehr anschaffen. Ich gebe die Hoffnung nicht ganz auf, noch einmal in die Welt hinaus zu kommen und Rom, Konstantinopel und Jerusalem zu sehn, die drei Punkte, an denen die Welt hing, aber das ist alles erst möglich, wenn die Kreuz-Ztg hinter mir liegt. So lange ich an dieselbe angeschmiedet bin und dankbar sein muß für die Kette, an der zugleich mein Brot hängt, sind solche poetischen Allotria unmöglich. Ich kann, nach menschlicher Berechnung, nur durch zwei Dinge frei werden: durch irgend eine Verwendung im auswärtigen Amt (die ich, grade jetzt, nicht für unmöglich hielt) oder dadurch daß mir ein *großer* literarischer Erfolg, etwa ein in 7 Auflagen erscheinender Roman, eine vollständige freie Bewegung wiedergibt; – treten diese Fälle *nicht* ein, so bleibt mir nichts übrig, als auszuhalten, mich nach der Decke zu strecken und Gott zu bitten, daß es nicht schlimmer wird. Du solltest doch nun nach gerade die Menschen kennen! Die Kinder in der Schule lernen meine Gedichte, Frau Jachmann donnert meinen Archibald Douglas und in der Literaturgeschichte von Heinrich Kurz habe ich mein Kapitel, aber wenn ich heute noch Bote beim Kammergericht würde, mit 30 Talern fixem Monatsgehalt und 10 Talern zu Weihnachten, so würden die besten Freunde sagen: nun, er ist jetzt in k. Dienst, er hat ein Fixum, kann sich Bewegung machen und seiner Frau eine jährliche Pension von 40 Talern hinterlassen. Lehre mich die Menschen kennen. So lange man sie nicht braucht, sind sie gut; wenn man sie aber braucht, so nimmt man mit Schrecken wahr, daß sie das Schlechteste grade gut genug für einen halten. Zum Glück vergrätzen mich diese Dinge nicht, im Gegenteil, ich lache dazu;

aber sie rufen einem wenigstens zu: halte fest, was Du hast, ge-
fährde nicht durch Prätension Deine Position, wiege Dich nicht in
Illusionen.

*So berichtet Fontane seiner Frau erst am 11. Mai 1870 von seinem
bereits vor drei Wochen eingereichten Kündigungsgesuch:*

Die Hälfte ist nun um, heute vor 3 Wochen bist Du abgereist, und
der Zeitpunkt ist nun da, den ich mir gleich festgesetzt hatte, um
Dich in unsre Geheimnisse einzuweihen. Ich habe meine Kreuzzeitungs-Stelle aufgegeben. Falle nicht um. Eh Du noch mit diesem
Briefe zu Ende bist, wirst Du hoffentlich sagen: er hat ganz recht getan. Vielleicht (und das wäre das Beste) sagst Du's auch gleich und
hast das Vertraun zu mir, daß ich nicht so gehandelt haben würde,
wenn ich nicht überzeugt wäre, es war so am klügsten und besten.
Einiges Gewicht muß es doch vorweg für Dich haben, daß ich meinen Entschluß und meine Handelsweise in diesen 3 Wochen noch
keinen Augenblick bereut habe. Im Gegenteil, ich freue mich jeden
Tag darüber.

Nun historisch. Am Ostersonnabend hatte ich den Ärger. Er
⟨Beutner⟩ sagte mir etwas über »Skandinavien« (lächerlich in sich),
sprach artig, aber sehr kühl, zog Parallelen mit Hesekiel; ich kriegte
das Zucken um den Mund, stand auf und empfahl mich. Noch eh ich
an dem Portierknopf unsres Hauses zog, war ich entschlossen, das
Redaktionslokal nicht wieder zu betreten. Ich wollte, bevor ich meinen Absagebrief schrieb, nur Deine Abreise abwarten. Um 3/4 9 rei-
stest Du ab; Du warst noch nicht in Brandenburg, als Dr. B. schon
meinen Brief hatte. Alles, was nun folgte, im Detail zu erzählen
würde zu weit führen. Hesekiel, in B.s Auftrag, suchte einen Ausgleich herbeizuführen. Ich fand dies freundlich, aber kindisch; im
Guten und Nicht-Guten ganz Beutner, ganz die kleine Lucken-
walder Natur, die einen tapfren, reellen Entschluß nicht begreifen
kann. Ich schrieb noch mal an ihn, dankte ihm, in aller Aufrichtig-
keit, für vieles Gute und Freundliche, das er mir erwiesen, bat ihn,
meine alten Beziehungen zur Zeitung, Mitarbeiterschaft statt Redaktion, fortbestehn zu lassen, und empfahl mich. So sind die Dinge
geblieben.

Dir brauche ich wohl nicht erst zu sagen, daß die Ostersonn-
abendszene weiter nichts war als der Tropfen, der das Glas zum

Überlaufen bringt. Du weißt, daß ich längst entschlossen war, in dieser Weise zu handeln, und daß ich die Brutalität, die darin liegt, unsre Freiheit und unsre geistigen Kräfte auszunutzen, ohne vorsorglich und human an unsre alten Tage zu denken, ich sage, daß ich diese Brutalität nicht mehr ertragen kann. Sooft ich an diesen Punkt denke, empöre ich mich, und nicht das Schlechte in mir, sondern das Gute. Es ist *gemein*, beständig große Redensarten zu machen, beständig Christentum und Bibelsprüche im Munde zu führen und nie eine *gebotene* Rücksicht zu üben, die allerdings von Juden und Industriellen, von allen denen, die in unsern biedern Spalten beständig bekämpft werden, oftmals und reichlich geübt wird. Dieser Punkt war für mich der entscheidende. Aber auch hier folgte ich nicht dem Gefühl berechtigter Bitterkeit, sondern ich behandelte die Sache nüchtern wie ein Exempel. Ich sagte mir: wenn man dir solche kühle Standrede *jetzt* zu halten wagt, wo du, zugestandenermaßen, eine Zierde, ein kleiner Stolz der Zeitung bist, wie wird man nach 10 Jahren zu dir sprechen, wenn du ihr vielleicht eine Last geworden bist? Man wird dann eine Sprache führen, die du einfach nicht ertragen kannst, und mit 60 Jahren wirst du arm und stellungslos dastehn. Diese Situation ist beinah unausbleiblich, sie kehrt in allen Lebensverhältnissen wieder; fasse dir also ein Herz, *antizipiere* die ganze Situation; jetzt bist du noch elastisch genug, um sie mit Gottes Hilfe siegreich überwinden zu können; dir kann sich noch absolut Neues, Glückliches erschließen, der Moment dazu ist gut gewählt; erschließt sich etwas Neues, Glückliches dir aber *nicht*, nun, so ist auch noch nichts verloren; entweder trittst du dann wieder in Stellungen ein, die im wesentlichen nicht schlechter sind als die bei der Kreuzzeitung, mitunter auch besser, oder aber du stehst im schlimmsten, Gott sei Dank nicht anzunehmenden Falle vor einer Katastrophe, vor der du früher oder später *doch* gestanden hättest. Und lieber *jetzt* als nach zehn Jahren.

Hier hast Du die inneren Motive, die meine Handelweise bestimmt haben und vielleicht auch *dann* noch in derselben Richtung mich bestimmt hätten, wenn die ganze äußre Situation viel ungünstiger läge, als sie liegt. Wir werden vom 1. Juli 70 bis zum 1. Juli 71 in runder Summe 2200 Taler einnehmen, so daß wir pekuniär eher einem sehr guten als einem schlechten Jahr entgegengehn. Ich bitte Dich dringend, dabei von der Ansicht ablassen zu wollen, als rechnete ich wieder falsch. Ich rechne gut und richtig, aber mein Schicksal hab ich natürlich nicht in der Gewalt, und die Striche, die einem dieses mitunter durch die Rechnung macht (*mir* bisher, Gott sei Dank dafür, sehr selten), entscheiden nicht darüber, ob man falsch oder richtig gerechnet hat. All das liegt auf einem andren Brett. Was ich durch Abmachungen und Kontrakte belegen kann, hab ich ein Recht, in Rechnung zu stellen; werden diese Kontrakte aber gebrochen oder wirft mich Gott statt der üblichen 2 Monate 12 Monate aufs Krankenbett, so ist meine Rechnung freilich falsch. Das nennt man aber nicht »falsch rechnen«, das nennt man Heimsuchung, der man sich unterwerfen muß wie dem Tod.

Nun höre. Die Partie steht so. Ich nehme bis übers Jahr drei große Summen ein: 600 Taler für den dritten Band meiner »Wanderungen«, 1200 Taler für meinen Roman, 400 Taler vom Ministerium des Innern (Hahn). Macht zusammen 2200 Taler. Dabei sind weder die berühmten 200 Taler von Hertz noch Schillerstiftungsgelder noch Einnahmen für Pensionäre noch Zinsen, die doch am Ende auch 100 Taler betragen, mitgerechnet.

Es verbliebe also nur noch, daß wir uns die drei großen Posten näher ansehn. Zuerst die 600 Taler für die »Wanderungen«. Ich habe hier einen allerniedrigsten Satz angenommen. Von Hertz erhalte ich 350, von Kreuz-Ztng. 75, vom Johanniterblatt 75, von Über Land und Meer 50, von Gartenlaube 50. Macht zusammen 600 Taler. Es ist aber sehr wahrscheinlich, daß sich diese Summe nicht unerheblich erhöht.

Von Hahn, unterzeichnet Eulenburg, habe ich ein wohlwollendes und anerkennendes Schreiben erhalten, worin mir 400 Taler zugesichert werden. Das 1. Vierteljahr hat mir Hahn gleich zum Geschenk gemacht, in *dem* Sinne, daß ich für die ersten 100 Taler nichts zu schreiben brauchte.

Bliebe noch der Roman. Hertz, in einem durch mich angeregten Briefwechsel, hat sich aufs neue freudig zu den Fortsetzungen des Kontrakts bekannt. Die Geldangelegenheit wäre dadurch geregelt, und nur das eine verbliebe noch: *den Roman auch zu schreiben.* Dies unterschätz ich nun keineswegs. Aber Du magst mir glauben: ich werd es leisten. Ein gut Stück ist fertig, und wenn ich vom 1. Juli bis 1. Januar, also in 180 Tagen, auch täglich nur 4 Seiten schreibe, werde ich zu Neujahr im großen und ganzen fertig sein. Wenn dann auch 2 Monat Krankheit kommen, so bleiben immer noch 4 Monat, eh das Jahr um ist. Ich bin also gutes Muts und werd es zwingen. Die

Summen, die wir bis dahin brauchen, gibt mir Sommerfeldt von meinen 1000 Talern. Die Pensionsfrage braucht Dich nicht zu ängstigen, nicht einmal zu beschäftigen. Nimm die kleine Treutler ins Haus oder ein andres junges Mädchen oder keins, es ist alles nicht von Bedeutung. Es geht auch so. Vier Monate lang wirst Du mich immer nur besuchsweise hier haben; ich werde mich in Stille und Einsamkeit verfügen und dort meinen Roman schreiben.

Und leb wohl; cheer up!

Die Nachricht traf Emilie wohl nicht ganz unvorbereitet, denn am 24. April 1869 hatte sie bereits ihrem Mann zu verstehen gegeben, daß sie Schlimmstes für ihre zukünftige Existenz ahne:

⟨Deine Zeilen⟩ erfreuten mich sehr, obgleich es mir ängstlich bleibt, daß Du mit keiner Silbe die Zeitungs-Affäre erwähnst, mir ist als schwebte ein Gewitter über unseren Häuptern und doch kann ich nicht denken, daß wir immer neue Täuschungen erleben sollen. Schreibe mir doch die Wahrheit, ich glaube ich denke schlimmere Dinge als in Wirklichkeit Dir begegnet sind.

Fontane hatte Mathilde von Rohr auch schon in früheren Jahren in Freud und Leid seiner Familie stets miteinbezogen. Es versteht sich von selbst, daß er von dem alten Stiftsfräulein erst recht in dem Krisenjahr 1870 Verständnis, Trost und Hilfe erwartet. Am 13. Mai klagt er ihr sein Leid:

Wenn man sich nicht entschließen kann mir zu sagen: wir bewilligen Dir aus *freien Stücken*, in Anerkennung alles dessen was Du der spezifisch vaterländischen Literatur in Prosa und in Versen geleistet hast, 300 Taler jährlich auf Lebenszeit, wenn man sich nicht entschließen kann *endlich* diese Anstandssprache zu mir zu sprechen, so will ich ihre 300 Taler nicht, so kann mir das ganze Kultusministerium mit seiner »altpreußischen« Sechsdreier-Tradition gewogen bleiben.

Ich schreibe Ihnen dies in Lebhaftigkeit der Empfindung, aber eben so gewiß in aller Heiterkeit. Den Gram und Groll über diese Dinge hab' ich längst hinter mir; was soll ich mich jetzt noch groß über diese mesquine 300 Taler-Affäre kümmern, wo ich es für gut befunden habe, den ausgebliebenen 300 noch die 1000 Taler meiner ganzen Kreuzzeitungs-Stelle nachzuwerfen und ein ganz neues Leben anzufangen. Lepel hat Ihnen vielleicht schon davon geschrieben. An demselben Vormittage, an dem meine Frau abreiste, setzte ich mich hin, um den Absagebrief zu schreiben. Die unmittelbare Veranlassung war unbedeutend, das Maß war aber voll und so lief es über. Die Unfreiheit, die Dürre, die Ledernheit des Dienstes fingen an mir unerträglich zu werden, vor allem aber empörte mich mehr und mehr der Umstand, daß man nie und nimmer für gut fand, die wichtige *Pensionsfrage* auch nur leise zu berühren. Ich sagte mir also, das geht noch so 10 Jahr, dann sehnt man sich nach einer jüngeren Kraft, behandelt Dich schlecht und zwingt Dich Deine Stelle zu quittieren; *dem* komme lieber zuvor, *jetzt* kanns noch glücken; und danach hab ich gehandelt. Bis in den Sommer des nächsten Jahres bin ich in meinen Einnahmen gedeckt; das Weitere wird sich finden.

Emilie, sichtlich gekränkt, daß ihr Mann während ihrer Abwesenheit und ohne ihr Wissen eine solche zukunftsbestimmende Entscheidung getroffen hatte, konnte kein Verständnis für die Kündigung aufbringen. Sie suchte die Gründe dafür in dem Streben nach Freiheit und Unabhängigkeit und erkannte noch nicht, daß sich Fontane längst für seine literarische Berufung entschieden hatte. Aus London schreibt sie am 14. Mai 1870 an ihren Mann:

Du wirst nicht erwarten, daß mich Dein gestriger Brief erfreut hat; dazu blickst auch Du zu dankbar auf die letzten 10 glücklichen Jahre unseres Lebens zurück. Noch bitte ich Gott mir die Überzeugung zu geben, daß Du richtig gehandelt hast; möge das Gefühl der Freiheit, welches Dich jetzt erquickt, Dir Kraft und Mut zu dem neuen Lebensweg geben; überrascht hat mich dieser Dein Schritt nicht; ich weiß seit lange daß Du nach Freiheit schmachtetest; freilich wünschte ich Beutner hätte *ganz* unrecht; Du weißt aber in wie fern ich auf seiner Seite stehe.

Jedes Gebundensein wiederstrebt Deiner Natur; so lange die Dinge ruhig gehen, bist Du glücklich und zufrieden; kommt aber ein Anstoß, so verwirfst Du auch alles; ich fürchte auch die leichte Fessel, durch die Du jetzt an Hahn gebunden, wird Dich in kurzer Zeit auch wieder drücken. Es ist dies der Fall mit mir seit beinah 20 Jahren. Sobald ich durch irgend etwas Dir unangenehm bin, sobald ich Dir entgegen stehe, sprichst Du von einer 20jährigen, unerträglichen Ehe. Dasselbe gilt von Deinen Freunden; sie binden sich immer wieder an Dich; nicht Du an sie. Daß Du in diesen drei Wochen keine Minute Deine Handelweise bereut, hat keinen Trost für mich; Du hast Dich Deiner Freiheit erfreut, Geld hat Dir nicht gefehlt und mein Leidensgefühl Dich nicht gequält und die Freunde konnten Deinem heiteren Gesicht kein mißbilligendes entgegen bringen. Sie billigen wahrscheinlich Deinen Schritt nicht; jeder von ihnen hat in seiner Stellung etwas zu ertragen und daß Du in Freiheit bist, kann nur mit anderen Opfern erkauft werden. Gott gebe mit nicht zu schweren! Dein monatelanges Kranksein ist mir noch zu schmerzlich in Erinnerung, um mit Mut in die ungewisse Zukunft zu blicken.

Aber geschehene Dinge sind nicht zu ändern und da Du mich nicht gefragt hast, so habe ich auch nicht zu antworten. Es gilt nun meine Pflicht zu tun und Dir mit Freudigkeit beizustehen, zu helfen. Leider ist unserer beider Gesundheit nicht dazu angetan, mit 50 und beinah 50 von vorn anzufangen, aber die Kräfte kommen, wenn man sie braucht.

Fontane antwortet seiner Frau daraufhin wohl am 16. Mai 1870:

Ebenso wie es nutzlos ist, an George Abhandlungen über Sparsamkeit zu schreiben, so ist es auch nutzlos mit Dir über gewisse Punkte zu streiten; Frauen haben die Tugend immer auf ihr erstes Wort zurückzukommen und Du hast diese Gabe eminent. Dennoch füg' ich meinen ersten Zeilen noch ein paar Worte hinzu. Man bleibt immer der Einfaltspinsel, der da glaubt das überzeugende Wort könnte gesprochen werden.

Ich bin beim alten Rose 4½ Jahr, in England 4 Jahr, bei der Kreuzzeitung 10 Jahr gewesen; aus Leipzig und aus Bethanien *mußte* ich fort, wiewohl ich gern länger geblieben wäre, – wo liegt denn nun da der ungeheure Hang nach Freiheit und Wechsel! Allerdings hab ich diesen Hang, aber ich hab ihn unter Kontrolle meines *Urteils und Verstandes*, die überhaupt die Regulatoren meiner Lebens- und Handelweise sind. Soll es mich nicht ärgern, ja das Wort »ärgern« ist viel zu schwach; wenn Du nun so tust, als hätte ich aus Verlangen nach Veränderung und in Folge eines kleinen Streites eine *gesicherte* Lebensstellung aufgegeben. Ich habe eine nach außen hin leidlich aussehende, aber in ihrem Kern perfide Stellung aufgegeben, die mich *jetzt* halb ernährte und – nach 10 Jahren – nach langem geduldigen Einstecken von Kränkungen die sicher nicht ausgeblieben wären, *gar nicht mehr* ernährt haben würde. *Das* war das Bestimmende für meine Handelweise, ein ruhiger Kalkül, und über diesen wichtigen Punkt gehst Du hinweg.

Auch an Tochter Mete scheinen die Auseinandersetzungen ihrer Eltern nicht spurlos vorübergegangen zu sein. In einem Brief vom 21. Mai 1870 versucht der Vater, sich von den quälenden zurückliegenden Wochen nichts anmerken zu lassen: Er scherzt mit der zehnjährigen Tochter und erzählt vom Tun und Treiben seiner Söhne, von denen sich Friedel, der 1864 geborene Jüngste, zu einem allgemein beliebten »Teekind« entwickelt hat. Die Verwendung dieses aus der Jugendsprache des 19. Jahrhunderts stammenden Begriffs ist einer von vielen Belegen für Fontanes Fähigkeit, sich ganz auf den Briefempfänger einzustellen, eine Eigenschaft, die besonders seine Briefe an Kinder (nicht nur die eigenen) auszeichnet. In diesem Schreiben an Mete schimmert jedoch hinter all der Heiterkeit der Ernst der Situation hervor, wenn Fontane im letzten Abschnitt um die Vermittlerdienste der kleinen Tochter bittet:

Meine liebe, kleine Mete.

Für Deinen Brief, in dem der Pudding eine so hervorragende Rolle spielt, danke ich Dir sehr. Etwas gekränkt hat es mich, daß das Vater-closet (wie Du geschrieben hast) so sehr spritzt; diese *eine* Untugend hat das Kämmerchen nicht.

⟨…⟩

Unser Friedel ist ein guter Schüler und kriegt alle Woche ein Lob; er schwindelt sich zu einem »Teekind« empor, eine Charge, die ihr alle 'mal bekleidet habt außer George, der als starker Charakter nie etwas davon wissen wollte. Theo ist jetzt alle Sonnabend-Nachmittag Soldat und sieht aus, daß man sagen kann: da läuft ein Gewehr mit einem Jungen. Dies darfst Du ihm aber nicht schreiben, denn er hat bereits die militärische Ehre (beiläufig überhaupt ein fabelhaftes Ding) und ist sehr empfindlich. In der Schule zählt er jetzt zu den guten und selbst der grimmige Rehbein scheint leidlich zufrieden. So gönn ich es denn auch Theo'n, daß er mitunter ins Theater kommt; ⟨…⟩ natürlich auf Frei-Billets.

Ich freue mich zu hören, daß es Dir gut geht und daß Du gute Fortschritte im Englischen machst; gieb Deiner lieben Mama einen Kuß von mir, recht herzlich, und sage ihr, sie solle nur Vertrauen haben und den Kopf oben behalten; ich wäre fest überzeugt, daß sich alles ganz gut machen werde. Wie immer Dein alter

Papa.

Nach Beendigung der Tätigkeit für die »Kreuzzeitung« plante Fontane, für einige Wochen zu verreisen. Wie ernst die Auseinandersetzung der Eheleute gewesen ist, kann man den folgenden Briefen entnehmen:

An Emilie Fontane, Berlin, 23. Mai 1870

Eine Anzahl von Wochen werd' ich doch jedenfalls fort sein, auch wenn es zwischen uns – was ich von ganzer Seele wünsche – zu einem herzlichen und *dauernden* Friedensschlusse kommen und Dein trübes, mißbilligendes Gesicht mich *nicht* vertreiben sollte. Ich wiederhole Dir, daß ich das von Herzen wünsche und kann immer noch – wiewohl ich ja Deinen Charakter nun nach gerade kenne – die Hoffnung nicht unterdrücken, daß Du über kurz oder lang die Situation mit viel günstigren Augen ansehn wirst. Ich freue mich nach wie vor, daß ich diese öde, pedantische, langweilige und *völlig aussichtslose* Geschichte los bin.

An Emilie Fontane, Berlin, 28. Mai 1870

Nun noch eine herzliche Bitte. Wenn Du wiederkommst, mache mir das Leben nicht nutzlos schwer. Bedenke, daß, wenn Du mich um einen Tag oder eine Woche bringst, Du mir dadurch nur die Verpflichtung auferlegst, den nächsten Tag oder die nächste Woche das *Doppelte* arbeiten zu müssen. Du wirst einräumen, daß das geradezu grausam ist. *Gewonnen* kann durch Trübseligkeit nie etwas werden; einer Mahnung, eines Spornes bedarf ich nicht, was irgend zu leisten ist, das leist ich ohnehin; Zuspruch, Freudigkeit, Vertraun erleichtern mir meine nicht leichte Aufgabe, Mißstimmung, leiser Vorwurf erschweren sie mir, reizen mich und *fördern gar nichts*. Ich weiß, Du liebst mich, meinst es gut mit mir, hast die besten Absichten, willst mich nicht kränken, aber Dein Temperament, Deine in

Blut und Nerven wurzelnden *Stimmungen* sind oft stärker als alle Deine guten Absichten. Ich bitte Dich, nach dieser Seite hin noch ein übriges tun zu wollen; man kann seine an- und eingeborne Natur nicht ganz austreiben, aber man kann mit redlichem guten Willen doch, Gott sei Dank, manches zustande bringen. Du mußt Dich mit zwei Gedanken ernstlich auszusöhnen trachten, damit nämlich, daß wir erstens ein *armes* und zweitens ein *unsichres* Leben zu führen haben *werden*, wie wir es bis jetzt geführt haben. Das klingt nun freilich wenig verlockend, selbst die *arme* Existenz soll auch noch eine *unsichre* sein, aber wenn man sich zum Leben richtig zu stellen weiß, wenn man Mut, Freudigkeit und Gottvertrauen hat, so darf ich wohl sagen, der Satz *klingt* trauriger, als er ist. Im großen und ganzen leben wir nach diesem Rezept 20 Jahre, und trotz Armut und Unsicherheit, welch bevorzugtes Leben haben wir geführt! Ich will die alten Geschichten nicht alle wieder aufzählen, ich glaube, wir haben es beide dankbar gegenwärtig, wie vieles uns beinah täglich geboten wird, wie vieles wir vor vielen Tausenden *voraus* haben, die *nicht* arm, *nicht* unsicher dastehn und doch ein kümmerliches Dasein führen. Möchtest Du mit meiner Schwester Jenny tauschen? Ja, ich gehe so weit, den paradox klingenden Satz aufzustellen, daß sehr viel von dem Schönen, Aparten, Poetischen, das wir in den letzten 15 Jahren erlebt haben, in der Armut und Unsicherheit unsrer Existenz seine Wurzel hat und daß ich, wenn ich ein sicher angestellter Mann wie der Geh. R. Kraatz, oder Hunderte seinesgleichen, wäre, ich niemals die »weiße Klippe von Hastings« erklettert und niemals das »Blachfeld von Culloden« überschritten hätte. Auch *Du* säßest dann schwerlich in Argyll Road und freutest Dich des Rotdorns, der Dir ins Fenster blüht, und die blauen Scheiben von Westminster Abbey hätten nie ihren Zauber auf Dich geübt. Vergleiche *Dein* Leben, *Deine* gesellschaftliche Stellung, *Deine* Freiheit der Bewegung mit dem, was Frau Geh. Rätin Kraatz von dem allem aufzuweisen hat, und antworte mir dann, ob Du unter der Armut und der Unsicherheit unsrer Existenz, die ich beide zugebe, bisher ernstlich gelitten hast.

Und wenn Du nun vielleicht sagen solltest: »Ja, *bisher* ging es wohl, aber wie soll es nun weitergehn, da du den zerbrechlichen Kahn, der uns trug, ohne weiteres zerbrochen hast«, so antworte ich Dir, es gibt Gegenden im Weltmeer, wo so viele Schiffe kreuzen und vorbeipassieren, daß man sicher ist, wie Ludwig Pietsch immer wieder aufgefischt zu werden, wenn man nur ein ganz klein wenig schwimmen, ein ganz klein wenig, in Momenten der äußersten Gefahr, an einem Brett oder Balken sich über Wasser halten kann. Glaube doch nicht, daß diese ganz gute, aber doch enfin ganz triviale Kreuzzeitungs-Stellung etwas Apartes war, glaube mir auf mein Wort, sie war es *nicht*, sie war das Freiheitsopfer nicht wert, das ich ihr so viele Jahre lang gebracht habe. Ich werde in der Zukunft ebensoviel Geld verdienen und dabei zu erheblichem Grade Herr über meine Zeit sein.

Und nun nimm endlich das Schlimmste, das gewiß nicht zutreffen wird, aber nimm an, es glückte wirklich *nicht*, ich fände *keine* Stellung, die mir einen ähnlichen festen Anhalt gäbe wie meine Kreuzzeitungs-Position, nun so wäre das äußerste, das passieren könnte, daß wir ausschließlich und ganz direkt von dem Ertrage meiner Feder leben müßten. Dieser Ertrag war bis jetzt, wo ich nur die Abende resp. die Nächte dafür hatte, gegen 1000 Taler oder sage auch nur 800 Taler; glaubst Du nun nicht, daß ich unter Dransetzung des ganzen Tages imstande sein werde, diese Summe zu verdoppeln? Das gäbe 1600 Taler. Meinst Du nicht, daß, wenn es durchaus sein *müßte*, die Sache auch davon zu bestreiten wäre? meinst Du nicht, daß diese Summe unter allen Umständen ausreichen würde, uns vor Erniedrigung und Unwürdigkeit zu bewahren. Und nur *darauf* kommt es schließlich an. Independenz über alles. Alles andre ist zuletzt nur Larifari. Und auch von diesem Larifari werden wir immer genugsam haben, wir werden immer lebhaft, espritvoll und gesellschaftlich-liebenswürdig bleiben, und die Menschen werden sich immer ein Vergnügen und eine Ehre daraus machen, uns zu Gaste zu laden, sei es auf 5 Stunden zu einem Diner, sei es auf 5 Wochen zu einem Besuch. Also sei heiter, vertrauensvoll; wenn unser Niedergang nicht in den Sternen beschlossen steht, so werden wir *nicht* zugrunde gehn.

Mathilde von Rohr war einer der wenigen Menschen, die ohne zu zögern Verständnis für Fontanes Entscheidung aufbrachten. Ihre Briefe an Fontane sind nicht überliefert, aber auch aus seinen Antworten läßt sich ihre Stellung gegenüber dem Freund erkennen.

Ihre freundlichen Worte in Betreff meiner augenblicklichen Situation haben mir sehr wohl getan; ich weiß ja, wie gut Sie es mit mir meinen und daß Ihnen mein Wohlergehn eine Freude, meine Sorge selbst eine Sorge ist. Aber so gewiß ich das weiß, so gewiß mögen Sie mir auch glauben, daß die Mehrzahl der Menschen (nicht alle) meine Lage ganz verkennen. Meine Lage ist bloß freier, angenehmer, heitrer, produktiver, als sie war, aber nicht um ein Haar schlechter. Sie mögen es daraus ersehn, daß ich noch nicht den kleinsten Schritt getan habe, mir eine *neue* Stelle zu erobern; *ich will gar keine.* Bis in den nächsten Sommer hinein bin ich gedeckt, wahrscheinlich auch noch länger. Sollte sichs dann zeigen, daß es so nicht weiter geht, daß meine Kräfte erlahmen etc, etc, nun, so werd' ich mich bemühn eine Stelle von 500 bis 600 Talern, bei *leichtem* Dienst, zu erhalten und Sie mögen mirs glauben: ich werde sie finden. *So* schlecht stehen die literarischen Dinge nicht mehr in Deutschland, daß ein Mann von Wissen, Lebenserfahrung, Sprachkenntnis, Talent und *Fleiß*, sich schließlich nicht seinen Lebensunterhalt erwerben könnte. Es wird mir von jetzt ab besser gehn, nicht schlechter, und das ganze Kultusministerium (gegen das ich einen schweren, wohlbegründeten Haß habe) kann mir mit seinem Bettelgelde gestohlen werden. Wenn ich auf *diesen* Punkt zu sprechen komme, verliere ich jedesmal alle Contenance.

Nach drei Wochen hatte sich Emilie wieder etwas beruhigt, zumal Fontanes Entscheidung doch nicht mehr zu revidieren war. Schon bald brauchte sie sich um sein berufliches Fortkommen keine Sorgen mehr zu machen. Als Nachfolger von Friedrich Wilhelm Gubitz übernahm Fontane am 17. August 1870 das Amt als Theaterkritiker bei der »Königlich privilegierten Berlinischen Zeitung von Staats- und Gelehrten Sachen«, der »Vossischen Zeitung«. Gestern (im Wilhelm Tell; Hülsen unmittelbar neben mir, oder ich neben ihm) hab ich mein neues Amt als – Theaterkritiker angetreten, schreibt er am 18. August 1870 an Mathilde von Rohr. Zwanzig Jahre saß er viele Abende auf seinem »Parkettplatz Nummer 23« und verfolgte kritisch das Geschehen auf der Bühne.

In Frankreich

Der Verleger Decker trat erneut an Fontane heran, um ihn als Autor eines dritten Kriegsbuches zu gewinnen. Obwohl Fontanes Beziehung zu Decker in den zurückliegenden Jahren nicht ohne Belastungen gewesen war, sagte Fontane zu. Diesmal sollte er sich mit dem Deutsch-Französischen Krieg befassen und ebenso wie bei den früheren Anstellungen auch die Schlachtfelder und Städte Frankreichs besuchen, um sich vor Ort ein besseres Bild zu machen. Ende September brach Fontane zu seiner Reise auf, die ihm nicht nur Gutes einbringen sollte.

An Rudolf von Decker, Berlin, 11. September 1870

Ende dieser Woche, spätestens Anfang der nächsten, will ich meine Reise auf den Kriegsschauplatz antreten, um mir, wie 66 und 67 die böhmischen und westdeutschen, so diesmal die französischen Schlachtfelder anzusehn. Ob ich dabei zunächst bis vor Paris gehe und Sedan-Metz erst auf dem *Rückwege* abmache, weiß ich noch nicht.

Ich möchte Sie, hochzuverehrender Herr v. Decker, nun freundlichst wie ergebenst gebeten haben, mir wie früher, so auch diesmal, während meiner Arbeit Vorschüsse zahlen zu wollen und zwar derart, daß ich zunächst 200 Taler (womit ich die Reise zu bestreiten hoffe) und dann allmonatlich vom 1. Oktober an 100 Taler erhalte. Ich hoffe diesmal Ostern 1872 fertig zu sein, wonach Sie die Höhe des Gesamtvorschusses leicht feststellen können.

Soweit sich die Sache bis jetzt überblicken läßt, wird sich der Stoff in drei Abteilungen gruppieren:

1. Einleitung. Saarbrücken. Weißenburg. Wörth. Spichern.
2. Metz. Sedan.
3. Straßburg. Paris.

Fontanes Vorstellungen von Frankreich bestätigten sich nicht. Im Vergleich zu seiner Heimat Deutschland schnitt das Nachbarland erheblich schlechter ab. Seiner Frau Emilie schildert er aus dem etwa 25 km westlich von Nancy gelegenen Toul in einem Brief vom 4. Oktober 1870 seine Beobachtungen:

Wieder sitze ich an einem Wackeltisch, um an Dich zu schreiben; alle Tische scheinen hier wacklig, wie das Land selber. Welche falsche Vorstellung haben wir von diesem Lande gehabt! Wir hielten es für reich, blühend, äußerlich prosperierend, schön in der Erscheinung seiner Städte. Von alledem ist wenig vorhanden, wenigstens sieht man nichts davon. Es ist möglich, daß in den Banken, in den Truhen und Kästen ein Reichtum zu finden ist; in dem, was *sichtbar* wird, ist nichts davon zu bemerken. Wo immer man in Deutschland reist, hat man den Eindruck des Fortschritts, der *ascendance*, hier *überall* den des Rückschritts, des Verfalls. Man hat sich um die Welt draußen nicht bekümmert und ist von dieser total überholt worden. Selbst Österreich, soweit ich es kenne, macht nicht so sehr den Eindruck der Stagnation wie dieses moderne Frankreich. Man empfindet deutlich, daß sie unterliegen *mußten*; alle Kraft, alle Frische, alle Strebsamkeit, alle Umschau haltende Intelligenz ist auf unsrer Seite. In den Beobachtungen, die ich mache, *kann* ich mich kaum irren, denn ich trage keine Vorurteilsbrille und habe auf den vielen Reisen, die ich in meinem Leben gemacht habe, in der Regel den entgegengesetzten Eindruck gehabt: *den*, daß man uns in äußerlichen Dingen voraus sei. *Gut* hab ich bis jetzt nur die Betten gefunden; im übrigen von Luxus, Komfort, Eleganz keine Spur. Natürlich existiert das alles, aber wenn man fast acht Tage in einem Lande ist und zum Teil in guten Hotels und Cafés sich bewegt hat, will man doch auch *etwas* davon gesehn haben. Das Essen ist gut, das Frühstück erbärmlich; der »Tischwein« das Schrecknis aller Deutschen.

Sein Unternehmen war nicht ungefährlich: Bei einem Ausflug in die Geburtsstadt der Jeanne d'Arc wurde Fontane als »preußischer Spion« verhaftet.

An Emilie Fontane, Langres, 6. Oktober 1870

Seit gestern bin ich ein Gefangener und befinde mich bereits in der Mitte Frankreichs. Es muß getragen sein. In Domremy, eben in voller Jean⟨ne⟩ d'Arc-Bewunderung, wurde ich verhaftet. Man hielt mich für einen verkappten preußischen Offizier, und alles, was Deinerseits geschehen kann, ist, durch Hilfe von Gesandtschaften, besonders durch Lord Loftus, der an Lord Granville telegraphieren muß, oder durch den belgischen Gesandten die französische Regierung wissen zu lassen, daß ich eben weiter nichts als ein Schriftsteller pur et simple bin, der seines Buches halber den Kriegsschauplatz bereist. Vielleicht kann auch Frau von Wangenheim irgendeinen einflußreichen Kirchenfürsten dieses Landes und *Professor Lazarus den französischen Minister Crémieux für mich interessieren.* Sprich auch mit Geh. Rat Roland; vielleicht ist es möglich, dadurch mittelbar auch auf Jules Favre zu wirken. Meine Situation beschreibe ich Dir nicht, der Hohn des Volkes ist furchtbar. Gott sei mit uns und kläre diese Nebel.

Die folgenden Briefe nach Hause schrieb Fontane in französischer Sprache. Er erhoffte sich dadurch eine schnellere Aufklärung des Mißverständnisses. Der Gefangene wurde zunächst in die Zitadelle von Besançon gebracht, wo er vom 11. bis zum 29. Oktober bleiben und auf seine Entlassung warten mußte. Von dort schreibt er an seine Frau am 14. Oktober 1870:

Du weißt: Unglück, Trauer und Elend haben immer etwas Komisches oder Lächerliches zur Begleitung, und das Amüsante (es tut mir leid: das einzige) an meiner Lage ist, daß ich mich auf Französisch an Dich wende.

Ich habe heute gehört, daß französisch geschriebene Briefe, weil es leichter ist sie zu zensieren, schneller abgehen dürfen als Briefe in einer fremden Sprache, und das ist der Grund für diese »Übung«.

Meine Wünsche habe ich mehrfach zum Ausdruck gebracht, so oft, daß mir nicht nötig erscheint sie zu wiederholen.

Du wirst jetzt nicht einen Bericht über meine Gefangennahme erwarten; das alles ist zu lang, und mein Gemüt ist noch nicht ruhig genug um eine solche Darstellung zu geben. Nur dies. Der erste Tag in Neufchâteau – einer kleinen Stadt in der Nachbarschaft von Domremy – war der schlimmste. Die Bevölkerung ist sehr voller Wut gegen uns, und beim Passieren von Städten und Dörfern spürt man etwas wie eine Gefahr, doch im Augenblick, in dem die Behörden die Dinge in die Hand nehmen, ist alles gut. Die Leidenschaft ist vorbei, und die Gerechtigkeit beginnt. Ich hoffe das Beste. Meine vollkommene Unschuld wird bald erwiesen sein. Im Augenblick muß man sich mit Geduld wappnen. Es ist nicht leicht. Ich bin Gefangener, wie wir in Berlin sagen »in der verwegensten Bedeutung des Worts«. Andererseits ist es meine Pflicht Dir zu versichern, daß die Autoritäten ⟨Dienststellen der Kommandantur⟩ der Zitadelle höflich, umgänglich, wohlwollend sind. Alles, was nach dem Gesetz gestattet ist, wird gewährt. Das ist ein großer Trost, aber für jemand wie mich, der bisher durch sein gutes Geschick »verhätschelt« wurde, bleibt es noch immer eine sehr harte Situation. Oh, Jeanne d'Arc! Ich muß für Dich teuer bezahlen.

Sei nicht *zu* traurig. Alles, was geschieht, ist durch den Willen Gottes. Sieh durch die Wolken der Gegenwart hindurch und hoffe auf die Zukunft. Ich bin überzeugt, daß Prof. Lazarus (durch Herrn Cremieux), Frau v. Wangenheim durch geistliche Autoritäten und die Gesandten alles, was möglich ist, für mich getan haben.

Die Nachricht von Fontanes Kriegsgefangenschaft schlug in Berlin wie eine Bombe ein. Alle freundschaftlichen Verbindungen wurden in Bewegung gesetzt, um eine baldige Freilassung zu erwirken. Durch die Kontakte der Familie von Wangenheim vermittelt, erreichte der Erzbischof von Besançon, Césaire Mathieu, daß Fontane als »officier supérieur« behandelt wurde. Wie sehr die Gefangennahme zum Politikum wurde, zeigt das Eingreifen Bismarcks, der schließlich Fontanes Freilassung bewirken konnte. An den amerikanischen Gesandten in Frankreich, Elihu B. Washburne, der die preußischen Interessen gegenüber der französischen Regierung vertrat, schreibt der Ministerpräsident vermutlich am 29. Oktober 1870:

Mein Herr! Nach glaubwürdiger Mitteilung ist Dr. Fontane, ein preußischer Untertan und wohlbekannter Geschichtsschreiber, auf einer wissenschaftlichen Reise in französischen, durch deutsches Militär besetzten Distrikten verhaftet und nach Besançon abgeführt worden, wo er in Lebensgefahr zu sein scheint.

Nichts kann ein derartiges Vorgehen gegen einen harmlosen Gelehrten rechtfertigen. Ich bitte Sie daher, die Güte zu haben, formell seine Freilassung von der französischen Regierung zu verlangen und ausdrücklich zu erklären, daß wir im Weigerungsfalle eine gewisse Anzahl von Personen in ähnlicher Lebensstellung in verschiedenen Städten Frankreichs verhaften und nach Deutschland schicken und ihnen dieselbe Behandlung zuteil werden lassen, die dem Dr. Fontane in Frankreich beschieden ist.

Die letzte Station seiner Gefangenschaft in Frankreich war das Schloß auf der Insel Oléron vor der Atlantikküste. Hier mußte Fontane noch drei Wochen aushalten, bis er wieder nach Berlin zurückkehren konnte. Trotz der immer noch ungeklärten Lage beginnt er, seine Abenteuer als Kriegsgefangener niederzuschreiben, die von Ende Dezember 1870 bis Februar 1871 zuerst in der »Vossischen Zeitung«, anschließend bei Rudolf von Decker als Buch erscheinen. 1892 wird »Kriegsgefangen« sogar ins Französische übersetzt.

An Emilie Fontane, Chateau Isle d'Oléron, 24. November 1870

Nur wenige Zeilen, aber die besten, die ich bis jetzt von hier aus geschrieben habe.

Ich bin frei!

Gott sei gedankt. Daneben Dank Dir, unserm *Lazarus* und Mr. Crémieux, der es, so vermute ich, siegreich durchgefochten hat. Ich kann leider noch nicht fort, da ich auf Geld warten muß, hoffentlich nicht zu lange. Tout à vous.

Th. F.

Bereits am 2. November hatte die »Kreuzzeitung« gemeldet, daß das kriegsgerichtliche Verfahren gegen Fontane niedergeschlagen sei und er nur als einfacher Kriegsgefangener von der Zitadelle von Besançon entlassen und zur Auswechslung gelangen wird. Aber erst im Dezember kehrte Fontane wieder in die Heimat zurück.

An Rudolf von Decker, Berlin, 13. Dezember 1870

»Um das Rhinozeros zu sehn« drängt sich jetzt alles an mich, nicht bloß an meine Person, sondern selbst an noch ungeborene Manuskripte. Mir wird ganz angst dabei, denn einmal hab' ich das schmerzliche Gefühl mich auf dieser Tageshöhe unmöglich halten zu können, andrerseits erscheint mir selbst diese Tageshöhe so unverdient, so sehr aus einem *Irrtum* hervorgewachsen, daß eine rasche Enttäuschung kaum ausbleiben kann. Die Leute erwarten eine haarsträubende Räubergeschichte mit Hungerturm und Kettengerassel, und was ich ihnen zu bieten habe, ist zu 9/10 ein Idyll. Der »Gartenlaube«, die von Sensationsgeschichten lebt und natürlich unter den ersten war, die sich meldete⟨n⟩, hab' ich eben geschrieben, daß sie sich trösten könne, es entginge ihr nicht viel.

Der Vossin, zu der ich jetzt freundliche Beziehungen unterhalte, hab' ich die ersten 10 Kapitel zugesagt; als *Buch* gehört das Ganze Ihnen. Der Druck kann vielleicht mit Neujahr beginnen, oder noch 8 Tage früher. Denn lange zögern darf man damit nicht, das Eisen muß geschmiedet werden, so lange es noch warm ist. All diesem liegt die eitle Anschauung zu Grunde, daß Sie das Buch gern nehmen, davon ausgehend hab' ich einen dringlichen Antrag meines Freundes Hertz abgelehnt. Ich folgte darin meinem Gefühl. Ohne das Kriegsbuch von 1870 wäre ich nicht gereist, ohne die Reise wäre ich nicht gefangen genommen worden, ohne Gefangennahme hätte ich meine Abenteuer nicht aufzeichnen können, so schien es mir, daß Ihnen unter allen Umständen die Vorhand gelassen werden müsse.

Um die Studien für das Kriegsbuch wieder aufzunehmen, brach Fontane am 9. April erneut nach Frankreich auf. In St. Denis traf er mit seinem Sohn George zusammen, der dort als Soldat stationiert war. Dieser hatte sich in einem Brief vom 2. Februar 1871 gegen die franzosenfreundliche Darstellung in den Aufzeichnungen seines Vaters gewandt:

Ich muß Dir, lieber Vater, auch im Namen aller unserer Herren einen kleinen Vorwurf machen, weil Du die Franzosen in Deinen Schicksalen zu sehr herausstreichst. Du mußt ein ganz besonderes Glück gehabt haben; unter den vielen Franzosen, die ich die Ehre gehabt habe, kennen zu lernen, waren nur sehr, sehr wenige, für die ich ein gewisses tendre haben möchte. Daß sie sich zu drapieren verstehen, à la bonheur, das ist wahr; aber ich bin nicht so poetisch, daß ich mich dabei über den Schmutz und über die Nachlässigkeit ihres Anzuges hinwegsetzen könnte. Außerdem stinken die Kerls alle nach Knoblauch und Zwiebel. Fast noch schlimmer ist es mit den Französinnen, mit wenigen Ausnahmen, alle häßlich, schmutzig.

Über das Treffen mit seinem Sohn äußert sich Fontane aus St. Denis am 20. April 1871 in einem Brief an seine Frau:

George ist gestern 5 Uhr nach Mouy zurückgereist. Er war sehr nett; eigentlich wenig verändert. Er ist noch ganz im Werden. Was aus ihm sich bilden wird, ist schwer zu sagen und wird von Fügungen abhängen. Er ist gar nicht ohne Selbstgefühl, oder noch richtiger, er hätte nichts dagegen, eine Rolle zu spielen; ich zweifle aber fast, daß er die rechte Dampfkraft dahinter setzen wird. Und davon hängt *alles* ab. Begabt ist jeder dritte Mensch. Er kann ein einfacher »bon camarade« werden, der Billard und Kegel spielt und eigentlich nicht recht von der Kneipe herunterkommt; er kann es aber auch zu einer feinen Künstlernatur und speziell zum Humoristen bringen. Nous verrons! Diese Bemerkungen bitt' ich Dich aber, nicht gegen ihn selber laut werden zu lassen; denn wiewohl sie mehr Lob als Tadel enthalten, kommt dabei doch nichts heraus.

Ende November erschienen Fontanes Studien über Frankreich, die er während der zweiten Reise gemacht hatte, unter dem Titel »Aus den Tagen der Okkupation. Eine Osterreise durch Nordfrankreich und Elsaß-Lothringen«. 1873 schließlich konnte der Verlag den ersten Teil des »Kriegs gegen Frankreich« vorlegen; der zweite Band erschien 1875/76.

An Mathilde von Rohr, Berlin, 19. Dezember 1871

In den nächsten Tagen werde ich beide Bände, wie auch »Kriegsgefangen« dem Kaiser überreichen lassen, vorausgesetzt daß mir Geh. Kab. Rat Wilmowski keinen Strich durch die Rechnung macht. Über die Aufnahme, die das Buch beim Publikum finden wird, bin ich einigermaßen neugierig; in Petersburg, in Warschau, in New York, in der Schweiz, in Holland wird man es wahrscheinlich mit Zustimmung lesen, hier wird man es wohl wieder zu »franzosenfreundlich« finden, weil ich nicht ausgesprochen habe jeder Franzose muß zur Strafe seiner Sünden lebendig gebraten werden. Daß mich dies alles wenig anficht, werden Sie glauben.

Nach seiner spektakulären Reise nach Frankreich konnte Fontane seine verlegerischen Kontakte ausbauen. Bereits im Juni 1871 hatte ihn der einflußreiche Schriftsteller und Zeitschriftenherausgeber Julius Rodenberg gebeten, für den »Salon« einen Walter-Scott-Aufsatz zu schreiben; ein Jahr später folgte der Nekrolog auf Willibald Alexis. Von Paul Lindau, einem der bedeutendsten literari-

*schen Publizisten der Gründerjahre, wurde er eingeladen, Artikel
für dessen Zeitschrift »Die Gegenwart« zu verfassen.*

An Paul Lindau, Berlin, 2. Januar 1872

Es wird mir eine Ehre sein, in die Reihe Ihrer Mitarbeiter eintreten
zu dürfen. Ich habe nur den Wunsch, daß Sie vorkommenden Falls
das Thema mir proponieren. So oft Zeit und Verhältnisse es gestatten (in den nächsten Monaten kaum), werde ich gern zu Ihren Diensten sein. Die Gebiete, auf denen ich mich mit einiger Sachkenntnis
bewege, werden Sie kennen, England, Mark Brandenburg, epische
Dichtung, Kriegsgeschichte; vielleicht auch mal eine Theaterfrage.
Das ist alles. Die Form des Essays sagt mir besonders zu.

*Fontanes Versuche, beim Ministerium eine offizielle Würdigung
seiner Kriegsbücher, die er als politische Schriften verstand, und
eine damit verbundene finanzielle Anerkennung zu erhalten,
schlugen auch nach der Reichsgründung fehl.*

An Mathilde von Rohr, Berlin, 17. März 1872

Nun das Kultusministerium. Gegen das ganze Ministerium habe
ich einen wohlbegründeten Haß. Seit lange hätte es eine Art von
moralischer Verpflichtung gehabt (namentlich wenn Sie daran
denken, wie wenig man mir meine 4jährige Mission in England
gelohnt und gedankt hatte) etwas *Reelles*, Dauerndes für mich zu
tun; statt dessen haben sie sich jeden Tropfen abbetteln lassen.
Bethmann-Hollweg war ein steifbockiger, unliebsamer alter Herr,
Mühler ein dünkelhafter, halb-verdreht gewordener Egoist, seine
Frau (die man mitrechnen muß, denn *sie* war Minister) ein Greuel,
Stiehl ein wichtigtuerischer Grobian und selbst Lehnert ein wun-
derbarer Heiliger. Wie ich Ihnen schon früher schrieb, ich mag
mit diesem Ministerium nichts zu tun haben; eh ich nicht *muß*,
tret ich über jene Schwelle nicht mehr; die Leute wissen, daß ich
existiere, sie wissen auch, daß mir eine Anerkennung für meine
klar-vorliegende Gesamttätigkeit willkommen sein würde; wollen sie also etwas tun, so mögen sie es tun auf eigne Veranlassung
oder in Folge eines Anstoßes von außen her; aber *ich* werde diesen Anstoß nicht mehr geben. An den perfiden, nichtsnutzigen

Reskripten dieses kümmerlichen, schusterhaften Ministeriums würge ich noch.

Der Erfolg seiner Wanderungsbücher ermutigte Fontane, seine durch die Reisen in das Kriegsgebiet unterbrochenen Studien und Arbeiten über seine Heimat wieder aufzunehmen. Unermüdlich sammelte er weitere Informationen, um den ersten Band für eine dritte Auflage umzugestalten.

An Wilhelm Schwartz, Berlin, 26. Januar 1873

Der 1. Band meiner Wanderungen ist, unglaublich aber wahr, zum zweiten Male vergriffen und eine 3. Auflage soll gemacht werden. Ich habe nun den Wunsch, wenigstens aus diesem 1. Bande eine Art Normal-Band herzustellen, der, wenn nach 20 oder 30 Jahren von mir und meinen Arbeiten überhaupt noch die Rede ist, der Welt zeigen soll, wie, meiner Meinung nach, diese Dinge behandelt werden mußten. Nämlich: lesbar einerseits, erschöpfend andrerseits. Um das Letztre wenigstens einigermaßen zu erreichen, habe ich vor, im Laufe des nächsten Halbjahres, das Ruppinsche drei- bis viermal, jedesmal auf eine Woche, zu bereisen und dabei derart von Dorf zu Dorf zu wandern, daß schließlich keine Kirche und kein Schloß, kein Haus des Herrn und kein Herrenhaus da sein soll, in das ich nicht neugierig hineingeguckt und meine Notiz gemacht hätte.

Das klingt nun herrlich und scheint eine Unsumme von historischem Material in Aussicht zu stellen; ich erkenne aber sehr wohl, daß das Hineinkucken allein es nicht macht, denn wie mir neulich ein Freund sagte: »man sieht nur, was man weiß«. Dieser Satz ist furchtbar wahr. Ich trete in eine Kirche; sie hat eine neue Glocke, die 100 Taler kostet, eine Altardecke die Frl. v. X. gestickt hat und fünf alte Grabsteine, die halb zerbrochen im Kirchenschiffe liegen. Der Küster wird mir natürlich von der Glocke und der Decke vorschwatzen, und ich werde derweilen achtlos über Steine hinschreiten, unter denen vielleicht ein Quitzow oder ein Uchtenhagen liegt. Ich werde die Steine nicht sehen, weil ich von ihrer Bedeutung keine vorgängige Kenntnis hatte. – Daß Sie mir nun gütigst das Auge schärfen möchten, ist meine Bitte. Sie waren jahrelang im Ruppinschen, haben Ihre märkisch-historischen Studien daselbst fortgesetzt, hunderterlei Kleines und Großes wird Ihnen zu Ohren und

Gesicht gekommen sein. Könnten und wollten Sie mir wenigstens einige *Winke* geben und vor allem mich auf die Arbeiten hinweisen, die, das Ruppinsche betreffend, während jener Jahre aus Ihrer Feder hervorgegangen sind.

Nach den Aufregungen während seines Frankreich-Aufenthaltes erkannte Fontane, daß er den vielfältigen Verpflichtungen, die die Gesellschaft an ihn stellte, aus Alters- und Gesundheitsgründen nicht mehr ohne Einschränkungen gewachsen war. An Mathilde von Rohr schreibt er am 26. März 1874:

Seit einer Anzahl von Wochen habe ich keinen Brief von unsrem hochverehrten Fräulein v. Rohr eintreffen sehn, woraus ich schließe, daß wir wohl an der Reihe sein werden. So dann ein bißchen Plauderei.

Der Winter, eh er geht, hat sich bei mir noch unbequem gemacht; ich bin seit 3 Wochen krank, nicht bettlägrig, aber doch so, daß ich 8 bis 10 Tage nicht aus dem Zimmer gekommen bin; auch in diesem Augenblick ist es noch nicht besser; ich schleppe mich nur dann und wann ins Theater, um meines Amts zu warten, sonst kommt mein gesamtes Tuen über lesen und schreiben wenig hinaus. Meine Frau, trotzdem es ein rechter Sturmwinter war, hat sich im Ganzen gut gehalten, was mir immer sehr zu Statten kommt. Eine verstimmte Frau ist ebenso ein Druck, wie eine heitre einem Flügel leiht; auch ist mein Metier derart, daß ich kleiner Hilfen und Sekretär-Dienste täglich bedarf, Dienste die nur bei guter Gesundheit geleistet werden können. Mit den Kindern geht es erfreulich; Theo entwickelt sich mehr und mehr zu unsrer Freude, in den nächsten Tagen wird er nach Künkendorf abgehn; Martha zeigt Begabungen, die über das Alltägliche hinausgehn und ist – im Gegensatz zu ihren frühren Jahren – ein Liebling der Menschen geworden. Sie kommt jetzt in die 1. Klasse. Der Kleinste läßt es an sich kommen; er ist weniger begabt wie die andern und weniger ehrgeizig, wird aber wohl auch seine Meriten haben. Ganz leer läßt der liebe Gott keinen ausgehn; die Eltern und Erzieher müssen nur ausfindig machen, wo die Spezial-Begabungen liegen.

Unser Leben bewegt sich im alten Gleise, nur fängt es an sich mehr und mehr zu vereinfachen, was seit lange meinen Wünschen und Plänen entspricht. Weder meine Gesundheit, noch meine

Neigungen, noch meine Verhältnisse konnten sich länger mit dieser täglichen Gesellschafts-Rennerei vertragen. Ich will nur bei den »Verhältnissen« stehn bleiben; die dicken Bücher wollen doch am Ende geschrieben sein und wenn man 14 Tage lang krank ist und dann 14 Tage lang täglich in Gesellschaft geht, so überkommt einen mit einem Male eine nur zu begründete Angst: »wohin soll das führen?« Ich hab es also seit etwa 6 Wochen so eingerichtet, daß ich nur Donnerstags und Sonntags in Gesellschaft gehe, und merke bereits, trotzdem ich all die Zeit über nicht gesund gewesen bin, daß es einem doch außerordentlich hilft. Die Abende sind nämlich deshalb die Hauptsache, weil sie eine Art Endlosigkeit haben, man kann sie bis 2, 3 Uhr ausdehnen und das Gefühl was einem aus der Vorstellung erwächst: Du hast jetzt, wenn Du willst, 7 Arbeitsstunden vor Dir, ist außerordentlich angenehm und förderlich. An solchen großen Arbeiten, wie ich sie beständig vorhabe, wo man auf verschiedenen Tischen 10 Karten und 20 Bücher aufgeschlagen hat, kann man nicht viertelstundenweis herumbasteln; dazu sind die Vorbereitungen zu groß. Ich habe übrigens die Freude gehabt, daß alle Freunde mir ausnahmslos zugestimmt und meine Beschlüsse in Bezug auf gesellschaftliches Leben und Treiben gebilligt haben. Man unterhält die Leute und hinterher heißt es dann noch: »mein Gott, er kommt auch nicht von der Stelle.«

Reisen nach Italien

Auf den Spuren klassischer Kunst und in Tradition der älteren Schriftsteller und Maler reiste Fontane zweimal in das schöne Land Italia. Seine erste, sieben Wochen während Fahrt führt ihn zusammen mit seiner Frau über München, Verona, Venedig und Florenz nach Rom, Neapel und Paestum.

An Emilie Fontane, Berlin, 26. August 1874

Am 28. oder 29. September will ich meine Reise nach Italien, d. h. nach *Rom* antreten und bin fest entschlossen, coute que coute, Dich mitzunehmen. Ich rechne auf Deine Zustimmung und während der Reise selbst auf Deine Entschlossenheit und gute Laune. Es tut nicht gut, philiströser sein als nötig. Exaktheit und entsagen-können sind vorzügliche Dinge, aber es ist ein Fehler und ein Unrecht (wenn man sich nicht kirchlich die Askese zur Lebensaufgabe macht) davon mehr zu leisten als dringend nötig ist. Von dem Gelde, das mir die 3. Aufl. meiner Wanderungen und die 2. meiner Gedichte eingebracht haben, werden wir im Wesentlichen die Reise machen können, da wir die Hauptzeit in Rom festsitzen werden, wo man nicht teurer lebt als bei Frl. Hübner in Dresden. Ich rechne also auf Dein Ja-Wort, wie am Altar.

An Emilie Fontane, Berlin, 28. August 1874

Nicht nur Deine Zusage allein, sondern ganz besonders *wie* sie gemacht wurde, hat mich von Herzen erfreut. So Du den rechten Willen hast, werden es schöne Tage werden, so nicht Gott eigens beschlossen hat, unser Gerstenfeld zu verhageln. Von Leichtsinn ist bei der ganzen Sache keine Spur; in 24 jähriger, fast bis zur Peinlichkeit getriebener Exaktheit, haben wir uns einen ehrlichen Anspruch darauf erworben, auch einmal fünfe gerade sein zu lassen. Übrigens bin ich wie von meinem Leben überzeugt, daß uns die Sache gar nicht besonders kostspielig werden wird. ⟨...⟩ Das Gefühl »dies *mußt* Du sehn« hab' ich nie, wenn nicht die Dinge entweder billig und bequem zu haben sind, oder aber meinen ganz speziellen Zwecken dienen. Wenn ich nach Metz reise, so muß ich natürlich die Schlachtfelder besuchen und darf mich durch den etwaigen hohen Preis des Wagens nicht abhalten lassen. Das *Wichtigste* hat man, beinah ausnahmslos, immer ganz billig, denn das Wichtigste ist doch immer das, was so zu sagen auf der Straße liegt. Über die Piazza dal Populo oder den Corso fahren, den Vatikan und die Peterskirche sehn, durch das Kolosseum schreiten und auf dem Forum romanum unter Trümmern Umschau halten, kostet zunächst gar nichts. Die Tiber fließt kostenlos an mir vorbei und die sieben Hügel präsentieren sich mir, ohne Entrée zu verlangen. Hat man das was ich eben aufgezählt, so hat man schon ein gut Teil.

Fontane ist von den kolossalen Kunstwerken beeindruckt; dennoch sieht er auch hinter die Kulissen und läßt sich vom Zauber der Antike nicht blenden. Kritisch berichtet er dem befreundeten Ehepaar Karl und Emilie Zöllner aus Florenz am 10. Oktober 1874 rückblickend über den Venedig-Aufenthalt:

Nur noch ein Wort über Venedig. Es ist interessant von Schritt zu Schritt, landschaftlich zauberhaft, poetisch durch und durch, aber es repräsentiert doch nicht *die* Form der Schönheit, die ich *dauernd* vor Augen haben möchte. Dazu ist mir, rund heraus gesagt, die ganze Geschichte doch zu schmutzig. Sie bedarf des Mondlichts, bei dem man nur halb sieht, sie bedarf der Verschleierungen, um immer wieder zu entzücken; bei hellem Tageslicht genießt man den Canal grande, den Rialto und nun gar das Gewirr der Gassen und kleinen Kanälen mit *sehr* gemischten Empfindungen. Es ist eine Touristen-Stadt, eine Stadt zum sehen, auch zum Bewundern, aber nicht zum Wohnen. Junge Künstler und Dichter werden sich über diese Äußerungen vielleicht entsetzen, aber es ist *doch* so, wie ich sage. Die ganze Welt der Erscheinungen ist nicht dazu da, um Malern und Poeten wünschenswerte und bequem liegende Stoffe zu bieten, sondern um überhaupt zu befriedigen und zu erfreun. Das Leben stellt vielfach andre Forderungen als die Kunst und Individuen wie Staaten gehen zu Grunde, die *dies* übersehn. Wem diese Wahrheit zu Fleisch und Blut geworden ist, der wird auf Venedig blicken wie ich noch in der letzten Stunde auf ein wunderschönes Frauenzimmer blickte, die aus dem 2. Stock eines halbverfallenen Hauses träumerisch-faul mit tief und dumm schmachtendem Auge uns nachsah, als unsre Gondel an den Wasserstiegen des schmalen Kanals vorüberfuhr. Sie war so schön, wie ich selten Weiber gesehn habe und das halbgekräuselte schwarze Haar lag wie eine Mähne um sie her, mit den Spitzen nach vorn hin über die halb entblößte Brust fallend; ich werde den Anblick nie vergessen. Aber sie war ungewaschen und ungekämmt, und nach meinem Gefühl, so wenig sie persönlich innerhalb der idealen Liebe zu stehen schien, doch nur für eine solche geeignet. Ein Wesen, nur mit dem *Auge* zu genießen; mit ihr zu *leben* – ein Gedanke nicht ausgedacht zu werden! So auch die Stadt selbst. Diese schöne, schwarzhaarige Schwester Struwelpeters, die seifenintakt auf einen gondelbefahrenen Rinnstein niedersah, war mir wie das Bild Venezias selbst erschienen.

Eine glänzende Ausnahme macht der Markusplatz und die an ihn grenzende Piazzetta. Hier ist nicht nur alles interessant, malerisch, poetisch, hier ist auch alles *in jedem Sinne schön* und es bedarf keiner romantischen Prise Schnupftabaks, um uns die Augen übergehn zu machen. Es verlohnt sich 1000 Meilen zu reisen, um dies eine Stunde zu sehn. Es ist ganz einzig, ebenso im Einzelnen wie im

Ganzen. Ich finde nichts lächerlicher, als ein Herumkritisieren an Bauwerken wie die Markuskirche und der Dogenpalast. Sint ut sunt, aut non sint. In mehreren Reisebüchern fand ich die Markuskirche als einen »schwülstigen Bau« charakterisiert. Man muß ein unendlicher Lederschneider sein, um so was Dummes und Kleines sagen zu können. Leider reicht auch Schulfuchserei und Doktrinarismus zu solcher Dummheit gerade aus. Die Markuskirche wirkt beinah elementar und sie kritisieren wollen ist nicht viel anders, wie wenn man die blaue Grotte oder die Fingalshöhle einer künstlerischen Beurteilung unterziehen wollte. So kolossale Sachen, die in einem Jahrtausend geworden, gewachsen, gemodelt sind, liegen über alle Kritik hinaus. Man hat sich lediglich vor ihnen zu verneigen. Wir sind wohl zehnmal, länger oder kürzer, in diese Kirche eingetreten und immer war der Eindruck derselbe. – Der *Dogenpalast*, zunächst von einer viel bestrickenderen Schönheit, wirkt doch nicht *so* mächtig, trotzdem historische Erinnerungen und eine uns näher stehende dekorative Kunst, letztre in hunderten von berühmten Bildern, seine Wirkung unterstützen. Über diese Bilder, die fast ausnahmslos von Tintoretto und seiner Schule, nur verhältnismäßig wenige von Paul Veronese und seinen »Erben« (so schreiben die Kataloge) herrühren, noch ein paar kurze Worte. Wenn sie *teppichartig*, durch Farbentöne wirken und im übrigen in klaren, äußerlich meisterhaften Kompositionen historische Momente der Republik festhalten sollen, so finde ich sie großartig; wollen sie *mehr* sein, so finde ich sie erbärmlich. Diesen Massenleistungen gegenüber, habe ich wieder recht empfunden, daß es ohne Seele nicht geht. Au fond ist alles tief langweilig und als ich schließlich in der kleinen Dogen-Kapelle einem Albrecht Dürerschen Christuskopfe begegnete, atmete ich auf; dieser *eine* Kopf repräsentiert in meinen Augen *mehr* wahre Kunst, als alle Tintorettos zusammengenommen. Was dieser letztre geleistet, sind Schildereien, in denen die immer wieder auftauchende gelbe Dogenmütze eigentlich das interessanteste ist. Auch diejenigen seiner Bilder, die ihren Stoff der heiligen Geschichte entnehmen, sind nicht besser. Das Kolossal-Bild im Saal des Großen Rats, das den Namen die »Glorie des Paradieses« führt, ist ein Salat von Engelbeinen, und seine berühmteste Leistung »die Kreuzigung«, die sich in der Scuola San Rocco befindet, läßt mich ebenfalls kalt. Das Kompositionstalent, die Gabe zu gruppieren, Klarheit in die Massen zu bringen, ist außerordentlich, aber der

Mangel an aller Innerlichkeit ist geradezu erschreckend. Der Christus, auf dem letztgenannten Bilde, scheint, so weit man ihn bei der starken Nachdunklung erkennen kann, gut, will sagen nicht ganz unbedeutend, die Frauen und Jünger unterm Kreuz aber sind konventionell und noch weniger als das. Ich habe für diese Art von Kunst wohl ein Verständnis, aber kein Herz; Farbentöne würden dasselbe tun. Unter allem, was ich bis jetzt gesehn habe, haben mich, von zwei großen Tizians abgesehn, über die ich weiterhin noch ein paar Worte sagen will, folgende drei Bilder am meisten interessiert: 1. der oben schon erwähnte Dürersche Christus mit der Dornenkrone (Pilatus links neben ihm); 2. ein in derselben Dogenkapelle befindlicher Giorgione: »Christus im Hades« ein Bild voll Kraft, Schwung und tiefster Innerlichkeit; 3. ein »Toter Christus« aus der Bologneser Schule; Name des Meisters unbekannt. Ich mache diese Aufzählungen, resp. Bemerkungen namentlich Heydens wegen, der sie auf ihre Richtigkeit prüfen mag. Wobei ich aber gleich im Voraus bemerke, für mich persönlich *bleiben* sie auch richtig.

Das bedeutendste, was ich bisher sah, sind die beiden Bilder Tizians, die »*Himmelfahrt Mariä*« darstellend, von denen sich das eine im Dom zu *Verona*, das andre in der Academia delle belle arti zu *Venedig* befindet. Sie sind grundverschieden, aber beinahe gleich schön, wenn auch nicht gleich an Bedeutung. Ihr Unterschied besteht darin, daß die erste freundlich-beseligend, frauenhaft-gütig zu den staunenden Jüngern *hernieder*, die andre überirdisch verklärt, von der erhabenen Wonne des Schauens durchdrungen, zu Gottvater *aufwärts* blickt. Im ersten Moment schien mir das letztgenannte Bild hinter dem in Verona zurückzustehn, das aus den verschiedensten äußren und innren Gründen, die ich hier nicht alle aufzählen mag, rascher Auge und Herz erobert. Aber von dem Augenblick an, wo man sich in der Erhabenheit der venetianischen »Assunta« zurecht gefunden hat, versinkt das Veroneser Bild neben der letztren. Das Bild in Verona, so weit die Maria in Betracht kommt, wirkt wie ein Vorläufer der Murillo-Manier; die »Assunta« in Venedig erinnert an die Sixtinische Madonna, ja mein Herz ist fast geneigt, ihr noch den Vorrang vor dieser anzuweisen.

An Karl Zöllner, Rom, 31. Oktober 1874

Übermorgen früh werden wir Rom, nach fast dreiwöchentlicher Anwesenheit hierselbst, verlassen. Wir tuen es mit dem Gefühl, nur einen Zacken vom Baumkuchen, allerdings wohl die vorstehendste, braunste und schmackhafteste Stelle, genossen zu haben. An Fleiß und Eifer haben wir es nicht fehlen lassen, aber der Stoff ist endlos. »Unüberwindliche Mächte.« Wenn hierin einerseits etwas Niederdrückendes liegt, so doch auch andrerseits etwas Trostreiches, für mich wie für alle diejenigen, die sich mit einem kurzen Aufenthalt begnügen müssen. Es würde mich geradezu verstimmen, mir sagen zu müssen: »hättest Du noch drei weitere Wochen gehabt, so hättest Du Rom im Großen und Ganzen bezwingen können«; aber ich empfinde umgekehrt ganz deutlich, daß die Zeitfrage an dieser Erdenstelle eine ziemlich gleichgültige ist und daß ich nach drei Monaten von Rom mit demselben Gefühle scheiden würde, wie in diesem Augenblick. Was zu leisten war, ist geleistet worden. Ich habe die Lage der Stadt, der Straßen und Plätze, der Paläste und Kirchen, das Genrehafte und das Landschaftliche, wie ich mir einbilde, zur Genüge weg; damit muß man sich zufrieden geben und wegen unerledigter Details sich nicht zu Tode grämen. Diese Detail-Schätze, wie ich nur wiederholen kann, sind eben unbezwingbar. Ein Menschenleben reicht dafür nicht aus.

Wieder zurück in der Hauptstadt, empfindet Fontane mehr denn je, daß er mit seinem schriftstellerischen Aufgabenbereich in Berlin und seiner Umgebung verwurzelt ist. Ebenso wie der Aufenthalt in Schottland haben die Erlebnisse und Eindrücke der ersten Italienreise seine Heimatverbundenheit gestärkt. An Mathilde von Rohr schreibt er am 24. November 1874:

Vor 30 Jahren hätten mich nicht zehn Pferde von Neapel weggekriegt und ich würde Kopf und Kragen daran gesetzt haben, mein Leben, oder doch ein bestes Stück davon, dem Studium Pompejis und seiner ausgegrabenen, wunderbaren Schätze zu widmen. *Jetzt* konnte mir dieser Wunsch nicht mehr kommen, kaum der Gedanke. All dieser Herrlichkeit gegenüber empfand ich deutlich, und nicht einmal schmerzlich, daß meine bescheidene Lebensaufgabe nicht am Golf von Neapel, sondern an Spree und Havel, nicht am Vesuv sondern an den Müggelsbergen liegt und inmitten aller Herrlich-keit, die nur eben bildartig gesehn und dann in den Kasten der »An-schauungen« hineingetan sein wollte, zog es mich an die schlichte Stelle zurück, wo meine Arbeit und in ihr meine Befriedigung liegt. Wenn es Zweck des Reisens ist, sich zu enthusiasmieren und inner-halb des Enthusiasmus sich glücklich zu fühlen, so kann man nicht früh genug auf Reisen gehn, handelt es sich umgekehrt um jene ge-rechte Würdigung, die verständig gewissenhaft abwägt zwischen Daheim und Fremde, zwischen Altem und Neuem, so kann man sei-nen Wanderstab nicht spät genug in die Hand nehmen. So schön und herrlich Italien ist, so ist es mir doch ganz unzweifelhaft, daß es durch *jugendliche* Menschen, namentlich durch die unglückselige Klasse der Maler, noch zu etwas Herrlicherem hinaufgeschraubt worden ist, als nötig war.

Seine zweite italienische Reise führte Fontane – diesmal ohne Be-gleitung seiner Frau – über die Schweiz nach Oberitalien. Während der Italienaufenthalte hielt Fontane seine Eindrücke und Erkennt-nisse in Notizbüchern fest. Er ist durch die südlichen Reisen in sei-nem schriftstellerischen Schaffen geprägt worden. Der Nieder-schlag seines Italienerlebnisses findet sich in vielen Romanen, die entweder in Italien spielen oder in denen sich die Romanfiguren mit italienischer Kunst der Renaissance beschäftigen. Auch die Ein-drücke italienischer Kunstwerke bringen Fontane zunehmend Klar-heit über das Wesen der Kunst überhaupt.

Akademiesekretär

Am 7. Januar 1876 starb Otto Friedrich Gruppe, seit 1871 Sekretär der Königlichen Akademie der Künste. Während einer Abendgesell-schaft bei August von Heyden empfahl Karl Zöllner Fontane, sich um das vakant gewordene Amt zu bewerben. Dieser nahm den Ratschlag an und stellte am 30. Januar sein Gesuch an den Akademiepräsiden-ten, den Geheimen Bau- und Regierungsrat Friedrich Hitzig:

Hochgeehrter Herr Geheime-Rat.
Auf Ihren mir freundlichst erteilten Rat habe ich das »Provisorische Statut« durchgelesen und mir noch einmal die Frage nach meiner

Neigung und Befähigung für die in Rede stehende Vakanz vorgelegt. Die Antwort war, wie Sie sie kennen, und stell ich hiermit das ganz ergebenste Gesuch:

mir das Vertrauen schenken und bei der bevorstehenden Besetzung des Sekretariats des K. Akademie der Künste, Ihre Entscheidungen zu meinen Gunsten treffen zu wollen.

Der gerade jetzt gedoppelten Schwierigkeiten dieser Stellung, wo der Übergang aus dem Provisorium in das Definitivum gefunden werden soll, bin ich mir sehr wohl bewußt, ebenso des Umstandes, daß meine bis zu diesem Tage frei geübte literarische Tätigkeit kaum als eine ausreichende Vorbereitung zu Amt und dienstlicher Stellung angesehen werden kann; dennoch bitte ich Sie, hochgeehrter Herr Geheime Rat, wie ich selber gutes Mutes bin, es mit mir wagen, meiner Unausreichendheit zuvörderst mir Nachsicht begegnen, unter allen Umständen aber sich meines Ernstes und Eifers, wie meiner vorzüglichsten Ergebenheit gewiß halten zu wollen.

Ihrem Wohlwollen sich empfehlend, hochgeehrter Herr Geheime Rat,

Ihr

Th. Fontane

Fontane, der Hitzig bereits im Kreis um Franz Kugler persönlich kennengelernt hatte, war dessen unumschränkende Kommandogewalt *bekannt. Dennoch bewarb er sich um den Posten, da er darin eine Möglichkeit sah, seinen schriftstellerischen Tätigkeiten einigermaßen sorgenfrei nachgehen zu können.*

An Karl Zöllner, Ende Januar 1876

Es ist mir hocherfreulich, daß Du der Meinung bist, ich könnte meinen Kritikerposten beibehalten. Erst wenn sich dies ermöglicht (ich persönlich kann nicht einsehn *warum nicht*) kommt mir jenes Wohlgefühl ins Herz, das einem in allen Lebensverhältnissen die gesicherte Rückzugslinie gibt.

Ich brauche Dir wohl nicht erst zu versichern, daß ich – falls ich die Stelle überhaupt erhalte – den allerherzlichsten Wunsch habe als Sekretär der Akademie zu leben und zu sterben und seinerzeit mit einem Ordenskissen vorauf (einer oder zwei finden sich wohl noch an) begraben zu werden. Man kann aber doch nie wissen, wie der Hase läuft, um so weniger als ich von Anfang an in eine ziemlich arge Fehde werde hineingestellt werden. Reizbar wie ich bin, kann ich Beleidigungen nicht ertragen und jeder dummste Mensch hat es leicht mich in 3 mal 24 Stunden aus einer Stellung herauszuärgern.

Mit Hilfe von Richard Lucaes guten Beziehungen wurde Fontane am 29. Februar 1876 zum ersten Sekretär der Akademie ernannt und konnte am 6. März sein Amt antreten. Schon im Mai reichte er jedoch die Kündigung ein. Auslösende Gründe waren wohl Unstimmigkeiten und Meinungsverschiedenheiten zwischen ihm und Hitzig und die schwierige Verteilung der Akademietätigkeiten zwischen dem Präsidenten, dem ersten Sekretär und dem Direktor der Preußischen Akademie der Künste, Anton von Werner. Fontane veranlaßten jedoch auch tiefer liegende Motive, seine neue Arbeitsstelle nach so kurzer Zeit wieder aufzugeben. Ähnlich wie in der Redakteursstelle bei der »Kreuzzeitung« empfand er einen zu großen Einschnitt in seine persönliche Freiheit. Schriftstellerei und Beamtendasein ließen sich in seinen Augen nicht miteinander verbinden. So setzt er seinen Vorgesetzten vermutlich Ende Mai 1876 über den Wunsch seines frühzeitigen Ausscheidens in Kenntnis. In einem Entwurf schreibt er:

Gleichzeitig mit diesen Zeilen gebe ich mein an den Herrn Minister gerichtetes Entlassungsgesuch zur Post.

Nach dieser Einleitung mag es mir gestattet sein, noch folgendes zu sagen.

Es ist nicht möglich, daß Ihnen meine Stellung zu der Werner-Frage ein Geheimnis sein konnte; von Anfang an habe ich nach allen Seiten hin, gegen Sie, gegen andere Senatsmitglieder, gegen Herrn v. Werner selbst eine äußerste Abneigung ausgedrückt, persönlich oder dienstlich in eine Art Abhängigkeit von letzterem hineingepreßt zu werden. Es dient sich schlecht mit sechsundfünfzig unter einem jugendlichen Herrn von zweiunddreißig. – Dies immer zu wiederholen schien mir nicht schicklich, auch im Hinblick auf die zu einem Friedensschluß bestimmte Konferenz nicht nötig. Von dem Tage dieser Konferenz ab betrachtete ich die ganze Sache als geregelt und hatte, da das drohende Unheil an mir vorübergegangen war, keinen Beruf, auch keine Anstandspflicht mehr, über Empfindungen zu berichten, denen ein Konflikt mit entgegenstehenden Anschauungen erspart geblieben war. Ich konnte über diese Dinge sprechen oder schweigen, je nachdem. Ein glücklicher Zufall, ohne den ich in Ihren Augen freilich vollends als bestgestempelter Verräter dastehen müßte, fügte es, daß es meinerseits zu einer Äußerung kam. Es war mir das sofort sehr angenehm, da mich allerdings wie in Vorahnung eines heranziehenden Gewitters Ihr stetes Zurückkommen auf das »Nicht-Stichhaltige der Wernerschen *Motivierung*« beunruhigte.

Der peinliche Inhalt des zwischen Ihnen, Herrn Prof. Daege und mir geführten Gesprächs ist von keinem großen Belang. Ich akzeptiere ohne weiteres Ihre Fassung, nach der ich nur etwa gesagt haben soll, »ich hätte weder Lust noch Beruf, für Herrn v. W. Skelette zu besorgen«. Das genügt mir vollständig.

In diesem halb scherzhaft zugespitzten Satze soll doch offenbar ausgesprochen sein: Es gibt Dinge, die ich schlechterdings nicht tun werde.

Und nun noch eins. Es ist ein alter juristischer Grundsatz, einem Angeklagten gegenüber in Erfahrung zu bringen, ob derselbe ein *Interesse* hatte, *das* zu tun, dessen er beschuldigt wird. Können Sie nun wirklich glauben, daß ich es für gut befunden hätte, vor Herrn v. W. wie vor einer aufgehenden kronprinzlichen Sonne zu liebedienern? Ich habe mich damit überhaupt nie abgegeben; im Gefolge des Herrn von Werner aber es zu lernen, dazu bin ich zu alt, auch manches andere noch.

Aber auch wenn dies alles nie gesagt, das ganze Gespräch nie geführt worden wäre, würde der Fall in Wahrheit nicht um ein Haar anders liegen und mir nur die Parierung des gegen mich geführten Stoßes erschwert worden sein. Ich habe, nach meiner schwachen Kraft, ausgleichen, versöhnen wollen. Sie werden mir, wenn Sie meine über Herrn v. W. gemachten Äußerungen zusammenfassen, dieses Zeugnis nicht versagen können.

Verzeihen Sie diese vielen Worte. Solche Dinge sind nicht ganz kurz zu behandeln. Unter gewöhnlichen Verhältnissen hätte mir mein Selbstbewußtsein ein Zurückkommen auf die Frage verboten; die Erinnerung an alte Zeiten aber – ohne hier schließlich gar noch den Sentimentalen spielen zu wollen – machte mir diese Auseinandersetzung zu einer Pflicht.

Ich brauche wohl nicht erst hinzuzufügen, daß ich meine Geschäfte erst dann niederlegen und zurücktreten werde, wenn der

Inspektor Hertzberg genesen oder überhaupt ein passender Stellvertreter gefunden ist.

Fontanes Kündigung seiner Sekretärsstelle löste eine tiefe Ehekrise aus. Wie schon 1870 konnte seine Frau Emilie die Motivationen ihres Mannes nicht begreifen und erkundigte sich über dessen Beweggründe bei Moritz Lazarus, ohne Fontane darüber in Kenntnis zu setzen. Aus Sorge um den gesicherten Unterhalt, den sie gerade auch für die Erziehung ihrer vier Kinder benötigte, war sie nicht bereit, auf ein monatliches festes Gehalt zu verzichten. Um von der ganzen Sache Abstand zu gewinnen, verreiste Emilie auf unbestimmte Zeit zu ihrer Freundin Johanna Treutler nach Neuhof in Schlesien. Fontane wendet sich vermutlich am 2. Juni 1876 vertrauensvoll an seine Tochter Mete.

Mama hat wenig geschrieben und ich werde durch meine Zutat das Fehlende schwerlich ausgleichen. Wir erleben wohl allerhand, aber wenig Erfreuliches und was sonst noch von Bildern an einem vorüberzieht, wird von trüben Augen nicht recht wahrgenommen. Verstimmte Sinne verlieren die Aufnahmekraft; das Bild fällt wohl hinein, wird aber nicht festgehalten. Übrigens werden wieder heitrere Tage kommen; das Schlimmste, so hoff ich wenigstens, liegt hinter mir. Du wirst schon wissen, worauf sich dies bezieht. Sei glücklich, daß Du diese letzten Wochen auf neutralem Boden zugebracht hast.

Auch seine Freundin Mathilde von Rohr informiert er über die vergangenen Wochen. Sehr bewegt und persönlich äußert er sich darüber am 17. Juni 1876:

Unser langes Schweigen hat darin seinen Grund, daß sich in unsrem Hause wieder große Umwälzungen vollzogen haben: ich habe vor etwa 3 Wochen meine Entlassung aus meinem Amte nachgesucht. Alle Welt verurteilt mich, hält mich für kindisch, verdreht, hochfahrend; ich muß es mir gefallen lassen. Das Sprechen darüber hab ich aufgegeben; es führt doch zu nichts; ich muß durch Taten beweisen, daß ich nicht leichtsinnig gehandelt habe. Ob mir dies gelingen wird, muß abgewartet werden. Ihnen, die Sie immer so gütig und nachsichtig gegen mich gewesen sind, nur das folgende: ich bin jetzt $3^{1}/_{2}$ Monat im Dienst; in dieser ganzen Zeit hab ich auch nicht eine

Freude erlebt, nicht einen angenehmen Eindruck empfangen. Die Stelle ist mir, nach der persönlichen wie nach der sachlichen Seite hin, gleich sehr zuwider; alles verdrießt mich, alles verdummt mich, alles ekelt mich an. Ich fühlte deutlich, daß ich immer unglücklich sein, daß ich gemütskrank, schwermütig werden würde. Vom ersten Tage an bis zu dieser Stunde ist meine Empfindung dieselbe geblieben. Ich benutzte eine sich mir darbietende Gelegenheit, erklärte mein Amt niederlegen zu wollen und kam Tags darauf beim Minister um meinen Abschied ein. Bis dieser erfolgt sein wird – worüber noch ein paar Monate vergehn – führe ich die Geschäfte fort. Ich habe furchtbare Zeiten durchgemacht, namentlich in meinem Hause; meine Frau ist tief-unglücklich und von *ihrem* Standpunkte aus hat sie recht. Andrerseits konnte ich ihr diese schmerzlichen Wochen nicht ersparen. Und was geschehen sollte, mußte rasch geschehn. Noch hab ich vielleicht die Kraft und die Elastizität, die Dinge wieder in so guten Gang zu bringen, wie sie bis zu dem Tage waren, wo mir diese unglückselige Stelle angeboten wurde. Die Weisheit der Menschen nutzt mir nichts. Was sie mir sagen können, hab' ich mir in hundert schlaflosen Stunden längst selbst gesagt. Die Glücksarten der Menschen sind eben verschieden; »den enen sin Uhl is den annern sin Nachtigall.« Mir ist die Freiheit Nachtigall, den andern Leuten das Gehalt. Wenn Sie es über sich vermögen, so schreiben Sie meiner Frau ein paar freundliche, trostreiche Worte; ein paar Hiebe gegen mich können immer dabei abfallen. In 14 Tagen soll sie nach Neuhof; ich verspreche mir viel von diesem Aufenthalt. Eh ein Vierteljahr um ist, wird sie sich mit dem Geschehenen insoweit ausgesöhnt haben, daß sie es als das meiner Natur Entsprechende gelten läßt. Ich muß ja doch schließlich dafür aufkommen und die bequemen Tage (bequem trotz ihres innren Schreckensgehalts) mit arbeitsvollen vertauschen.

Mathilde von Rohr brachte auch diesmal für Fontanes Kündigung und die Entscheidung, sich ganz dem schriftstellerischen Beruf widmen zu wollen, viel Verständnis auf. Fontane schrieb ihr gerade auch deshalb, weil er diese Verbundenheit spürte und in der Krisenzeit ihren Rückhalt nicht missen wollte. Auch vor seinem Verlegerfreund Hertz kann Fontane die augenblickliche Trübung nicht verbergen.

An Wilhelm Hertz, Berlin, 25. Juli 1876

Herzlichen Dank für Ihre freundlichen Zeilen, ebenso für die begleitenden Wünsche, die sich mir erfüllen mögen. Ich bin dessen *recht* bedürftig. Diese letzten 4 Monate haben mich härter mitgenommen als irgend ein andrer Abschnitt in meinem Leben und ich bin nach gerade das arme Pferd, das sich, aller Malträtierung unerachtet, schließlich vor seinem Frachtwagen niederwirft, einfach weil ihm die Last über seine Kräfte geht. Ich bin nicht neidisch, aber die Harzburger Tage, denen Sie entgegensehn, erscheinen nicht nur Ihnen sondern auch mir beneidenswert.

Fontanes ständige Beteuerungen, als freier Schriftsteller geradesogut leben *zu können* wie als Sekretär der Akademie, *konnten die Wogen der Unruhe und Aufregung ein wenig glätten.*

An Emilie Fontane, Berlin, 4. August 1876

Gestern abend, als ich von einem kleinen Diner bei Gropius nach Hause kam, fand ich Deinen Brief vor, für den ich Dir bestens danke. Es war mir recht lieb, daß ich ihn ausnahmsweise am Abend statt am Morgen erhielt; ich hätte ihn, unmittelbar »vor der Schlacht«, nicht mit derselben Andacht gelesen. Ich wünsche von ganzem Herzen, Dir und mir, daß Deine ruhig-vertrauensvolle Stimmung anhält; glaube mir doch, was auch kommen mag, wir werden durch die bescheidenen Erträge meines Fleißes und meines Talents in anständigen Verhältnissen weiterleben können. Kommt es *doch* anders, nun so geschieht es, weil es nach ewigen Ratschlüssen so kommen soll, weil wir – um ein schönes Wort der Schrift zu zitieren – »verworfen« wurden. An wem Gott ein solches Gericht vollstrecken will, der ist verloren, er mag anfangen was er will, und auch dem »ersten Ständigen« würde der Unbestand menschlicher Dinge bald klargemacht werden. Sieht man aber von solchen Gerichten ab, denen gegenüber es nichts andres gibt als Unterwerfung, so bleibt der Satz bestehen: »Wer für sein Brot arbeitet, der findet es auch.«

An Mathilde von Rohr, Berlin, 22. August 1876

Wenn diese Zeilen bei Ihnen eintreffen, wird die Handschrift
Ihnen wie fremd erscheinen, *so* lange ist es her, daß ich nichts
habe von mir hören lassen. Ob meine Frau aufmerksamer gewesen ist, weiß ich nicht (wenn ich es auch hoffe) da sie seit vollen
6 Wochen bei ihrer Freundin in Schlesien verweilt. Diese Reise
war unerläßlich, um sie der tiefen Verstimmung zu entreißen, die
sich ihrer, in Folge meiner eingereichten Entlassung bemächtigt
hatte. Ist sie auch jetzt noch keineswegs andrer Meinung, so sieht
sie doch das Geschehene *etwas* ruhiger, *etwas* billigdenkender an.
Ob es vorhalten wird, muß abgewartet werden. Es ist ganz und
gar eine Geldfrage. Hab ich das Glück eine mir passende Redaktion zu finden, stürmen mir die Buchhändler das Haus, um, nach
Erscheinen meines ersten Romans, sich eines zweiten à tout prix
zu versichern, so wird alles gut gehn; kommen umgekehrt Angst
und Sorge, fällt der Roman ins Wasser, so geh ich, von der Sorge
ganz abgesehn, einer streit- und kämpfereichen Zukunft entgegen. Meine Frau, die große Meriten hat und in vielen Stücken
vorzüglich zu mir paßt, hat nicht die Gabe des stillen Tragens, des
Trostes, der Hoffnung. In dem Moment, wo ich ertrinkend nach
Hilfe schreie und wo ein freundlich ausgestreckter Finger mich
über Wasser halten würde, hat sie eine Neigung ihre Hand nicht
rettend unterzuschieben, sondern sie wie einen Stein auf meine
Schulter zu legen. Bescheiden in ihren Ansprüchen, ist sie in ruhigen Tagen eine angenehme, geist- und verständnisvolle Gefähr-
tin, aber eben so wenig wie sie die Stürme in der Luft ertragen
kann, ebenso wenig erträgt sie die Stürme des Lebens. Sie wäre
eine vorzügliche Predigers- oder Beamten-Frau, in einer gut und
sicher dotierten Stelle geworden; auf eine Schriftsteller-Existenz,
die, wie ich einräume, sich immer am Abgrund hinbewegt, ist
sie nicht eingerichtet. Und doch kann ich ihr nicht helfen. Sie
hat mich als Schriftsteller geheiratet und muß sich schließlich
darin finden, daß *ich*, trotz Abgrund und Gefahren, diese Art
des freien Daseins den Alltagskarrieren mit ihrem Zwang, ihrer
Enge und ihrer wichtigtuerischen Langenweile vorziehe. *Jetzt*, wo
ich diese Karrieren allerpersönlichst kennen gelernt habe, mehr
denn je.
  Als meine Frau abreiste, befand sich meine Angelegenheit in

der Schwebe. Es hieß, ich würde im Amte *bleiben,* man würde mir in diesem und jenem entgegenkommen etc. Diese Äußerungen mehrten sich von Tag zu Tag, so daß ich – gerade damals, in Folge von Beurlaubungen, meine Stellung minder unerträglich findend – in einem Briefe an Lucae die Erklärung abgab: ich würde eventuell bleiben, wenn man mich dazu aufforderte. Lucae antwortete mir: er glaube *nicht,* daß die Gerüchte, von denen ich spräche, ein Fundament hätten. Und so war es auch. Alles war eitel Schnack und Redensart gewesen, und am 2. August erhielt ich, vom Ministerium aus, die Anzeige, daß der Kaiser meine Entlassung angenommen habe. Es war mir, um meiner Frau willen, einen Augenblick schmerzhaft. Eine Stellung zu behalten, die ich *unerträglich* fand, dies konnte sie, nach meinem Ermessen nicht von mir fordern; von dem Augenblick an jedoch, wo mir dies Sekretariats-Amt zwar immer noch trist aber doch *ertragbar* erschien, glaubte ich ihr ein Opfer meiner persönlichen Neigungen schuldig zu sein. Dies hatte mich den entgegenkommenden Schritt tun lassen, der sich nun als vergeblich erwies. Wie ich jetzt hinzusetzen darf, *glücklicherweise.* Denn es wäre doch nichts geworden. Die paar Wochen im Juli, wo ich ganz allein war und alles nach meiner Art und Weise einrichten konnte, waren Ausnahme-Wochen; längst habe ich mich wieder davon überzeugen müssen, daß alles verloddert und verfahren ist und daß es, was das allerschlimmste ist, auch an der Einsicht und dem guten Willen fehlt, diese unsagbar miserable Wirtschaft zu ändern. Ich bin also schließlich von Herzen froh, daß es so gekommen ist, wie es kam; in meinem bunten Leben eine Episode mehr; ich kehre dahin zurück, wohin ich nach Neigung und Beruf gehöre.

Mein Roman, nach einem neuerdings getroffenen Abkommen, wird im »Daheim« zuerst erscheinen, später als Buch bei W. Hertz. Ich erhalte von Daheim 1000 Taler, von Hertz dieselbe Summe. Bis zum Juli 77 hoffe ich fertig zu sein. Bei der Vossin trete ich wahrscheinlich am 1. Oktober wieder ein. Zerschlägt sich dies aber, so hoffe ich über kurz oder lang eine Feuilleton-Redaktion übernehmen zu können. Erhält mich Gott gesund, so werde ich bald wieder fest im Sattel sein. Aber auch selbst Entbehrungen, wenn sie meiner harren sollten, sind mir nicht so schrecklich wie äußere und innere Unfreiheit. *Sich* angehören, ist der einzig begehrenswerte Lebens-Luxus. Die moderne Menschheit ist so herunter, daß sie eine

Plüsch-Ameublement vorzieht. Ich habe mit solchen Jammerprinzen nichts zu schaffen.

Am 31. Oktober 1876 wurde Fontane aus dem Amt des ersten Sekretärs entlassen, und Karl Zöllner trat seine Nachfolge an.

DER ALTE FONTANE
1876–1898

Von den historischen zu den aktuellen Stoffen:
Romane, Wanderungen, Gedichte

Am 1. Oktober 1876 nahm Fontane seinen wegen der Akademie-
Stelle aufgegebenen Posten als Theaterkritiker wieder auf und
hatte nun genügend Zeit und Muße, sich mit seinem historischen
Roman zu beschäftigen, an dem ihm sehr viel gelegen war. Er
schreibt an Mathilde von Rohr am 1. November 1876:

Auch von mir, nach längerer Pause, mal wieder ein paar Zeilen. Ich
schreibe sie um so lieber, als ich zu wissen glaube, daß Sie in dem
unglücklichen Streit, der immer noch nicht ausgeglichen ist, einigermaßen auf meiner Seite stehn und mir das Recht zuerkennen,
mein Leben nach *meinem* Können und Geschmack zu gestalten. Ich
habe das Nötige zu erwerben, und entziehe mich dem nicht, aber
wie ich dies Nötige erwerben will, das muß mir freigestellt bleiben.
Ich komme wohl noch auf diesen Punkt zurück. ⟨…⟩
   Seit gestern habe ich nun meinen Abschied. In diesem Augenblick (Mittwoch abend) wird Zöllner als mein Nachfolger einge-
führt. Ich freue mich, daß er die Stelle erhalten hat; er ist der rechte
Mann am rechten Platz; die Stelle paßt für ihn und er für die Stelle.
Zu übersehen ist nicht, daß – ganz abgesehn von dem Unterschied,
der in unsren Personen liegt – er auch unter unendlich günstigeren
Verhältnissen in seine Stelle eintritt. Mir gegenüber glaubten Ministerium und Präsident Hitzig das Gefühl haben zu dürfen: »*der* kann
Gott danken dieses Amt erhalten zu haben«, Zöllner gegenüber haben sie das Gefühl »danken wir Gott, daß wir diesen Mann haben«.
Das macht einen ungeheuren Unterschied. Ich bin nur auf Kühle,
Ablehnung, Zweifel gestoßen, mein Nachfolger wird überall einem
artigen Entgegenkommen begegnen. Er steht nicht unter dem Se-
nat, am wenigsten unter seinem Präsidenten (dies hat er sich klu-
gerweise vorher ausbedungen) und wird binnen kürzester Frist
Rang und Titel eines Geheimen-Regierungsrats erhalten. Es wird

ihm also freundlicher gesungen als mir, der ich bis zuletzt einem ganz aparten Rigorismus begegnet bin. Noch mein Entlassungsschreiben selbst – im übrigen verbindlich genug abgefaßt – gab den Beweis davon. Die letzten Zeilen lauteten ohngefähr: »Was das für das letzte Quartal 76 empfangene Gehalt angeht, so bitten wir Sie, die den Monaten November und Dezember entsprechende Summe an unsre Generalkasse zurückzuzahlen.« Ich werde also beinah 400 Taler morgen wieder abliefern. Solche Rückzahlungen kommen, glaub ich, überhaupt nur selten vor; man trifft andre Auswege, die sich ja immer bieten, wenn man sie nur finden *will*. Es scheint mir dies Verfahren also überhaupt so streng wie möglich. Es kommt aber hinzu, daß ich meine kurze Beamtenlaufbahn gleich mit »zwei Monaten ohne Gehalt« (März und April d. J.) eröffnet und wie ich wohl sagen darf mich bis zum letzten Augenblick gentlemännisch betragen habe. Es hätten dies, unter ähnlichen Verhältnissen, wohl nicht viele getan. ⟨…⟩

Ja, der Roman! Er ist in dieser für mich trostlosen Zeit mein einziges Glück, meine einzige Erholung. In der Beschäftigung mit ihm vergesse ich, was mich drückt. Aber wenn er überhaupt noch zur Welt kommt, so werde ich, im Rückblick auf die Zeit in der er entstand, sagen dürfen: ein Schmerzenskind. Er trägt aber keine Züge davon; er ist an vielen Stellen heiter und nirgends von der Misere angekränkelt. Dies letzte kann ich mit voller Bestimmtheit behaupten. Ich glaube auch sagen zu dürfen, *Ihnen* wird er gefallen und die Hoffnungen, die Sie in Ihrer großen Güte immer daran geknüpft haben, werden nicht ganz unerfüllt bleiben. Ich empfinde im Arbeiten daran, daß ich *nur* Schriftsteller bin und nur in diesem schönen Beruf – mag der aufgeblasene Bildungs-Pöbel daüber lachen – mein Glück finden konnte.

»Vor dem Sturm« erschien zuerst in der Zeitschrift »Daheim« in einer von der Redaktion gekürzten Fassung in 65 fortlaufenden Kapiteln, dann als Buch bei Wilhelm Hertz Ende 1878 in vier Bänden. Die Reaktionen auf die ersten Fortsetzungen in der Zeitschrift waren reserviert. Nur wenige brachen nach der Lektüre in Begeisterung aus, darunter Mathilde von Rohr und Ludovica Hesekiel, die Tochter von Fontanes Freund George Hesekiel, Schriftstellerin und Journalistin bei der »Kreuzzeitung«. Fontane wußte, wie sehr seine schriftstellerische Existenz von wohlwollenden Rezensionen ab-

hing und versuchte aus diesem Grunde, Einfluß auf die Besprechungen zu nehmen. Er erhoffte sich durch eine kritische Betrachtung mehr Beachtung bei der Berliner und Brandenburger Bevölkerung.

An Ludovica Hesekiel, Berlin, 28. Mai 1878

Haben Sie besten Dank für diese wiederholt freundlichen Worte, die Sie an mich gerichtet haben. Wenn ich auch im Allgemeinen ganz zu W. Scott stehe, der zu sagen pflegte: »Lob erfreut mich nicht, aber Tadel ärgert mich«, so gibt es doch glänzende Ausnahmen, wo entweder das Lob selbst, oder derjenige der es erteilt, oder endlich die Situation in der wir uns befinden, uns sehr anders über die Lobfrage denken läßt. Und das ist mein Fall. ⟨…⟩ Meine Situation ist in der Tat eine kritische. In Jahren, wo die meisten Schriftsteller die Feder aus der Hand zu legen pflegen, kam ich in die Lage sie noch einmal recht fest in die Hand nehmen zu müssen, und zwar auf einem Gebiet, auf dem ich mich bis dahin nicht versucht. Mißglückt es, so bin ich verloren. Ich habe meine Schiffe verbrannt, und darf – wenn ich auch keine Siege feire – wenigstens nicht direkt unterliegen. Meine Arbeit muß zum Mindesten *so* gut sein, daß ich auf sie hin einen kleinen Romanschriftsteller-Laden aufmachen und auf ein paar treue, namentlich auch zahlungsfähige Käufer rechnen kann. Gott sei Dank, so viel scheint ja erreicht zu sein. Martha schreibt mir heute von Rostock aus: »Man findet Deinen Roman nicht spannend, aber interessant« und selbst Koenig in Leipzig ließ sich, als ich ihm den 4. Band schickte, dahin vernehmen »daß es, wenn alles wie der Schlußband wäre, ein ›Durchschläger‹ geworden sein würde.« Das Wort war mir neu und amüsierte mich. Ihnen aber und meinem Dobbertiner Stiftsfräulein werd' ich vor allen andern dankbar bleiben, weil ich von Ihnen Beiden die ersten warmen Worte hörte.

Daß mir nichts lieber sein kann, als von Ihnen in der Kreuz-Ztng. besprochen zu werden, brauch' ich Ihnen nicht erst zu versichern. Sie verstehen diese Dinge aus dem Grunde, und bringen, was die Wenigsten tun, ein Herz dafür mit. Für die Sache, und ein bißchen auch für die Person.

Der große Augenblick ist nun da; eben hab ich den Roman an Dr. Heffter geschickt. Ich hatte vor, Ihnen denselben direkt zugehen zu lassen, auf eine vorgängige Anfrage hat mir Dr. H. aber geantwortet, es wäre der Weg über die Kreuz-Ztng der für mich bessere, da ich auf *die* Weise auch in die vielgelesene »Bücherschau« käme. Ich hatte von dem Ganzen den Eindruck, daß er den indirekten Weg doch für den richtigeren halte und so hab ich danach gehandelt.

Tuen Sie nun was Sie können und seien Sie meines Dankes und meiner Bereitwilligkeit zu kl. liter. Gegendiensten im Voraus versichert. Wenn ich noch einen Wunsch aussprechen darf, so ist es der: nicht zu viel Parallele mit Scott, W. Alexis, Hesekiel. Alle drei müssen natürlich genannt werden, aber es tut einem wohler die *unterscheidenden* Merkmale hervorgehoben zu sehn, als die Ähnlichkeiten. Ich glaube, daß der Papa auch mitunter unter diesen »Einrangierungen« gelitten hat. Am meisten W. Alexis; denn zwischen ihm und Scott ist *innerlich* absolut gar keine Verwandtschaft.

Auch Ludwig Pietsch besprach den Roman in der »Vossischen Zeitung«, nachdem Fontane ihn darum gebeten hatte. Sein Urteil fiel alles in allem wohlwollend aus. Er kritisierte zwar die Kriegsberichte als handlungsstörend, begrüßte den Roman jedoch als eine der wertesten Bereicherungen unserer modernen erzählenden Literatur. Im Jahre 1880 folgte eine zweite Kritik von Pietsch, durch die sich Fontane in seiner Entscheidung für die künstlerische Freiheit bestätigt fühlte. An Ludwig Pietsch schreibt er am 24. April 1880:

Eben beim Frühstück hat mir meine Frau Ihre Besprechung meines Romanes vorgelesen; man hat nicht immer so süße »Einstippe«. Seien Sie aufs herzlichste dafür bedankt. Sonderbar zu sagen, daß mein Dank durch die beständig nebenher laufende Bewunderung in seinem Vollgefühl gehemmt wurde. »Du könntest das nicht« so klang es immer leise mit und deprimierte mich ein wenig. Welcher freundliche Herzenszug und welche grundgesunde Natur gehören dazu, zweimal dasselbe Buch zu besprechen und *so* zu besprechen. Keine Spur von Ermüdung oder gar Widerwilligkeit, in Wohlwollen, in Lust und Liebe sprudeln die Worte.

Besonders dankbar bin ich Ihnen auch *dafür,* daß Sie auf die

Schwächen des Buches hingewiesen haben. Ich war mir derselben selbst bewußt und wollt' es deshalb ein »Zeit- und Sittenbild aus dem Winter 12 und 13« nennen, Hertz aber meinte, »dann kaufe es niemand.« Ich bin überzeugt, daß er darin unrecht gehabt hat, auch in Bezug auf den äußren Erfolg. »Isegrimm« stell ich *sehr* hoch; ich halt' es in der ersten Hälfte für das Beste und Bedeutendste was W. Alexis geschrieben hat, überhaupt für bedeutend, und jedenfalls für viel bedeutender als Scott, ein paar Ausnahmestellen (Jenny Deans etc) zugegeben. Ob es W. Alexis aber in dem Zeitton getroffen hat, ist mir zweifelhaft. Ein jeder wird glauben müssen »es sei alles so ernst und düster und fanatisch gewesen«, ich *selbst* würd' es glauben, wenn ich ein Fremder wäre; meine Eltern aber und die gesamten Swinemünder Honoratioren (unter denen ich meine Jugend-Eindrücke empfing) haben mir immer nur erzählt, *wie* kreuz fidèl man damals gewesen sei, alles *entente cordiale* mit den lieben, kleinen Franzosen, alles verliebt und alles lüderlich. Was Alexis schildert, existierte auch, aber es war die Ausnahme. Übrigens haben Alexis und ich aus derselben Quelle geschöpft: »Marwitz Memoiren«. *Er* hat aus Marwitz den »Isegrimm« gemacht, *ich* den Vitzewitz. Auch darin zeigt sich der Unterschied unsrer Naturen. Er war Melancholikus, ich bin ganz Sanguiniker.

Nochmals, teuerster Pietsch, vielen, vielen Dank, dem sich die ganze Familie anschließt.

Über das Lob vom Münchner Freund Paul Heyse freute sich Fontane besonders, konnte er doch jetzt hoffen, über die Landesgrenzen hinaus auch im Süden Deutschlands gelesen zu werden:

An Paul Heyse, Berlin, 9. Dezember 1878

Sei herzlich bedankt für all das Freundliche, was Du zu W. Hertz über meinen Roman gesagt hast, also bedankt für den *ganzen* Brief; denn freundlich und wohlwollend ist er eben überall und am meisten vielleicht da, wo Du meine Schwächen persiflierst. Wie reizend, was Du über Lewin sagst und daß Du ihm das »Zusammenbrechen« eigentlich nicht zugetraut hättest. Ich lachte herzlich. Es ist alles so gesagt, daß auch der empfindlichste Autor über ein solches Gezieptwerden sich freuen muß. Prickelt und kitzelt es doch mehr als es schmerzt. Manches – die Liebesverhältnisse, meine Schwäche, geb

ich preis – könnt ich vielleicht entschuldigen oder selbst rechtfertigen, aber ich mag nicht in unsres alten Freundes Eggers Fehler verfallen, der in ähnlichen Fällen immer unter superiorem Lächeln versicherte: »Lieber Freund, Du hast mich mißverstanden; gerade *das*
wollt ich; ich halt es für die gelungenste Stelle« etc. Nur *eines* laß
mich fragen. Meinst Du nicht auch, daß neben Romanen, wie beispielsweise »Copperfield«, in denen wir ein Menschenleben von seinem Anbeginn an betrachten, auch solche berechtigt sind, die statt
des Individuums einen vielgestaltigen Zeitabschnitt unter die Lupe
nehmen? Kann in solchem Falle nicht auch eine Vielheit zur Einheit
werden? Das größre dramatische Interesse, soviel räum ich ein, wird
freilich immer den Erzählungen »mit *einem* Helden« verbleiben,
aber auch der Vielheitsroman, mit all seinen Breiten und Hindernis-
sen, mit seinen Porträtmassen und Episoden, wird sich dem Ein-
heitsroman ebenbürtig – nicht an Wirkung, aber an Kunst – an die
Seite stellen können, wenn er nur nicht willkürlich verfährt, vielmehr immer nur solche Retardierungen bringt, die während sie
momentan den Gesamtzweck zu vergessen scheinen, diesem recht
eigentlich dienen. Nicht Du, sondern andre haben mir gesagt, daß
der Roman schwach in der Komposition sei; ich glaube ganz aufrichtig, daß umgekehrt seine Stärke nach dieser Seite hin liegt.

*Die neue Auflage der »Wanderungen« erweiterte Fontane um das
Küstrin-Kapitel. Er interessierte sich besonders für das Schicksal
Hans Hermann von Kattes: Dieser war in die Pläne seines Freundes
Kronprinz Friedrich eingeweiht, der sich dem strengen Regiment
seines Vaters, König Friedrich Wilhelm I., durch Flucht entziehen
wollte. Aus diesem Grunde wurde Katte vom ›Soldatenkönig‹ zum
Tode verurteilt und vor den Fenstern des Küstriner Gefängnisses, in
dem Friedrich gefangengehalten wurde, enthauptet. Bereits in den
sechziger Jahren hatte Fontane die Katte-Gruft besichtigt. »Die
Katte-Tragödie« wurde in der Zeitschrift »Westermanns Monatshefte« erstmals veröffentlicht. Um sich ein genaues Bild von der
äußeren Gestalt Kattes und den historischen Begebenheiten zu machen, hatte Fontane nicht nur Studien vor Ort betrieben, sondern
auch einschlägige Fachliteratur gelesen und Nachfahren befragt.
Im Gegensatz zu seinen Quellen ergriff Fontane Partei für den ent-
haupteten jungen Mann. An Gustav Karpeles, den Redakteur der
»Monatshefte«, schreibt er am 23. Januar 1879:*

Eine neue Auflage meiner »Wanderungen«, die – selbstverständlich zu meiner Freude – nötig geworden ist, zwingt mich, auf ein paar Monate von meinen Novellen Abschied zu nehmen; ich will nämlich ein paar neue längere Kapitel in die neue Auflage der Wanderungen einschieben. Eines davon soll *Küstrin*, besonders aber die ganze Katte-Tragödie behandeln, die, so weit meine Kenntnis reicht, bisher noch nie im *Zusammenhange* dargestellt worden ist. Es steht mir *sehr* gutes Material dazu zur Verfügung.

An Marie von Katte, Berlin, 9. März 1879

Darf ich mich durch einige Fragen wieder in Ihre Erinnerung bringen?

Ich arbeite an einem Katte-Aufsatz, der, ohne geradezu ins Breite zu gehn, doch wo möglich alles benutzen soll, was an Material da ist. Bücher und Briefe hab ich genug, aber über das was so recht eigentlich seine *Person*, ich meine seine äußre Erscheinung angeht, bin ich nach wie vor in Zweifel. Preuss in seinem Buche: »Friedrichs d. Großen Jugend und Thronbesteigung« beschreibt ihn auf S. 51 in wenigen Zeilen; kennen Sie, gnädigste Frau, außerdem noch ein Buch oder eine Buchstelle, worin eine Beschreibung seiner äußren Erscheinung versucht wird?

Daran reiht sich eine *zweite* Frage.

Wie viele Bilder kennen Sie von ihm? welche halten Sie für echt? Ich kenne drei: das Bild im Charlottenburger Schloß, im ehemaligen Arbeitszimmer Fr. W. IV., zweitens das Bild in Wust, das mir durch Ihre Güte gezeigt wurde und drittens ein Bild im Besitze von Gustav v. Putlitz, das mir in einem Holzschnitt (in der »Gartenlaube« von 1872) vorliegt. Befindet sich vielleicht auch in Vieritz ein Bild von ihm? Existieren sonst noch Katte-Reliquien? (Putlitz z. B. besitzt eine Zuckerdose)! Vor allem wie steht es mit dem Richtschwert? Über dies letztre (auch über die Art wie es erworben wurde) erführ' ich gern Näheres, doch hab ich nicht den Mut ohne Weiters nach Vieritz hin zu schreiben. Könnten Sie mich dort durch eine Zeile *derartig* introduzieren, daß ich hoffen dürfte auf meinen Brief eine auskunftgebende Antwort zu erhalten? Pardon für diese hundert Fragen: Ihre Güte wird auch diesmal nachsichtig sein.

Im März 1879 wurde Fontane vom Berliner Verleger Rudolf Schuster beauftragt, die Texte für die vom Düsseldorfer Geschichtsmaler Wilhelm Camphausen geschaffenen Reiterporträts bedeutender Fürsten und Feldherren aus der brandenburgisch-preußischen Geschichte seit dem Großen Kurfürsten zu schreiben. Die »Vaterländischen Reiterbilder aus drei Jahrhunderten von W. Camphausen« konnten zu Weihnachten vorgelegt werden; Ludwig Burger hatte die Holzstiche nach Camphausens Vorlagen angefertigt.

An Wilhelm Hertz, Berlin, 16. März 1879

Ich habe mich beschwatzen lassen 17 preußische Prinzen- und Generals-Texte für die Lüderitz'sche Kunsthandlung (*Rudolf Schuster*) zu schreiben. Das Geld lockte mich ein wenig, trotzdem ich dieses traurige Artikel-Fabrizieren – eine Theater-Rezension ist »hohe Kunst« daneben – ein für allemal abgeschworen habe.

Nun kommt mir aber die Sorge: ist R. Schuster auch ein sicherer Mann? oder heißt es nicht vielleicht auch in *diesem* Falle:

> Vor Köckeritz und Itzenplitz,
> Vor Quitzow, Kracht und *Lüderitz*,
> Behüt' uns liebe Herregott!

Ich habe von R. Schuster persönlich einen guten Eindruck gehabt, aber ob seine Börse mit seiner Person gleich rangiert, ist am Ende die Frage. Auf meine Diskretion dürfen Sie rechnen.

Dem vierbändigen Erstlingsroman sollte bald eine kleine Erzählung folgen. Anregungen für die Geschichte der Brandstifterin Grete Minde fand Fontane während seiner Reisen nach Tangermünde im April und Mai 1878. Auch hier ergänzten unterschiedliche geschichtliche Quellen und Ortschroniken seine Lokalstudien. Im Mai 1878 bot Fontane die Novelle Paul Lindau an, dem Herausgeber der Zeitschrift »Nord und Süd«.

An Paul Lindau, Berlin, 23. Oktober 1878

»Grete Minde« lagert seit zwei Monaten, und noch in *dieser* Woche nehme ich die Überarbeitung auf. Das Meiste ist so gut wie fertig, etwa ein Drittel aber *sehr* unfertig. Werd' ich nicht krank – den üblichen Wintertribut, den man in der Regel mit der Torfrechnung zugleich zahlen muß, hab' ich noch *nicht* gezahlt – so denk' ich Ihnen die Novelle spätestens Ende November schicken zu können. Ich würde mich freuen, das neue Kalenderjahr damit eröffnet zu sehen. Es ist ein brillanter Stoff; möcht ich ihm einigermaßen gerecht geworden sein. Übrigens nichts spezifisch Märkisches, trotzdem ich mir die Szenerie (Tangermünde etc) der Lokaltöne halber, die so wichtig sind, zweimal angesehen habe. Es ist ein »Charakterbild«.

An Paul Lindau, Berlin, 5. März 1879

Eben hab' ich die größere Hälfte der Korrekturfahnen (13 $^1/_3$) nach Breslau hin zur Post gegeben. Wenn es dabei bleibt, daß eine Teilung stattfinden soll – und ich wiederhole daß ich Ihnen, mich unterordnend, keine Schwierigkeiten machen will – so ist dieser mitten durch das 13. Kapitel *»Flucht«* gezogene Strich die beste Trennungslinie. Einen dringenden Wunsch hab ich aber noch, den, daß mir noch eine Revision zugeht. Ich habe ziemlich viel hineinkorrigiert, und möchte mich überzeugen, daß man sich in dem Randgekritzel (die Ränder waren zu schmal; ich hatte keinen Platz) auch wirklich zurecht gefunden hat. Eine gleichlautende Bitte hab ich zwar schon direkt an die Druckerei gerichtet, bin aber nicht sicher daß man sie mir erfüllt. Und so wäre mir denn ein von Seiten der Redaktion ausgehender Druck sehr erwünscht. Nachdem ich mich so sehr mit der Sache gemüht, möcht ich diese Mühen nicht zuletzt noch scheitern sehn. Zwei, drei große Blunder würden dies aber zu Wege bringen.

»Grete Minde« erschien schließlich in Lindaus Zeitschrift »Nord und Süd« im Mai und Juni 1879, die erste Buchausgabe folgte erst Anfang November 1880. Obwohl das Urteil der Rezensenten wohlwollend ausfiel – man pries u. a. die stimmungsvolle Malerei märkischen Naturlebens, die Feinheit der Ausführung *und die* Lebenswahrheit *–, ließ der große Erfolg auf sich warten.*

Das Leben als freier Schriftsteller war nicht einfach. Noch immer mußte sich Fontane um eine finanzielle Absicherung bemühen. Dazu gehörte auch, entsprechende Zeitungen und Zeitschriften zu finden, in denen sich die noch zu erwartenden Romane und Erzählungen veröffentlichen ließen, denn die hohen Honorare wurden

nicht für die Buchausgabe, sondern für die Zeitschriftendrucke be-
zahlt. Schon 1875 hatte er mit der »Vossischen Zeitung« über den
Abdruck von »Vor dem Sturm« verhandelt, aber erst »Schach von
Wuthenow« erschien dort im Sommer 1882. Dem Chefredakteur
Hermann Kletke teilt Fontane am 3. Dezember 1879 mit:

Ihre freundlichen Zeilen haben mich beinah erschreckt. Wer bloß
obenhin sieht, der könnte Gutes aus dem allem herauslesen, ich be-
kenn' Ihnen aber offen, daß ich am Horizont dieses blauen Himmels
allerhand Gewölk stehen sehe. Romancier und Novellist an der Vossischen werden, das klingt schmeichlerisch und verlockend genug;
die Vossische Zeitung ist ein großes und reiches Blatt, sehr angenehm für seine Mitarbeiter, weil nie nörglig und kleinlich und last
not least im Besitz eines Leserkreises, der, wieviel sich sonst auch
gegen *Zeitungs*-Abdruck sagen läßt, für *meine* Arbeiten, nach Stoff,
Anschauung und Behandlung, wie geschaffen ist. *Ich werde von jedem meiner Leser verstanden,* auch von dem beschränkten und nur
halbgebildeten. Dies ist ein ungeheurer Vorteil, dessen ich zum Beispiel, wenn ich für den süddeutschen Halberger schreibe, ganz und
gar verlustig gehe.

Aber nun kommt die Kehrseite. Der Novellenkattun, weil so viel
von ihm gebraucht wird, wird immer schlechter werden, und das
Publikum – schon in einer unglaublichen Geschmacks-Decadence
begriffen – wird die Fähigkeit gut von schlecht zu unterscheiden,
immer mehr einbüßen. Und wer dann die Zeche bezahlen muß, das
sind *die*, die keine Fabrik begründet, vielmehr bei stiller, ehrlicher
Arbeit ausgedauert haben. Ihre Existenz hängt daran, daß man noch
die Lust und die Fähigkeit hat, den größren Wert ihrer Arbeit zu erkennen; von dem Augenblick an aber wo alles einfach nach der Elle
geht und wo es heißt: »*dies* ist ein Stück Novelle und *das* ist ein Stück
Novelle«, von diesem Augenblick an sind sie verloren. Ich kann mit
einem Durchschnitts- und Massen-Fabrikanten weder jetzt noch
später konkurrieren, muß ganz andre Preise halten und sehe daraus
Verwickelungen entstehn.

Ich bitte Sie herzlichst, bei etwa stattfindenden Besprechungen
mit den »Besitzern«, diesen Punkt im Auge behalten zu wollen. Bei
aller Neigung denselben zu Wunsch und Willen zu sein, bin ich
doch ganz außer Stande, auf andre Honorarbedingungen, als die in
meinem Briefe gestellten, einzugehen. Ich kann in einem Jahre nur

zwei Novellen schreiben, und davon muß ich leben. Wollen Sie noch gütigst 500 Taler Buchhändler-Honorar und mein Theater-Gehalt bei Ihrer Zeitung hinzurechnen, so haben Sie meine Jahres-Einnahme und werden finden, daß sie bescheiden genug ist. Können mir meine Forderungen nicht bewilligt werden, so schadet das gar nichts, weil ich, oder so lang ich der Geneigtheit der Journale sicher bin; ich möchte nur aus speziell *diesen* Verhandlungen, wenn sie resultatlos verlaufen sollten, keine Verstimmungen auf Seiten der Zeitungs-Herren entstehen sehn.

Nachdem Fontane in seinen ersten Romanen historische Themen verarbeitet hatte, veränderten sich gegen Ende der siebziger Jahre seine erzählerischen Absichten. Nicht mehr das Leben oder die Menschen vergangener Epochen sollten dargestellt werden, sondern zeitgenössische Themen. Dabei konnte er aus den täglichen, die Öffentlichkeit bewegenden Meldungen der Zeitungen neue Stoffe finden. So nahm Fontane zum Beispiel das Eisenbahnunglück auf der Brücke in der Nähe des schottischen Dundee am 28. November 1879 zum Anlaß, sein Gedicht »Die Brück' am Tay« zu schreiben. Bei einem Sturm war die Eisenbahnbrücke über dem Firth of Tay zusammengebrochen; alle Reisenden des Personenzuges, der sich in diesem Moment auf der Brücke befand, waren in den Tod gestürzt worden. Die Ballade, in der viele phantastische Momente das im vergangenen Jahr Geschehene überdecken, druckte Paul Lindau in seiner Zeitschrift »Die Gegenwart«. Sie wurde von dem Schauspieler Richard Kahle auf einer Akademiefeier im Februar 1880 vorgetragen. Auf der Veranstaltung sang auch Arnold von Senfft die von Carl Loewe vertonte Fontane-Ballade »Archibald Douglas«.

An Mathilde von Rohr, Berlin, 15. Januar 1880

Letzte Woche hab ich in N°2 der »Gegenwart« ein Gedicht publiziert: »Die Brück' am Tay«, in dem ich den furchtbaren Eisenbahnunfall bei Dundee balladesk behandelt habe. Vielleicht ist es Ihnen zu Gesicht gekommen; entgegengesetzten Falls schick' ich es Ihnen, auch schon der Maxwells halber. Es hat hier eine Art Sensation gemacht, vielleicht mehr als irgend 'was, was ich geschrieben habe. Sonntag über 14 Tage wird es Kahle in einem Singakademie-Konzert vortragen.

Mit »L'Adultera« veröffentlichte Fontane seinen ersten Berliner Gesellschaftsroman. Der Berliner Bevölkerung war der im Jahre 1874 geschehene Skandal um die Ehe des Kommerzienrates Louis Ravené und seiner Frau Therese, geborene von Kusserow, bestens bekannt. Therese Ravené hatte ihren Mann und ihre Kinder verlassen, um mit dem jungen Bankassessor Gustav Simon in Königsberg ein neues Leben zu beginnen. Fontane hatte Emil Dominiks Bericht über die Familie Ravené aus Anlaß von Ravenés Tod im Mai 1879 in der »Vossischen Zeitung« gelesen und wahrscheinlich mündlich Näheres über die Hintergründe des Ehebruchs erfahren. Er hält sich in seinem Roman noch sehr eng an die historische Wahrheit; auch Erlebnisse seiner Italienreise nutzte er für die Motivgestaltung.

1880 wurde der Roman in der Zeitschrift »Nord und Süd« veröffentlicht, 1882 folgte die erste Buchausgabe bei Salo Schottlaender in Breslau. An den »Nord und Süd«-Redakteur Julius Grosser schreibt Fontane am 4. April 1880:

Besten Dank für Ihre Zeilen vom 2. d. und alles Freundliche was Sie darin aussprechen, alles Gute was Sie darin hoffen. Mög' es sich erfüllen. Der Gegenstand, an dem es offenbar werden soll, erfolgt anbei. Daß es ein Bogen mehr geworden ist, als ich anfangs berechnete, das wird verziehen werden, wenn das ganze nur verzeihlich ist. Der Titel »L'Adultera« bezieht sich nicht auf meine Heldin, sondern auf einen berühmten Tintoretto dieses Namens, mit dem die Geschichte (im 2. Kapitel) beginnt und auf der letzten Seite schließt. Die Beziehungen ergeben sich von selbst. Ich bedurfte dieses Apparats, um die Geschichte nicht bloß aufhören, sondern auch kunstgemäß (Pardon) abschließen zu lassen.

Ich habe den einzelnen Kapiteln, auf Rat meiner Familie, nur Zahlen gegeben; »Überschriften seien altmodisch.« Für den Fall aber daß Sie anders drüber denken, leg' ich meine Überschriften bei. Mir ist das eine so recht, wie das andre.

Die Kapitel wurden schließlich mit römischen Ziffern und Überschriften versehen. Das Buch wurde geschäftlich ein Mißerfolg: Zum einen hatte Schottlaender, den Fontane als Verleger für seinen Roman gewonnen hatte, auf jegliche Verlagswerbung verzichtet. Zum andern sträubten sich viele Leser aus moralischen Gründen

gegen die Lösung, daß die Ehebrecherin am Ende ihr Glück in zwei-
ter Ehe findet.

Auch im fortgeschrittenen Alter nutzte Fontane seine freie Zeitein-
teilung zum Reisen, um für neue Romane Anregungen zu finden.
Sein Aufenthalt in Bremen, Emden und Lützburg verdeutlichte ihm
außerdem, wie viel ihm die Hauptstadt Berlin als Wohnort bedeu-
tete. An seine Frau, die ihn oft nicht begleiten konnte, schreibt er
aus Emden am 18. Juli 1880:

Um 7 $^3/_4$ wollt' ich gestern aus Bremen fort, aber im letzten Moment
hieß es: »die Maschine leckt« so daß erst eine neue Maschine ge-
heizt werden mußte. Dies dauerte fast eine Stunde, so daß es ein
Wunder ist, daß wir den Anschluß an einen andern Zug nicht versäumten und immer noch einigermaßen rechtzeitig hier eintrafen.
Gerad um Mitternacht. »In einer so ›kleinen Stadt‹ wie Bremen«
bemerkte ein mitreisender Bremenser spöttisch »darf dergleichen
vorkommen«. Bremen hat beiläufig über 100 000 Einwohner. Dabei
sei bemerkt, daß ich mich doch mehr und mehr zum Preußen- und
Berlinertum zu bekehren anfange. Freilich spät, aber besser spät als
gar nicht. Das *alte* Berlin und das *alte* Preußen war allerdings etwas
Entsetzliches und wo sein Pferdefuß (Schweine-Klaue wäre richtiger) zum Vorschein kommt, find' ich es noch furchtbar. Aber seit 40,
seit 48 und namentlich seit 70 ist alles anders geworden und wir
haben nun selbst *die* Gegenden in Deutschland weit überflügelt, die
früher Vorbilder für uns sein konnten. Dresden wirkt jetzt wie
ein pauvres, zurückgebliebenes Nest. Hamburg ist uns an Gewa-
schenheit und Sauberkeit immer noch voraus, aber dafür fehlt doch
vieles vieles andre. Wasser allein tut es nicht.

Privates und Politisches

Fontanes Tochter Mete hatte im April 1878 ihr Lehrerinnenexamen
am Königlichen Lehrerinnen-Seminar in Berlin mit der Note »gut«
bestanden. Im August 1880 trat sie nach einem zweimonatigen Auf-
enthalt bei Familie Witte in Rostock eine Stelle als Erzieherin bei Fa-
milie von Mandel auf Klein-Dammer an. Den Eltern berichtete sie in
regelmäßigen Abständen über ihre Erlebnisse, Erfahrungen und Ein-

drücke. Ihr Vater hatte ihr »talent épistolaire« und ihre Begabung für feine und nuancierte Beobachtungen schon bei früheren Gelegenheiten erkannt. An ihre Eltern schreibt Martha am 1. August 1880:

Meine lieben Eltern. – –
Wie gerne wäre ich ein halbes Stündchen bei Euch und stattete Bericht ab, über die vielen Eindrücke, die ich seit gestern empfangen habe; schreiben ist nicht mein force und darüber bin ich mir klar, daß Kl. Dammer nicht der Ort zur Ausbildung eines talent épistolaire ist. – Die 24 Stunden, die ich nun gerade hier bin waren für mich so reich und anregend, daß ich meine, Bücher darüber schreiben zu können; und doch ist es eben nur der erste Tag in meinem neuen Kreise. – Ich bin wie Papa mit der Kieler Bucht, denn statt über meine Stellung im Hause etc. zu reflektieren, tue ich nichts, wie Anschauungen und Erfahrungen gewinnen, die M. Fontane interessieren. Daraus seht ihr schon, daß es mir eigentlich gut gehen muß. Nicht brillant, sondern gut. Es weht hier eine gesunde Luft und man ist von einer außerordentlich wohltuenden reinen Atmosphäre umgeben. – Die Gegend ist, soviel ich davon gesehen, häßlich. Das Haus ist groß und freundlich, aber neu und uncharakteristisch. Ich habe ein äußerst freundliches zweifenstriges Zimmer für mich ganz allein; nebenan schlafen die kleinen Mädchen; mir vis à vis liegt das große, kühle Schulzimmer. Die Kinder haben sich sehr schnell attachiert und ich glaube, daß meine ersten Verführungskünste in Onkel Zöllners Schokolade bestanden haben, die ich mit Absicht aufgespart hatte. ⟨...⟩ Ob Mandels eigentlich wohlhabend sind, weiß ich nicht recht. Wittes leben so gut, daß ich den Maßstab immer für eine Weile verliere, wenn ich da war. – Morgens wird hier Kaffe getrunken; alle trinken bitter und ich wies natürlich, den mir angebotenen Zucker zurück und behauptete schwarzen Kaffe zu trinken. Frühstück heute Butterbrot mit Wurst und Kirschen, kann aber *Sonntags*-Frühstück gewesen sein. Gestern mittag gab es Kirschsuppe, dann Huhn mit Reis, nichts zu trinken; nicht einmal der Herr des Hauses trinkt ein Glas Wein; auch wird mit schwarzen Messern und Gabeln gegessen, das einzige, was mir bis jetzt sauer geworden ist. Nachmittag wieder Kaffe mit Brot und Semmel. Abend dicke Milch, Kartoffeln, Rührei für einen und Krebse. Das klingt leidlich opulent, aber mir fehlt doch Wein und Silberzeug. Übrigens ist Brot und Butter wundervoll.

Wie groß das Gut ist, weiß ich noch nicht; sie haben jedenfalls sehr viel Viehzeug. – Ich werde gut behandelt, natürlich bin und bleibe ich Erzieherin, aber es wäre töricht und häßlich, das nicht hinzunehmen; jetzt höre ich noch und empfinde daher ganz, ganz kleine slights, aber das gewöhnt man sich glaube ich ganz ab. Frau von M. hat mir übrigens ganz falsch vorgeschwebt. Sie ist entschieden die Krone »vons Janze«. Hübsch, fein und mit gutem Verstande versehen. Er war Militär bis zum Hauptmann; ist echter Soldat kurz, pünktlich, sachgemäß, aber mir nicht höflich genug; er scheint zu den Männern zu gehören, die von vornherein so von ihrer Superiorität über *jedes* weibliche Wesen überzeugt sind, daß man dieser ihrer Ansicht nur eine ruhige Heiterkeit entgegensetzen kann. Reizend ist er zu seiner Frau und ein überaus zärtlicher Vater. Er unterhält sich mit mir und scheint sich zu wundern, daß ich es wage dem Herrn Hauptmann zu widersprechen; ich gebe mich aber mit Willen vom ersten Tage an, wie ich bin, erstens ist und bleibt es das Richtige und zweitens ist eine ewige Rolle für meinen Charakter doch nicht ausführbar.

Fontane nahm regen Anteil an Metes Erfahrungen in der Fremde. Gerade weil sie ein außerordentlich sensibles Gespür für die Dinge um sie herum besaß, lagen ihm ihre Beobachtungen besonders am Herzen. Am 4. August 1880 antwortet der Vater auf ihren ersten Brief aus Klein-Dammer:

Einen Punkt will ich hier eigens noch berühren. Wer dient, muß gehorchen und schweigen können. Das ist nicht bloß militärisch, das ist überhaupt gültig in der ganzen Welt. Als ich noch auf der Kreuz-Ztng war sah ich dem seligen Beutner (aber er lebt noch) an, daß ihm Widerspruch verhaßt war; von dem Augenblick an widersprach ich nicht mehr. Es ist mir auch nicht sauer geworden. Also gehorchen und schweigen. Aber ich brauche Dir wohl nicht erst zu sagen, daß dies nichts zu schaffen hat mit timider, sklavisch-unwürdiger Unterordnung. In entscheidenden Momenten, wo das Beste, was man hat, auf dem Spiele steht, muß man sprechen, ordentlich, fest, bestimmt, mutig. Aber die Lebenskunst besteht darin, sein Pulver nicht unnütz und nicht in jedem Augenblick zu verschießen.

Herzlichen Dank für Deine mir heute zugegangenen freundlichen Zeilen. Ich scheine mich in meinem letzten Brief etwas falsch geschildert zu haben. Jedenfalls wird es Dir angenehm sein, zu hören, daß hier im Hause schon niemand mehr, auch nur den Schatten von Unterwürfigkeit von mir verlangt. Ich scheue mich nicht es auszusprechen; die Stellung, die ich mir geschaffen habe und die Schnelligkeit mit der es vor sich gegangen ist, haben meine kühnsten Erwartungen übertroffen. Ich werde behandelt, wie ein geehrter Gast; der Hausherr liest mir aus der Zeitung vor; Frau von Mandel sagte mir immerzu versteckte Liebenswürdigkeiten; meine Schülerinnen weinen, wenn die eine der anderen mir beim Aufheben meiner heruntergefallenen Schere zuvorkommt und die kleinen Jungen suchen mit Vorliebe die Gesellschaft der neuen Tante auf. Eins muß ich allerdings bekennen: ich bin *auch* sehr nett und freue mich, daß es mir so glückt. Ich tue unendlich viel mehr, als wozu ich mich verpflichtet habe, erreiche aber dadurch, daß mir auch die Erfüllung meiner eigentlichen Pflichten als etwas Besonderes angerechnet wird. Ich sage Dir, lieber Papa, ich bin so unendlich dankbar, daß ich es so unverdient gut getroffen habe. Ich habe übrigens wieder recht beobachtet, wie wunderbar Äußeres und Inneres zusammenhängt: ich bin nämlich vom ersten Tage an, hier von einer peinlichen Ordnung und Reinlichkeit gewesen und ich versichere Dich, daß ich auch innerlich dadurch ausgespülter und trainierter bin. Meine Prinzipalin ist sehr über meine weiblichen Tugenden erfreut und hat von Mama's Erziehung, glaube ich, eine übrigens durchaus gerechtfertigt, hohe Meinung. Eine Haupt-Lobesform von Fr. v. M. ist immer: »Ihre Mama ist wohl außerordentlich praktisch«. / Variationen: ordentlich, geschickt.

Fontane wiederum ist begeistert von den Worten seiner Tochter und nutzt die Gelegenheit, ein wenig über seine Wertvorstellungen zu plaudern. Am 8. August 1880 schreibt er ihr aus Wernigerode:

Dein Brief, den ich eben an Mama schicke, hat mich sehr erfreut. Ist es so und bleibt es so, dann ist es ein Ideal und zählt mehr zu dem Beglückenden als zu dem Bedrückenden des Lebens. In einem schönen Sinne dienen, d. h. also Pflichten übernehmen und erfüllen und dabei der Anerkennung aller Nächstbeteiligten sicher sein, ist etwas Hocherfreuliches und diese Freude, denk ich, soll Dir zu Teil werden. Sei nur ja auf Deiner Hut; bald gewöhnt man sich an das Gute, nimmt es als selbstverständlich hin und hat eine Neigung *das* zu betonen was fehlt. Es gehört zu den ersten Regeln der Lebensklugheit, über dies Fehlende, wenn es nicht schwerer wiegt als das Gute was da ist, hinweg sehn zu lernen. ⟨…⟩

In Deinem letzten Briefe hat mich sehr Herr v. Mandels Äußerung interessiert: »daß der preuß. Staat durch sein alles Wichtignehmen groß geworden sei.« Dies unterschreib ich de tout mon cœur, und der historische Sinn, den ich habe, läßt mich mit Achtung von dieser Seite unsres Staats- und Volkslebens sprechen, so weit all *das der Vergangenheit angehört.* Es war hier, auf dem Terrain zwischen Oder und Elbe wenig oder nichts gegeben und die beiden organisatorischen Genies Fr. W. I. und Fr. II. schufen durch künstliche Werte wirkliche Werte, wie finanzielle Genies immer verstanden haben aus Papierwerten Goldwerte zu machen. Beide genannte Könige nahmen einen ganz gewöhnlichen oft einen ruppigen Kerl und sagten: Du bist nun Rendant oder Steuer-Inspektor oder Postmeister oder auch Gesandter. Alle vier, in den weitaus meisten Fällen, *blieben* ruppige, rohe, selbstsüchtige Subjekte, der Rang aber der ihnen verliehen worden war, die bevorzugte Stellung deren sie sich erfreuten, die pekuniären Vorteile die ihnen zuflossen, gaben ihnen ein starkes Standes- und zuletzt auch ein persönliches Selbstgefühl, das in der 2. und 3. Generation segensreiche Frucht trug. Es war also inzwischen nicht bloß ein Staatswesen, sondern, was ich höher veranschlage, eine Gruppe kluger, rechtschaffener und selbst edeldenkender Familien geboren worden. Alles bloß aus dem »Wichtig-nehmen«, aus dem unausgesetzt genährten Gefühl heraus, ein K. Postsekretär, ein K. Wegebaumeister, ein K. Kanzleirat etc. seien höchst wichtige Personen.

Aber alles hat seine Zeit. So lang es galt aus einem furchtbaren Rohmaterial erst ein brauchbares Staats- und in weiterer Entwicklung auch ein einigermaßen genießbares Menschenmaterial herzustellen, war dieser Prozeß des »Wichtignehmens« nicht bloß selber wichtig sondern auch überaus erfreulich und beinah *schön.*

Nun aber sind wir aus dem Gröbsten heraus und es muß nun mit dem Scheinwesen ein Ende haben. Ein Lieutenant darf eben nur ein Lieutenant sein und muß darauf verzichten, selbst wenn er bei

Zieten-Husaren steht oder gar wohl einen großen Totenkopf an der Pelzmütze trägt, ein Halbgott oder überhaupt irgend was Exzeptionelles sein zu wollen. Aber wir arbeiten immer noch mit *falschen Werten* und stecken immer noch im »Wichtig-nehmen« drin, wo längst schon nichts mehr wichtig zu nehmen ist. Wir müssen jetzt anfangen mit *wirklichen* Größen zu rechnen und die Dinge zu nehmen als das was sie *sind,* nicht als das was sie *scheinen.* Kraft und Vermögen, sie mögen nach einer Seite hin liegen, wohin sie wollen, sind immer eine *wirkliche* Macht, Titulaturen, Orden und andre Wichtigtuns-Attribute sind aber Alfanzereien, gehören der *Vergangenheit* an und haben mit Freiheit und Gesittung nichts zu schaffen.

Nachdem der Hofprediger Adolf Stöcker im September 1879 seine erste Rede über die Juden gehalten hatte, veröffentlichte Heinrich von Treitschke im November 1879 in den »Preußischen Jahrbüchern« den Artikel »Die Juden sind unser Unglück« und löste dadurch den sogenannten Berliner Antisemitismusstreit aus. Viele Intellektuelle, Historiker und Schriftsteller schalteten sich in die öffentliche Debatte ein; manche empörten sich über den aggressiven und judenverachtenden Beitrag Treitschkes. So auch Fontanes Freund Moritz Lazarus. Fontane bezog in der Öffentlichkeit zwar keine direkte Stellung, zahlreiche Briefstellen lassen jedoch vermuten, daß die Auseinandersetzungen um die Juden im Kaiserreich auch an ihm nicht spurlos vorübergegangen sind. Seine Meinung über die Juden war widerspruchsvoll: Einerseits hatte er viele jüdische Freunde, die er sehr schätzte und verehrte, andererseits jedoch fühlte er sich bedrängt von ihren Erfolgen auf wirtschaftlichem und kulturellem Gebiet. Die Abkehr von der religiösen Toleranz der Aufklärung, wie sie Fontane in seinem Brief vom 12. August 1883 propagiert, ist allerdings kaum rational erklärbar.

Am 1. Dezember 1880 berichtete die »Kreuzzeitung« unter der Überschrift »In Sachen der Judenfrage« über einen Zusammenstoß zwischen einem Juden und einem nichtjüdischen Staatsanwalt und Landrat. Während eines Abendspaziergangs beobachteten die beiden einen Mann von jüdischem Typus, der seinen Hund laut und in strengem Ton befahl: *»Stöcker hier!«, »Will der verdammte Köter Stöcker hier!« Die Honoratioren empörten sich darüber, und nach-*

dem der erstere die beiden anderen mit Schimpfwörtern überhäuft hatte, führten diese den Hundebesitzer mit Hilfe eines Schutzmannes auf die Wache, wo sich herausstellte, daß es sich um den Juden Benno Cohn handelte. Fontane äußert sich am selben Tag noch über den Vorfall in einem Brief an Mathilde von Rohr:

Wie lange, daß ich nicht mit Ihnen geplaudert habe! Der Abend ist still, das Tagewerk getan, und so bitt ich mich eine halbe Stunde lang mit Ihnen unterhalten zu dürfen. Nichts von den großen Dingen, nicht einmal von der »Judenfrage«, so sehr mich diese bewegt und geradezu aufregt. Nur so viel: ich bin von Kindesbeinen an ein Judenfreund gewesen und habe persönlich nur Gutes von den Juden erfahren, – dennoch hab' ich so sehr das Gefühl ihrer Schuld, ihres grenzenlosen Übermuts, daß ich ihnen eine ernste Niederlage nicht bloß gönne, sondern wünsche. Und das steht mir fest, wenn sie sie jetzt *nicht* erleiden und sich auch nicht ändern, so bricht in Zeiten, die wir beide freilich nicht mehr erleben werden, eine schwere Heimsuchung über sie herein. Haben Sie in der gestr. Kreuz-Ztng. die Geschichte gelesen, die Herr v. Üchtritz über einen Benno Cohn mitteilt? Es verrät dies ein Maß von Frechheit, das sich nur in Folge deutscher Langmut und Schwäche, *so* hat anhäufen können.

An Emilie Fontane, Norderney, 17. August 1882

Im Ganzen muß ich mit meinen 3 Wochen hier sehr zufrieden sein; es ist mir nichts eigentlich Unangenehmes passiert und selbst die Sturmtage waren schön. Ja ich komme jetzt dahinter, daß das Meer *nur* an seinen Sturmtagen entzückend ist; so wie Ruhe eintritt, ist es eigentlich langweilig. Die Buchhändlerbekanntschaften, die ich hier gemacht habe, bedeuten nicht viel, sind mir aber doch eher angenehm als nicht, und die schweren Korrekturtage, so sehr sie mich zeitweilig (namentlich bei meinem schlechten Befinden) gedrückt und geängstigt haben, waren doch auch wieder ein Segen. Denn man kann nicht von 7 Uhr früh bis 11 Uhr abends auf einer Bank sitzen, Reseda riechen, und »Heil Dir im Siegerkranz« zum hundertsten Male blasen hören. Also nochmals, es war sehr hübsch, und was die Hauptsache ist, die wundervolle, sauerstoffreiche Luft wird meinem Blut und meinen Nerven auch gut getan haben. Berliner Kanalluft ist nicht meine Sache. Fatal waren die Juden; ihre frechen, unschönen Gaunergesichter (denn in Gaunerei liegt ihre ganze Größe) drängen sich einem überall auf. Wer in Rawicz oder Meseritz ein Jahr lang Menschen betrogen oder wenn *nicht* betrogen, eklige Geschäfte besorgt hat, hat keinen Anspruch darauf, sich in Norderney unter Prinzessinnen und Komtessen mit herumzuziehen. Wer zur guten Gesellschaft gehört, Jude oder Christ, darf sich auch in der guten Gesellschaft bewegen; wer aber 11 Monate lang Kattun abmißt oder Kampfer in alte Pelze packt, hat kein Recht im 12. Monat sich an einen Grafentisch zu setzen.

An Emilie Fontane, Norderney, 12. August 1883

Je älter ich werde, je mehr bin ich für reinliche Scheidungen, Haare aparte und Kotelette aparte. Jude zu Jude, Christ zu Christ, und natürlich auch Protestant zu Protestant. Geschieht das nicht, so heißt es immer einmal: »richtiger alter Jude«, »richtiger alter Katholik« etc. Ich habe vieles erlebt, das mir eine tief-innerliche Freude gemacht hat: die Herausreißung Deutschlands aus der politischen Misere, die Mündigwerdung des Volkes, die Säuberung d. h. Sauberwerdung Berlins, das Aufhören der Pfennigwirtschaft und der damit innig zusammenhängenden Gesinnungsruppigkeit etc. etc. Zu diesen Herrlichkeiten, an denen meine Seele lutscht wie an einem Bonbon, gehört auch der immer mehr zu Tage tretende Bankrutt der Afterweisheit des vorigen Jahrhunderts. Das Unheil, das Lessing mit seiner Geschichte von den drei Ringen angerichtet hat, um nur *einen* Punkt herauszugreifen, ist kolossal. Das »seid umschlungen Millionen« ist ein Unsinn. Hoheitsaufgaben, die doch nicht gelöst werden können, verwirren die Menschheit nur. Ganz ganz allgemein aufgestellt sind unerfüllbare Sätze wie »liebet eure Feinde« groß und segensreich. Denn der Einzelne kann sich daran in den Himmel hineinstrampeln. Und ich bewundre es dann. Aber so wie das praktische Leben für den Alltagsgebrauch danach eingerichtet werden soll, geraten wir in die Nesseln und schreien au.

Fontanes Einstellung zum Reichskanzler Otto von Bismarck war zwiespältig. Seine außenpolitischen Errungenschaften sowie sein Eintreten für die deutsche Einigung schätzte Fontane sehr, aus der innenpolitischen Sicht jedoch hatte er einiges zu kritisieren: Sowohl der Kampf gegen die katholische Kirche als auch sein Vorgehen gegen die Sozialdemokraten werden in seinen Werken immer wieder kritisch reflektiert.

An Philipp zu Eulenburg, Berlin, 12. März 1881

In entsprechender Alternative wird der Kaiser *immer* für Bismarck sein. Dies muß jeder wissen. Der Kaiser wäre nicht Kaiser Wilhelm, wenn er anders wäre. Dies ist der Kardinalunterschied zwischen ihm und seinem Bruder Friedrich Wilhelm IV., der keine großen Leute neben sich ertragen und deshalb auch keine Dankbarkeit für die Großtaten andrer in seinem Herzen großziehen konnte. Der Kanzler ist ein Despot; aber er darf es sein, er *muß* es sein. Wär' er es nicht, wär' er ein parlamentarisches Ideal, das sich durch das Dümmste, was es gibt, durch Majoritäten, bestimmen ließe, so hätten wir überhaupt noch keinen Kanzler und am wenigsten ein Deutsches Reich. *Das* ist andrerseits freilich richtig, daß neben einem solchen Despoten nur unselbständige Naturen oder Kräfte zweiten und dritten Ranges dienen können, und daß jeder freie Mann wohltut, bei Zeiten seinen Rückzug anzutreten. Der freie Mann tut dabei, was ihm ziemt; aber der Kanzler tut *auch*, was ihm ziemt, wenn er sich dadurch in seinem Tun und Lassen nicht beirren läßt.

An Philipp zu Eulenburg, Potsdam, 23. April 1881

Gegen Bismarck braut sich allmählich im Volk ein Wetter zusammen. In der Oberschicht der Gesellschaft ist es bekanntlich lange da. Nicht seine Maßregeln sind es, die ihn geradezu ruinieren, sondern seine Verdächtigungen. Er täuscht sich über das Maß seiner Popularität. Sie war einmal kolossal, aber sie ist es nicht mehr. Es fallen täglich hunderte, mitunter tausend ab. Vor seinem Genie hat jeder nach wie vor einen ungeheuren Respekt, auch seine Feinde, ja diese mitunter am meisten. Aber die Hochachtung vor seinem Charakter ist in einem starken Niedergehn. Was ihn einst so populär machte, war das in jedem lebende Gefühl: »Ah, ein großer Mann.« Aber von diesem Gefühl ist nicht mehr viel übrig, und die Menschen sagen: »Er ist ein großes Genie, aber ein kleiner Mann.« Dadurch, daß er seine mehr und mehr zutage tretenden kleinlichen Eigenschaften mit einer gewissen Großartigkeit in Szene setzt, werden die kleinlichen Eigenschaften noch lange nicht groß. Wenn ich einen um einen Sechser verklage und nicht eher ruhe, als bis ich ihn im Zuchthause habe, so ist der Apparat zwar sehr groß, aber der Sechser bleibt ein Sechser. In alten englischen Balladen kommt mit Vorliebe die Wendung vor »O, Percy, mir sang ein Vogel ins Ohr usw.« Wenn ich doch der Vogel wäre, der der Lady Percy etwas Warnendes zusingen könnte, damit sie's an die rechte Adresse brächte, was der Vogel gesungen.

Fontanes Ansichten über Berlin, wo er seit seiner endgültigen Rückkehr aus England lebte, sind schwankend. Einerseits faszinierte ihn die Großstadt mit all ihren kulturellen und technischen Errungenschaften, andererseits jedoch sehnte er sich mit zunehmendem Alter nach Ruhe und vor allem nach sauberer Luft und Natur, die er in den Sommerfrischen fand.

An Hermann Wichmann, Berlin, 2. Juni 1881

Berlin selbst hat sich ganz außerordentlich verändert und ist jetzt eine schöne und vornehme Stadt. Wir verdanken das allem Möglichen, aber doch weitaus am meisten dem Asphalt und den Pferdebahnen. Nicht nur ist der Verkehr in einem ganz unglaublichen Grade gewachsen, er hat vor allem auch sein Ansehen geändert. Die Droschken sind wohl noch da, allein man bemerkt sie wenig, weil oft in einer einzigen Minute 6 oder auch wohl 10 elegante Pferdebahnwagen an einem vorüberfahren. Alles ist Leben, Frische, Wohlgekleidetheit. Ich freue mich, diese vernobelte Zeit, an die ich kaum geglaubt, noch erlebt zu haben.

Im Gegensatz zu den vergangenen Jahren, wo Fontane weite Strecken innerhalb Europas zurückgelegt hatte, entschied er sich seit den achtziger Jahren für nähergelegene Sommerfrischen-Aufenthalte. So führte ihn 1881 sein Weg nach dem Harz, wo er bereits in den siebziger Jahren mehrmals gewesen war. In Wernigerode hielt er sich gerne auf; auch das idyllisch im Bodekessel gelegene Thale zog ihn immer wieder für Erholungs- und Studienaufenthalte an. In seinen Romanen »Ellernklipp« und »Cécile« findet man Spuren der Harzer Erlebnisse und Beobachtungen.

In der Ruhe und Zurückgezogenheit der Harzer Wochen beschäf-
tigte sich Fontane besonders mit dem Werk des russischen Schrift-
stellers Iwan Turgenjew. Er bewunderte die photographische Wie-
dergabe der außerliterarischen Wirklichkeit, äußerte sich jedoch
auf der anderen Seite kritisch über Turgenjews radikale Darstellun-
gen, in denen er den harmonisierenden Blick des Künstlers vermißt.
In seiner Frau Emilie fand er dabei eine gleichgesinnte Zuhörerin.

An Emilie Fontane, Thale am Harz, 24. Juni 1881

Heute regnet es; es ist so erquicklich und ich sitze am Fenster und
sehe den Wolken und dem stillen Treiben auf der Dorfstraße zu. Dabei las ich viel, Turgenjew und Lessing abwechselnd. Gestern eine
der berühmten T.schen Jägergeschichten. Er beobachtet alles wundervoll: Natur, Tier und Menschen, er hat so was von einem photographischen Apparat in Aug und Seele, aber die Reflexionszutaten,
besonders wenn sie nebenher auch noch poetisch wirken sollen, sind
nicht auf der Höhe. Diese Geschichten sind alle 30 Jahre alt und es
ist ganz ersichtlich, daß ihm damals noch die Reife fehlte, die er jetzt
hat. Diese Reife find ich denn auch wirklich in »Rauch«, das etwa
65 oder 66 geschrieben wurde (67 erschien es in einem russischen
Journal, das 6000 Rubel dafür bezahlte, was etwa 600 Rubel für den
Nord und Süd-Bogen, also erheblich über 2000 Mark und etwas
mehr als das Doppelte vom höchsten Storm-Honorar betragen
würde) – diese Reife sag ich find ich in »Rauch« geradeso wie
in »Neuland«, aber ich werde dieser Schreibweise nicht froh. Ich
bewundre die scharfe Beobachtung und das hohe Maß phrasenloser,
alle Kinkerlitzchen verschmähender Kunst, aber eigentlich lang-
weilt es mich, weil es im Gegensatze zu den teils wirklich poetischen, teils wenigstens poetisch sein wollenden Jäger-Geschichten
so grenzenlos prosaisch, so ganz *unverklärt* die Dinge wiedergibt.
Ohne diese Verklärung gibt es aber keine eigentliche Kunst, auch
dann nicht, wenn der Bildner in seinem bildnerischen Geschick ein
wirklicher Künstler ist. Wer *so* beanlagt ist, muß *Essays* über Ruß-
land schreiben, aber nicht Novellen. Abhandlungen haben ihr Gesetz und die Dichtung auch.

Neben der Turgenjew-Lektüre beschäftigte sich Fontane mit Ri-
chard Wagners Operndichtungen. Auch hier zeigt sich, daß er sehr

differenziert urteilen kann. Er erkennt einerseits Wagners zum Teil genialen Umgang mit der Sprache an, andererseits jedoch vermißt er Klarheit und Konzentration auf ein wesentliches Thema. In Fontanes Romanen »L'Adultera« und »Effi Briest« spielt der Meister der modernen Komponisten eine nicht unumstrittene Rolle.

An Emilie Fontane, Thale am Harz, 28. Juni 1881

Ich beschränke mich darauf, vormittags drei Stunden zu arbeiten; nachmittags geh ich dann in den Waldkater und lese. Gestern hab ich mit »Rheingold« begonnen, heute soll die »Walküre« folgen. Es interessiert mich doch; im Detail ist vieles kindisch, geschmacklos, prätentiös, aufs Ganze hin angesehn scheint es aber doch eine groß angelegte Sache, gedankenhaft, und für musikalische Behandlung eminent geeignet. Es ist etwas mystisch, tiefsinnig Märchenhaftes in diesem Stoff und die Behandlung hat ihm diesen Charakter gelassen. Der oft gemachte Vorwurf »es seien keine Menschen« hat keine rechte Bedeutung; es sind menschliche Leidenschaften und Charakterzüge die uns vorgeführt werden: Angst, Mut, Schlauheit, Intrige, vor allem (Wagners persönliche Hauptleistungen) Goldgier und Liebesgier. Er ist ganz Wotan, der Geld und Macht haben, aber auf »Lübe« nicht verzichten will und zu diesem Zwecke beständig mogelt. Auch hier lebt der Dichter in seinen Gestalten und man muß danach sagen: er schließt schlecht ab.

An Karl Zöllner, Wernigerode, 13. Juli 1881

Nicht ganz das Gleiche kann ich von den 4 Richard Wagnerschen Textbüchern sagen, die ich im Waldkater am Fuße des Hexentanzplatzes durchgelesen habe. Diese Lokalitäten paßten trefflich zu der Lektüre, denn es ist *sehr* viel vom Kater und *sehr* viel von der Hexe drin. Ich glaube zu wissen, daß Dich die ganze Frage interessiert, deshalb schreib ich Dir darüber. Voraus schick ich das: es ist eine wirkliche Arbeit, ernst gemeint, kein Schwindel und im Einzelnen poetisch und fast erhaben. Dennoch bin ich der Sache nicht froh geworden, im Ganzen gewiß nicht, aber auch im Einzelnen kaum, weil die schöne Wirkung der einen Seite durch die häßliche Wirkung der nächsten immer wieder aufgehoben wurde.

Was er gewollt hat, ist über die Banalität eines gewöhnlichen

Operntextes hoch erhaben, überall erkennt man den Mann von Geist und poetischer Mit- oder Anempfindung, überall möcht er philosophisch das Welträtsel lösen oder doch das Wort sprechen, das uns dieser Lösung näher führt und überall zeigt sich ein ordnender Geist, dem die Kunst der Komposition kein leerer Wahn ist. Er behält immer sein Ziel im Auge und stellt es durch überaus geschickte Rekapitulationen, in denen er geradezu exzelliert, auch seinem Leser oder Hörer immer wieder vor die Seele. Dazu behandelt er Vers und Sprache, wenigstens gelegentlich, mit wirklicher Meisterschaft und erzielt mitunter große Detail-Wirkungen durch Impromptus und eine glänzende Behandlung der Antithese.

Und doch!

Über die furchtbare Menge der Quasseleien, Albernheiten, Unverständlichkeiten und Geschmacksverirrungen geh ich hin, ebenso über den totalen Mangel an Witz und Humor, trotzdem sich dieser letzte Mangel dadurch so fühlbar macht, daß W. beständig Anläufe nimmt, witzig und humoristisch sein zu wollen. Ich geh über all dies hin, einerseits weil es durch gelungene Details einigermaßen balanciert wird, andrerseits weil ich deutlich fühle, daß es mir hinschwinden oder als ganz bedeutungslos erscheinen würde, wenn ihm zweierlei geglückt wäre, einmal *während* des Lesens mich in die Äther-Sphäre der Kunst zu erheben und zweitens *nach* dem Lesen mir das Gefühl zu hinterlassen: die gestellte große Aufgabe wurde gelöst, das vorgesteckte und wie ich zugestehe auch im Auge behaltene Ziel wurde *erreicht*.

Aber beides ist ihm in einem eminenten Grade *nicht* geglückt.

Von »Äther« ist keine Rede, überall zappeln die niedrigsten Triebe, die kommissesten Gemeinheiten, wie sie nur »Götter« leisten können, um mich herum, allerniedrigste Triebe, die *da*durch so widerwärtig wirken, daß man Richard Wagner immer persönlich mitzappeln sieht. Der Sanspareil in dieser Genossenschaft ist immer *er*, und so wird das objektiv schon Häßliche durch das subjektive Mitengagiertsein des Dichters noch viel viel häßlicher.

Und nun das große Ziel, das Welten-Rätsel und das erlösende Wort, worauf läuft es hinaus? auf Richard Lucae's so gern zitiertes Wort: »Vater, koof mir 'nen Appel.« Ja, leider noch nicht mal auf *diesen* Satz, der wenigstens an schöner Klarheit nichts zu wünschen übrig läßt. Bei Wagner liegt es aber so, daß man nicht recht weiß, ob er nicht statt des »Appels« doch eigentlich einen sauren Hering meint. Es ist, aller glänzenden Rekapitulationen unerachtet, doch in einer totalen *Konfusion* stecken geblieben, deshalb stecken geblieben, weil er sich eine Aufgabe stellte, die entweder überhaupt nicht zu lösen war, oder für die wenigstens *seine* Kräfte, so respektabel sie an und für sich waren, nicht ausreichten.

Und welches war nun diese Aufgabe? Die Verschmelzung zweier Sagen oder Fundamentalsätze, von denen jeder einzelne gerade Schwierigkeiten genug bot. *Erster Fundamentalsatz*: An der Gier, an dem rücksichtslosen Verlangen, hängt die Sünde, das Leid, der Tod. Wer den Goldring der Nibelungen hat, hat ihn immer nur zu Unheil und Verderben. *Zweiter Fundamentalsatz.* Die Götter sind gebunden und regieren nur durch Vertrag. Auch dem Himmel kann gekündigt werden. Wächst der Mensch, so sinken die Götter; der eigentliche Weltenherrscher ist der freie Geist und die Liebe.

Ich habe gegen beide Sätze nichts einzuwenden, aber wenn man sie des Schwulstes und der Dunkelheit entkleidet, worin sie sich bei Wagner geben, so bleiben zwei ganz gewöhnliche Sätze übrig. Satz 1 ist die alte Eva-Geschichte, sündiges Verlangen und die bekannten Konsequenzen. Satz 2 hat durch Feuerbach einen viel prägnanteren und viel geistreicheren Ausdruck empfangen: »Ob Gott die Menschen schuf, ist fraglich, daß sich die Menschen ihren Gott schaffen, ist gewiß.«

So denn noch einmal, die beiden Sätze, mit denen Wagner operiert, sind zwar keineswegs neu ⟨...⟩ aber doch durchaus akzeptabel. Unakzeptabel wurden sie erst durch ihre Verschmelzung. Hätt es Wagnern beliebt, seine vier Operntexte auf die einen oder andern dieser beiden Sätze zu stellen, besonders auf den erstren, der mir der geeignetere scheint, so, glaub ich, wäre er bei seinem großen Talent der Mann gewesen, die Sache siegreich durchzuführen; an der gleichzeitig und nebeneinanderher zu lösenden *Doppel-Aufgabe* aber ist er gescheitert und hat seinem Leser als letztes Angebinde nichts weiter hinterlassen, als Kopfweh und Verwirrung und Unbefriedigtsein.

Zu Weihnachten 1881 erschien »Spreeland«, der letzte Band der »Wanderungen«. Bei der Umstellung auf die landschaftliche Gliederung wurden einige Kapitel aus der Erstausgabe des ersten Teils übernommen. Dennoch ließ Fontane nicht davon ab, weitere Arbei-

ten über die Mark Brandenburg zu schreiben. 1889 legte er schließ-
lich seine letzten heimatlichen Aufzeichnungen unter dem Titel
»Fünf Schlösser« vor.

Altes und Neues in Literatur und Gesellschaft

1882 erschien der Roman »Schach von Wuthenow«, dem ein lang-
jähriges Quellenstudium vorausgegangen war. Bereits in den sech-
ziger Jahren hatte Fontane von der Skandalgeschichte erfahren, die
er für die »Wanderungen« oder für »Vor dem Sturm« verwenden zu
können hoffte. Intensivere Studien und zusammenhängende Auf-
zeichnungen, die auf einen selbständigen Roman hindeuten, lassen
sich jedoch erst um 1878 belegen. An Mathilde von Rohr schreibt er
am 3. Juni 1879 über seine Romanarbeiten, in denen er noch Fräu-
lein von C… als Hauptperson sah: dann aber hoff' ich fleißig sein
und endlich die bewußte Fräulein v. C…. Novelle schreiben zu können. Alles ist vorbereitet und der Stoff längst in Kapitel eingeteilt;
das erste Kapitel hab ich schon zwei-, dreimal geschrieben, aber immer wieder verworfen. Die Einleitung, wie ich sie *jetzt* habe, scheint
mir aber die richtige zu sein. Der Anfang ist immer das entscheidende; hat mans darin gut getroffen, so muß der Rest mit einer Art
von innerer Notwendigkeit gelingen, wie ein richtig behandeltes
Tannenreis von selbst zu einer graden und untadeligen Tanne auf-
wächst.

Fontane plante, die Novelle der Zeitschrift »Nord und Süd« anzu-
bieten. An den Redakteur Julius Grosser schreibt er am 31. Januar
1882:

Ich habe sechs oder sieben Novellen im Brouillon fertig und muß
nun erst an das Glatt- und Saubermachen dieser im Kasten liegen-
den Dinge gehn, bevor ich mich Neuem zuwende. Darf ich Ihnen
eine dieser Novellen proponieren? Sie heißt *»Schach von Wuthe-*
now«, spielt in der Zeit von 1805 auf 6 und schildert den *schönsten*
Offizier der damaligen Berliner Garnison, der, in einem Anfall von
Übermut und Laune, die liebenswürdigste, aber häßlichste junge
Dame der damaligen Hofgesellschaft becourt. *So*, daß der Skandal offenbar wird. Alles tritt auf die Seite der Dame, so daß sich

v. Schach anscheinend freudig zur Hochzeit entschließt, nachdem er vorher durch allerlei Kämpfe gegangen. Die Kameradschaft vom Regiment Gensdarmes aber lacht und zeichnet Karikaturen, und *weil er dies Lachen nicht ertragen kann,* erschießt er sich unmittelbar nach dem Hochzeitsmahl, an dem er in heiterer Ruhe teilgenommen. Alles ein Produkt der Zeit, ihrer Anschauungen, Eitelkeiten und Vorurteile. Übrigens alles Tatsache.

Der Roman wurde schließlich in der »Vossischen Zeitung« veröffentlicht. Die Reaktionen des Lesepublikums waren unterschiedlich. Im Familienkreis war während der einzelnen Entstehungsphasen bereits lebhaft darüber diskutiert worden. Emilie konnte sich als erste nach ihrem Mann mit dem Stofflichen auseinandersetzen, da sie die Abschriften vieler Werke anfertigte. Sie äußerte sich immer wieder skeptisch über die Darstellung des Selbstmordes. Am 19. Juli 1882 bezieht Fontane zu den kritischen Einwänden seiner Frau Stellung:

Ich glaube nicht, daß Du mit Deiner Ausstellung hinsichtlich Schachs recht hast. Wär es so, so wär es schlimm, denn damit steht und fällt die ganze Geschichte. Leg es Dir noch einmal zurecht. Darauf, daß es *tatsächlich* geschehen ist und auch aus *dem* Grunde geschehen ist, den ich als Hauptgrund anführe, *darauf* leg ich kein Gewicht. Es zeigt aber doch wenigstens *so* viel, daß dergleichen bei einem im Ganzen genommen durchaus gesund organisierten Menschen vorkommen *konnte.* Ich geh aber einen Schritt weiter und find' es vollkommen erklärlich. Er hat mit der Mutter getechtelmechtelt (was *auch* mitwirkt) und hat hinterher in einem unbewachten Moment die mindestens in Frage gestellte Schönheit Victoirens über ihre große Liebenswürdigkeit und einen gewissen ihr verbliebenen Reiz vergessen. Nun soll er sie heiraten. Er schwankt, endlich will er's, weil er's wollen *muß:* die Mutter verlangt es, sein eignes Rechtsgefühl verlangt es, der *König* verlangt es. Dies Letztre gibt den Ausschlag, er muß nun *unbedingt.* Zugleich empfindet er, daß *er,* der eitle, stolze Mann, der ohne die Bewunderung der Welt und seiner Kameraden nicht leben kann, sich für immer zur Lächerlichkeit verurteilt sieht, wenigstens erscheint es ihm so, und nicht aus noch ein wissend, erschießt er sich, nachdem er durch den Trauakt seinen faux pas rektifiziert hat. Mir leuchtet das Ganze vollkom-

men ein, mindestens doch so wie der Tod des Hofmanns, der sich er-
schoß, weil er sich bei der Whistpartie mit 2 Kaisern und einem Könige, das Mindeste zu sagen »unanständig aufgeführt hatte.« Die
Furcht vor dem Ridikül spielt in der Welt eine kolossale Rolle.

*Auch seine Tochter Mete hatte Einwände erhoben, mit denen sich
der Vater auseinandersetzen mußte. Er antwortet ihr am 24. August 1882:*

Habe Dank für Deinen lieben Brief und die freundlich eingehende
Beschäftigung mit dem armen Schach. Wenn Du fürchtest, das Aussprechen von Bedenken könnte mich verstimmen, so ist das eine
Sorge, die mich in Verlegenheit bringt und beinah traurig macht,
um so mehr als George seinen letzten Brief an mich mit einer ähnlichen Betrachtung resp. Entschuldigung schloß. Wenn ich *so* reizbar, *so* kindisch-eitel wäre, so tät' ich am besten, ich ginge in die
Ecke und schösse mich tot. *So* eitel und empfindsam bin ich aber nie
gewesen, bin ich jetzt nicht, und werd' ich nie werden. Ja, ich darf es
geradezu aussprechen, daß ich einen klugen, wohl motivierten und
vor allem *liebevollen* Tadel, einen Tadel der das Talent und die
Schreibeberechtigung in jedem Wort anerkennt, und *nun* erst zu
Äußerung seiner Bedenken übergeht, daß ich solchen Tadel lieber
habe als uneingeschränktes Lob, gegen das ich immer mißtrauisch
bin. Gegen die moderne Dumme-Jungens-Kritik, wo Laffen oder
aber, wenn talentvoll, höchst fragwürdige Gestalten mir beibringen
wollen, was Anstand, Moral und gute Sitte ist, gegen *solche* Kritik
bin ich freilich empfindlich, aber nicht ihres Tadels, sondern ihrer
Unart und Unverschämtheit halber. Macht man mir aber eine auf-
richtige Verbeugung, nimmt man den Hut ab, und begrüßt mich
herzlich oder wenigstens mit Manier, so kann man mir hinterher *alles* sagen. Und wenn ich dies Recht schon Fremden zugestehe, so
meiner Frau und meinen Kindern erst recht. Wenn hiervon vielleicht ein paar Ausnahmen existieren, so muß man sich diese erst
ansehn; Verschrobenheiten, auch wenn sie wohlmeinend sind, machen mich nervös und ungeduldig. Das hat aber mit Empfindelei
gar nichts zu tun.
    Der Punkt, den Du berührst, ist sehr wichtig. Wir sprechen das
später mal durch. Es hängt alles mit der Frage zusammen: »wie soll
man die Menschen sprechen lassen?« Ich bilde mir ein, daß nach

dieser Seite hin eine meiner Forcen liegt, und daß ich auch die Besten (unter den *Lebenden* die Besten) auf diesem Gebiet übertreffe.
Meine ganze Aufmerksamkeit ist darauf gerichtet, die Menschen *so*
sprechen zu lassen, wie sie *wirklich* sprechen. Das Geistreiche (was
ein bißchen arrogant klingt) geht mir am leichtesten aus der Feder,
ich bin – auch darin meine französische Abstammung verratend –
im Sprechen wie im Schreiben, ein Causeur, aber weil ich vor allem
ein Künstler bin, weiß ich genau, wo die geistreiche Causerie hin-
gehört und wo *nicht*. In Grete Minde und Ellernklipp herrscht eine
absolute Simplizitätssprache, aus der ich, meines Wissens, auch
nicht einmal herausgefallen bin, in L'Adultera und Schach v. Wuthenow liegt es umgekehrt. Deshalb kann ich moderne Salon-Novel-
len meistens nicht lesen, weil alles was gesagt wird, so langweilig, so
grenzenlos unbedeutend ist; will ich aber eine geistreiche Frau
schildern, oder wohl gar einen Mann wie Bülow, nun so muß auch
'was herauskommen. Natürlich kann es des Guten zuviel werden
und wenn Bülow alle 21 Kapitel hindurch spräche, so wär' es einfach
nicht auszuhalten; von Kapitel 8 an hören diese Geistreichigkeiten
aber ganz auf oder kehren nur noch sehr vereinzelt wieder. Und so
denk ich, sind sie hinzunehmen, um so mehr als mir durchaus daran
lag auch wirklich ein Zeitbild, ein Stück Geschichte zu geben. Ohne
ein bestimmtes Maß von »Voraussetzungen« läßt sich überhaupt
nicht schreiben, und je geschulter die Menschen werden, je größer
wird der Kreis dessen, worüber man plaudern darf.

Im Gegensatz zu seiner Familie erkannte Mathilde von Rohr, nach-
dem sie »Schach von Wuthenow« gelesen hatte, daß Fontane kein
gewöhnlicher Unterhaltungsautor war. Am 3. Januar 1883 bedankt
sich Fontane für die wohlwollenden Worte des alten Stiftsfräuleins
und für ihren unermüdlichen Einsatz bei der Beschaffung von
Quellenmaterial:

Ein längerer Brief von Ihnen, den ich schon etwa Mitte Dezember
erhielt, hat mich sehr beglückt. Sie sprachen sich darin über meinen
Schach aus und in einer Weise, die weit über meine Erwartungen
hinausging. Alles Lob tut wohl; an *Ihrer* Zustimmung aber mußte
mir in diesem Falle ganz besonders gelegen sein, schuld' ich Ihnen
doch den ganzen Stoff; ohne *Ihre* Erzählung existierte auch die meinige nicht.

Mit dem Beifall, den Schach im Publikum und in der Presse gefunden hat, kann ich zufrieden sein, *eine* der Kritiken (im »Magazin
f. d. Literatur des In- und Auslandes«) geb' ich gleichzeitig mit diesen Zeilen zur Post. Fast noch wichtiger ist mir *das*, daß mir Landge-
richts-Direktor Lessing, der reiche Besitzer der Voss. Ztng., einen
liebenswürdigen Brief geschrieben, mir seinen Dank ausgesprochen
und für nächsten Sommer, 83, etwas ähnlich Novellistisches von mir
eingefordert hat, aber über dies schließlich doch immer nur bescheidene Maß von Glück und Anerkennung werd' ich schwerlich hinauskommen. Ein *wirklicher* Erfolg war mir nie beschieden und wird
mir auch nicht mehr beschieden werden. Ich muß mich einrichten
mit Lebenslotterie-Gewinnen von 50 Talern. Je länger ich das Leben
beobachte, je deutlicher seh' ich, daß dem Einzelnen mit einer eisernen Konsequenz des Schicksals das Eine gegeben, das Andre versagt
wird; der eine spekuliert immer glücklich, der andre immer unglücklich; der eine liebt immer glücklich, der andre immer unglücklich;
der eine reist dreimal um die Welt ohne Unfall, der andre trifft es bei
jeder Ausfahrt so, daß ein Rad bricht oder ein Pferd durchgeht oder
doch wenigstens daß es mit Mollen gießt. Und nach diesem Unwan-
delbarkeits-Gesetz ist auch über mein Bücher-Glück und Unglück
ein für allemal entschieden: ich werde immer einen mäßigen An-
stands-Erfolg erzielen; aber nie mehr. Auch bei Schach wird sich dies
wieder zeigen; die 2. Auflage war schnell da, aber darüber hinaus
wird es wohl nicht kommen. Der Buchhändler und das Publikum
wenden sich schnell andern Göttern zu. Alles lebt nur auf 8 Tage.

Obwohl eine zweite Auflage gedruckt wurde, schätzte Fontane die
Haltung des Laienlesepublikums realistisch ein. Die Literaturkritik
nahm dagegen Fontanes Roman positiv zur Kenntnis. So auch seine
junge Freundin Ludovica Hesekiel, an die er am 10. Dezember 1882
schreibt:

Haben Sie herzlichen Dank für Ihre Besprechung meines Schach in
der gestrigen Kreuz-Zeitung, die ganz meinen Wünschen und Erwartungen entsprach; *Sie* selbst konnten sich nicht anders dazu
stellen und noch weniger die Zeitung. Mein Dank ist um so größer
und aufrichtiger, als es mir, nach Absendung des Buches, schwer auf
die Seele gefallen ist, Sie überhaupt um eine solche Sache gebeten
zu haben. Ich mußte das nicht tun, und *hätt'* es wohl auch nicht

getan, wenn mich nicht das Historische, das Zeitbildliche darin und andrerseits Adami's schon *vor*her (nach dem ersten Abdruck in der Vossin) eingeheimstes Lob dazu verführt hätte. Es soll aber nicht wieder vorkommen.

An Wilhelm Friedrich, Berlin, 19. Januar 1883

Als ich vor drei, vier Tagen schrieb, verfolgte ich nur den Zweck, erstens überhaupt ein Lebenszeichen und zweitens Ausweis über den Verbleib bez. die Wirkung der Rezensions-Exemplare zu geben. Ich danke bestens für Ihre freundlichen Zeilen, bitte jedoch – wenn Sie nicht etwas besonders Schönes von Kritiken haben, was ich übrigens stark bezweifle – von jedem Austausch dieser Nichtigkeiten Abstand nehmen zu wollen. Entweder sind es nur Notizen oder längere Redensarten, die in ihrem Lob wie Tadel gleichmäßig blechern auftreten. Das Lob in der Regel *noch* dümmer als der Tadel. Die gesamte deutsche Presse verfolgt mir wie andern gegenüber, beständig den Zweck, einen bestimmten Schriftsteller an eine bestimmte Stelle festnageln zu wollen. Es ist das das Bequemste. *Mein* Metier besteht darin, bis in alle Ewigkeit hinein, »märkische Wanderungen« zu schreiben. Alles andre wird nur gnädig mit in den Kauf genommen. Auch bei Schach tritt das wieder hervor, und so lobt man die Kapitel: Sala Tarone, Tempelhof und Wuthenow. In Wahrheit liegt es so: von Sala Tarone hab ich als Tertianer nie mehr als das Schild über dem Laden gesehn. In der Tempelhofer Kirche bin ich nie gewesen und Schloß Wuthenow existiert überhaupt nicht, hat überhaupt nie existiert. Das hindert aber die Leute nicht zu versichern: »ich hätte ein besondres Talent für das Gegenständliche«, während doch *alles*, bis auf den letzten Strohhalm, von mir erfunden ist, nur gerade *das* nicht, was die Welt als Erfindung nimmt: *die Geschichte selbst.*

Fontane wollte keine freundschaftlichen Gefälligkeitsbesprechungen, sondern gerechte und fachkundige Kritik, wie sie Paul Schlenther und Otto Brahm beherrschten. Schlenthers Rezension über die Buchausgabe von »L'Adultera«, die keinerlei moralische Wertungen bezüglich des Ehebruchs enthält, imponierte Fontane so sehr, daß er an Otto Brahm, den er für den Verfasser der Besprechung hielt, am 23. Juni 1882 schreibt:

Heute früh erst ist mir das durch Ihre Güte für mich bestimmte Zeitungsblatt zugegangen. Sind Sie selbst P. Schlenther (von dem ich schon früher Einiges in der »Tribüne« gelesen habe) oder aber ist er ein selbständiges Ich, das leibhaftig als ein allerwirklichster Paul Schlenther neben Ihnen wandelt – gleichviel, ich bin, so oder so, dem Träger dieses Namens *sehr* zu Danke verpflichtet. Das nenn ich kritisieren! Es wird mir nichts geschenkt, oder wenigstens nicht viel, und die schwachen, angreifbaren und namentlich auch die sehr in *Frage* zu stellenden Seiten meiner Arbeit werden herausgekehrt. Aber nebenher läuft doch zweierlei: das Anerkenntnis, daß man es mit einem ordentlichen und anständigen Menschen, und zweitens das Anerkenntnis, daß man es mit einem sein Metier ernsthaft übenden, anständigen Künstler zu tun hat. Den Künstler nehm ich noch mehr für mich in Anspruch als den Dichter. Also nochmals besten und aufrichtigsten Dank. Ich bin nun seit beinah vierzig Jahren Schriftsteller, aber unter den mehr als tausend Kritiken, die sich mit mir beschäftigt haben, sind keine zehn, vielleicht keine sechs, die dieser gleichkommen, und ist nicht eine, die dieser den Rang abläuft. Was über Ruben oder Rubehn gesagt ist, was ferner über meine Manier, alles sprungweis zu behandeln, und die Stationen, wo Seidel getrunken wurden, sozusagen durch Schnellfahren wieder einzubringen – alles ist richtig, alles unterschreib ich. Ganz vorzüglich ist auch der Schluß, wenn auch vielleicht nicht in der Motivierung. Der Grund der Anfechtung liegt genau da, wo für andre (z. B. mal im »Magazin«) der Grund einer besondern Anerkennung gelegen hat. Wenige haben den Mut und die Kraft, sich, behufs Zeugnisablegung, die Dinge des Lebens so anzusehn, wie sie liegen; die Mehrheit kann aus dem Konventionalismus nicht heraus und hält an elenden, längst Lüge gewordenen Phrasen fest. Die Minorität anderseits gefällt sich darin, zu *sehr* damit zu brechen, zu gründlich damit aufzuräumen und dadurch ich will nicht sagen das Recht ihrer Tendenz und der Äußerung derselben, aber doch die Fähigkeit das einfach Tatsächliche zu sehen und zu schildern, einzubüßen.

Brahm und Fontane hatten sich während ihrer Kritikertätigkeit für die »Vossische Zeitung« angefreundet. Ihre Beziehung war herzlich und anregend zugleich, wie sich besonders im Austausch über die Bühnenwerke Henrik Ibsens und Gerhart Hauptmanns zeigte. Von

Brahms Kritikfähigkeit war Fontane ebenso hingerissen wie von derjenigen Schlenthers. Er bewunderte an ihm seine Sprachbeherrschung und seine scharfen Beobachtungen. In einem Brief an Brahm schreibt er am 29. Oktober 1882: Sie sind wie zum Kritiker geboren: scharf, klar, fein und, was bei dieser glücklichen Dreiheit kaum ausbleiben kann, ein brillanter Stilist. Alles, war Sie schreiben, les ich mit Vergnügen, wie man einen klugen Menschen gern sprechen hört.

Auch im Jahre 1883 reist Fontane für ein paar Wochen in den Harz; und wiederum nimmt er sich die Zeit, sich mit zeitgenössischen Schriftstellerkollegen und deren Werken auseinanderzusetzen. Für diesmal hatte er sich den französischen Dichter Emile Zola vorgenommen. Erste Eindrücke seiner Lektüre schildert er seiner Frau am 8. Juni 1883:

Ich lebe hier eigentlich wie im Himmel, und wenn es so fortgeht, hab ich alle Ursach der Familie Hertz sehr dankbar zu sein. Die Veranda des Hauses in dem ich wohne, ist in den Park hineingebaut und auf eben dieser sitz' ich von 8 Uhr früh bis um 2 Uhr. Dann Diner in der Veranda des mir gegenübergelegenen eigentlichen Hotels, Kaffe, Plauderei bis 6. Dann wieder zu mir, wo nun eine der vielen *Um*kleidungen, aus denen sich auch hier mein Leben zusammensetzt, vorgenommen wird. Zeitung; Brief geschrieben; auf den Bahnhof, wo ich den Zug abgehen sehe. Gestern eine Schule, 120 kl. Mädchen von zwölf bis sieben Jahr. Studie für einen Novellisten. Nach Rückkehr von meiner Promenade begann ich gestern Zola zu lesen; ich werde wohl über einen Band nicht hinauskommen, oder vielleicht les' ich auch alle Bände aber von jedem nur zwei, drei oder vier Kapitel (die Kapitel sind *sehr* lang, mitunter 50 Seiten, also sagen wir *zwei* Kapitel.) Als Mann von Fach interessiert mich die Sache sehr, aber von Bewunderung keine Rede. Solche Arbeit wie die »Grenzen der Menschheit« von Heyse ist reine klassische Kunstblüte daneben. Die Vorrede zu La fortune des Rougon ist Unsinn und Anmaßung, also schließlich der reine Mumpitz. Nun kommt das 1. Kapitel. Was hierin erzählerisches Talent ist, erkenn ich gern an, – manches (aber auch nur manches) ist scharf beobachtet, die Darstellung lebhaft, farbenreich, fesselnd, aber nichtsdestoweniger alles nur Schmöker. Höchster oder auch nur hoher Schmöker sein, ist vielleicht das Roman-Ideal, aber mittlerer Schmöker mit ein paar Spitzen ist mir nicht genug. Er erinnert mich beständig an Gödsche: Sebastopol, Nena Sahib etc. Es wimmelt von Fehlern, Wuscheleien, Ungehörigkeiten und Unsinnigkeiten, lesbar, auch für unserein, aber ohne *Kunst* und ohne Bildung. Er *tut* gebildet, ist es aber nicht.

An Emilie Fontane, Thale am Harz, 25. Juni 1883

Seit vorgestern abend bin ich auch mit La conquête de Plassans fertig und habe gestern nachmittag viel darüber geschrieben. (Vormittag halt' ich mit Gewissenhaftigkeit meine Korrekturstunden.) Das Talent ist kolossal, bis zuletzt. Er schmeißt die Figuren heraus, als ob er über Feld ginge und säte. Gewöhnliche Schriftsteller, und gerade die guten und besten, kommen einem arm daneben vor. Storm die reine Kirchenmaus. Und doch, im Letzten ist er halb Pietsch halb Goedsche. Von jenem hat er die Fülle und die Farbe der Schilderung, von diesem das Ungezügelte, das Durchgängerische, die wild gewordne Fähnrichsphantasie. Hesekiel sagte seinerzeit sehr richtig: »Goedsche, Du hast mal wieder zu viel Zahntinktur getrunken.« Ich hoffe, über Zola schreiben zu können. Was bis jetzt über ihn gesagt ist, ist alles dummes Zeug, geradezu kindisch. Nichts liegt hier so danieder, wie die Kritik. Die Betreffenden wissen gar nicht worauf es ankommt.

Noch im selben Jahr erschienen Fontanes zwei Essays über Emile Zola.

Inzwischen erwachsen geworden, fordern Fontanes Kinder immer noch die väterliche Hilfs- und Zuhörbereitschaft. Besonders seinem Sorgenkind Mete gegenüber fühlt sich Fontane verantwortlich, denn Krankheit und die Tatsache, daß die Dreiundzwanzigjährige nach einer gescheiterten Verlobung und einer unglücklichen Beziehung zu dem Sänger Julius Stockhausen keinen ihr gleichgesinnten Mann gefunden hat, lassen den Vater nachdenklich werden. Besorgt schreibt Fontane am 22. Juni 1883 an seine Frau:

Marthas Brief und Karten sind wieder vorzüglich; sie hat ein ganz entschiednes schriftstellerisches Talent, beobachtet scharf, ist geistvoll und hat für alles einen natürlichen Ausdruck. Sie tut mir leid; wäre sie als reiche Dame geboren, so wäre sie tadellos, so aber fehlt ihr doch das zu Leben und Glück Unerläßliche: die gegebene Situation einfach zu begreifen. Jedes Land, jede Gesellschaft, jedes Lebensalter, jedes Verhältnis, jedes Portemonnaie, fordert ein ganz bestimmtes Benehmen und die jedesmal entsprechende Haltung zu treffen, ist die recht eigentliche Lebens-Klugheit. Ein Offizier, der Anno 70 gleichzeitig mit mir gefangen war, fuhr in Limoges, wo man ihn interniert hatte, viere lang. Endlich mußt' er sich sagen lassen »das sei unpassend; ein Gefangener sei eben ein Gefangener und nicht Sportsman.« Der junge Bleichroeder darf Mitglied vom Jockei-Club sein, der junge Fontane nicht. Was ich an Martha beklage, ist das, daß ihr diese simpelste Lebensweisheit nicht aufgegangen ist. Die Kleinheit unseres Lebenszuschnitts ist ihr unerträglich, und wenn ich mich in diesem Gefühl auch noch einigermaßen zurecht finden kann, so doch nicht in der Art, wie sich dies Gefühl in Szene setzt. Ich vermisse darin ein ruhiges Erkennen dessen, was *die Pflicht fordert*. Hätte sie dies Erkennen, so würde sich auch ihr Handeln danach modeln. Sie hat sich einfach in den Kopf gesetzt »Dame zu sein«, ohne sich zu fragen, ob das so ohne Weiteres geht. Dame *bleiben*, kann man immer, aber Dame *spielen* ist von den äußren Verhältnissen abhängig, die man nicht immer in der Hand hat. Es fällt mir nicht ein, in ihrer Handelweise etwas ändern zu wollen, im Gegenteil, ich freue mich von Herzen ihrer guten Tage, was ich vermisse, ist das Zeigen – auch für die Zukunft – eines echten, zuverlässigen *guten Willens*. Übrigens hängt alles im Leben an einem seidnen Faden, und ein höhrer Wille spottet jeden Augenblick unsrer Betrachtung und Berechnung. Pickt sie irgendwo in Mecklenburg einen reputierlichen Mann auf, der ihr jeden Tag Weingelée vorsetzen kann, so hat *sie* recht gehabt. Man verzapft so gut man kann seine väterliche Weisheit und schließlich ist doch auch diese belämmert.

Auch als Martha zusammen mit ihrer amerikanischen Freundin Mrs. Dooly nach Frankreich und Italien reist, nimmt der Vater Anteil an ihren Erlebnissen und Beobachtungen.

An Martha Fontane, Berlin, 16. März 1884

Heute früh erhielten wir Deinen zweiten Brief aus *Nizza* – ich bin
entschieden gegen »Nice« – und da ich nicht wissen kann was die
nächsten Tage an Störungen vielleicht bringen, so benutze ich die
Sonntagsstille (für Mama viel *zu* still, woraus sie mir immer einen
Vorwurf macht) um Dir zu schreiben und vor allem auch zu gratulieren. Zu den vielen Wünschen die ich für Dich habe, gehört mit
Rücksicht auf die momentane Lage vor allem auch *der*, daß Du so
froh, so heiter, so zweifelsohne wie möglich in den herrlichen
blauen Himmel hinauf und auf das herrliche blaue Meer hinab
schauen mögest. Glaube mir nach meinen reichen Reise-Erfahrun-
gen überhaupt, aber speziell auch nach meinen aus zwei Aufenthalten herstammenden *italienischen* Erfahrungen, daß es nur *da*rauf
ankommt, nur auf das was auf der Straße liegt, was man von jedem
Hotel- oder Wagen-Fenster aus sehen kann. Mama und ich sind
vollkommen einig darüber, daß die weitaus größten Genüsse die wir
in Italien gehabt haben, Fahrten aller Art: auf Eisenbahn, Dampf-
schiffen, Booten, in Landkutschen und Droschken und außerdem
Spaziergänge waren, Spaziergänge den Corso oder den Toledo (in
Neapel; jetzt Via nazionale) die Piazzetta oder den Monte Pincio
entlang, und daß alle Kunstgenüsse daneben verschwinden. Auch
der wütendste Bilder-Tiger kommt außerdem noch sehr bald dahinter, daß er nicht alles, nicht ein Zehntel verschlingen kann und daß
man sich mit Brocken begnügen muß. *Die* aber werden keinem versagt, so wenig daß man eher umgekehrt sagen kann, sie fliegen
einem wie Konfetti während der Karnevalszeit an den Kopf.

Am 8. April 1884 erzählt er der Tochter von einer lustigen Begeben-
heit:

Mama und ich waren gemeinschaftlich im Theater, um den »Mohr
des Zaren« zu sehn. Um 10 fragt Bertha den sein Abendbrot verzeh-
renden Friedel »ob sie aufbleiben müsse oder zu Bett gehen könne?«
»Gehen Sie ruhig zu Bett; die Eltern haben Hausschlüssel und
Drücker.« Und Bertha geht zu Bett. Friedel holt Mama aus dem
Theater ab und erzählt sein Gespräch mit Bertha. »Ja, das ist
schlimm, ich habe keinen Drücker, und Papa kann vor 12 von der
Zeitung nicht wieder da sein.« »Nun dann wollen wir so lange zu

dem Weihen-Stephan gehn und ein Seidel trinken.« Gut. Von 11 ¹/₂ an stehen sie aber wieder vor der Gittertür und warten auf mich. Endlich erkennen sie mich. »Da kommt er angehupst.« »Guten Abend.« »Gott sei Dank, daß Du kommst; wir können nicht in unsre Wohnung, Bertha ist zu Bett und ich habe keinen Drücker.« »Und ich auch nicht.« Kolossale Verlegenheit. Mama merkwürdig gefaßt, weil sie noch unter dem Einfluß des Weihen-Stephan-Seidels stand. »Ja, was machen wir nun? wir können ja bei der verschlossenen Hoftür auch nicht einmal die Hintertreppe hinauf und ›bullern‹.« Friedel drang nun drauf, wir sollten mit in seine Wohnung kommen, wo *ich* mich in sein Bett und Mama sich aufs Sopha legen sollte, *er* aber wolle entweder auf einem Stuhl nächtigen oder zu Karl Zöllner ins Bett kriechen. Ich dankte ihm, erklärte jedoch mein »non possumus«; ich habe keine Vorliebe für andrer Leute Betten. So wurde denn beschlossen, daß Mama und ich bei Fredrichs drüben ein Unterkommen suchen sollten. Um's kurz zu machen, im letzten Moment entdeckten wir bei »Geheimrats« noch Licht; also wieder ins Haus hinein, treppauf und geklingelt. Der Geheimrat erschien und das Wort Hamlets als er seines Vaters Geist auf sich zukommen sieht: »Thou comest in such a questionable shape« paßte auch hier. Schönheit ist auch bei Tage nicht seine Sache. Die Gattin stand ihm zur Seite. Beide übrigens voller Güte und *er* sogar voller Humor, natürlich *seine* Sorte. Mit einem Hackebeil bewaffnet, das ich in der geheimrätlichen Küche von der Wand nahm, zogen wir nun 5 Mann hoch treppauf und bullerten zunächst. Aber Bertha schlief den Schlaf des Gerechten und so blieb dann nichts als das Hackebeil. Es wurde zwischen die Boden-Tür geklemmt, um eine Klinse zu gewinnen, in die nun die Hände vom Geheimrat, von Friedel und mir hineinfuhren; eins, zwei drei und mit einem ungeheuren Ruck und Krach flog die Tür auf. Sonderbarerweise war nichts zerbrochen; die nur dünne Tür hatte elastisch nachgegeben und war einfach aus dem Schloß herausgesprungen. Und nun die Hühnerstiege hinauf, um Bertha zu wecken. Ein vollkommener Sieg war erfochten und ein mitternächtiger Schlummerpunsch war der allseitige, wohlverdiente Lohn.

1884 war ein wichtiges Jahr für den Romanschriftsteller Fontane. Im Mai verbrachte er zwei Wochen auf »Hankels Ablage« in Zeuthen und schrieb acht Kapitel seines Romans »Irrungen, Wirrungen«. Im Juni reiste er wieder einmal nach Thale am Harz, wo er

»Cécile« konzipieren wollte. Im Juli brach er schließlich nach Krummhübel auf, das er schon von früheren Aufenthalten her kannte. Die Ruhe und Zurückgezogenheit nutzte Fontane, um an »Cécile« weiterzuarbeiten. Bis 1892 verbrachte er nahezu jedes Jahr viele Wochen in dem schlesischen Ort, nicht zuletzt, weil er hier die Bekanntschaft mit dem Amtsrichter Georg Friedlaender aus dem benachbarten Schmiedeberg gemacht und in ihm einen anregenden, interessierten und kompetenten Brief- und Gesprächspartner gefunden hatte. Die Freundschaft währte bis zu Fontanes Tod.

Fontane liebte seine Sommerfrischen gerade auch, weil er hier die nötige Ruhe und Entspannung für die Arbeit an seinen Romanen fand. Er fühlte sich in der sauberen Umgebung wohler als in der schmutzigen Großstadt Berlin und konnte freier über seinen Tagesablauf bestimmen.

An Georg Friedlaender, Berlin, 21. Dezember 1884

Empfangen Sie unsren herzlichsten Dank für Ihren liebenswürdigen Brief, der uns in seinem Inhalt und seinen Beilagen eine rechte Weihnachtsfreude war. Das Bild des verehrten Ehepaars ist vorzüglich und das der beiden Kinder einfach entzückend. Hirschberg, in seiner photographischen Kunst, rivalisiert siegreich mit Berlin, zum Mindesten ist es ebenbürtig. Ich hebe dies absichtlich hervor und füge aus voller Überzeugung die Worte hinzu: »wohl jedem, der in glücklicher unmittelbarer Umgebung in Schmiedeberg sitzt und statt auf den Berliner Kreuzberg auf das Riesengebirge blickt.« Bismarck, der so oft recht hat, hat auch recht in seiner Abneigung gegen die Millionen-Städte. Sie schreiben selbst »bei weniger »Karriere«, hätten wir mehr Wahrheit in der Welt.« Gewiß. Und nicht bloß mehr Wahrheit, auch mehr Einfachheit und Natürlichkeit, mehr Ehre, mehr Menschenliebe, ja auch mehr Wissen, Gründlichkeit Tüchtigkeit überhaupt. Und was heißt Karriere machen anders, als in Berlin leben und was heißt in Berlin leben anders, als Karriere machen. Einige wenige Personen brauchen ihrem Berufe nach die große Stadt, das ist zuzugeben, aber sie sind *doch* verloren, speziell für ihren Beruf verloren, wenn sie nicht die schwere Kunst verstehn, in der großen Stadt zu leben und wiederum auch *nicht* zu leben. Ad. Menzel ist beispielsweis ein Meister in *dieser* wie in seiner eigentlichen Kunst. Gewiß war ihm Berlin eine Notwendigkeit (Menzel

50 Jahre lang in Filehne wäre nicht Menzel mehr) aber wie hat er auch in Berlin gelebt? Von 9 bis 9 ein Einsiedler in seinem Atelier, und dann erst, wenn andre zu Bette gehn, geht er mit seinem Ordensband zu Hof oder mit seinem Klapphut zu Huth. Er war zeitlebens ein Meister in der Kunst der *Konzentration* und hat deshalb eine Kunst-Karriere gemacht, ohne je ein Karrieremacher gewesen zu sein. Aber das alles ist Ausnahmefall. Als Regel steht es mir fest, die große Stadt macht quick, flink, gewandt, aber sie verflacht und nimmt jedem der nicht in Zurückgezogenheit in ihr lebt, jede höhere Produktionsfähigkeit. Schon vor 40 Jahren schrieb Macaulay: »fruchtbare Gedanken sind einem Londoner Parlamentsmitglied eine Unmöglichkeit; er geht unter im Lärm, im oberflächlichen Getriebe; der kleinste Krämer der kleinsten schottischen Stadt kann die Welt der Ideen eher bereichern, als ein Londoner der ein ›Londoner‹ ist.« Wie wahr! Die große Stadt hat nicht Zeit zum Denken, und was noch schlimmer ist, sie hat auch nicht Zeit zum Glück. Was sie hunderttausendfältig schafft, ist nur die »Jagd nach dem Glück«, die gleichbedeutend ist mit dem Unglück. Unter meinen nächsten Bekannten sind ein paar solche Jäger, alte Herren, ihre Ehegesponse natürlich an der Spitze. Es ist ein Jammeranblick. Natürlich sind es Geheimeräte, die nun also längst das sind, was sie werden konnten. Aber die Jagd geht *gewohnheitsmäßig* weiter; Titel und Orden können es nicht mehr sein, und so ist denn aus der Jagd eine ganz triviale »Rennerei« geworden, eine Rennerei nach Quartett-Konzerten, nach Premieren, nach Bazaren, wo die Kronprinzeß *vielleicht* erscheint, nach Prinzessinnen-Trousseaus, nach Cumberland, nach Stanley, nach einer Koegelschen Trauung. Alles zum Lachen, wenn es nicht zum Weinen wäre. Wenn ich dann zugleich an *Ihr* Haus denke, an Ihre Frau und Kinder, an gesunde Luft und Natur, so finde ich, Sie leben in Paradiese. Dies ist meine aufrichtigste Meinung. Und was ist denn der Einzelne hier, wenn er nicht zufällig Bismarck oder Bleichroeder heißt. Ein ander Mal mehr.

Im November 1884 erschien die erste Buchausgabe des Romans »Graf Petöfy«, der durch die Wahl der Schauplätze aus der Reihe der Berliner Romane fällt. Während seiner Studien über den deutschen Krieg von 1866 hatte sich Fontane bereits mit der Geschichte und den politischen Verhältnissen der Donaumonarchie vertraut gemacht, die schließlich in diesem Roman thematisiert wurden. Fontane war sehr enttäuscht von den kritischen Stimmen in der Presse. Nur wenige Rezensenten erkannten, daß auch in dem kleinen Werk kunstvolle Gestaltung steckt. Im Dezember brachte die Morgenausgabe der »Vossischen Zeitung« eine anonyme Besprechung, die Fontane mit Freude und Gewinn las. Am 14. Dezember bedankt er sich beim Verfasser, Ernst Schubert:

An Ernst Schubert, Berlin, 14. Dezember 1884

Durch Freund Stephany weiß ich, *wem* ich für die Besprechung meines »Petöfy« verpflichtet bin. Empfangen Sie meinen herzlichen Dank. Sie haben für alles, was mir leidlich gelungen, ein freundliches Auge gehabt und haben mir im Besonderen dadurch einen großen Dienst geleistet, daß Sie den kitzlichen Punkt, den »Pakt« zwischen Franziska und Petöfy gar nicht berührt haben. Schon im Roman selbst, wo man Raum und Gelegenheit hat mit Hilfe von mal dunklen mal helleren Andeutungen eine Sache zum Bewußtsein des Lesers zu bringen, schon im Roman selbst, sag' ich, war dies überaus schwierig; als nackt hingestellte Tatsache wär' es in einer Besprechung tödlich für mich gewesen. Nochmals besten Dank, daß sie dies zu meinen Gunsten empfanden.

Am 17. Mai 1885 starb Bernhard von Lepel. Die Beziehung zwischen Fontane und seinem Jugendfreund war im Alter etwas abgekühlt; Lepels eigenwillige Einstellung gegenüber Frauen mag wohl ein Grund dafür gewesen sein. An Mathilde von Rohr, deren Bekanntschaft Fontane dem Freund zu verdanken hatte, schreibt er am 23. Mai 1885 über Lepels unerwarteten Tod:

An Stelle meiner Frau, die mal wieder ohne Mädchen ist, übernehme ich es, Ihnen unsren herzlichsten Dank für Ihren Brief und die begleitende freundliche Sendung auszusprechen. Wir haben uns den Spargel gleich schmecken lassen. Am 1. oder 2. Juni will ich nach Krummhübel, einige Tage später wird meine Frau folgen, was Grund ist, daß wir uns auf Mietung eines neuen Mädchens gar nicht eingelassen haben. Die letzte, die wir hatten, eine Pommeranerin (noch dazu aus Anklam) war sehr gut, aber zuletzt so schwach und matt, daß sie sich kaum aufrecht halten konnte, und so bat sie

selber, sie zu entlassen. Was denn auch geschah. Ich überzeuge mich
jetzt doch mit Schrecken, wie viel Ursach die armen Frauen zum
Klagen haben; früher glaubte ich immer, meine Frau verlange zu
viel und fordre so viele Tugenden und Vorzüge, wie sich eben selten
vereinigt finden. Das ist aber nicht der Fall; von den 6 oder 7, die wir
nun seit anderthalb Jahren gehabt haben, war die erste roh, eitel
und verlogen (sonst ganz brauchbar) die zweite vor Eitelkeit drei-
viertel verrückt und stockdumm; die dritte, nett und gut, kriegte
den dritten Tag einen kranken Fuß; die vierte, sehr hübsch, war nur
für Tanz und Liebschaften; die fünfte, brauchbar, aber ganz krank;
die sechste, noch brauchbarer, aber auch noch kränker. Alle, mit
Ausnahme der ersten, sind freiwillig gegangen und nicht unsrer-
seits fortgeschickt worden; die *gesunden* waren eitel, lüderlich und
dumm, die brauchbaren waren krank. Was soll man da machen!

Unser alter Lepel ist nun nicht mehr! Er hat seinen 68. Geburtstag nicht erleben sollen. Da beinah 14 Tage lang keine Nachrichten
kamen, so dachte ich, er würde sich noch mal erholen und so kam die
Todesnachricht doch unerwartet. Das Ganze wirkt so familientragö-
dienhaft auf mich, daß ich zu einem andern Gefühl nicht recht gekommen bin. Welch kümmerliches, kleines, unerquickliches Leben
bei so viel Talent, Wissen und ursprünglich guten Bestrebungen. Er
sagte mal zu mir: »ja, Fontane, die Weiber haben in meinem Leben
eine große Rolle gespielt. vielleicht mehr, als es hätte sein sollen.«
Das ist das wahrste Wort, das er je gesprochen. Und wenn nun noch
was dabei herausgekommen wäre! Aber alle diese Verhältnisse sind
ohne rechte Forscheté, ohne wirkliche Don Juanschaft, ohne Genia-
lität, und zeigen nur einen Mann, der nie recht wußte, was er wollte,
der immer Heimlichkeiten hatte und eine instinktive Vorliebe für
unerlaubte, ja strafwürdige Verhältnisse besaß. Kate Brown, Miss
Atkins, seine erste Frau, seine Cousine (die spätre Caprivi), Frau v.
Selchow, Frau v. Hardegg; dann endlich Anna Heydebreck – welches
konfuse Durcheinander. Dazu das Verhältnis zu dem schwiegervä-
terlichen Hause, zu Wieck, zur Familie. Bei jüngeren Jahren – wiewohl ich *nie* auf seiner Seite stand – hab ich milder über vieles gedacht; jetzt ist es mir sonnenklar, daß *alle* Schuld auf seiner Seite
war. Er war eine schwache, träge Natur, durch jedes Wort bestimm-
bar, auch von dem dummsten Menschen, und was ihn und sein
Leben recht eigentlich zu Fall gebracht hat, war *das,* daß er nicht arbeiten konnte. Er pusselte immer und lief von einer alten Dame zur

andern, dann und wann ein Gedicht vorlesend. Hätte er die *Pflicht* der Arbeit gekannt, so hätte er sich von seinem Schwiegervater nicht ernähren lassen und wäre ruhig als ein geachteter Mann und seinerseits seine brave Frau achtend, in seiner ersten Ehe verblieben. Aber er war immer absolut schief gewickelt und arbeitete für die »Loge«. Da mag er sich ein Denkmal verdient haben, sonst leider nicht. Und doch war er reich beanlagt und hatte schöne Gottesgaben. Aber wie die Engländer sagen »sein Kontroll-Apparat arbeitete nicht richtig«.

Die Eindrücke, die Fontane im schlesischen Krummhübel gesammelt hatte, fanden ihren Niederschlag in seiner Romanwelt. In »Quitt« verarbeitete er den 1877 tatsächlich vom Wildschütz Knobloch begangenen Mord an dem Förster Wilhelm Frey. Der Wilddieb war nach Amerika geflohen, und auch in Fontanes Roman wandert der Mörder in die Neue Welt aus. Fontane hält sich mit einer möglichen Verurteilung des Täters jedoch auffallend zurück. 1890 wurde »Quitt« in der »Gartenlaube« mit starken Eingriffen der Redaktion erstmals dem Publikum vorgestellt, die Buchausgabe folgte noch im selben Jahr.

An Martha Fontane, Krummhübel, 17. Juni 1885

Dieser Brief sollte »unterwegs« in einen Postkasten gesteckt werden; dieser »Unterwegs-Postkasten« kam aber nicht und so genießen diese Zeilen des Vorzugs in meiner Brusttasche bis auf die Kleine-Koppe geschleppt worden zu sein. Denn das Denkmal, das die Graf Schaffgotsch'schen Förster ihrem durch einen Wilddieb erschossenen Kameraden gesetzt haben, steht nur 500 Schritt unter der Kleinen-Koppe auf einem Felsenvorsprung, der das ganze Hirschberger Tal mit seinen Bergen, Kuppen, Städten, Dörfern, Parks und Schlössern beherrscht. Sehr schön, auch für meine Arbeit wundervoll zu verwenden, um so mehr als sich hoch oben schon alpine Sterilität, Krüppelkiefer, Knieholz und Moorgründe mit wucherndem Huflattig mit einmischen. Aber für Mama war es doch viel zu viel; wir hatten auf $1\,^1/_2$ Stunden gerechnet und es dauerte 3 Stunden eh wir hinauf waren, immer steil an, nirgends eine gerade Linie, wo man, im Gehen, mal ausruhen konnte. Und nun kam der Rückweg, der für die arme Frau, wegen des Rucks im Körper, ebenso mühevoll und anstrengend war. Sie liegt nun heute noch im Bett; das Frühstück hat aber doch geschmeckt und so denke ich, daß sie heute mittag bei Exners wieder wohlauf sein und wie ein alter Krieger von Anno 13, 14 und 15 mit Stolz und Freude auf ihre Erlebnisse zurückblicken wird. Das Material für meine Novelle habe ich nun zusammen. Auf dem Denkmal steht »ermordet durch einen Wilddieb«. Ich finde dies zu stark. Förster und Wilddieb leben in einem Kampf und stehen sich bewaffnet, Mann gegen Mann, gegenüber; der ganze Unterschied ist, daß der eine auf d. Boden des Gesetzes steht, der andre nicht, aber dafür wird der eine bestraft, der andre belohnt, von »Mord« kann in einem ebenbürtigem Kampf keine Rede sein.

1885 hielt sich Fontane erneut, diesmal ohne seine Frau, in Schlesien auf. Mit der Naivität eines Großstädters erzählt er Emilie am 12. September 1885 von dem Leben auf dem Lande:

Über Milch, Kühe, Wirtschaft hatte ich heut eine lange Unterhaltung mit Frau Schreiber, die mich einerseits in die Natürlichkeiten andrerseits in die Sorgen und Verlegenheiten einer solchen kleinen Viehwirtschaft einweihte. Schon um 8 hatte ich den alten Schreiber mit einer Kuh am Strick abziehen sehn. Ich dachte, nun ist die Milchzeit um, er wird sie wohl an einen Schlächter verkaufen wollen. Dies führte eine Stunde später zu folgender Konversation.
Ich. Wo ging denn die Kuh hin?
Frau Schreiber. Die ging zum Bullen.
Ich. Wohin?
Frau Schr. Zum Bullen.
Ich. So, so ... Ich dachte, das wäre zum Frühjahr. (Ich hätte eben so gut sagen können, »zu Weihnachten«.)
Frau Schr. Nein, nein. Das ist öfter. Das ist immer.
Das Letztere halte ich nicht für richtig, da mir mein alter Papa mal in seiner humoristischen Weise sagte: »Ja, sieh mein Sohn, das ist das Merkwürdige, die Tiere sind an bestimmte Zeiten gebunden, nur nicht der Mensch, und ich weiß nicht, ob ich es als einen Vorzug oder Nachteil ansehen soll.« Danach hat Frau Schreiber unrecht. Auf eine weitere Erörtrung wollte ich mich nicht einlassen. Übrigens erfuhr ich bei der Gelegenheit auch noch, daß sie mit der andren Kuh Unglück gehabt hätten, sie habe sehr gut Milch gegeben, sei

aber immer magrer geworden und außerdem auch unbequem gewesen durch ihre großen »Gestänke«. Da hätten sie sie denn verkauft mit über 20 Talern Verlust und da habe sich's beim Schlachten gezeigt, daß sie einen großen Spannagel mit 'runtergeschluckt und dadurch ein Loch im Magen oder in den Eingeweiden gehabt habe. Wie klug sind doch auch darin die Juden, die nur propres Fleisch essen, ohne Spannägel und ohne Gestänke. Meine Kenntnis des Tierlebens hat sich hier sehr erweitert und mir wieder die Verwandtschaft alles Irdischen, den Menschen mit eingeschlossen, gezeigt.

Anläßlich des zweihundertjährigen Bestehens des Ediktes von Potsdam, mit dem der Große Kurfürst den Hugenotten ein Bleiberecht in Berlin und Brandenburg zugesichert hatte, sollte im Saal der Philharmonie ein großes Fest gefeiert werden. Fontane gehörte zwar zur Kolonie, verhielt sich jedoch eher distanziert zu ihr. Dennoch wurde er aufgefordert, einen Prolog für den Festakt zu schreiben. An Richard Béringuier, den Vorsteher der französischen Gemeinde, schreibt er am 6. Oktober 1885:

Heute vormittag habe ich nun wieder an dem Prolog gearbeitet, und wenn ich nun nicht infolge von Schnupfen, dem man bei diesem Erkältungswetter beständig ausgesetzt ist, einen ganz verdösten Kopf kriege, so bin ich bis zum 10. oder 11. mit Prolog und Bildertext fertig. Ich bitte Sie dann, Ihnen den Prolog vorlesen zu dürfen, und Sie sagen mir gleich, was Ihnen nicht recht scheint, sei's daß vielfach etwas fehlt, oder daß etwas da ist, was besser fehlte.

Mich in die Mitgliederliste des Vereins für die Geschichte Berlins aufgenommen zu sehen, ist mir durchaus schmeichelhaft. Ich fürchte aber, daß ich diesem und andern verwandten Vereinen gegenüber durch mein Verhalten Anstoß gegeben habe. Will mein Verhalten auch nicht loben. Aber man ist zuletzt, wie man ist, und ich war immer ein Singleton, ein Einsiedler von Jugend auf. Ich bin gelegentlich Gesellschaftsmensch, aber doch meistens absolut das Gegenteil davon. In einem kleinen befreundeten Kreise schwatzt niemand mehr als ich. So wie der Kreis aber Gesellschaftszirkel oder gar ein »Verein« wird, in dem nicht mehr geplaudert, sondern öffentlich geredet werden soll, ist es mit meiner Beredsamkeit vorbei. Ich bin dann stumm und kann nicht mehr mitspielen. Aus diesem Charakterzuge sind mir viele Fatalitäten erwachsen, aber ich konnte es nicht ändern. Bitte, machen Sie, wo's not tut, meinen Verteidiger.

Fontanes Verse »Zum 26. Oktober 1885« wurden von der Schauspielerin Elisabeth Rackfall zu den von Mitgliedern der Berliner französisch-reformierten Gemeinde gestellten »Lebenden Bildern« vorgetragen. Auch Fontanes Sohn Theodor trug zum Gelingen des Festes bei: Er verfaßte den Text des Festspiels. Den Vater amüsierte es ein bißchen, gemeinsam mit seinem zweitältesten Sohn in die Öffentlichkeit zu treten. Am 21. September 1885 muß er seinen Sohn Theodor jedoch sehr energisch bitten, nicht aufzugeben:

Seit vorgestern (Sonnabend) bin ich auch wieder hier und erlebte gestern einen Besuch des Theaterdirektors Heßler. Er ließ mir, *gegen* Deine Ordre, auch Deine Arbeit hier, die ich kennen muß, weil ich einen Prolog schreiben und in diesem auf das, was die Bilder und das Stück bringen, hinweisen muß.

Bis zur Stunde habe ich noch nichts gelesen, Ich denke, daß es ganz gut sein wird, ein bißchen *zu* gut, aber das tut nichts, und keinenfalls hast Du von mir irgendein tadelndes oder störendes Wort zu gewärtigen. Ich habe selber, wenn auch nicht Stücke, so doch Toaste, Prologe, Festansprachen etc. genug geschrieben, um zu wissen, daß es alles ganz gleich ist. Zwischen einem Prolog von Heyse, Hopfen oder Adami ist praktisch gar kein Unterschied.

Daraufhin beschwöre ich Dich denn auch, Dich mit Feilungen, Akkuratessen nicht lange quälen zu wollen, es kommt nur darauf an, daß irgend etwas leidlich Verständiges behauptet wird.

Durch alle Deine Karten und fast auch durch Deinen Brief an Heßler zieht sich ein starkes Stück von Gelangweiltsein und Ärger über die Arbeit, die Dir zugefallen ist. Das Gelangweiltsein finde ich begreiflich, denn man geht sonntags lieber spazieren, als daß man zu Hause druckst, aber in Deinem Ärger finde ich mich nicht zurecht. Ich habe mich in meinem ganzen Leben über das Schwerste und Drückendste nicht ärgern können, wenn ich einsah, daß dies Drückendste nur eine Pflichterfüllung war. Bei dem, was wir der Kolonie schuldig sind, war es unerläßlich, daß einer von uns beiden das Stück schrieb, und Deine jüngeren Jahre und jungen Kräfte konnten sich dem eher unterziehen als ich, der ich müde, ja *sehr* müde bin. Ihr habt die Verpflichtung, mir mein Leben, das ebenso mühevoll wie erfolglos gewesen ist, nach Kräften zu erleichtern. Daß ich Eure Mitwirkung sehr in Anspruch genommen hätte, werdet Ihr nicht behaupten wollen. Ich habe während meiner Sommerfrische eine lange Novelle durchkorrigiert, von deren Ertrag ich diesen Winter zu leben hoffe. So war ich denn wirklich nicht in der Lage, Dir diese Arbeit abzunehmen. Es muß eben jeder helfen, und, wenn es sein kann, heiter, freudig, nicht widerwillig. Laß Dir durch diese Worte nicht die Stimmung verderben, ich schwöre Dir, daß sie Dir nicht wehe tun sollen, aber ich mußte das durchaus mal aussprechen. Ich habe nun genug getan, genug gedichtet, genug geholfen, und es muß auch mir geholfen werden.

Seinem Sohn Friedrich, der als einziger der Familie nicht an den Feierlichkeiten teilnehmen konnte, berichtet der Vater in einem Brief vom 16. November 1885 ausführlich und kritisch über die Ereignisse:

Das Fest am 3. verlief sehr hübsch und was über junge Kolonie-Schönheiten in den Zeitungen gestanden hat, war keine Übertreibung. Bei Tische – an der Béringuier-Tafel – hatten wir relativ gute Plätze: Mama saß neben einem Herrn Ravené (wahrscheinlich Bruder oder Vetter meines Van der Straaten in L'Adultera) während meine Nachbarin eine reiche Frau Dinglinger geb. Fonrobert war. Wir plauderten ganz angenehm und Theo spendierte zum Schluß eine piekfeine Flasche Hochheimer. Natürlich schmeckte er so wie der (Brauneberger) den wir vorher getrunken hatten, aber der Name und der Preis sind das Entscheidende und so hatten wir denn das Gefühl eines großen Moments. Nach Tisch ging ich; Mama blieb mit George und Theo, die dann noch bis in die halbe Nacht hinein getanzt und sich recht gut amüsiert haben, Theo in konstantem Geplauder mit seiner ganz pikanten Marion, George im Geplauder mit einem hübschen Fräulein Bandonia, Vater Rentier und Häuserbesitzer. Mache aber in etwaigen Briefen an die Brüder keine Bemerkung hierüber, – man kann nie wissen wie's aufgenommen wird. Am 26. oder 27. d. M. soll nun eine große Nachfeier sein, an der alle die, die bei dem Feste mitwirkten, teilnehmen werden; Mama und George werden hingehn, ich durch Abwesenheit glänzen.

Zum siebzigsten Geburtstag des Malers Adolf Menzel widmete Fontane seinem langjährigen Tunnelfreund das Gedicht »Auf der Treppe von Sanssouci«. Enttäuscht erzählt er seinem Sohn Friedrich, daß die erwartete Jubel-Reaktion Menzels ausgeblieben war. Dieser hatte sich wahrscheinlich darüber geärgert, daß ihm der Dichter nur noch zehn Jahre zu leben geben wollte und überdies auf seine Kleinwüchsigkeit anspielte.

An Friedrich Fontane, Berlin, 11. Dezember 1885

Habe Dank für Deine Karte vom 8. und die freundlichen und mich sehr interessierenden Mitteilungen über den Groteschen Verlag und seine Weihnachtsnovitäten. Ich fürchte nur, daß sich das alte Lied wiederholen und *alles* gehen wird, nur meine Novelle nicht. Ich muß mich drin finden; Gott hat mir ein Talent gegeben, dafür muß ich dankbar sein, Erfolg hat er mir *nicht* gegeben und darüber darf ich nicht murren. Jedem fehlt etwas und mir nun grade *das*. Ich bin verständig genug, es nicht für eine Hauptsache zu halten; vieles andre ist wichtiger.

Meine Schicksale nach dieser Seite hin haben etwas geradezu Komisches und es bleibt immer dasselbe. So habe ich jetzt ein langes Gedicht zu Menzels 70. Geburtstag gemacht, der am 8. Dezember gefeiert wurde, am 9. war Fortsetzung des Festes (solennes Frühstück, Mama zugegen, ich nicht) und am 12., morgen, wird ein großes Künstlerfest den Schluß bilden. Ich erwartete, Menzel würde mir schreiben: »lieber Freund, alles war sehr schön, aber Ihre Huldigung war das Schönste.« Was ist nun geschehn? Alles hat mir gehuldigt, der Kronprinz, der ganze Menzelsche Freundeskreis, Pietsch, Anton v. Werner etc. und drei, vier Zeitungen (vielleicht noch mehr) haben es, trotz seiner Länge, aus der Vossin abgedruckt, nur von Menzels Seite her, habe ich in diesen 4 Tagen noch kein Wort gehört; er und die Seinen haben es noch gar nicht gelesen. Es ist auch nicht zu verwundern, so groß waren die Anstrengungen, aber es würde doch vielleicht anders liegen, wenn das Gedicht von einem andern geschrieben wäre. Bei mir ist es von vornherein Schicksalsbeschluß, daß ich einen totalen Abfall erleben muß. Im Sommer war mit meinem langen Bismarck-Gedicht dieselbe Geschichte. Gar keine Antwort. Nun es muß auch *so* gehen.

Auch gegenüber seinem Schmiedeberger Freund Friedlaender
konnte Fontane seine Enttäuschung über Menzels ausgebliebene
Anerkennung nicht verbergen. Hinzu kam, daß das Gedicht auch
nicht den von Fontane erwarteten prominenten Platz in den Zeitun-
gen erhielt.

An Georg Friedlaender, Berlin, 6. Januar 1886

Sie schreiben mir so Freundliches über das Menzel-Gedicht und ich
stecke es diesmal ohne Verlegenheit ein, weil es, glaub ich, apart gelungen ist. Übrigens müßt' es auch mit dem Deubel zugehn, denn
ich habe runde 3 Wochen dran gearbeitet. Der Erfolg war glänzend,
am entzücktesten der Kronprinz, der bei Menzel, jedem der es
hören wollte, erzählte, daß er es seiner Frau 2 mal beim Frühstück
vorgelesen und es dann (ganz charakteristisch) »ausgeschnitten«
habe. Derlei Freundliches drang von vielen Seiten her an mich
heran und doch bin ich, beinah 14 Tage lang, aus dem Ärger oder
richtiger aus einem sehr schmerzlichen Gefühl nicht herausgekommen. Am 7. abends ging ich noch 'mal auf die Zeitung, um die letzte
Korrektur zu besorgen und erfuhr hier vom Chefredakteur: »er
habe eben mit Lessing gesprochen; nun ja, es sei hübsch, sogar recht
hübsch, aber eigentlich sei es doch zu viel in ein und derselben
Nummer erst einen langen Menzel-Artikel und dann auch noch ein
langes Menzel-Gedicht zu bringen«, kurzum man ließ mich fühlen,
daß man das Gedicht nur aus *Gefälligkeit* drucke und weil es doch
nun mal da sei. Ich hatte geglaubt, man würde mich umarmen (und
man hätt' es *gemußt*) und mir alle möglichen schönen Dinge sagen.
Ja, ich mache Ihnen gern und offen das Bekenntnis, ich hatte geglaubt, man werde mir 12 Flaschen Champagner oder dergleichen
ins Haus schicken. Denn Menzel war am 8. Dezember das große Ta-
ges-Ereignis und wer das Glück hat, für ein Tagesereignis das aus-
schlaggebende Wort zu finden, der muß schon vom *geschäftlichen*
Zeitungsstandpunkt aus belohnt und gefeiert werden. Aber Kuchen! Dies alles war indessen bloß Vorspiel. Menzel selbst gab kein
Lebenszeichen und kam erst am 10. oder 11. Tage, um sich zu be-
danken. Es kann Zufall gewesen sein, will sagen unbeabsichtigt,
aber selbst *dann* ist es ein starker Tabak. Wenn man jemanden *so*
feiert, so muß der Gefeierte auf der Stelle Zeit zu einem Telegramm
oder einer Rohrpostkarte finden und nicht zehn Tage vergehn las-

sen. Es wird aber wohl anders liegen und der Grund seiner Säumnis in einem gewissen Mißfallen zu suchen sein. Irgendein Wort hat ihm nicht zugesagt oder ihn geradezu verdrossen und er hat Zeit gebraucht, sich zu rekolligieren. Auch *das* läßt sich verzeihn, aber sehr angenehm ist es nicht für *den,* der auf seinen ehrlich verdienten Dank wartet. Die Welt ist wunderbar.

Heiligabend 1885, eine Woche vor Fontanes 66. Geburtstag, hatte sich sein ältester Sohn George mit der Justizratstochter Martha Robert verlobt.

An Mathilde von Rohr, Berlin, 9. Januar 1886

Unter den Gratulanten zum 30. waren natürlich auch die neuen Schwiegereltern samt Braut, die zu Tisch blieb und in Aßmannshäuser, den uns der gute Theo zum Geschenk gemacht hatte, tapfer mittrank. Es ist ein sehr liebes Mädchen, gütig, gebildet, hübsch, wirtschaftlich und wohlhabend, unter welchen 5 guten Eigenschaften die Wirtschaftlichkeit beinah obenan steht, speziell für George. Pfingsten soll die Hochzeit sein; das junge Paar wird eine Villa beziehn, die die Schwiegereltern in Groß-Lichterfelde besitzen und die jetzt leer steht.

Theo ließen Georges Lorbeeren nicht ruhen, wie Fontane in seinem Brief vom 15. März 1886 schreibt. Der zweite Sohn trug seinerseits zur Vergrößerung der Familie bei: Inzwischen zum Intendanturrat aufgestiegen, verlobte er sich am 13. März 1886 mit Martha Soldmann, der Tochter des Oberpostdirektors in Münster. George heiratete am 12. Juni 1886, Theo am 5. Oktober 1886 und zog zu seiner Frau nach Münster.

Fontanes Ansehen als Schriftsteller wuchs. Nicht nur in der märkischen Heimat, sondern auch über die Landes- und Staatsgrenzen hinaus verbreitete sich sein künstlerischer Ruf. Der flämische Literaturkritiker und Lyriker Karel Marie Polydor (gen. Pol) de Mont war so beeindruckt von Fontanes Balladen, daß er plante, einen Essay über den Berliner Schriftsteller zu verfassen. Fontane freute sich selbstverständlich über dieses Angebot und bat Wilhelm Hertz um die Erstausgabe für seinen Antwerpener Kollegen.

An Wilhelm Hertz, Berlin, 13. Dezember 1886

Ein flämischer Professor in Antwerpen, will, laut heut erhaltenem
Brief, für mich tun, was von meinen berlinisch-märkischen Freunden noch keiner getan hat: er will über den Balladendichter Fontane
einen Essay schreiben und bittet mich – nachdem er bisher auf Anthologien angewiesen war – um das Ur-Stamm- und Quell-Buch,
die »Balladen« resp. »Gedichte« selbst. Darf ich von Ihrer Güte ein
gebundnes Exemplar erbitten, da ich zu der Komödie des »gefälligen
In-Rechnungstellens« doch nicht gern schreiten möchte.

An Pol de Mont, Berlin, 15. Dezember 1886

Haben Sie Dank für Ihre Karte, die mich sehr erfreut hat. Ich habe
gleich Sorge getragen, ein Exemplar zu beschaffen und gebe es
gleichzeitig mit diesen Zeilen zur Post. Gern hätte ich noch 6, 8
Blätter (Ausschnitte) mit meinen neueren Balladen hinzugefügt,
ich hatte aber die betreffenden Zeitungen und Journale nicht zur
Hand und so mußte es – mit *einer* Ausnahme, die ich diesen Zeilen
beilege – unterbleiben.

Indem ich Ihnen baldige Wiederherstellung von Ihrem Unwohlsein von ganzem Herzen wünsche, verbleiben mir nur noch der
Wunsch und die Hoffnung, daß Ihnen das heut servierte, komplizierte Balladen-Gericht nicht als *zu* weit zurückstehend hinter den
bis jetzt gehabten »Kosthäppchen« erscheinen möge.

*Pol de Monts Aufsatz »Een drietel Balladenbundels« erschien noch
im Jahr 1886.*

*Junge Schriftstellerinnen fühlten sich von Fontanes Romanen be-
sonders angesprochen. Immer wieder wurde er gebeten, sich über
ihre noch unveröffentlichten Texte ein Urteil zu bilden oder seine
Beziehungen zu den Verlegern spielen zu lassen. In seinen Antworten verhielt Fontane sich oft diplomatisch zurückhaltend. So
schreibt er an die junge Kollegin Elise Habelt am 11. März 1887:*

Das Talent, das Sie für alles haben, spricht sich auch in dieser kleinen Erzählung aus. So viel sich in Aufbau und Ausführung (Stil,
Bilder, Einzelausdrücke) gegen Ihre Arbeit sagen läßt, so hat sie

doch die Hauptsache: Leben und Interesse. Stoff und Hauptsituation sind glücklich gegriffen, und Leser und Leserinnen, die gepackt sein wollen, werden Ihnen dankbar sein. – Es wird Sie die Frage beschäftigen, ob Sie weiter schreiben sollen und Sie werden von mir vielleicht eine Antwort auf diese Frage erwarten. Ich weiß nicht ob ich sagen soll »ja« oder »nein« und erschöpfe meine Weisheit in dem Satze: probieren Sie's, *wenn* es Sie mit großer Gewalt zum Weiterproduzieren treibt. In *diesem* Falle werden Sie sich durch alle Widerwärtigkeiten durcharbeiten, sonst nicht. Lohnend und erfreulich (aber auch nicht immer) ist nur der Verkehr mit den reichen Verlegern, den vornehmen Redaktionen. Aber eine vornehme Redaktion, selbst wenn sie, wie ich, von dem entschieden Talentvollen Ihrer Arbeit sehr eingenommen sein sollte, wird diese Arbeit *nicht* nehmen, weil sie äußerlich in ihrer ganzen Formgebung zu viel zu wünschen übrig läßt. *Mich* stört das nicht sehr, weil mir Talent mehr bedeutet als Form, Korrektheit, Glätte, aber vornehme Redaktionen denken nicht so und dürfen nicht so denken.

Mit der Berliner Alltagsgeschichte »Irrungen, Wirrungen«, die zuerst in der »Vossischen Zeitung« 1887, als Buch ein Jahr später bei Wilhelm Friedrich in Leipzig erschienen ist, gelang Fontane endgültig der Durchbruch zum Romanautor. Ob der Romanhandlung ein historischer Stoff zugrunde liegt, ist nicht genau bekannt, denn nur wenige Tagebuchaufzeichnungen geben über die Entstehungsgeschichte Auskunft. Viele seiner Leser waren empört über die offenherzige Darstellung der Liebesbeziehung der Näherin Lene zu dem Adligen Botho von Rienäcker.

An Friedrich Stephany, Seebad Rüdersdorf, 16. Juli 1887

Seien Sie schönstens bedankt für Ihren Brief und die *erste* Kritik über »Irrungen, Wirrungen«; ich kann nur sagen, ich wünsche von Herzen, daß die Kritiken, die folgen werden, nicht unfreundlicher ausfallen mögen. Vor dem Publikum – vielleicht weil ich es nach *der* Seite hin zu wenig kenne – graule ich mich nicht sonderlich, des Hauses Lessing aber »und aller, die ihm anverwandt und zugetan sind«, wünschte ich wohl sicher zu sein. Ja, Sie haben es vorzüglich getroffen: »Die Sitte gilt und muß gelten«, aber daß sie's muß, ist mitunter hart. Und weil es so ist, wie es ist, ist es am besten, man bleibt davon und rührt nicht dran. Wer dies Stück Erb- und Lebensweisheit mißachtet – von Moral spreche ich nicht gern; Max Ring spricht immer von Ehre –, der hat einen Knacks fürs Leben weg. Ja, das wär es ungefähr.

Auch in der Familie wurde wieder lebhaft über den zuletzt veröffentlichten Roman des Vaters diskutiert.

An Theodor Fontane (Sohn), Krummhübel, 8. September 1887

Sei schönstens bedankt für Deinen lieben Brief, dem ich in vielen Stücken zustimmen kann, freilich nicht in allen. In der Parallele, die Du zwischen »Irrungen, Wirrungen« und »Cécile« ziehst, stehe ich ganz auf Deiner Seite. Die langen Auseinandersetzungen über die Askanier werden nicht viel Freunde gefunden haben, und hinsichtlich meiner künstlerischen Absicht, den »Privatgelehrten« als eine langweilige Figur zu zeichnen, wird man mir mutmaßlich sagen, »meinem Ziele nähergekommen zu sein als nötig«. Als ich an »Cécile« arbeitete, begegneten mir allerhand Ödheiten in den Berliner und brandenburgischen Geschichtsvereinen, und weil diese Ledernheiten zugleich sehr anspruchsvoll auftraten, beschloß ich, solche Gelehrtenkarikatur abzukonterfeien. Ich hätte es aber lieber nicht tun sollen, die Novelle wäre dadurch um etwas kürzer und um vieles besser geworden. Auch darin hast Du recht, daß nicht alle Welt, wenigstens nicht nach außen hin, ebenso nachsichtig über Lene denken wird wie ich, aber so gern ich dies zugebe, so gewiß ist es mir auch, daß in diesem offnen Bekennen einer bestimmten Stellung zu diesen Fragen ein Stückchen Wert und ein Stückchen Bedeutung des Buches liegt. Wir stecken ja bis über die Ohren in allerhand konventioneller Lüge und sollten uns schämen über die Heuchelei, die wir treiben, über das falsche Spiel, das wir spielen. Gibt es denn, außer ein paar Nachmittagspredigern, in deren Seelen ich auch nicht hineinkucken mag, gibt es denn außer ein paar solchen fragwürdigen Ausnahmen noch irgendeinen gebildeten und herzensanständigen Menschen, der sich über eine Schneidermamsell mit einem freien Liebesverhältnis *wirklich* moralisch entrüstet? *Ich* kenne keinen und setze hinzu, Gott sei Dank, daß ich keinen kenne. Jedenfalls würde ich ihm aus dem Wege gehn und mich vor ihm als vor einem gefährlichen Menschen hüten. »Du sollst nicht ehebrechen«, das ist nun bald 4 Jahrtausende alt und wird auch wohl noch älter werden und in Kraft und Ansehn bleiben. Es ist ein *Pakt*, den ich schließe und den ich schon um deshalb, aber auch noch aus andern Gründen ehrlich halten muß; tu ich's nicht, so tu ich ein Unrecht, wenn nicht ein »Abkommen« die Sache anderweitig regelt. Der freie Mensch aber, der sich nach *dieser* Seite hin zu nichts verpflichtet hat, kann tun, was er will, und muß nur die sogenannten »*natürlichen Konsequenzen*«, die mitunter sehr hart sind, entschlossen und tapfer auf sich nehmen. Aber diese »natürlichen Konsequenzen«, welcher Art sie sein mögen, haben mit der Moralfrage gar nichts zu schaffen. Im wesentlichen denkt und fühlt alle Welt so, und es wird nicht mehr lange dauern, daß diese Anschauung auch *gilt* und ein ehrlicheres Urteil herstellt. Wie haben sich die Dinge seit den »Einmauerungen« und »In-den-Sack-Stecken« geändert, und sie werden sich weiter ändern. Empörend ist die Haltung einiger Zeitungen, deren illegitimer Kinderbestand weit über ein Dutzend hinausgeht (der Chefredakteur immer mit dem Löwenanteil) und die sich nun darin gefallen, mir »gute Sitte« beizubringen. Arme Schächer! Aber es finden sich immer Geheimräte, sogar unsubalterne, die solcher Heuchelei zustimmen.

Auch Paul Schlenther war wieder einer der wenigen Kritiker, der, weil er von moralischen Bedenken frei war, Fontanes künstlerische Leistung erkannte.

An Paul Schlenther, Krummhübel, 14. September 1887

Ihre freundlichen Worte über »Irrungen, Wirrungen« haben mir sehr wohlgetan, da bis jetzt nur wenige den Mut gehabt haben, sich ehrlich zu den darin niedergelegten Anschauungen zu bekennen. Die meisten, soweit sie nicht Heuchler sind, warten, gestützt »auf des Mutes bessern Teil«, erst ab, wie der Hase läuft. Nur alle Mitglieder meiner Familie, die doch vielleicht am ehesten die Nase rümpfen könnten, haben sich rückhaltlos für den »Alten« erklärt. Mein alter Theo in Münster an der Spitze, der mich in seiner Mischung von Tugend und natürlicher Verwegenheit (alle Natur ist verwegen) geradezu gerührt hat.

Daß sich Fontane auch in seinem jüngsten Berliner Roman be-
mühte, die Figuren so natürlich wie möglich sprechen zu lassen,
wurde von dem Berliner Arzt und Schriftsteller Emil Schiff kritisch
hervorgehoben. Fontane antwortet ihm am 15. Februar 1888:

Und nun die Dialektfrage! Gewiß wäre es gut, wenn das alles besser
klappte, und die realistische Darstellung würde neue Kraft und
neue Erfolge daraus ziehn. Aber – und indem ich dies ausspreche,
spreche ich aus einer vieljährigen Erfahrung – es ist sehr schwer,
dies zu erreichen, und hat eine wirkliche Vertrautheit des Schrift-
stellers mit allen möglichen Dialekten seines Landes zur Voraus-
setzung. Ich griff früher, weil ich mich dieser Vertrautheit nicht
rühmen darf, zu dem auch von Ihnen angeratenen Hilfsmittel
und ließ durch Eingeweihte, die übrigens auch nicht immer zur
Hand sind, das von mir Geschriebene ins Koloniefranzösische oder
Schwäbische oder Schlesische oder Plattdeutsche transponieren.
Aber ich habe dabei ganz erbärmliche Geschäfte gemacht. Alles
wirkte tot oder ungeschickt, so daß ich vielfach mein Falsches
wiederherstellte. Es war immer noch besser als das »Richtige«.
Kurzum, so gewiß Sie im Prinzip recht haben, tatsächlich danach
zu verfahren, wird sich nur selten ermöglichen lassen. Es bleibt
auch hier bei den Andeutungen der Dinge, bei der bekannten Kin-
derunterschrift: »Dies soll ein Baum sein.« Mit gewiß nur zu
gutem Rechte sagen Sie: »Das ist kein Wienerisch«, aber mit glei-
chem Rechte würde ein Ortskundiger sagen (und ist gesagt):
»Wenn man vom Anhaltischen Bahnhof nach dem Zoologischen
fährt, kommt man bei der und der Tabagie *nicht* vorbei.« Es ist mir
selber fraglich, ob man von einem Balkon der Landgrafenstraße aus
den Wilmersdorfer Turm oder die Charlottenburger Kuppel sehen
kann oder nicht. Der Zirkus Renz, so sagte mir meine Frau, ist um
die Sommerszeit immer geschlossen. Schlangenbad ist nicht das
richtige Bad für Käthes Zustände; ich habe deshalb auch Schwal-
bach noch eingeschoben. Kalendermacher würden gewiß leicht
herausrechnen, daß in der und der Woche in dem und dem Jahre
Neumond gewesen sei, mithin kein Halbmond über dem Elefan-
tenhause gestanden haben könne. Gärtner würden sich vielleicht
wundern, was ich alles im Dörrschen Garten a tempo blühen und
reifen lasse; Fischzüchter, daß ich – vielleicht – Muränen und
Maränen verwechselt habe; Militärs, daß ich ein Gardebataillon

mit voller Musik vom Exerzierplatz kommen lasse; Jakobikirchen-beamte, daß ich den alten Jakobikirchhof für »tot« erkläre, wäh-rend noch immer auf ihm begraben wird. Dies ist eine kleine Blu-menlese, eine ganz kleine; denn ich bin überzeugt, daß auf jeder Seite etwas Irrtümliches zu finden ist. Und doch bin ich ehrlich bestrebt gewesen, das wirkliche Leben zu schildern. Es geht halt nit. Man muß schon zufrieden sein, wenn wenigstens der Totalein-druck der ist: »Ja, das ist Leben.«

Am 23. September 1887 starb Fontanes ältester Sohn George in Lichterfelde bei Berlin. Der unerwartete Tod des 37jährigen traf Fontane tief, und wochenlang konnte er seinen Berufspflichten als Theaterkritiker nur mit Mühe nachkommen.

An Theodor Fontane (Sohn), Berlin, 24. September 1887

Meinem Telegramm an Soldmann lasse ich noch diese Zeilen fol-gen, damit Du, wenn Du vielleicht morgen nach Münster zurück-kehrst, doch einiges Nähere erfährst. Die Krankheit, Blinddarm-entzündung, trat mit ungeheurer Vehemenz auf; er schrie vor Schmerz, und als ich ihn am Mittwoch zuerst sah – der Dienstag war der schlimme Tag gewesen – sah er mich bereits mit Todesau-gen an. Ich hatte gleich das Gefühl: er ist hin. Trotz alledem schien es besser zu gehn und alle drei Ärzte waren nicht ohne Hoffnung. Die letzte Nacht aber setzte wieder furchtbar ein, und nach viel-stündigem, schwerem Kampfe schloß heute früh neun Uhr sein Le-ben. Ich trat in demselben Augenblick an sein Bett, als sein Puls stillstand; der Eisenbahnzug hatte mir nicht den Gefallen getan, sich um eine Minute zu verfrühen. Mete hatte ihn während der letzten vier Nächte mit heroischem Mute gepflegt, gemeinschaft-lich mit einer grauen Schwester. Die Liebesbeweise Metes und die Tapferkeit und Umsicht, womit sie ihn gepflegt, waren ihm das ein-zige Licht dieser schweren Tage, und er gab der Freude darüber auch Ausdruck bis zuletzt.

Es ist nicht nötig, daß Du kommst. Richte alles so ein, wie Dir's am besten erscheint. Daß Du ihm von Herzen zugetan warst, wissen ja alle.

An Theodor Fontane (Sohn), Berlin, 9. Dezember 1887

Eben bin ich mit einer ellenlangen »Othello«-Kritik fertig, und meine »Eilenden« (diesmal Mama) tragen sie zur Vossin; die 16 Blätter haben mich diesmal aber nicht erschöpft, und so benutze ich noch die Stunde bis Mittag, Dir für Deinen lieben Brief zum »5. Dezember« zu danken. Es werden der Erinnerungstage immer mehr, leider auch der schmerzlichen, und der 24. September macht nun den guten und schlechten Tagen, die voraufgingen, schwere Konkurrenz. Übrigens (eine Wahrheit, die Du recht spät erst am eignen Herzen empfinden mögest) diese schmerzlichen Tage haben auch ihr Gutes, und wenn man den Tod mit Recht den großen Gleichmacher genannt hat, so hat doch auch schon der bloße Hinblick auf den Tod, das Fühlen seiner Gegenwart, etwas von dieser nivellierenden Kraft, und die Dissonanzen, die Gegensätze, weil man ihren baldigen Ausgleich nahe weiß, werden minder schwer empfunden.

Am 9. März 1888 starb Kaiser Wilhelm im Alter von 91 Jahren. Seitdem Fontane ihm das Kriegsbuch von 1870/71 gewidmet hatte und die erwartete öffentliche Anerkennung und angemessene Bezahlung ausgeblieben waren, hatte er ein gespaltenes Verhältnis zum Kaiser und seiner konservativen Politik. Er hoffte, daß sich mit dem Tode Wilhelms I. die politische Lage grundlegend verändern würde. Seiner Tochter Mete erzählt er am 13. März 1888 kritisch von den Trauerfeierlichkeiten für den Kaiser und von der Krönung seines Sohnes, des todkranken Friedrich III.

Eigentlich wollte ich heute mittag über die »Proklamation« schreiben und über den noch viel viel wichtigeren Erlaß Friedrichs III. an Bismarck. Als mir Mama dies Schreiben heute früh vorlas, hatte ich den Eindruck: in der Anerkennung mau und flau (nur grade so das Nötigste) in der *Kritik* weitgehend und eigentlich die ganze Bismarcksche Politik umfassend. Keine Änderungen im Wahlgesetz, nicht »offne Stimme« statt Zettel, keine Änderung in den Wahlperioden, keine Maigesetze und vor allem auch keine *Aufhebung* der Maigesetze, keine Stöckerei, kein Koegelscher Orthodoxismus, kein Antisemitismus, keine beständig wachsende Zahl der Armee-*Ziffer* (er betont nur die »Ausbildung« und die »Organisation« der Armee) kein Staats-Sozialismus, kein unbedingtes Anrecht auf

Arbeit und Hilfe, keine Steuerschraube, keine »Prämienwirtschaft«, wahrscheinlich auch kein Tabaksmonopol, – mit andern Worten *alles* anders als es war, in feiner Form und mit vorläufiger Umgehung der sogenannten »äußren Fragen«, eine totale Verurteilung oder doch mindestens Anzweiflung der gesamten Bismarckschen Politik. Daß Bismarck in Person seit gestern oder vorgestern eine »Venen-Entzündung« hat, ist mir nur zu begreiflich. Soll nach diesem Programm gewirtschaftet werden, so bleibt kein Stein auf dem andern; nicht nur Bismarck, *alle* Minister erhalten eine II. b., Puttkamer an der Spitze, dann Scholz, dann Goßler, dann Lucius, nur Friedberg kommt glatt durch und erhält, übrigens wohlverdient, den schwarzen Adlerorden. Darüber Jubel in Israel. Ich sprach mich schon heute vormittag über das Bedrohliche dieser Situation aus, Mama wollte nicht recht dran glauben, »ach, Du redest immer«, nun ist vor einer Stunde das Abendblatt der Vossin gekommen und nun hat sie's schwarz auf weiß. Ich habe nicht argwöhnisch oder schwarzseherisch geurteilt, es ist klar, daß die fortschrittliche Partei die Sache grade so ansieht wie ich und in diesem sanften, stillen, reservierten Programm eine Kriegserklärung erblickt. Aber während sich der Fortschritt dieser versteckten und doch ganz deutlichen Kriegserklärung gegen B. freut, erschrecke ich davor. Bismarck kann das nicht ruhig einstecken, auch *dann* nicht, wenn der Kaiser ihn bittet zu bleiben und die Möglichkeit einer Versöhnung auf diesem oder jenem Punkte in Aussicht stellt. Das Desaveu ist *zu* stark. Bismarck kann nur bleiben, wenn er mit Bergmann gesprochen und von diesem gehört hat: »3 Wochen, oder 6 oder 9; aber nicht mehr.« *Dann* kann er sich bezwingen und bis Pfingsten seiner Venen-Entzündung leben. Aber ob es kurz oder lange dauert, viele solche Experimente, die, wenn weiter nichts, mindestens eine kolossale Stärkung der Opposition bedeuten, hält der Staat nicht aus. Keinesfalls können sie zu seinem Gedeihen beitragen. »Berlin in schwarz« interessiert mich gar nicht (alles Blech und Straßenkomödie), aber »Bismarck in schwarz« und seine Politik auf dem Katafalk tot ausgestellt und mit Fingern drauf gewiesen, – *das* interessiert mich.

Friedrich III. hatte keine Chance, seine liberalen Ideen zu verwirklichen. Trotz vieler ärztlicher Bemühungen, die in der Öffentlichkeit heftig diskutiert wurden, starb er nach einer nur 99 Tage

währenden Regentschaft am 15. Juni 1888 an Kehlkopfkrebs. Nach-
folger wurde sein ältester Sohn, der erst 29jährige Wilhelm.

An Theodor Fontane (Sohn), Berlin, 17. Juni 1888

Nun ist auch Kaiser Friedrich zu seinen Vätern versammelt. Ein
wahres Glück, daß sich der Wilhelmradau nicht wiederholen soll.
Alles still. Schon morgen zieht er in die Friedenskirche ein. Zunächst ist man noch unter der Herrschaft der Zeitungsphrase; wenn
aber die großen Wasser verlaufen sein werden, wird manches
Schöne am Strande aufgelesen werden können. Jetzt sind es noch
die Goldkörner in einem Scheffel Kleie. »Lerne leiden, ohne zu klagen«, welche große königliche Hinterlassenschaft; die Dreiminu-
tenszene mit dem König von Schweden, wie erschütternd; wie
rührend der Moment, wo er (wohlweise) die Hand seiner Frau in die
Hand Bismarcks legte; wie schön und klug das Wort: »Ich wünsche
seziert zu werden, damit das Gezänke der Ärzte nicht meinen Tod
überdauert.« Und ähnliches wird wohl noch weiterhin aus seinen
letzten Lebenstagen bekannt werden. Die Zeitungen schwenken
übrigens schon ein, und Wilhelm II., der noch vor drei Tagen eine
bedrohliche Erscheinung war, ist jetzt bereits ein hoffnunggebender
Fürst. Noch drei Wochen, und er ist ein Stern. Das beste ist, daß kein
Mensch an Krieg glaubt; er wird ja wohl 'mal kommen, aber es
scheint wirklich, als ob er auf allerernsteste Fälle eingeschränkt
werden solle, wie beim Duell, das, von Spielereien abgesehn, auch
seltener wird. Je großartiger der Vernichtungsapparat, je größer die
Verantwortung und die Sorge.

Die Eindrücke, die Fontane auf seinen Reisen nach Jütland gesam-
melt hatte, verarbeitete er in seinem Roman »Unwiederbringlich«.
Schauplätze sind Norddeutschland und Dänemark, und so unter-
scheidet sich dieser Roman wegen seiner Handlungsorte von den
Berliner Gesellschaftsromanen. Auch für »Unwiederbringlich« lie-
ferte eine wahre Begebenheit das stoffliche Gerüst.

An Julius Rodenberg, Berlin, 21. November 1888

Vor drei, vier Jahren schrieb mir Frau Geh. R. Brunnemann, geb.
von Meyerinck (Schwester der mal so schönen Geh. R. Böhm, die

Ihnen gewiß bekannt ist), einen langen Brief aus Italien und darin – angeregt durch eine Novelle von mir – folgende Familiengeschichte.

Baron Plessen-Ivenack, auf Schloß Ivenack in Strelitz, Kavalier comme il faut, Ehrenmann, lebte seit 18 Jahren in einer glücklichen Ehe. Die Frau 37, noch schön, etwas fromm (die Strelitzer tun es nicht anders). Er Kammerherr. Als solcher wird er zu vorübergehender Dienstleistung an den Strelitzer Hof berufen. Hier macht er die Bekanntschaft eines jungen pommerschen Fräuleins, v. Dewitz, eines Ausbundes nicht von Schönheit, aber von Piquanterie. Den Rest brauche ich Ihnen nicht zu erzählen. Er ist behext, kehrt nach Ivenack zurück und sagt seiner Frau: sie müßten sich trennen, so und so. Die Frau, tödlich getroffen, willigt in alles und geht. Die Scheidung wird gerichtlich ausgesprochen. Und nun kehrt der Baron nach Strelitz zurück und wirbt in aller Form um die Dewitz. Die lacht ihn aus. Sie steht eben auf dem Punkte, sich mit einem ebenso reichen, aber unverheirateten Herrn aus der Strelitzer Gesellschaft zu verloben. Der arme Kerl, er hat die Taube auf dem Dach gewollt und hat nun weder Taube noch Sperling. Alles weg. Er geht ins Ausland, ist ein unglücklicher, blamierter und halb dem Ridikül verfallener Mann. Inzwischen aber ist die älteste Tochter, die beide Eltern gleich schwärmerisch liebt, herangewachsen, es spielen allerhand Szenen in der Verwandtschaft, Versöhnungsversuche drängen sich, und das Ende vom Liede ist: es soll alles vergessen sein. Zwei Jahre sind vergangen. Die Frau willigt ein, und unter nie dagewesener Pracht, darin sich der Jubel des ganzen Landes Strelitz mischt, wird das geschiedne Paar *zum zweiten Male getraut*. Alles steht Kopf, der Hof nimmt teil, Telegramme von Gott weiß woher, Musik und Toaste. Plötzlich aber ist die wieder Getraute, die wieder Strahlende, die wieder scheinbar Glückliche von der Seite ihres Mannes verschwunden, und als man nach ihr sucht, findet man sie tot am Teich. Und auf ihrem Zimmer einen Brief, der nichts enthält als das Wort: *Unwiederbringlich*.

Dies ungefähr das, was mir Frau Brunnemann in Damenstil und Damenhandschrift schrieb. »Ich könne damit machen, was ich wolle – ich hätte es zu freier Verfügung.« (Sie ist eine Cousine des Hauses.) Ich bin aber doch kluger Feldherr gewesen, was ihr nachträglich *sehr* lieb zu sein scheint, und habe die Geschichte nach Schleswig-Holstein und Kopenhagen hin transponiert, so daß sie jetzt zu kleinerem Teil auf einem Schloß in der Nähe von Glücksburg, zu größrem in Kopenhagen und auf der Insel Seeland spielt. Solche Transponierung ist nicht leicht. Ich ging sämtliche deutsche Höfe durch, nichts paßte mir, als ich aber Nordschleswig und Kopenhagen gefunden hatte, »war ich raus«. Nur Strelitz selbst wäre vielleicht doch noch besser gewesen und hätte meiner Geschichte den Ton des politisch Satirischen gegeben; nun klingt nordisch Romantisches mit durch. Geschrieben habe ich die Geschichte jetzt vorm Jahr, in den Wochen und Monaten, die dem Tode meines Sohnes folgten. Ich habe mich unter der Arbeit bei Trost und Frische gehalten. Natürlich ist nichts fertig, aber die Geschichte ist doch da, und was fehlt, ist nur Korrektur. Freilich immer das Mühsamste und Zeitraubendste.

Im Januar 1891 erschien der Roman in Rodenbergs »Deutscher Rundschau«, die erste Buchausgabe folgte im November.

Am 10. Dezember 1888 wurde Fontane auf Initiative des Kultusministers Gustav von Goßler das Ritterkreuz des Hohenzollernschen Hausordens verliehen. In einem Brief an Georg Friedlaender vom 7. Januar 1889 äußert er sich kritisch über die ihm zuteil gewordene staatliche Ehre.

Sie gratulieren mir zu dem Orden. Ich weiß nicht, ob ich Ihnen nicht schon darauf geantwortet habe, verzeihen Sie also, wenn ich mich vielleicht wiederhole. Man kriegt die Orden für *Andre*, nur in *dieser* Beleuchtung haben sie Wert, aber *dann* auch einen wirklichen Wert. Wäre ich ein gesellschaftlich angesehner Mann, ein Gegenstand von Huldigungen oder auch nur Achtung, die man allseitig meiner Stellung oder meinem Vermögen entgegenbrächte, so bedeutete mir solche Auszeichnung, mit der ich mich übrigens kaum je vor der Welt herumzieren werde, so gut wie nichts. Angesichts der Tatsache aber, daß man in Deutschland und speziell in Preußen nur dann etwas gilt, wenn man »staatlich approbiert« ist, hat solch Orden einen wirklichen *praktischen* Wert: man wird respektvoller angekuckt und besser behandelt. Und so sei denn Goßler gesegnet, der mich »eingereicht« hat.

Im Sommer 1889 reiste Fontane zusammen mit seiner Frau zum ersten Mal zur Erholung nach Kissingen. Es war für ihn eine sehr angenehme und erquickliche Zeit. *Von dort aus gratuliert er seinem ersten Enkel Otto, Theos Sohn, am 20. Juli 1889 zum zweiten Geburtstag.*

Mein lieber kleiner Otto.
Du wirst nun schon zwei Jahre und trittst mehr und mehr in die Welt. Als ich Dich vor einem halben Jahre kennen lernte, krochst Du noch, so rasch geht jetzt die Entwicklung. Inzwischen bist Du auch operiert worden und hast Dich demgemäß verbessert; das Fontaineliche ist nicht immer gut, auch wenn man Fontane heißt. Richte Dich mehr nach Deinem großen Namensvetter Otto, der »an sich zu halten weiß«. Vor allem aber richte Dich nach Deinem Vater und werde ein ebenso guter Mensch. Von Deiner Mutter aber nimm den frohen Sinn und von Tante Mete die Kunst des Vortrags und die Philosophie. Du wirst dann für Dich und andre ein glückliches Leben führen.
    Lebe wohl und grüße die Mitglieder Deines Hauses.
                                                    Dein alter Großpapa.

Von Kissingen aus unternahm Fontane einen Abstecher zu den Richard-Wagner-Festspielen nach Bayreuth. Mit Wagners Operntexten hatte er sich einige Jahre zuvor bereits intensiv auseinandergesetzt, doch die Atmosphäre und die Darstellungsweise auf der Bühne befremdeten ihn so sehr, so daß er seinen Besuch fluchtartig abbrach.

An Karl Zöllner, Berlin, 19. August 1889

Von Kissingen aus war ich auch auf 3 Tage in Bayreuth, um Parsifal und Tristan und Isolde zu hören. Sonnabend nachmittag kam ich an und fiel aus einem Hotel und Kaffehaus ins andre, was sehr interessant war. So international, daß die Promenade von Kissingen bloß wie Zoologischer Garten daneben wirkte. Sonntag Parsifal, Anfang 4 Uhr. Zwischen 3 und 4 natürlich Wolkenbruch; für zwei Mark, trotzdem ich ganz nahe wohnte, hinausgefahren. Mit aufgekrempten Hosen hinein, alles naß, klamm, kalt; Geruch von aufgehängter Wäsche. 1500 Menschen drin, jeder Platz besetzt. Mir wird so sonderbar. Alle Türen geschlossen. In diesem Augenblicke wird es

stockduster, nur noch durch die Gardine fällt ein schwacher Licht-
schimmer, genau wie in Macbeth, wenn König Duncan ermordet
wird. Und nun geht ein Tubablasen los, als wären es die Posaunen
des Letzten Gerichts. Mir wird immer sonderbarer und als die
Ouvertüre zu Ende geht, fühle ich deutlich »noch 3 Minuten und
Du fällst ohnmächtig oder tot vom Sitz.« Also wieder 'raus. Ich war
der Letzte gewesen, der sich an 40 Personen vorbei bis auf seinen
Platz, natürlich neben der »Strippe«, durchgedrängt hatte und das
war jetzt kaum 10 Minuten. Und nun wieder ebenso zurück. Ich war
halb ohnmächtig, aber ich tat so, als ob ich's *ganz* wäre, denn die Sache genierte mich aufs äußerste. Gott sei Dank, wurde mir auf mein
Pochen die Tür geöffnet und als ich draußen war, erfüllte mich Preis
und Dank. Nur das Dankgefühl des Türhüters konnte mit dem meinigen vielleicht rivalisieren, denn er kriegte nun mein Billet, das er
sofort für 15 Mark oder auch noch teurer (denn es wurden ganz
unsinnige Preise bezahlt) an Draußenwartende verkaufen konnte.
Mein Tristan-Billet schickte ich am andern Morgen zurück und
vermachte den Betrag einer »frommen Stiftung«. Ich hätte diese
lächerliche Großmuts- oder Anstandskomödie nicht aufgeführt,
wenn ich nicht ein *drittes,* von mir bestelltes Billet, gleich beim
Einkauf am Tage vorher zurückgegeben hätte, worauf der Kassenbe-
amte sehr liebenswürdig einging. Diese Szene nun zu wiederholen,
war mir doch gegen die Ehre. Ich hebe dies eigens hervor, damit ich
nicht alberner erscheine als nötig. Die ganze Geschichte – außerdem
eine Strapaze – hatte grade 100 Mark gekostet und doch bedaure ich
nichts; Bayreuth inmitten seiner Wagner-Saison und seines Wag-
ner-Kults gesehn zu haben, ist mir so viel wert.

An Georg Friedlaender, Berlin, 20. August 1889

Das große Ereignis für mich in K. war nicht die Kaiserin und auch
nicht Rakoczi oder Pandur, sondern eine Reise nach Bayreuth: strapaziös und sehr teuer (jedes Theater-Billet 20 Mark) und das alles –
um nichts zu sehn und zu hören. Ich konnte es in dem geschlossenen, mit 1500 nassen Menschen (vorher Wolkenbruch) angefüllten
Raume nicht aushalten, wartete nicht einmal den Schluß der Parsi-
fal-Ouvertüre ab und machte, daß ich wieder 'raus kam, froh, daß
ich überhaupt heraus kommen *konnte*. Ich bedarf durchaus des
Gefühls einer gesicherten Rückzugslinie, – in dem geschlossenen

Scheunen-Tempel aber saß ich wie als Kind in einer zugeschlagenen Apfelkiste. Hundert Mark waren futsch. Trotzdem tut mir die Reise nicht leid; die Beobachtung dieses Welttreibens – es war ein Hochgenuß die Fremdenliste zu lesen – hat mich aufs Höchste interessiert; aus New-York oder Boston war gar nichts; Siam, Shanghai, Bombay, Colorado, Nebraska, Minnesota, *das* waren die Namen, die wirkten.

Abschied von der Theaterkritik

Fontanes Amt als Theaterkritiker erforderte eine intensive Beschäftigung mit der zukunftsweisenden Dichtung der jüngeren Generation. So wurde er auch auf Gerhart Hauptmann und sein erstes Drama »Vor Sonnenaufgang« aufmerksam. Dem Verleger Paul Ackermann schreibt er voller Begeisterung am 8. September 1889, nachdem er das Stück gelesen hatte:

Durch einen Zufall wurde auf meinem Riesenschreibtisch (ein altes Erbstück von einem längst verstorbenen Sammler) das G. Hauptmannsche Stück verpackt und verschoben, so daß ich es am Freitag abend erst wieder entdeckte. Ich machte mich gleich an die Lektüre, las an demselben Abend auch den 1. Akt und gestern (Sonnabend) den Rest. Ich war ganz benommen und ich kann Ihnen nur gratulieren, etwas so hervorragendes ediert zu haben. Von »erfreulich« ist freilich keine Rede, auch erschrecke ich, wenn ich mir vorstelle »das soll nun die Literatur der nächsten Epoche sein«; die Literatur hat im Letzten andre Aufgaben. Aber um zu diesen andren Aufgaben zu kommen und doch nicht in Melchthals Apostrophe an das Auge und das Licht zu verfallen, dazu sind Durchgangsstufen nötig. Und dies ist eine davon. Der Herr Verf. ist an eine Aufgabe herangetreten, die er – was die Wenigsten, die Berühmtheiten mit eingerechnet, von sich sagen können – vollständig beherrschte, der er gewachsen war. Er kennt das was er schildern wollte und auf gleicher Höhe wie seine Beobachtungsgabe, steht seine Kraft der Darstellung. Vor allem der kurze 2. Akt ist ganz Nummer eins. All dies erschöpft aber mein Lob noch keineswegs. Das Leben scharf beobachten und das Beobachtete kraftvoll darstellen, das können zwar nicht sehr viele, aber doch eine ganze Menge; was aber diese glücklichen Beobachter und

Darsteller *nicht* können, oder doch nur ganz ganz selten können das ist: ein Kunstwerk herstellen. Meist nicht mal einen Roman, noch seltener natürlich ein Drama. Dies ist nur ganz Wenigen geglückt. Und die *Kunst* mit der G. Hauptmann vorgegangen ist, die Komposition, die Konsequenz in Durchführung des Gedankens, die Knappheit des Ausdrucks, die Klarheit so daß kein nebuloser Rest bleibt das ist *das* was ich an dieser Arbeit am höchsten stelle. Halte ich Umschau so steht das Stück Ibsens »Wildente« am nächsten; es geht aber alles klarer auf, man weiß mehr, woran man ist und kommt dadurch unter eine stärkere Wirkung. Überhaupt mit dem ganzen Ibsen verglichen, den ich übrigens sehr hoch stelle, hat das Stück eine *Natürlichkeit* voraus, die der norwegische Dichter zwar anstrebt, aber unter Raffiniertheiten, Pußlichkeiten und siebenfach auszulegenden Orakelsprüchen oft einbüßt. Was dem Dichter vielleicht das Angenehmste zu hören sein wird: ich halte es nicht für unmöglich daß sein Stück, wie es da ist, mit Haut und Haaren aufgeführt werden kann, und möchte mich, wenn sich solche Aufführung ermöglichen sollte für einen großen Erfolg verbürgen.

An Gerhart Hauptmann, Berlin, 12. September 1889

Ergebensten Dank für Ihre freundlichen Zeilen. Ich habe gleich an Brahm geschrieben, der mir, als Direktor der »Freien Bühne«, der Mann der Situation zu sein scheint. Vielleicht ist ihm, seitens der Verlagshandlung, das Drama schon zugegangen, wo nicht, so veranlassen Sie's wohl. Von meinem Exemplar wollte ich mich nicht gerne trennen.

Und nun noch eins. Sie sprechen, an einer Stelle von einem »prinzipiellen Gegner.« Haben Sie's aufs *Politische* bezogen, so ist das halb richtig, aber doch auch nur halb, haben Sie's auf *Kunst*richtung bezogen, so trifft das Gegenteil zu. Die realistische Schule hat nicht einzig und *allein* recht, aber sie hat so gut recht wie die ihr entgegengesetzte. Daß ich dem Lebens- und Wahrheitsvollen, dem Phrasenlosen und Ungeschminkten in der Kunst, dem Mut der Meinung und des Ausdrucks, so zugetan bin, *das* ist es, was mich in Ihrer Arbeit über das Sozialpolitische ganz hinweg sehen läßt. Vielleicht könnte ich dies nicht, wenn Ihr Stück in dem altherkömmlichen Sinne ein »Tendenzstück« wäre, wo einem ein beliebiger, meist sehr lederner und sehr anfechtbarer Satz aufs Brot gestrichen wurde, aber solches Tendenzstück ist Ihr Stück nicht, auch dann noch nicht, wenn Sie's selbst dafür ausgeben. Das kommt sehr oft im literarischen Leben vor, daß die eingeborne Kunst des Künstlers mächtiger ist, als der Wille des Künstlers, die Natur siegt über Plan und Dogma. Als Gottfried Keller katholische Legenden ridikülisieren wollte, schrieb er, im Gegensatz zu sich selbst, eine Reihe schönster katholischer Legenden. Ihr Stück mag in Ihren Augen vor allem ein *soziales* Drama sein, in meinen Augen ist es ein Drama, ein Stück Leben, und das bedeutet mehr.

An Martha Fontane, Berlin, 14. September 1889

Schon gestern abend wollte ich Dir einen kl. Brief stiften, kam aber nicht dazu, weil ich anderweitig eine große Korrespondenz hatte, darunter ein Brief an einen Herrn Gerhart Hauptmann, der ein fabelhaftes Stück geschrieben hat: »Vor Sonnenaufgang, soziales Drama, 5 Akte.« Ich war ganz benommen davon. Mama natürlich wieder in Angst, ich ginge zu weit, ich engagierte mich ungebührlich; Durchgänger, Hitzkopf, »*Jüngling*«; nachdem nun aber gestern eine Karte von Brahm eingetroffen ist, der ganz meine Anschauungen teilt, hat sie sich einigermaßen beruhigt. Ich allein kann nie recht haben, es muß immer erst bestätigt werden, und wenn es durch Müller oder Schultze wäre. Dieser Hauptmann, ein wirklicher Hauptmann der schwarzen Realisten-Bande, welche letztre wirklich was von den Schillerschen Räubern hat und auch dafür angesehen wird, ist ein völlig entphraster Ibsen, mit andern Worten ist das *wirklich*, was Ibsen bloß will, aber nicht kann, weil er in seinen neben der realistischen Tendenz herlaufenden Nebentendenzen – die freilich in den letzten Stücken zur Haupttendenz geworden sind – mehr oder weniger verrückt ist und in zugespitzter Entwicklung dieser Verrücktheit ganz ins Phrasenhafte verfällt. Nicht in die Phrasenhaftigkeit des Worts, aber in die des Gefühls, der Anschauung. Von all diesem ist Hauptmann ganz frei; er gibt das Leben, wie es ist, in seinem vollen Graus; er tut nichts zu, aber er zieht auch nichts ab, und erreicht dadurch eine kolossale Wirkung. Dabei (und das ist der Hauptwitz und der Hauptgrund meiner Bewunderung) spricht sich in *dem*, was dem Laien einfach als abgeschriebnes Leben erscheint, ein Maß von Kunst aus, wie's nicht größer gedacht werden kann. Denn 5füßige Jamben, gerammt voll von Sentenzen, können zwar auch sehr schön sein, sind aber weitab davon, das Höchste in der Kunst zu repräsentieren. Im Gegenteil, es ist etwas verhältnismäßig Leichtes, und läßt sich *lernen*. Höheren Wert aber hat nur das, was man persönlich rätselhaft empfangen hat, und was kein andrer mit einem teilt. Betreffs Ibsens muß ich doch noch eine gute Bemerkung anfügen, die Emil Rittershaus (der mich gestern auf 2 $^1/_2$ Stunde besuchte) über Ibsen machte. »Haben Sie nicht bemerkt« sagte er »daß Ibsen ganz wie ein Apotheker wirkt; er ist den Apotheker nicht losgeworden und das spukt nun in seinen Stücken, seinen Problemen und Tendenzen, und auch in seiner Konversation. Er ist immer ein kleiner Apotheker, der abwartet und dribbelt und auf der Lauer liegt.« Es ist vollkommen richtig und ich mußte laut lachen, schon um hinter der großen Lache meine eigne Angst zu verbergen.

Am 20. Oktober 1889 fand die Uraufführung von »Vor Sonnenauf-gang« statt, die Fontane mit großer Begeisterung besuchte und in der »Vossischen Zeitung« besprach.

Am 16. September 1889 starb Mathilde von Rohr. Fontane hatte mit ihrem Tod bereits seit über einem Jahr gerechnet. In einem Brief vom 23. Mai 1888 hatte er seinem Verlegerfreund Wilhelm Hertz von ihrer Krankheit berichtet:

Für unsre alte Rohr wird nun wohl auch bald ein Steinkreuz ge-meißelt werden, – nach Nachrichten, die wir heute empfingen, geht es zu Ende. Es war, trotz Beschränktheit und komischem Literatur-enthusiasmus (denn sie konnte nicht einmal ein Gedicht richtig ab-schreiben) eine ganz kapitale Person, die ich geliebt und verehrt habe. Der Charakter entscheidet.

Seiner Trauer gibt er in einem Brief an Wilhelm Hertz vom 18. September 1889 Ausdruck:

Heute früh hatten wir einen Brief aus Dobbertin von dem guten Fräulein v. Bülow, die uns den am 16. erfolgten Tod unsrer lieben alten Rohr meldete. Daß ich sie vor 4 Wochen noch mal besucht habe, ist mir nun eine Freude; sie hatte das Pulver nicht erfunden, war aber ein rechter Beweis dafür, daß es darauf auch gar nicht ankommt. Ich war von ihrem guten Herzen, ihrem bon sens, und ihrem Mut, wenns galt Farbe zu bekennen, überaus eingenommen, und das kleine Häuflein der Guten ist nun um eine Prachtnummer ärmer. Ich glaube, daß Sie meine Gefühle für dies Musterstück einer märkischen alten adligen Dame (zu deren Vollkommenheit auch ganz bestimmte Schwächen gehören) in allem geteilt haben.

Aus Altersgründen beendete Fontane im Dezember 1889 seine Tätigkeit als Schauspielkritiker. Bereits am 22. Juni hatte er Carl Robert Lessing, den Haupteigentümer der »Vossischen Zeitung«, davon in Kenntnis gesetzt:

Die Ferien rücken heran – von Ihnen gewiß sehnlich erwartet – und was geschäftlich für Herbst und Vorwinter geordnet werden muß, muß heute schon zur Sprache kommen. Es läuft bei mir darauf hinaus, daß ich meinen nun neunzehn Jahre lang innegehabten Parkettplatz No. 23 mit Beginn des neuen Jahres aufgeben möchte.

Blick' ich auf diese neunzehn Jahre mit ihrer langen Reihe von Vorzügen und Annehmlichkeiten zurück, so starrt mich dies Demissionsgesuch fast wie Undank an. Aber es sind lediglich die nun vor der Tür stehenden siebzig Jahre, die mich zu drücken beginnen und mir die Rückzugssehnsucht eingeben.

Wenn sich's nach einer Ihrerseits mit Stephany, sagen wir im Herbst, zu nehmenden Rücksprache vielleicht ermöglichen sollte, mich als einen Scharwerker für gelegentliche Flick- und Aushilfearbeit bei der Zeitung zu belassen, so würde mir das *sehr* erwünscht sein. Denn ein Abstrich von achthundert Talern ist doch stark genug, um in meinem Hausbudget einigermaßen schmerzlich empfunden zu werden. Und was die »freie Kunst« abwirft, ist immer unsicher.

Der Siebzigste – und neue Pläne

Am 30. Dezember 1889 feierte Fontane seinen 70. Geburtstag. Einige Tage danach, am 4. Januar 1890, gaben der Verein Berliner Presse, das »Rütli« und die »Vossische Zeitung« ein großes Festessen zu Ehren des Jubliars, an dem rund 300 Gäste teilnahmen. Der Schriftsteller Ernst Wichert, Vorsitzender des Vereins Berliner

Presse, brachte einen Toast auf den anwesenden Kultusminister Gustav von Goßler aus, worauf dieser mit einer Stegreifrede antwortete. Er sagte darin auch der kritischen modernen Literatur die Unterstützung des Staates zu. Dem ersten Redner des Abends, dem Kritiker-Kollegen Karl Frenzel, dankt Fontane am 5. Januar 1890:

Wie lieb und gut war das alles, wie schön, wie dichterisch, wie maßvoll in der Beurteilung entgegenstehender Richtungen und wie glücklich vorgetragen unter sehr schwierigen Verhältnissen. Denn nächst den letzten Rednern, die dem »Radau« verfallen, hat der erste den schwersten Stand. Ich hatte geglaubt, Karl Frenzel zu kennen und erblickte ihn nun, auch literarisch, von einer ganz neuen Seite. Nochmals allerherzlichsten Dank.

Sie hatten, den ganzen Abend über, nur einen Konkurrenten, das war Goßler. Ich stehe nicht an – und hoffentlich stimmen wir darin überein –, diese kleine Stegreifrede für »epochemachend« in unsrem preußischen literarischen Leben anzusehn. Schon sein (des Ministers) schlichtes, natürliches, völlig unprätentiöses Benehmen gewann ihm die Herzen und nun gar erst diese Rede voll Mut, Freiheit, Hoffnungsblick und Humor, und dabei doch reserviert und diskret, freilich nur, um auch diese Beamtentugenden wieder mit leiser Ironie zu behandeln.

Auch Paul Heyse hatte mit einem langen Geburtstagsgedicht gratuliert, dem er gleich noch ein kürzeres zu Neujahr 1890 folgen ließ:

In Theodor Fontanes Album
(Mit einer Photographie)

Die Sonne bringt's wohl an den Tag,
Was in ein alternd Menschengesicht
Die Zeit für Runen schreiben mag.
Das leiden die Photographen nicht.
Wollen mit fleißigem Retuschieren
Der lieben Eitelkeit flattieren,
Und endlich steht der Großpapa
Als primo amoroso da.

So ist's nun leider auch mir geschehn,
Doch ficht mich's heut nur wenig an.
Sooft wir zwei uns wiedersehn,
Werd ich ein muntrer junger Mann.
Die hellen alten Zeiten erwachen,
Wieder erklingt das junge Lachen,
Den Rauhreif, der uns angefrostet,
Wir schütteln ihn aus Herz und Haar.
Der beste Retuscheur fürwahr
Ist alte Liebe, die nicht rostet.

Fontane dankt Paul Heyse am 15. Januar 1890:

Andre, selbst solche, die's gut verstehn, bringen es auf dem Gebiet
des Gelegenheitsgedichts im günstigsten Fall zu einem einmaligen
hochaufragenden Pic, bei Dir ist alles »Perus Ebene«, Hochebene
also, und das Ganze höher als die Kegel der andern. Das habe ich
jetzt wieder erfahren. Als ich Dein erstes Fontane-Gedicht gelesen,
erschien mir ein Drüberhinaus unmöglich, und kaum gedacht, so
war auch schon das zweite da, nicht drüber hinaus, aber doch bis
hinan. Alles hier (am 30.) war entzückt davon, selbst die, die sich bei
der Hummermayonnaise, zu der wir uns aufgerafft, unterbrochen
sahn. Es waren schöne Tage, deren Bestes freilich das war, das auch
sie vorübergingen. Zu der Empfindung eines ernsthaft »Gefeierten« bin ich eigentlich keinen Augenblick gekommen, jedes Hoch-
gefühl blieb mir fremd, und von dem berühmten »Schwellen der
Brust« keine Spur. Es war ein Stück, in dem ich in einer bestimmten
Rolle mitspielte, zugleich aber saß ich auch wieder im Parkett, und
alles zog wandelbildartig an mir vorüber. Ich darf sagen, halbe Stunden lang ging es mich gar nichts an, und ich mußte mich immer
wieder auf mich selbst besinnen. Der Gedanke, daß alles Irdische
nur Bild, Vorstellung, Traum sei, hat mich nie so begleitet. Eine besondre Freude war mir das briefliche Wiederauftauchen von Personen, von denen ich seit 50 und selbst seit 60 Jahren nichts mehr
wußte. »Mein Gott, mein lieber Rathenow, lebt Er noch; ich dachte,
Er wäre längst tot,« – diese Worte des Alten Fritz auf seiner letzten
Ruppiner Reise schwebten mir mehr als einmal auf der Lippe. – Daß
Frenzel sich am Festabend so glänzend legitimierte, wirst Du vielleicht in den Zeitungen gelesen haben. Ich kann nur sagen, was

Beethoven (ein etwas anmaßlicher Vergleich meinerseits) nach Aufführung des Freischütz gesagt haben soll: »Hätt's dem Männel nicht zugetraut.« Der eigentliche Sieger des Abends aber war Goßler. Solche Rede hat, den »catilinarischen Existenzen« gegenüber, noch niemals ein preußischer Minister gehalten. Der Jubel war groß.

⟨…⟩ Wie immer Dein alter, Dir speziell bei dieser Gelegenheit (denn Du brachtest erst Leben in die Bude) zu riesigem Danke verpflichteter

Th. Fontane

Ein weiterer Dichterkollege hatte sich mit einem Geburtstagsgruß eingefunden: Wilhelm Raabe. In seinem Dankschreiben vom 15. Januar 1890 erzählt Fontane eine kleine familiäre Begebenheit, die Raabes Beliebtheit in der Familie Fontane bezeugt:

»Spät kommt Ihr …«; aber vielleicht darf ich sagen, daß ich noch besser entschuldigt bin, als Graf Isolan. Es waren schöne, aber sehr anstrengende Tage und in den Briefberg auch nur die ersten Stollen zu treiben, war schon eine Leistung.

Ihre Zeilen, hochgeehrter Herr, waren mir eine ganz besondre Freude, denn um es Ihnen bei dieser Gelegenheit auszusprechen, meine kleine Mansardenwohnung umschließt eine treue Raabe-Gemeinde, deren Haupt ich nicht einmal selber ausschließlich bin, vielmehr die Herrschaft mit Frau und Tochter teilen muß.

Neulich ereignete sich Folgendes. Meine Frau (noch aus der alten Zeit, also schwach in Geographie) wurde beim Tee auf die Schweizerkantone hin examiniert und die Tochter suchte nachzuhelfen. »Nun, die vier Waldstätte, Mama; wie heißen die? Denke doch nur an das Horn von . . von . .«

».. von Wanza.«

Die Geographie kam zu kurz, aber nicht Wilhelm Raabe. Nochmals meinen herzlichen Dank.

Ein junger Schriftsteller hatte dem Siebzigjährigen eine besondere Würdigung zugedacht: Gerhart Hauptmann wollte sein Drama »Das Familienfest« Theodor Fontane widmen. Der erklärte sich einverstanden, selbst für den Fall, daß das Stück ähnlich drastische Szenen enthalten sollte wie »Vor Sonnenaufgang«.

An Gerhart Hauptmann, Berlin, 16. Januar 1890

Verspätet mit meinem Dank vor meine Gratulanten zu treten, geniert mich in einem fort, am meisten Ihnen gegenüber, dessen liebenswürdiger Brief, unter gewöhnlichen Umständen, eine umgehende Antwort erheischt hätte. Sie werden mir aber leicht verzeihn, wenn Sie hören, daß ich erst vorgestern Ihren Brief gelesen habe. Der Ansturm war zu groß und überschritt nicht nur meine Schreibe-, sondern auch meine Lesekraft.

Es wird mir eine Freude und Ehre sein, meinen Namen auf dem Widmungsblatt zu finden, auch wenn das Stück mir nicht gefallen sollte, was ich keinen Augenblick glaube. Denn zu dem Ernst Ihres Strebens und Ihrer Arbeit habe ich ein unbedingtes Vertraun und nur darauf kommt es an. Das Glücken – von der größren oder geringeren Zufälligkeit des äußren Erfolges ganz abgesehn – hat man nicht in der Hand, nur für seinen Willen und seinen Fleiß ist man verantwortlich. Und so denn nur tapfer den Namen aufs Blatt und wenn irgend ein Kahl Wilhelm auch 3 mal über den Zaun klettern sollte.

Anfang 1890 wandte sich Fontane einem seiner Lieblingsprojekte zu, einem Wanderungs-Buch über »Das Ländchen Friesack und die Bredows«. Von dem Pfarrer Heinrich Jacobi in Kriele bei Friesack erhoffte er sich Unterstützung bei seiner Arbeit. Am 23. Januar 1890 schreibt er:

Alle havelländischen Pfarrhäuser und nun gar, wenn sie dem Ländchen Friesack zugehören oder angrenzen, sind mir doppelt lieb und wert und wichtig geworden, seit ich an den Plan einer Bredow-Geschichte herangetreten bin, denn wenn alle Stränge reißen, würde ich den Versuch machen, der Geschichte von der Pfarrhausseite her und mit Hilfe des Pfarrhauses beizukommen, und Ihre Hilfe würde mir dabei unschätzbar sein. Wie man sich in Italien, als deutscher pittore, früher von Kloster zu Kloster durchfraß, so würde ich, an Ihrer Hand, im Havellande vielleicht von Pfarrhaus zu Pfarrhaus wandern können und schließlich mit Beharrlichkeit und Mühe meinen Bredow-Stoff zusammenkratzen. Daß mir das, auf die eine oder andere Weise, noch vergönnt sein werde, wünsche ich aufrichtig, denn ich halte den Bredow-Stoff nach wie vor für einen ganz besonders glücklichen, glücklich namentlich für mich, da ich nirgends auf das *Große* aus bin (*das* findet doch seinen Darsteller), sondern auf das Mittlere, selbst auf das Kleine, das ich, idyllisch und humoristisch angeflogen, am liebsten behandle. Leider – ich sage ganz aufrichtig leider – ist die ganze Geschichte in Schwanken und Unsicherheit geraten, da man mich, nach meinem Jubelfeste, selber zu einer kleinen Größe raufgepufft hat und nun auch von *mir* etwas wissen will. Mit andern Worten, ich soll durchaus eine Autobiographie schreiben, und mir sind daraufhin, pekuniär, sehr günstige Anerbietungen gemacht worden, namentlich von meiner Vossischen Zeitung, die sich ohnehin sehr generös gegen mich benommen und mich, wie einen alten Beamten, regelrecht und auskömmlich pensioniert hat. Aber können Sie sich denken (ein Fall, der in der Literaturgeschichte vielleicht noch gar nicht dagewesen ist), daß ich lieber über die Bredows als über mich selber schreibe, trotzdem mein Leben, in seinem bunten Wechselgange, *auch* ein sehr guter Stoff ist.

Vorläufig bin ich noch ganz in Schwanken und Unsicherheit. Es ist mir aber wahrscheinlich, daß ich, aller äußerlich klugen Berechnung zum Trotz, mich für die Bredow-Kapitel entscheiden werde. Denn abgesehen von der Bedeutung der Familie, neben der ein kleines Einzeldasein wie das meinige verschwindet, möchte ich auch – wie ich das schon mal in einem Briefe, ich weiß nicht mehr ob an den Landiner oder Friesacker Bredow ausgeführt habe – der Welt und der *Geschichtschreibung* zeigen, wie man solchen Stoff überhaupt zu behandeln hat, gründlich und doch nicht langweilig. Das klingt etwas anmaßlich, aber ich glaube, daß ich dies zu sagen berechtigt bin.

Von meinem »Jubelfeste« schreibe ich Ihnen nicht; die konservativen Blätter, die mich, als einen »Abtrünnigen« (es ist aber nicht so schlimm damit), einigermaßen auf dem Strich haben, haben nur sehr wenig davon gebracht, aber gelegentlich kommt auch wohl ein anderes Blatt Ihnen zu Händen, und die haben es an weitschichtiger Schilderung, der ich kaum etwas hinzuzufügen hätte, nicht fehlen lassen. Man hat mich kolossal gefeiert und – auch wieder gar nicht. Das moderne Berlin hat einen Götzen aus mir gemacht, aber das alte *Preußen*, das ich, durch mehr als 40 Jahre hin, in Kriegsbüchern, Biographien, Land-und-Leute-Schilderungen und volkstümlichen Gedichten verherrlicht habe, dies »alte Preußen« hat sich kaum gerührt und alles (wie in so vielen Stücken) den Juden überlassen. Minister von Goßler, mein alter Gönner, riß die Sache zwar persönlich heraus, aber »ich sah doch viele, die nicht da waren«. Nun, »es muß auch so gehen«, sagte der alte Yorck bei Laon, als die Russen nicht anrücken wollten.

In einem Dankesbrief an den Dichter Detlev von Liliencron vom 23. Januar 1890 kommt Fontane drei Jahrzehnte nach seinem mißglückten Aufenthalt von 1859 noch einmal auf München zu sprechen. Mittlerweile sieht er die Reize der bayerischen Hauptstadt mit anderen Augen als früher:

Ich höre, daß Sie an Übersiedelung nach München denken; ist dem so, so gratuliere ich dazu von ganzem Herzen. Ich glaube, das ist *ganz* Ihr Platz. Ich gehe noch weiter: es ist die einzige Stadt in Deutschland, wo Künstler leben können. Der eigentliche Grundstock der Bevölkerung ist zwar so geistig tot und verbiert wie nur möglich, aber der Kunstzuzug aus aller Herren Länder ist so groß, daß eine Nebenbevölkerung existiert und in dieser lebt sich's freier und frischer als irgendwo. So denn Glück auf.

Ein Resümee der anstrengenden Feierlichkeiten zu seinem 70. Geburtstag zieht Fontane in seinem Brief an Georg Friedlaender vom 28. Januar 1890:

Die Ersten werden die Letzten sein. An Müller und Schultze habe ich 3 Wochen lang Briefe bis zur Erschlaffung geschrieben, ganz zuletzt kommen die Eigentlichen und unter den Eigentlichsten sind Sie.

Daß Sie zu meinem Feste kamen, welche große Liebenswürdigkeit, welche wirkliche Freude, größer als Sie sich denken können. Wenn diese Freude nicht wie ein Schwärmer- und Raketen-schleuderndes Feuerrad zu Tage getreten ist, so war sie trotzdem da und Sie werden mir's in Rechnung stellen, wie schwer meine Situation an jenem Abend war.

An jenem Abend und – auch hinterher. Vielfach habe ich jetzt das Gefühl, als sei seitdem alles schief gegangen und als sei das Fest nichts gewesen, als ein Quell aller möglichen Unliebsamkeiten. Ungefähr 400 Dankesbriefe habe ich geschrieben (eine wahre Bereicherung der Staatseinnahmen) und bei jeder Gelegenheit habe ich auch noch persönlich gedankt, ich darf Ihnen aber aufrichtig versichern, daß ich das Gefühl habe, niemanden recht zufrieden gestellt zu haben. Im Gegenteil, alles ist verletzt, gekronken. Das für mich Schrecklichste dabei ist, daß ich den »Hauptleuten« bis zu einem gewissen Grade recht geben muß. Einzelne haben so viel für mich getan, daß sie das Gefühl unterhalten dürfen: »er müßte dankbarer, aufmerksamer, überhaupt mehr für uns da sein«, aber sie würden anders sprechen, wenn sie wüßten, in welchen abgehetzten und abgequälten, zum Teil auch abgeärgerten Zuständen ich diese 4 Wochen verbracht habe. Der ganze Hergang ist mir wieder ein rechter Beweis, ein wie fragliches Glück eine derartige Auszeichnung ist; ich habe das Gefühl, daß sich die Zahl meiner Gegner seitdem verdoppelt, verdreifacht hat und daß meine Verehrer und Anschwärmer von mir zurückgekommen sind. Alles wäre anders gewesen, wenn ich gleich hätte abreisen können. Aber wo soll man in der ersten Januarwoche hin? Eigentlich kann mans doch bloß zu Hause aushalten; der Parmesankäsefraß andrer Gegenden ist nicht zu bewältigen. Und so blieb ich denn. Außerdem hat mich die Voss. Zeitung pensioniert und ein bescheidener »Pensionär« kann nicht gleich nach Rom reisen, um sich Leo XIII. anzusehn. Bitte, schreiben Sie mir doch, welchen Eindruck Sie von dem Fest gehabt haben. Man sagt mir, es sei merkwürdig *gut* verlaufen, und diesen Eindruck habe ich auch persönlich gehabt; die Friktionen, Eifersüchteleien etc. etc. von denen ich oben sprach, haben erst später begonnen. Aber vielleicht hat auch schon das Fest die Anfänge davon gezeigt. Wäre Mai, so machte ich mich auf und vergäße bei Frau Schreiber oder irgend sonst wo im Gebirge die ganze Berliner Kulturwelt. Wie wirkt »Quitt«? Ich habe, seit der Roman in der Gartenlaube steht, noch keine Zeile davon gelesen.

Der in Rom lebende Musikschriftsteller Hermann Wichmann, den Fontane aus dem »Tunnel« kannte, hatte ihn zu einem Besuch in Italien eingeladen. Obwohl Fontane von seiner Rom-Reise 1874 die besten Erinnerungen an die Stadt hat, zieht er die gewohnte schlesische Sommerfrische vor.

An Hermann Wichmann, Berlin, 14. Februar 1890

Es hat mir schon das erste Mal sehr gut in Rom gefallen und unter Ihrem Rat und Beistand würde der Kunst- und Naturgenuß ein sehr gesteigerter sein. Und was noch wichtiger ist, der Aufenthalt würde, auch nach der menschlichen Seite hin, eine freundlichere Gestalt gewinnen, – alles absolute sich fremd und einsam fühlen würde in Wegfall kommen. Dennoch, und wenn ich sechs ideale Wochen in Rom zubringen könnte (was in dieser Welt voll Kopfweh, Zahnschmerzen und Magenkolik, anderer Unberechenbarkeiten zu geschweigen, doch immer fraglich bleibt), dennoch, sag ich, würde sich kein ganz richtiges Verhältnis von Einsatz und Gewinn herausstellen, weil der denkbar höchste Gewinn aufgehört hat, ein so recht eigentlicher Gewinn für mich zu sein. Angenommen, ich schriebe jetzt an einer historischen oder novellistischen Arbeit, zu deren Abschluß es nötig wäre, daß ich täglich erst den Palatin und dann drüben das Trümmerfeld des Esquilin durchwanderte, so stünde mir durch eine Romreise ein bestimmter, großer, mich beglückender »Gewinn« in Aussicht, der um so größer wäre, je mehr ich mich, gleichviel ob mit Recht oder Unrecht, von der Wichtigkeit meiner Arbeit durchdrungen hielte. Denn »nur der Irrtum ist das Leben, und die Wahrheit ist der Tod«. Aber so liegt es nicht, ich habe in Rom nichts Derartiges zu holen und würde im Wesentlichen über die Erneuerung gehabter Eindrücke nicht hinaus kommen. Ich war in den Katakomben und bewunderte das Profil von Rocca di Papa, ich bin die spanische Treppe hinauf- und in San Clemente die Stufen in die Kryptkirche hinabgestiegen, ich war im Café Cavour und habe Acqua fresca (der Name war noch anders, es war Gebirgswasser, so ähnlich wie Marcia; man trank es in Buden für eine Kupfermünze) und aus der Fontana Trevi getrunken. Von allem habe ich so zu sagen die Sahne abgeschöpft und *das* davon gehabt, was der Laie überhaupt davon haben kann. Wenn ich mir den »Moses« auch noch zehnmal und das »jüngste Gericht« auch noch zwanzigmal ansehe, so komme ich doch in Genuß und Verständnis um kein Haar breit weiter. Nun bleibt ja natürlich immer noch was übrig und wenn das auch nicht wäre, so hat das bloße mal wieder in Rom gewesen sein doch einen bestimmten Wert, aber dreimal unterstrichen: einen *bestimmten* Wert. Als Bankier fände ich diesen »bestimmten Wert« mit 1000 Talern (für 3 Personen) nicht zu hoch bezahlt, als kleiner

Schriftsteller *ist* es zu hoch, weil es sich um nichts Neues, sondern lediglich um eine Rekapitulation, eine Wiederauffrischung handelt. Dazu, wie ich Ihnen schon schrieb, würde man mir in Freundeskreisen eine solche Ausgabe doch als Anmaßung oder mindestens als schlechte Wirtschaft auslegen. Und nicht ganz mit Unrecht. Ich kann acht Tage nach meiner Reise einen Schlaganfall kriegen und erwerbsunfähig werden, da würde ich dann schlimme Dinge zu hören kriegen. Alles spitzt sich im Letzten zu einer Geldfrage zu und so liegt es denn einfach so, besäße ich so viel Guineen wie ich Markstücke besitze, so wäre ich schon in 14 Tagen an der Riviera und in 6 Wochen in Rom. Da's aber liegt, wie's liegt, so war der ganze Plan nur Idee und Traum und ich muß hier stille sitzen, bis ich zur Sommerszeit in ein schlesisches Gebirgsdorf kann. Sie aber, teuerster Freund, wie Frau Gemahlin – seien Sie beide herzlich für so viel Entgegenkommen und Liebe bedankt.

Am 15. März 1890 feierte der Münchner Freund Paul Heyse seinen 60. Geburtstag. In seinem Glückwunschschreiben vom 9. März 1890 gibt Fontane eine schmeichelhafte literaturhistorische Einordnung des Heyseschen Œuvres:

Ich will den 15. nicht abwarten und schreibe heute schon in sonntäglicher Stille. Bleibe Dir Deine Schaffenslust – vielleicht (neben der Hoffnung) das Beste was man hat – auch für die Zukunft erhalten, damit, wenn das neue Jahrhundert da ist, Du noch herrscherfroh wie König Polykrates Umschau halten kannst. Ein Wechsel der Zeiten wird freilich tagtäglich ausposaunt und vielleicht vollzieht er sich auch, mit dem Alten »aufräumend«, aber, wie's auch kommen mag, die Tatsache, daß Du 30 Jahre lang an der Tête standest, so ausgesprochen, daß Du Deiner literarischen Epoche sehr wahrscheinlich den Namen geben wirst, diese Tatsache kann durch keinen Radaubruder aus der Deutschen Literaturgeschichte gestrichen werden. Und mehr ist auf dieser »sublunarischen Welt«, wie mein Vater mit Vorliebe sich ausdrückte, überhaupt nicht zu haben.

Hertz (Vater), den ich neulich bei Gelegenheit des Anzengruberschen »Vierten Gebots« im Theater traf, hat mir erzählt, daß Du Dich für den März und vielleicht für noch länger nach Gries zurückziehen wolltest, welchen Entschluß ich an Deiner Stelle auch gefaßt hätte. Man kann sich nicht von zehn Jahren zu zehn Jahren immer aufs

Neue feiern lassen, und ein wenigstens einmaliges Überspringen, also bis auf 70, scheint mir unerläßlich. Zudem, was kommt bei der ganzen Geschichte heraus? Blicke ich jetzt auf meine »großen Tage« zurück und vergegenwärtige mir dabei, was ich während derselben und vorher und nachher gehört und gesehn habe, so gewahre ich nur zahllose Kränkungen, die dem Opfertier (dem Gefeierten) doch insoweit mitangerechnet werden, als die Tatsache seiner Existenz, wenn er persönlich auch unschuldig befunden werden sollte, die Schuld an dem allem trägt. Und dann die Danksagungen! Vierhundert Briefe habe ich geschrieben, um ja recht artig zu sein, bin aber doch der Überzeugung, mir, schlecht gerechnet, ein Dutzend Feinde auf Lebenszeit heraufbeschworen zu haben. Denn vielen habe ich sozusagen nur aus der Erinnerung, aus dem »Sentiment«, aus einer bestimmten Annahme heraus gedankt, aus einer Annahme, von der ich später durch einen Zufall erfuhr, daß sie nicht richtig war, und mich mithin als einen Schändlichen decouvrierte, der die ganze Liebesarbeit des andern entweder gar nicht gelesen oder aber wieder vergessen hatte. Und so was wird einem natürlich nicht verziehn.

An Paul Heyse, Berlin, 30. März 1890

Meiner hat sich in Produktionssachen mit einem Mal eine tiefe Gleichgültigkeit bemächtigt, und ich neige mehr und mehr der Ansicht zu, daß *die* recht haben, die den ganzen Kunstbetrieb als ein Semmelbacken ansehn, von dem man lebt wie andre Gewerbsleute. Alles ist unsicher und schwankend. Von den jeweiligen Kolossalerfolgen jammervollster Dümmlinge will ich noch gar nicht mal sprechen, aber daß Personen und Schöpfungen, die *wirklich* den Besten ihrer Zeit genügt haben, mit einem Male Gegenstand des Angriffs, ja geradezu der Abneigung werden, das gibt mir doch zu denken und läßt mir die sogenannte »Huldigung der Nation« als etwas sehr Fragwürdiges erscheinen. Alles ist Zufall, besonders auch der Erfolg, und das einzig Erquickliche ist nicht der Ruhm sondern die Ruhe.

Trotzdem, so lang es sein muß, in Arbeit weiter.

Die Unlust, die aus diesem Brief an Heyse spricht, wurde etwas gelindert durch eine lobende Rezension des Romans »Stine«, der im April 1890 im Verlag von Friedrich Fontane erschienen war. Einer der ersten, die sich öffentlich über den Roman äußerten, war der

Chefredakteur des »Berliner Tageblatts«, Theodor Wolff, dessen
Besprechung Fontane zu einigen grundsätzlichen Äußerungen über
sein Schreiben veranlaßte.

An Theodor Wolff, Berlin, 24. Mai 1890

Heute abend erst bringt mir mein Sohn Ihre schon vor 4 Tagen erschienene, überaus freundliche Besprechung meiner »Stine«. Ich eile
nun, Ihnen zu danken. Es ist gewiß alles so, wie Sie sagen: es ist so
hinsichtlich der Mischung von Romantischem und Realistischem,
und es ist so hinsichtlich der Parallele zwischen Lene und Stine. Lene
ist berlinischer, gesünder, sympathischer und schließlich auch die
besser gezeichnete Figur. Auf die Frage »Lene« oder »Stine« hin angesehen, kann Stine nicht bestehen, darüber habe ich mir selber keine
Illusionen gemacht, das Beiwerk aber – mir die Hauptsache – hat in
»Stine« vielleicht noch mehr Kolorit. Mir sind die Pittelkow und der
alte Graf die Hauptpersonen, und ihre Porträtierung war mir wichtiger als die Geschichte. Das soll gewiß nicht sein, und der eigentliche
Fabulist muß der Erzählung als solcher gerechter werden, aber das
steckt nun mal nicht in mir; in meinen ganzen Schreibereien suche
ich mich mit den sogenannten Hauptsachen immer schnell abzu-
finden, um bei den Nebensachen liebevoll, vielleicht *zu* liebevoll, ver-
weilen zu können. Große Geschichten interessieren mich in der
Geschichte; sonst ist mir das Kleinste das Liebste. Daraus entstehen
Vorzüge, aber auch erhebliche Mängel, und diese so nachsichtig
berührt zu haben, dafür Ihnen nochmals schönsten Dank.

In den Briefen an Georg Friedlaender werden immer wieder zwei
bevorzugte Themen des alten Fontane angesprochen: sein Verhält-
nis zum preußischen Adel und die Erinnerungen an die Kindheit in
Ruppin und Swinemünde. Am 2. September 1890 schreibt Fontane:

Herzlichen Dank für Ihren lieben, ganz unerwarteten Brief. Ich beschäftigte mich auf dem Heimweg auch noch mit der Adelsfrage;
daß wir darin ganz gleich empfinden, freut mich sehr. Sie schildern
in den v. K.'s mit gewohnter Virtuosität die *gute* Form des Adels,
gut deshalb weil sie mit der eigentlichen Adelsform, die weitab vom
Wege blüht, kaum noch eine Ähnlichkeit hat. Der Stadtadel, der
entweder ein Beamten-, Militär- oder wohl gar Kunst- und Wissen-

schaftsadel ist, ist Beamter, Militär etc. und reiht sich ein, dann und wann zeigt er noch mal Nücken, aber das ist nicht schlimm. Der eigentliche Adel, der, den wir im Auge hatten, ist der Landadel und so sehr ich gerade diesen liebe und so sehr ich einräume, daß er in seiner Natürlichkeit und Ehrlichkeit ganz besondre Meriten hat, so ist mir doch immer mehr und mehr klar geworden, daß diese Form in die moderne Welt nicht mehr paßt, daß sie verschwinden muß und jedenfalls daß man mit ihr nicht leben kann. Man kann sich viertelstundenlang an diesen merkwürdigen Gewächsen erfreun, aber man kann es zu keiner Freundschaft und Übereinstimmung mit ihnen bringen. Meine rein nach der ästhetischen und novellistischen Seite hin liegende Vorliebe bleibt dieselbe, aber Verstand, Rechts- und Selbstgefühl lehnen sich gegen diese Liebe auf und erklären sie für eine Schwäche. Es geht einem auch im Leben mit Einzelindividuen so und dann wieder mit ganzen Nationen. Die Engländer habe ich mit meiner Liebe verfolgt und sie dann doch wieder für egoistische und heuchlerische Bande erklärt.

An Georg Friedlaender, Berlin, 22. Oktober 1890

Herzlichen Dank für den famosen letzten Brief, wie er nur aus Ihrer Hand und aus – Schmiedeberg kommen konnte. Denn Schmiedeberg ist nun mal Hochburg der Romantik, wo alle 14 Tage mehr los ist, als in einem märkischen Neste während eben so vieler Jahre. Es gibt doch wirklich eine Art genius loci und während an manchen Orten die Langeweile ihre graue Fahne schwingt, haben andre unausgesetzt ihren Tanz und ihre Musik. Diese Beobachtung habe ich schon als Junge gemacht; wie spießbürgerlich war mein heimatliches Ruppin, wie poetisch das aus bankrutten Kaufleuten bestehende Swinemünde, wo ich von meinem 7. bis zu meinem 12. Jahre lebte und nichts lernte. Fast möchte ich hinzusetzen Gott sei Dank. Denn das Leben auf Strom und See, der Sturm und die Überschwemmungen, englische Matrosen und russische Dampfschiffe, die den Kaiser Nikolaus brachten, – das war besser als die unregelmäßigen Verba, das einzig Unregelmäßige, was es in Ruppin gab. Ja, Swinemünde war herrlich, aber was bedeutet es neben Schmiedeberg, wo sich die gewöhnlichsten Menschen in Wundermenschen verkehren.

In einem Brief an Paul Heyse, den er der eben erschienenen Buch-
ausgabe seiner Kriminalerzählung »Quitt« beilegte, spricht Fon-
tane die Differenzen zwischen seiner eigenen Literaturauffassung
und der seines Münchner Freundes an, betont dabei aber die bei al-
ler Verschiedenheit der Standpunkte fortbestehende freundschaft-
liche Verbundenheit mit Heyse.

An Paul Heyse, Berlin, 5. Dezember 1890

Ich weiß nicht, ob Freund Hertz Dir schon mein Neustes geschickt
hat, aber ob »ja« oder »nein«, ich gebe ein Exemplar zur Post, um
Dir bei der Gelegenheit noch einmal für all die Liebe danken zu können, die Du mir, wie so oft schon vorher, auch besonders anläßlich
meines 70. Geburtstages bewiesen hast.

   Mit meiner Geschichte »Stine«, die vor etwa einem halben Jahre
erschien, wollte ich Dich nicht behelligen, weil ich annehme, daß
Dir die Richtung und vielleicht auch der Ton darin unsympathisch
ist. Bei »Quitt« fallen diese Bedenken fort, und ich bin herzlich froh
darüber. Denn wiewohl ich in meiner Vorliebe für das, was man
ziemlich dumm die »neue Richtung« nennt (ist sie doch uralt), unerschüttert geblieben bin, sah ich mich doch schließlich durch eben
diese Vorliebe in so fragwürdige Gesellschaft versetzt, daß mir angst
und bange wurde. Die ganze Bewegung ebbt übrigens schon stark
wieder, woran 2erlei Schuld ist: der Mangel an Talent und der Über-
schuß an Unverschämtheit. Über letztres herrscht wohl keine Mei-
nungsverschiedenheit, kaum bei der Schule selbst, während es mit
der Talent oder Nicht-Talent-Frage nicht so klipp und klar liegt.
Noch in meinem letzten Briefe wollte ich, wenn ich mich recht erin-
nere, die Talentlosigkeit nicht so recht zugeben, aber sie ist seitdem
zutage getreten oder wenn nicht sie, so doch wenigstens ein Mangel
an nachhaltiger, sich fortentwickelnder Kraft. Im Handumdrehen
ist den jungen Herren die Puste ausgegangen.

Fontanes Bewußtsein, eher der literarischen Moderne anzugehören,
korrespondiert mit einer grundsätzlichen Aufgeschlossenheit dem
Neuen gegenüber. Dabei ist es gerade die Erfahrung des Alterns,
des Abseitsstehens, die den Blick für den gesellschaftlichen Wandel
schärft. Fontane sieht überdies genau, daß auch die eigenen schrift-
stellerischen Arbeiten davon nicht verschont bleiben, wenn er die

Chancen für das Überleben seiner Dichtung vielleicht auch allzu
pessimistisch einschätzt. Er spricht darüber in einer Reihe von Brie-
fen aus dem Winter 1890/91.

An Georg Friedlaender, Berlin, 9. Dezember 1890

Einen Eindruck hat es auf mich gemacht, daß Ihr Freund Dove nach
München gegangen ist. Ich kann ihm nur dazu gratulieren. Der Kaiser hat den Zeitungsleuten zwar kein gutes Zeugnis ausgestellt, aber
das ändert an der Tatsache nichts, daß eine gutbesoldete Stellung an
einer großen und einflußreichen Zeitung etwas höchst Begehrens-
wertes ist. Jeden Tag in wichtigen Fragen sich aussprechen und Tausende belehren und herüberziehn oder in ihren Anschauungen kräf-
tigen zu können, Zustimmung finden, beleben, erheitern, – das alles
ist eine sehr schöne, herzerquickende Sache, viel mehr als Vorlesun-
gen halten, die von den Kollegen bekrittelt, oder Bücher schreiben,
die streng rezensiert und schlecht bezahlt werden. Wenn ich z. B., auf
bloß literarischem Gebiet, eine Stellung wie die von P. Schlenther
sehe; es mag in Deutschland drei oder vier Literaturprofessoren geben, die angesehner, einflußreicher und besser bezahlt dastehen,
jedenfalls sind es wenige; die Mehrzahl steht an Einfluß und Le-
bensfreude weit hinter Schlenther zurück, der gerade, durch seine
Stellung, ein höchst interessantes großstädtisches Leben führt. – Seit
kurzem – sonderbar bei meinen hohen Semestern – fange ich überhaupt wieder an, auf das großstädtische Leben und den eignen Reiz,
den es äußert, Gewicht zu legen. Nicht als ob ich dies Leben direkt
mitleben möchte, das geht nicht, das widerstreitet meinem Können
und meinem Geschmack, aber dies Leben wie aus einer Theaterloge
mit *ankucken* zu können, das hat doch wirklich was für sich. Daß ich
dies jetzt wieder stärker empfinde, hängt wohl damit zusammen, daß
das Leben unter unsrem jungen Kaiser doch viel bunter, inhaltrei-
cher, interessanter geworden ist. Immer ist etwas los.

An Friedrich Witte, Berlin, 4. Januar 1891

Sei herzlich bedankt für Deine freundlichen Worte zu meinem Geburtstage, der diesmal sich weniger radaumäßig inszenierte. Trotzdem möchte ich sagen dürfen: immer noch zu laut. Ich weiß nichts
Besseres vorzuschlagen und habe doch ein starkes Gefühl da-

von, daß diese Beglückwünschungsformen, die doch auch eine Beglückwünschung beabsichtigen, ihren Zweck sehr unvollkommen erreichen. In einem fort kamen liebe Menschen mit Blumentöpfen, Buketts, Likörflaschen und Datteltüten, und jeder sagte was Freundliches, auch wohl was Hübsches und Zierliches. Ich selbst aber, statt dankbar zu sein, hätte immer nur sagen mögen: »Bitte, stellen Sie's dahin.« Am Schluß weiß ich nie, von wem ich die Sachen bekommen habe; kaum, wer da war. Es ist mir zu viel; ich bin Monogamist auch der Freude gegenüber.

Wir freuen uns, Dich und Deine Damen am 12. oder 13. Januar wiederzusehen. In der Zeitung interessieren mich jetzt sehr die Leitartikel über Bismarck. Ich finde sie ganz ausgezeichnet geschrieben und auch nicht zu streng in ihrem historischen Urteil. Ich finde nur, er ist nicht an seinen politischen Fehlern – die namentlich, solange die Dinge im Fluß sind, sehr schwer festzustellen sind – sondern an seinen Charakterfehlern gescheitert. Dieser Riese hat was Kleines im Gemüt, und daß dies erkannt wurde, das hat ihn gestürzt.

An Theodor Fontane (Sohn), Berlin, 9. Januar 1891

Trotzdem ich vor etwa acht Tagen feierlich gelobt hatte, meinen Dank für Baseler Leckerli und Astrachan-Kaviar (der Sherrypunsch war abgestrichen worden) nicht vergessen zu wollen, hab' ich's doch vergessen und lasse nun Stephan, der vorgestern 60 Jahr wurde, noch einmal satteln, um Dir den gestern versäumten Dank nachzubringen, Dir und Deiner lieben Martha. Jeden Morgen erhalte ich vier kleine Kaviarschnitten, und an meinem Geburtstage waren sie auch echt, grau und grobkörnig. Seitdem stellt sich aber eine minderwertige, von, ich weiß nicht wem, auch als Geburtstagsgeschenk gespendete Sorte ein, die öffentlich zu entlarven mir meine Artigkeit gegen die Gattin und Hausfrau verbietet. So lebt denn wohl der Glaube im Hause fort, ich merkte es nicht; zu weit gehende Tugenden werden immer mißdeutet. Dir rechne ich aber den richtigen an.

An Otto Roquette (Entwurf), Berlin, Mitte Januar 1891

Mit herzlicher Freude höre ich, daß das Theater und das Schaffen dafür Dir so viel Genuß bereitet. Ich kann mich auch bei einer platonischen Liebe, wie Du sie gegenüber dem Theater hegst, vollkommen darüber zurecht finden, kann es aber *nicht* so wie jemand, der über das Ideal hinaus, was Faßbares und Ponderables, also vor allem Geld, vom Theater erwartet. Dir macht die Sache Spaß, Dich erquickt und erhebt sie. Gut. Alle *die* aber, und ihre Zahl geht in die Hunderte und vielleicht in die Tausende, die vom Theater direkt leben wollen, alle diese tun mir leid. Da hören sie von 120 oder 150 Quitzow-Aufführungen; macht bloß in Berlin eine Einnahme von 12 000 Talern in zwei Jahren, in der Gesamtheit des übrigen Deutschlands das Doppelte. Ja, das hat was Verlockendes. Aber wer erreicht es? Es ist seltener als das große Los. Die meisten müssen froh sein, 3 Aufführungen zu erleben, und nach welchen Anstrengungen und oft Demütigungen! So daß ich jedem abrede und immer sage: schreiben Sie was Sie wollen, nur keine Theaterstücke.

Fontanes jüngster Sohn Friedrich hatte am 1. Oktober 1888 aus eigener Initiative einen Verlag gegründet. Der Vater stand diesem Schritt zunächst sehr skeptisch gegenüber, und vor allem hat er lange gezögert, der Firma des Sohnes seine eigenen Werke anzuvertrauen. Einen der Gründe dafür nennt er selbst in seinem Brief an den Sohn vom 27. Januar 1891. Der bei Friedrich Fontane verlegte Roman »Stine« sollte eigentlich die einzige Ausnahme bleiben, und die Bemühungen des Sohnes, den Vater doch als Autor seines Verlages zu gewinnen, hat Fontane immer wieder abgewehrt. 1891 übernahm Friedrich Fontane jedoch die Gesamtausgabe der Romane und Erzählungen seines Vaters, die zunächst im Verlag von Emil Dominik erschienen war. Nachdem Theodor Fontane die Solidität der Verlagskonzeption seines Sohnes erkannt hatte, ließ er seit 1893 alle seine literarischen Werke von »Frau Jenny Treibel« bis zum »Stechlin« im Verlag von Friedrich Fontane & Co. erscheinen.

An Friedrich Fontane, Berlin, 27. Januar 1891

Mama erzählt mir eben von Eurem Gespräch.

Es tut mir leid, daß ich diese Dinge, vor denen ich endlich Ruhe zu haben glaubte, immer wieder durchzabbern muß.

Ich begreife, daß Du den Wunsch hast, meine Bücher zu verlegen; Du mußt aber auch begreifen, daß *ich* den Wunsch habe, bei meinem alten Verleger zu bleiben. Ich will kein Geld von Dir oder irgendeinem meiner andern Kinder in die Tasche stecken und kann andrerseits die Geschichte mit den Extrafonds nicht zur Norm und Regel erheben; dazu reicht mein sonstiger Etat nicht aus.

All das habe ich Dir schon früher gesagt, und Du mußt mir, nachdem ich es unter Drangebung oder Beschneidung meiner Prinzipien an Entgegenkommen nicht habe fehlen lassen, eine fortgesetzte Debatte darüber ersparen.

Ich hatte Dir noch eine Berliner Geschichte zugedacht, aber dies ist auch das Äußerste, was ich leisten kann und will. Im übrigen nur das noch: Es wäre ja fürchterlich, wenn die gesunde Basis eines Verlagsgeschäfts immer ein bücherschreibender Vater sein müßte. Gott sei Dank ist leicht das Gegenteil zu beweisen.

Das Interesse am politischen, gesellschaftlichen und literarischen Leben seiner Zeit spricht aus vielen Briefen Fontanes. Über den Wert, den das allgemeine Publikum der belletristischen Literatur – auch seiner eigenen – beimißt, hegt er keinerlei Illusionen. Gerade dieser genaue Blick auf den Geschmackswandel erlaubt ihm allerdings auch eine selbstbewußte Einschätzung der eigenen literarischen Leistung.

An Hermann Wichmann, Berlin, 5. Februar 1891

Es geht einem ganz eigen mit den zurückliegenden Arbeiten; ich weiß noch ganz deutlich, daß ich, vor 20 und 30 Jahren, meine ganze Seele daran hing, daß ich glücklich war mal wieder einen alten Dorfkirchhof abgeklappert und neuen Stoff für die Beschreibung zu haben, daß ich über den Kriegskarten saß und mitten in der Nacht aufsprang, um einen Schlachtplan in wo möglich drei Linien aufzuzeichnen (je weniger Linien desto besser; ja dies »wenige« – weil erst die rechte Klarheit gebend – war die eigentliche Schwierigkeit), oder sonst einen leidlich guten Einfall zu Papier zu bringen. Und mit den Romanen und Novellen habe ich mich erst recht abgemüht. Und was ist jetzt am Ende meiner Tage das Resultat davon? Ich warte die Gleichgültigkeit der Menschen nicht mal ab, sondern komme ihnen fast zuvor und bin tief durchdrungen, ein paar Gedichte abgerechnet, von der Indifferenz des Geleisteten. Freilich ist dies das Los alles Modernen; das Klassische, der feste Bestand, das was den Schatz der Nationen bildet, wird von Jahrhundert zu Jahrhundert nur durch wenig Sachen vermehrt und alles, was selbst die Guten und Besten jetzt schaffen, hat bloß einen Tageswert – eine ganz kurze Zeit und es ist von der Tafel heruntergewischt. Heute waren in der »Vossin« sechs oder sieben Romane hintereinanderfort besprochen, alles Arbeiten von namhaften Leuten, alle gut aber auf jeden kamen drei Zeilen und schon jetzt, wo die Buchstaben noch kaum trocken sind, sind alle sechs oder sieben Bücher schon so gut wie vergessen. Mich erfüllt dies alles durchaus nicht mit Trauer, nur zur Bescheidenheit wird man immer dringlicher verpflichtet und lernt einsehen: »es ist alles nichts«. Freilich kann man diesen Satz unter alles schreiben; Salomo war auch schon so weit.

An Martha Fontane, Berlin, 21. Februar 1891

Ich gebe, zugleich mit diesen Zeilen, wieder einige grüne und gelbe Hefte zur Post, in denen allerhand über die neuen Stücke steht, freilich nicht recht was Brauchbares. Es ist immer so ein dunkles Tappen und Tasten, kein frisches Zugreifen. Die Kritiken sind alle wie von Verbrechern geschrieben, die nur immer auf der Hut sind, vor Gericht nichts zu sagen, was gegen sie gedeutet werden kann. Ich habe mich nie für einen großen Kritiker gehalten und weiß, daß ich an Wissen und Schärfe hinter einem Manne wie Brahm weit zurückstehe, habe das auch immer ausgesprochen, aber doch muß ich, für natürliche Menschen, mit meinen Schreibereien ein wahres Labsal gewesen sein, weil doch jeder die Antwort auf die Frage »weiß oder schwarz«, »Gold oder Blech« daraus ersehen konnte; ich hatte eine klare, bestimmte Meinung und sprach sie mutig aus. *Diesen* Mut habe ich wenigstens immer gehabt. Ich sagte zu Wildenbruch: »nein, das geht nicht; das ist talentvoll aber Unsinn«, und als er endlich die Quitzows brachte sagte ich mit gleicher Deutlichkeit: »ja, der alte Wildenbruch tobt und wuracht auch hier noch herum, aber es ist so viel von Genialem da, daß ich seinem Unsinn Indemnität erteile.« Zu solchem runden Urteil rafft sich von den Modernen keiner auf; wie die Schatten in der Unterwelt schwankt alles hin und her und sieht einen traurig an; deutlich werden sie nur, wenn sie einen ausgesprochenen Feind (der dann meistens ein ganz kleiner Doktor ist) beim Schopf fassen, um ihn vor versammeltem Volk zu skalpieren. Das machen sie dann ganz nett.

Selbstverständlich kommen in Fontanes Briefen auch private Probleme zur Sprache. Besonders der Tochter Martha gegenüber äußert sich Fontane in schonungsloser Offenheit über solche Fragen, zum Beispiel das Familienleben seines Sohnes Theodor mit seinen Kindern Otto und Gertrud.

An Martha Fontane, Berlin, 4. April 1891

Seit gestern sind nun die Kinder in ihrer Wohnung Friedrich-Wilhelmsstraße 10. III. Theo ist ganz der »alte«; brav, gut, bieder, tüchtig, kindlich, berechnend, Schlauberger und Philister; ein Stolz und eine Prachtnummer, aber so sehr eine Moral- und eine Rechts-Säule, und sich namentlich auch dafür haltend, daß ich als Kollege nicht mit ihm leben könnte. Als Vater geht es; da kommt dergleichen kaum zur Verhandlung und wenn aus Versehen einmal, so breche ich rasch ab. Seine Frau gefällt mir ganz gut, sie weiß ihn geschickt zu behandeln, was nicht immer leicht sein wird, und ist fleißig, ordentlich, sparsam. Nur *eine* Tugend ist ihr wie ihm glänzend versagt geblieben, die des Erziehers. Und das ist insoweit schlimm, als die armen Kinder die Zeche bezahlen und für die elterlichen Untaten aufkommen müssen. Bei der Kleinen, die sehr niedlich und temperamentvoll ist, zeigt sich noch wenig davon, desto mehr bei meinem Freund Otto. Er ist bereits total ruiniert, natürlich nicht fürs Leben, all das wächst sich später wieder aus, aber doch für die Gegenwart. »Otto *will* Milch, Otto will *nicht*, Otto ist *auch* süß (wenn die Kleine gestreichelt und ein »süßes Kind« genannt wird), Otto hat es im Bäuchl, Otto will raus, Otto (wenn er zurückkommt) hat ein Würstl und Pipi gemacht« und nach dieser gefälligen Berichterstattung fängt er an zu rülpsen. Dann sagt die Mutter: »Der arme Junge, er leidet so daran.« So geht es in einem fort. Dabei, glaub ich, ist es ein gutes Kind, aber, auf Erziehung angesehn, ein Monstrum, das im Panoptikum gezeigt werden kann, wie der »Junge mit 2 Köpfen«. Ich kann mich nicht entsinnen, in meinem langen Leben etwas so »Verrungeniertes« gesehn zu haben. Und das ist das Kind einer guten Mutter und eines ausgezeichneten Vaters, ausgezeichnet an Herz, Verstand, Wissen und – Anspruch. Mir schwindelt. Es ist mir, seitdem George tot ist und Du in der Fremde weilst, nicht beschieden, in unsrer ganzen Familie irgend etwas zu entdecken, was mich ästhetisch auch nur einigermaßen befriedigte; Kommißstiebelei wohin ich

blicke, alles unterm Stand und namentlich auch unter der natürlichen Begabung. Denn meine beiden Schwestern sind eigentlich
sehr begabt und Theo kann eine Exzellenz werden.

*Im April 1891 erhielt Fontane den 1859 vom preußischen König
Wilhelm I. gestifteten Schillerpreis. Die Freude über die Ehre war
groß, aber Fontane ist ehrlich genug, zu gestehen, daß ihm die 3000
Mark Preisgeld noch wichtiger sind als der mit dem Preis verbundene Ruhm. – Zur gleichen Zeit hat Fontane Gelegenheit, sich mit
einem neuen Aspekt der »Moderne« zu beschäftigen, nämlich mit
den Gemälden Franz Stucks, die damals in Berlin ausgestellt waren
und für großes Aufsehen sorgten. Fontane zeigt sich auch diesem
»Neuen« gegenüber aufgeschlossen und verteidigt Stuck gegen
seine konservativen Kritiker.*

An Hans Hertz, Berlin, 20. April 1891

Gestern war ein Freudentag, denn ich erfuhr durch ein ministeriel-
les Schreiben, daß mir für »meine Verdienste« (Pardon) eine Prämie
von 3000 Mark zuerkannt worden sei, durch S. Majestät auf Antrag
einer Kommission. Ich vermute, daß dies der sogenannte Schillerpreis ist und die Zubewilligung desselben wird nun wohl als ein sta-
tutenwidriger Griff in den Welfenfonds angesehn werden. Und vielleicht kriege ich einen Leitartikel. Ist mir aber Schnuppe; ich habe
das Gold und keine Spur von Beschämung. Mich beunruhigt nur
noch die Kommission. An diese, oder an ein paar hervorragende
Mitglieder, müßte ich doch wohl eigentlich ein Dankeswort richten.
Ich glaube Heyse und Erich Schmidt sind Hauptmitglieder. Ist das
richtig und meinen Sie, daß ich an diese Beiden schreibe. Vielleicht
haben Sie so ein bißchen Fühlung mit der ganzen Sache und wissen
Bescheid.

An Paul Heyse, Berlin, 23. April 1891

Am Sonntag empfing ich ein kultusministerielles Schreiben, und
schon am Dienstag holte ich mir meinen Schillerpreis in bar. Der
Geheimerat, der mir die 3000 Mark behändigte, war sehr artig, aber
wenn mich nicht alles täuschte, stand ein »na, na« auf seiner Stirn.
Der Berliner zweifelt immer. Ich gönne ihm seinen Zweifel und bin

froh, daß *Du* ihn nicht geteilt hast. Denn Dein Pro wird in der keilförmigen Schlachtordnung wohl die Spitze gebildet haben. Ich schreibe das so auf guten Glauben und die innere Stimme hin und bin sicher, mich nicht zu irren. Übrigens bin ich bereits so weit runter oder vielleicht auch so weit vorgeschritten, daß mir die Geldsumme fast mehr bedeutet als die Ehre. Was wird nicht alles geehrt. Ich berechne mir jetzt die Zinsen für meine alte Frau und sage schmunzelnd: »50 Taler mehr sind nicht übel.« ⟨...⟩

Seit einer Woche sind hier Bilder von Franz Stuck ausgestellt, die auf mich einen großen Eindruck gemacht haben. Einige sagen, es seien »Schmierereien« und der Engel mit seinem Flammenschwert ein Hausknecht. Ja, jeder der einen rausschmeißt, muß immer ein bißchen von einem Hausknecht haben, sonst hat er noch Schlimmeres. Und Schmierereien! Eine Berliner Kegelbahn kann aus glatten Linien bestehn, aber ein Cherubim wohnt anders und ist kein Stammgast.

An Martha Fontane, Berlin, 24. April 1891

Wir sind nun hier seit drei, vier Tagen ganz »Schillerpreis«; es kommen ganz fabelhafte Gratulationen an, zum Teil von Personen die ich kaum oder gar nicht kenne, sogar Telegramme, heut von Soldmanns, neulich von Max Harden, dazu Briefe von Goßler (Antwort auf einen von mir, worin ich ihm gleich gedankt hatte) Geh. R. Jordan, Prof. Erich Schmidt, Schlenther, Wichert etc. Einiges lege ich diesen Zeilen bei, was Dich vielleicht interessiert. Die ganze Geschichte müßte mich ja eigentlich *sehr* glücklich machen, aber es kommt ein bißchen zu spät und fällt bei mir in eine Stimmung hinein, die doch bei aller Heiterkeit schmerzlich ist, weil es ein Durchdrungensein ist von der Nichtigkeit alles Irdischen. Wer nun an ein Ewiges glaubt, dem wird in diesem Zustande erst recht wohl, aber zu den so Beglückten darf ich mich nicht zählen.

————

In 8 Tagen haben wir nun die große internationale Kunstausstellung, worauf ich mich freue, trotzdem es mir seit lange feststeht, daß die ganz kleinen Ausstellungen, die man bezwingen kann, viel genußreicher sind. Neulich war ich bei Schulte, Unter den Linden, und sah mir die dort ausgestellten Zeichnungen und Bilder von Franz Stuck (München) an; die Zeichnungen waren die Originale zu

20 oder 30 Holzschnittbildern in den »Fliegenden Blättern«, alles höchst witzig und geistreich, die Ölbilder desselben jungen Künstlers aber waren zum Teil wandhoch und stellten den Engel dar, der Adam und Eva aus dem Paradiese treibt. Dieser Cherubim mit dem Flammenschwert ist 3 mal von ihm gemalt worden, 1 mal so zu sagen als Riesenporträt in einer Art rätselvollen Himmelsatmosphäre, lauter dicke weiße, lila- und rosafarbene Klexe, mitunter halbfingerhoch, so daß der Bengel bloß in Farben ein kleines Vermögen ausgegeben haben muß; auf dem 2. Bilde hat er, d. h. der Engel, Adam und Eva eben hinausgeworfen und bezieht die Paradieswache als Außenposten; auf dem 3. steht er wieder allein da, am Ausgangspunkt einer perspektivisch sich verengenden Avenue und schließt mit seiner Person eine nur halbhandbreite Paradiesklinse, durch welche das rot und golden leuchtende Paradies in die tannenschwarze Avenue hineinblitzt. Alle drei sind ausgezeichnet, am poetischsten das zuletzt genannte. Viele nennen es »Schmiereren« und den Rache-Engel einen »Hausknecht«, ich bleibe aber bei meiner Bewunderung. So war der gute Geh. R. Stoeckhardt vorgestern hier, um mir zu gratulieren, und kam nun auch auf diese Bilder; »die Kunst soll doch das *Schöne* wollen« – dabei blieb er. Ich sagte ihm: »man merke, daß er durch Schönheit in seinem Hause verwöhnt sei.« Dies ging ihm glatt 'runter und war auch zur Hälfte ehrlich gemeint (namentlich seitdem er Mathilden als Folie für all die Schönheit hat) – eigentlich aber war es doch Verhöhnung und zwar wohlverdiente. Solch Blech darf man nicht mehr aussprechen, auch nicht mal wenn man Geheimrat ist.

––––––––––

Nun sei es genug. Zum Lesen schicke ich Dir nächstens Einiges, trotzdem ich alles was in den 3 farbigen Blättern steht, urschwach finde. Das »sexuelle Problem« »freie Liebe« das »Weib und sein höherer Beruf« etc. etc. sind denn doch nachgerade Themata, deren Überschriften schon einen angähnen und nun gar erst was drin steht.

Die vielfältigen Modernitätserfahrungen, die Fontane in diesen Monaten sammeln konnte, mögen dazu beigetragen haben, daß er ein lange gepflegtes literarisches Lieblingskind aufgab: die Geschichte vom »Ländchen Friesack und den Bredows«. Schon im Brief an Hermann Wichmann vom 5. Februar 1891 hatte er mit

leiser Selbstironie von seinen »Wanderungen« gesprochen. Nun
schreibt er am 15. Mai 1891 an Max von Bredow:

Seit lange habe ich nichts von mir hören lassen und nun, wo ich
mich melde, geschieht es mit Scheu und Verlegenheit, weil ich auf
dem Punkt stehe, der Fahne Friesack untreu zu werden. Natürlich
nur notgedrungen. Ich bin mittlerweile nicht bloß den Jahren nach,
sondern auch innerlich derart alt geworden, daß ich mich zur
Durchführung der geplanten Arbeit unfähig fühle und das aufge-
speicherte Material einem Nachfolger zu etwaiger Benutzung überlassen muß. Ob sich ein solcher Nachfolger überhaupt finden wird,
steht dahin und im Falle er sich findet, wird ers bei seiner Arbeit
nicht leicht haben, namentlich wenn er das erreichen will, was mir
als Ideal vorschwebte: Totalität und Wiedergabe kleinsten und
zugleich intimsten Lebens. Nicht Namen, Zahlen, Überschriften,
sondern immer Bilder und Geschichten. Um das leisten zu können,
dazu gehört ein »sich installieren«, am besten durch Jahre hin, so
daß ein im Friesackschen zu Amt und Stellung kommender Pastor
oder Schulmeister immer der mutmaßliche Zukunftsheld sein
würde. Schade nur, daß die Pastoren es immer zu pastorlich und die
Schulmeister immer zu schulmeisterlich anfassen. Ohne leichte
Hand geht es nicht. Was ich meinerseits bei meinem Besuch und
dann in Büchern aufgespickt habe, so Hübsches darunter ist, genügt
nicht und weil ich das Aufpicken aus allen möglichen Gründen (die
Jahre natürlich immer voran) nicht füglich fortsetzen kann, so hab
ich, nach einigem Zögern, den Entschluß gefaßt, die Flinte ins Korn
zu werfen. Es konnte, bei meinen hohen Semestern, nichts mehr
werden. Nur die Überzeugung ist mir geblieben, daß der Plan, nachdem ich vorgehen wollte, richtig war und daß das Ziel nur erreicht
werden kann, wenn mit dem Aus der Vogelperspektive-beobachten
gebrochen wird.

Aber schon zu viel der Worte darüber; schließlich hängt die Welt
nicht daran, ob das Ländchen Friesack nach meinem oder einem andern Rezept oder ob es überhaupt beschrieben wird. Andere Fragen
stehen im Vordergrund und mir verbleibt nur noch, Ihnen und Frau
Gemahlin für die große Nachsicht und Liebenswürdigkeit, die mir
während meines Besuches im Sommer 89 zuteil wurde, zu danken.

*Ganz losgelassen hat ihn das Thema »Friesack und die Bredows«
allerdings nie. In einem Brief an Pfarrer Heinrich Jacobi vom 5. Ja-
nuar 1895 spricht er noch einmal von seiner* letzten märkischen
Liebe *und begründet das Scheitern des Projekts mit der fehlenden
finanziellen Unterstützung und der zu erwartenden mangelnden
Resonanz beim Publikum:* Ich hätte (in Blättern, von denen der
Schriftsteller lebt, *nicht* von seinen Büchern) keine Leser und keine
Honorare gefunden. Aber *darauf,* in meiner Passion für die Sache,
hätte ich's ankommen lassen, wenn meine Passion einem ähnlichen
Gefühl bei den Bredows selbst begegnet wäre. Dies war aber nicht
der Fall. *Wenige Wochen vor seinem Tod, am 1. August 1898,
schreibt er an ein Mitglied der Familie Bredow, er habe sich* noch in
allerletzter Zeit wieder viel mit Landin und dem »Ländchen Friesack« beschäftigt und bei der Gelegenheit beklagt ⟨...⟩, die Schiffe
hinter mir verbrannt zu haben.

*Die Kritik am Vergangenen, am Abgelebten, die in dem Brief an
Max von Bredow vom 15. Mai 1891 leise angeklungen war, weitet
sich in einem Brief an Georg Friedlaender vom 27. Mai 1891 zu
einer grundsätzlichen Reflexion über Vergangenheit und Gegenwart, über Reaktion und Fortschritt, die in ihrer Ausgewogenheit
typisch ist für das Denken des alten Fontane.*

Herzlichen Dank für Ihren lieben Brief; schon das Kuvert mit seinen
buntfarbigen Pritzelchen in Grau regte mich an und der Inhalt
natürlich erst recht. Dagmar und der Bräutigam »der seinerseits
über den Namen Lothar gebietet« (wundervoll glückliche Wendung) haben mich erheitert und erfreut, denn Sie haben, im Ganzen
genommen, ja nur Gutes über Beide zu melden, trotzdem wirken
Beide wie eine voraufgeschickte Illustration zu dem späteren Aus-
spruch »die Welt war nie so arm an Idealen«. Diese Anschauung beherrscht mich seit Jahr und Tag und jeder Tag bringt neue Belege
und steigert mein Unbehagen bis zur Angst. Dabei muß ich bemerken, daß ich nie zu den Lobrednern des Vergangenen gehört habe,
auch jetzt noch nicht gehöre. Die Zeit, in die meine Jugend fiel,
Ende der 30er Jahre, war auch schrecklich, in vielen Stücken, so in
allem was Erscheinung angeht, schrecklicher als jetzt; die »Ruppigkeit« von damals ist überwunden (leider noch immer nicht genug) –
aber so sehr ich diesen Fortschritt anerkenne, so sehr er mich gera-

dezu beglückt, so gewiß ist er auf halbem Wege stecken geblieben, auf der Station »Äußerlichkeit«. Alles dient dem Äußerlichen; auf den ersten Ruck ist dadurch 'was gewonnen, die Sinne werden befriedigter, aber so wie man ein bißchen schärfer zusieht, nimmt man eine Äußerlichkeitsherrschaft wahr, die mit einer gewissen Verrohung Hand in Hand geht. Die ganze Welt, man könnte beinah sagen die Sozialdemokratie mit eingerechnet, hat sich durch gesteigerten Besitz und durch gesteigerte Lebensansprüche bis zu einer gewissen *Bourgeois*höhe, vielfach von greulichstem Protzentum begleitet, entwickelt, aber von der Bewältigung der zweiten Hälfte des Weges, von der Entwicklung bis zur Aristokratie, der echten natürlich, wo das Geld wieder anfängt ganz andren Zwecken zu dienen als dem Bier- und Beefsteaks-Konsum, – von dieser Entwicklung unsrer Zustände sind wir weiter ab denn je, weiter als in jenen Armutszeiten unter Fr. W. III., wo es Tausende von höchst erfreulichen Einzelerscheinungen namentlich im Adel, im Professorentum und unter den Geistlichen gab, Einzelerscheinungen, die derart kaum noch vorkommen. Was ein Mann wie Krupp tut, vielleicht großartig in seiner Art, ist doch etwas ganz andres und wurzelt verstandesmäßig in sozialer Frage, nicht in einem schönen Herzen und liebevoller Menschlichkeit.

Ich habe dies weiter ausgeführt, als man in einem Briefe wohl eigentlich soll, aber es ist die eigentlich »große Frage«, in der die andern großen Fragen erst drin stecken. Natürlich kann man eine höhere Idealität der Gemüter ebensowenig wieder herbeizaubern wie die »Religiosität«, die der gute alte Wilhelm seinem Volke wiedergeben wollte, dazu gehören andre Nummern wie Stöcker, aber wenn man auch mit Predigten und Reskripten der Sache nicht beikommen kann, so ist doch, glaub ich, schon viel gewonnen, wenn die moderne Menschheit zur Einsicht der Sachlage kommt, wenn sie sich im Spiegel sieht und einen Schreck kriegt. Und ein bißchen davon, wenn mich nicht alles täuscht, ist schon da. ⟨…⟩ Nicht bloß in Berlin, im Preußentum überhaupt steckt der Glaube, daß es mit uns ganz was Besondres sei; aber vorläufig ist noch das Gegenteil richtig, in allem stehen wir in 2. und mitunter auch erst in 3. und 4. Linie. Zweierlei haben wir, die Volksschule ⟨…⟩ und die Armee, worin wir wahrscheinlich Nummer 1 sind, aber doch auch nicht in dem Grade, wie wir's uns einbilden. Man braucht sich nur die Musketiere, die als Leutnantsburschen die Straßen unsicher machen, anzusehn, um über die Vorstellung einer Superiorität zu lachen. Alles ist durchschnittsmäßig, oft auch *das* kaum, und nur dann und wann ereignet es sich, daß das Durchschnittsmäßige, weil es glänzend dirigiert wird (Generalstab und zum Teil auch Offizierkorps) über sich selbst hinauswächst. Herrschaft des Geistes über die grobe Masse. Von diesen zwei Dingen aber abgesehn, hapert es überall und die Redensart von der »deutschen Wissenschaft« kann ich gar nicht mehr hören. Unsre Bücher, und nicht zum wenigsten die wissenschaftlichen, sind schlechter, als die der andern Kulturvölker. Literatur und Kunst höchst fragwürdig, – das »Berliner Haus« ein Monstrum. Und nun genug oder schon zu viel.

Aus einer depressiven Phase im Frühsommer 1891 – Man vegetiert. Das Leben wird immer langweiliger und man sagt sich: es war nicht viel und wird immer weniger, *schreibt er am 9. Juni 1891 an Karl Zöllner – befreit sich Fontane durch eine mit dem Ehepaar Friedlaender unternommene Reise nach Wyk auf Föhr. Dort wird er an dem wahrscheinlich schon um 1887/88 begonnenen Roman »Frau Jenny Treibel« arbeiten.*

An Georg Friedlaender, Berlin, 23. Juli 1891

Seien Sie schönstens für Ihren liebenswürdigen Brief bedankt, der mir goldene Brücken baut. Ein Schlachtplan wie von Moltke, drei Marschlinien zur Auswahl und doch alles klar und bestimmt; die Ausführung ist Kinderspiel. Und daß Sie nun Ihre Wyker Tage verlängern wollen, wie beschämend gütig gegen mich.

Ich werde wahrscheinlich heut über 14 Tage von hier abdampfen und nach einem 1 tägigen Aufenthalt in Hamburg, am Sonnabend zu noch näher anzugebener Stunde in Wyk eintreffen. Ich freue mich sehr darauf oder doch so, wie ich's noch aufbringen kann, denn der Gefühlsapparat arbeitet immer schlechter. Außer der Freude Sie alle dort zu finden, gibt mir auch das einen kleinen Belebungspuff, daß ich nach einer ganzen Reihe von Jahren mal wieder was andres zu sehn kriege. Schon Föhr selbst ist mir eine Neuigkeit, aber auch Helgoland und Sylt, die doch wohl ohne *zu* viel Seekrankheit zu erreichen sein werden, kommen als gesteigerter Stimulus in Betracht. Von dem Hamburger Freihafen rede ich gar nicht erst. Man weiß ja nie wie's abläuft, aber nach einer bestimmten Seite hin ist es *die* Gegend, die mir immer am meisten Freude macht, weil sie mich patriotisch am meisten erhebt. Es ist eben die Wiege jenes Angelsachsentums, dem die moderne Welt entsprossen ist und das der regierende Faktor darin ist und ein bißchen davon fühlt man dem ganzen Lande ab, wenn mans auch bloß in der Eisenbahn durchfliegt. Hamburg, in seiner das ästhetische Gefühl befriedigenden *Erscheinung* ist vielleicht allen andern modernen Handelsstädten überlegen, selbst London nicht ausgenommen. – Dieser Brief sollte Ihnen nur meinen Dank aussprechen; in 8 oder 10 Tagen schreibe ich wieder und melde mich für einen bestimmten Tag an; können Sie eine kl. Wohnung für mich mieten, so bin ich Ihnen auch dafür verpflichtet, wo nicht, so krieche ich zunächst in einem Hotel unter.

An Martha Fontane, Berlin, 25. Juli 1891

Du hast recht, daß etwas wenig geschrieben wird, namentlich in Anbetracht des literarischen Hauses. »Talent (epistolaire) oblige.« Deinem letzten Brief entnehme ich zu meiner Freude, daß es Dir leidlich wohl geht und zu meiner noch größeren, daß Du viel und mit Lust und Liebe musizierst. Wenn es damit vorhält, so würde ich *das* als die eigentliche diesmalige Landaufenthalts-Errungenschaft ansehn, dann könntest Du's zu einer »Passion« bringen, gleichviel ob Eiersammlung, Tellerbemalung oder Gesang, so würde Dich das weiter bringen, als ein Zentner Brom, an dem nur sicher ist, daß es den Magen verdirbt. »Wählt euch eine Fakultät« sagt schon Mephisto zum Schüler, aber eine Passion ist immer besser noch als eine Fakultät. Wie hätte ich leben und alle Miserabilität des Tütendrehens und Tütenklebens (und nun erst gar die Menschen!) ertragen können, wenn ich nicht die Passion gehabt hätte, Terzinen zu machen. Denn mit dem Schwersten muß man immer anfangen, dadurch kriegt die Geschichte einen Glorienschein; selbst Friedel hatte sich sein Ziel weit gesteckt und wollte nicht Schaffner sondern Eisenbahn-Betriebsdirektor werden. Ein bißchen davon spukt noch jetzt in ihm nach. – Wir leben sehr still, Mama rückt sich überhaupt nicht von der Stelle, ich gehe jeden Abend um 9 bis an die Christuskirche (Paulus Cassel) umschlendre schließlich 2 mal den Leipziger Platz, schnopre etwas Lindenduft, kucke mir die Jüdinnen an, die unterm Zelt in Hotel Bellevue soupieren und bin um 10 wieder zu Haus, gestern etwas später, weil ich in der Nähe von Blankenstein

Brahm und Sternfeld traf, mit denen ich noch eine halbe Stunde flanierte; sie schossen mir Beide Liebenswürdigkeiten in den Leib – bei Brahm etwas Seltenes – und während Sternfeld von »Vor dem Sturm« schwärmte (er scheint, bei einem Juden doppelt hoch anzurechnen, ein preußisch historisches Interesse zu haben) orakelte Brahm von »Unwiederbringlich« und wunderte sich, wo ich das alles her hätte. In Deutschland darf man bloß schreiben: »Grete liebte Hans, aber Peter war dreister und so hatte Hans das Nachsehn«; wer darüber hinaus geht, fällt auf und meist auch ab. Das Komischste war, daß sich in dies literarische Gespräch immer intensiv Medizinisches mischte; Brahm hat sich nämlich einer Bandwurmkur unterzogen; anfangs dachten Sternfeld und ich, es bezöge sich auf sein Schillerbuch, zuletzt ergab sich aber, daß ein ganz gemeiner Bandwurm gemeint war, wie er an den Litfaßsäulen auf grünem Papier immer abgebildet ist, dicht neben den Versen der goldenen 110. Was doch in solcher großen Stadt alles sein Wesen treibt. ⟨...⟩

Morgen oder bei Gelegenheit will ich Dir auch einen »Figaro«-Artikel schicken. Wenn ich bedenke, daß der Figaro zu gutem Teil von deutschen Juden geschrieben wird, so richtet sich mein deutsches Gefühl ein bißchen auf und ich sage mir dann: »es kann mit der großen Überlegenheit drüben auch so weit nicht her sein.« Die Franzosen, darin sehr frei und liebenswürdig, haben dies Gefühl auch gar nicht; *wir* haben es nur statt ihrer und schieben ihnen alle möglichen literarischen und künstlerischen Tugenden zu. Es fiel mir schon auf, daß es in einem Stauffer von Bernschen Briefe hieß: »die *guten* deutschen Bilder sind eigentlich viel besser als selbst die guten französischen; sie haben nur in Paris den Schneddredin besser weg. Aber das ist was Äußerliches.« Literarisch haben sie was Ähnliches vor uns voraus: die *Sorglichkeit* der Arbeit; unsre fuchsen drauf los, was auch der Talentvollste nicht darf.

In Wyk auf Föhr gewinnt Fontane Abstand von seinem Berliner Alltag, den er in diesem Brief an seine Tochter so anschaulich schildert. Die Einsamkeit und eine Erkältung tun ein übriges, ihn zum Nachdenken über sein Leben und seine gewandelten politischen Auffassungen zu bewegen. Solches Nachdenken geschieht bei Fontane vornehmlich im Prozeß des Schreibens, wie die Briefe an Frau und Tochter zeigen.

Mir geht es nicht sehr gut; gestern war mir miserabel, und ich blieb ein und hungerte, heute ist es etwas besser, aber ich kann nicht ausgehn und muß meine Hungerkur fortsetzen. Natürlich bleibe ich meinem Charakter treu und suche mir das Gute heraus; ein tapfrer Schnupfen war das, was ich seit einigen Jahren vergeblich herbeisehnte, nun ist er da. Der Husten, als Zugabe, war sehr lästig, scheint aber nachlassen zu wollen; stuff a cold and starve a cough. Jetzt ist starvation, morgen hoffe ich wieder bei stuffing zu sein.

Alles Arbeiten habe ich einstellen müssen, und glücklicherweise habe ich auch nichts zu lesen – damit verdirbt man sich immer bei Schnupfenzuständen. Ich beschäftige mich damit, mein Leben zu überblicken, allerdings in etwas kindischer oder doch mindestens in nicht sehr erhabener Weise; bei den ernsten Dingen verweile ich fast gar nicht; ich sehe sie kaum und lasse Spielereien, Einbildungen und allerhand Fraglichkeiten an mir vorüberziehn. Das Endresultat ist immer eine Art dankbares Staunen darüber, daß man, von so schwachen wirtschaftlichen Fundamenten aus, überhaupt hat leben, 4 Kinder großziehn, in der Welt umherkutschieren und stellenweis (z. B. in England) eine kleine Rolle spielen können. Alles auf nichts andres hin als auf die Fähigkeit, ein mittleres lyrisches Gedicht und eine etwas bessere Ballade schreiben zu können. Es ist alles leidlich geglückt, und man hat ein mehr als nach einer Seite hin bevorzugtes und namentlich im kleinen künstlerisch abgerundetes Leben geführt, aber, zurückblickend, komme ich mir doch vor wie der »Reiter über den Bodensee« in dem gleichnamigen Schwabschen Gedicht, und ein leises Grauen packt einen noch nachträglich. Personen von solcher Ausrüstung, wie die meine war, kein Vermögen, kein Wissen, keine Stellung, keine starken Nerven, das Leben zu zwingen – solche Menschen sind überhaupt keine richtigen Menschen, und wenn sie mit ihrem Talent und ihrem eingewickelten 50-Pfennig-Stück ihres Weges ziehn wollen (und das muß man ihnen schließlich gestatten), so sollen sie sich wenigstens nicht verheiraten. Sie ziehen dadurch Unschuldige in ihr eigenes fragwürdiges Dasein hinein, und ich kann alle Deine Verwandten, darunter namentlich meine noch immer von mir geliebte Clara Below, nicht genug bewundern, daß sie mich von Anfang an mit Vertrauen,

Herzlichkeit und beinah Liebe behandelt haben. Ich wäre gegen mich selber viel flauer gewesen, denn ein Apotheker, der anstatt von einer Apotheke von der Dichtkunst leben will, ist so ziemlich das Tollste, was es gibt.

An Martha Fontane, Wyk auf Föhr, 25. August 1891

Ehe ich diesen gastlichen, aber bei den diesjährigen Witterungsverhältnissen unwirtlichen Strand verlasse, will ich Dir doch noch mal schreiben. Viel kann es nicht werden, da ich hier dritthalb Wochen lang nichts wie Sturm und Regen und im Geleite davon einen kapitalen Husten und Schnupfen erlebt habe, Stoff zum klagen, aber nicht zum Briefe schreiben, die nach meiner Meinung entweder heiter oder anständig indifferent sein müssen. Die Stoffarmut wächst noch dadurch, daß ich annehme, das Wenige was ich gesehn und erlebt und in allerhand Scriptas an die Mama niedergelegt habe, wird Dir durch Übersendung der betr. Briefe zur Kenntnis gekommen sein. Alles in allem habe ich mich übrigens, trotz andauernder Wetterunbill, meines hiesigen Aufenthalts zu freuen gehabt und selbst der kolossale Bellhusten, an dem ich seit 4 Tagen laboriere, hat mich nicht andren Sinnes gemacht. Der Anblick des Meeres erfreut immer wieder, die Luft ist schön, die Verpflegung vortrefflich und der Verkehr mit Friedländers (ohne den es freilich nicht gegangen wäre) sorgt für Zerstreuung und läßt das grausige Einsamkeitsgefühl nicht aufkommen. Zugleich bin ich dem Berliner Hausspektakel entgangen, einer argen Unbequemlichkeit, die duch Mamas philosophisch wenig abgeklärte Stellung zu derlei Lästigkeiten, nicht gerade gemindert wird. Das Hauptverdienst dieser trotz alledem und alledem erfreulichen Sommerfrische muß ich Friedländers zuschreiben, ohne sie wäre der Aufenthalt hier, auch bei schönstem Wetter, eine Unmöglichkeit gewesen, denn noch bin ich keinem Menschen begegnet, mit dem ich auch nur 5 Worte hätte sprechen mögen. Abgesehen von meiner Ungeschicklichkeit, – ich bin es auch müde mich mit langweiligen oder unliebsamen Menschen abzuquälen und mich um die Gunst von Nobodies zu bewerben. Die beiden Friedländerschen Damen sind sans phrase vorzüglich, fein und liebenswürdig, und auch klug genug für jedes Gespräch, selbst heikle Themata mit eingeschlossen, woran man

immer einen Bildungsmesser hat; nur die Dämlichen sind öte-
potöte. Er, Friedländer, der natürlich den Löwenanteil der Unterhaltung zu bestreiten hat, ist in den Banden des Persönlichen, nur was
er erlebt hat, nur was in seinen Umgangskreis eingetreten ist, interessiert ihn und ein Gespräch über das Angelsachsentum (das ich
übrigens ausnahmsweise hier *nicht* geführt habe) über die historische Mission der Stämme zwischen Elbe, Weser und Ems, über ihre
Verwandtschaft mit dem Skandinavischen und ihre Verschiedenheit
davon, über die Verquickung mit dem Keltischen einer- und dem
Slawischen andrerseits, – ein Gespräch über Themata derart lang-
weilt ihn sofort, kaum daß er Geduld hat einer altenfritzischen
Anekdote zuzuhören, wenn sie nicht *sehr drastisch* ist. Aber so gewiß dies einen Mangel ausdrückt, so gewiß ist es auch, daß er sich
innerhalb *seiner* Welt mit einer vollkommenen Meisterschaft bewegt. Er erinnert mich in all diesen Stücken ganz außerordentlich
an Richard Lucae, der auch so virtuos war, weil er seine Geschichten,
lauter Kabinettstücke, schon hundertmal erzählt hatte. Friedländer
ist eitler und äußerlicher, aber trotz dieses Gewichtlegens auf gut-
sitzende Hosen etc. doch viel *unbourgeoishafter*, ein Vorzug, der
mir, je älter ich werde, immer mehr bedeutet. Ich hasse das Bour-
geoishafte mit einer Leidenschaft, als ob ich ein eingeschworner So-
zialdemokrat wäre. »Er ist ein Schafskopf, aber sein Vater hat ein
Eckhaus«, mit dieser Bewundrungsform kann ich nicht mehr mit.
Wir erheben uns so über die Chinesen, aber darin sind diese doch
das feinste Volk, daß das Wissen am höchsten gestellt wird. Bei uns
kann man beinah sagen, es diskreditiert. Das Bourgeoisgefühl ist
das zur Zeit bei uns maßgebende und ich selber, der ich es gräßlich
finde, bin bis zu einem gewissen Grade von ihm beherrscht. Die
Strömung reißt einen mit fort.

An Emilie Fontane, Wyk auf Föhr, 27. August 1891

Dies werden nun wohl die letzten Zeilen von hier aus sein. F⟨ried-
laender⟩s sind seit zwei Stunden auf dem großen Hamburger
Dampfschiff abgedampft, und ich mag hier nicht länger sitzen, etwa
wie die armen Wandblümchen beim Ball, die immer ein Gegenstand
meiner besondern Teilnahme gewesen sind. Noch mit andern anzu-
binden, verlohnt sich nicht, trotzdem mein vis-à-vis an der Table
d'hôte eine bildschöne Frau ist, Frau Ziffer, der zuliebe der Kalauer

entstanden ist, »diese Ziffer ist eine Nummer«. Herr Ziffer hat das aber alles dadurch wett gemacht, daß er neulich die kleine, neben ihm sitzende L⟨itti⟩ gefragt hat, »warum Großvater nicht mit zu Tisch gekommen sei?« Das kann Frau Ziffer nie wieder gut machen, trotzdem ich mir ausrechnen kann, ich könnte auch Urgroßvater sein. Die Geschichte von der Ninon de l'Enclos ist recht eigentlich eine Geschichte für alte Menschen, auch männlichen Geschlechts; denn was dem einen recht ist, ist dem andern billig. Nur wünschte ich nicht, daß sich eine 16jährige aus Liebe zu mir das Leben nähme. Ob wohl Gefahr ist?

Das Wetter ist heute schön, d. h. was man so schön nennt; es scheint die Sonne, im übrigen geht ein scharfer Wind und verbietet ein Spazierengehen am Strand, nur im Schutz der Häuserreihe geht es allenfalls. Das Bild von meinem Fenster aus ist nach wie vor entzückend, die breakers, die ihren Schaum ans Ufer rollen, die Boote, die Möven, die auf dem Wasser tanzen, und zahlreiche Kinder in roten und weißen Kappen, die am Strand ihre Festungen bauen. Es ist ein sehr angenehmer Aufenthalt, ohne alles Häßliche oder sonst Störende, nur das Wetter hat es nicht gut mit mir gemeint.

Mit meinem Befinden geht es seit heut' etwas besser; ich mußte verhältnismäßig früh heraus, um Friedlaender zu begrüßen und über den Pier hin bis ans Schiff begleiten zu können, d. h. bis an den kleinen Dampfer, der dann bis an die mitten im Wattmeer liegende »Cobra« heranfährt und Gepäck und Passagiere umlädt. Immer eine sehr komplizierte Geschichte, die sich, wegen der geringen Tiefe des Wattmeers, selbst bei Flut nicht vermeiden läßt. Der arme F. war während der letzten Tage in einer jämmerlichen Verfassung, furchtbar erkältet, Zahnschmerz, Migräne, so daß er vier Nächte nicht geschlafen hat und halb tot aufs Schiff kam. Er hielt sich aber musterhaft. Die beiden Damen waren dabei groß in jener Grausamkeit, die selbst die liebenswürdigsten ihres Geschlechts so merkwürdig auszeichnet. Eigentlich behandelten sie ihn als komische Figur und schoben alles, mehr oder weniger deutlich, auf »Unmännlichkeit«. Davon konnte aber gar keine Rede sein, im Gegenteil, er benahm sich all' die Tage über wie ein Held; die Knirpse machen so 'was immer am besten, und noch bei Zahnweh war er espritvoll. Ich verdanke der Anwesenheit der ganzen Familie sehr viel; ohne sie wäre es hier einfach nicht möglich gewesen, denn ich kann nicht drei Wochen von dem Anblick von Seemöven leben und von Erinnerungen an Robert Burnssche Gedichte: »Am Pier von Dundee tanzt das Boot«, oder so ähnlich.

Und nun lebe wohl und ertrage mein zu frühes Kommen wie so oft, denn ich kann mich kaum erinnern, daß mein Kommen jemals *nicht* mit einem kleinen Schreck verknüpft gewesen wäre. Erst allmählich finden sich Frauen wieder in die Tatsache, »daß er wieder da ist«. Aber »darum keine Feindschaft nich.«

Nach Berlin zurückgekehrt, ist Fontane sofort wieder in seine literarischen und gesellschaftlichen Verbindungen und Verpflichtungen vertieft, die sich in den kommenden Monaten häufen. Angefangene Arbeiten, darunter »Frau Jenny Treibel« und der erst aus dem Nachlaß veröffentlichte Roman »Mathilde Möhring«, sind weiterzuführen, eine Neuauflage der »Wanderungen« ist zu betreuen, seine Nichte Jenny Sommerfeldt heiratet, und aufregender Besuch sagt sich an: der schon berühmte junge Schriftsteller Gerhart Hauptmann.

An Georg Friedlaender, Berlin, 12. September 1891

Ich hätte Ihnen schon gestern geschrieben und gedankt, wenn wir nicht – meine Frau und ich – den halben Tag in der Ausstellung zugebracht hätten. Meine Frau, sehr elend von all der Krankheit und Ravage, schleppte sich nur mühsam hin, sie hat aber, ohne Fach oder gar Radau davon zu machen, einen so angebornen guten Sinn für Kunstdinge, daß sie sich, aller Anstrengung und Ermüdung zum Trotz, über sich selbst erhob. Mich interessiert immer die Beobachtung davon; es ist ganz südfranzösisch oder romanisch. Bei uns nehmen die Kunstmenschen, zu denen in erster Reihe (oft mehr als die Fachleute) die Dilettanten gehören, eine bestimmte Stellung zu den Künsten ein, – in den romanischen Ländern sind *alle* Menschen mehr oder weniger Kunstmenschen und haben ein natürliches Gefühl für das was schön ist in den Fingerspitzen.

Aber verzeihen Sie diese Apotheose meiner von Großvaters Seite her – er war ausgerissen und wurde in der Schweiz von preußischen Werbern aufgegriffen – aus Toulouse stammenden Frau, von der ich, je nach ihrem Hoch- oder Niedrig-Flug, zu sagen pflege: »heut ist sie aus Toulouse« oder aber »heute ist sie aus Beeskow« (der Toulouser heiratete nämlich eine Beeskowerin). Es kommt mir nicht

zu, mich montmorencyhaft in die Stammbäume meiner Familie –
die Fontanes waren durch Generationen hin »Zinngießer«, potiers
d'étain, – zu vertiefen, wogegen mir sehr dringend obliegt, Ihnen
für Ihre erneute, so überaus liebenswürdige Einladung zu danken. Wäre nicht die Hochzeit am 14. Oktober, von der ich Ihnen
schon in Wyk erzählt habe, so käme ich auch wirklich noch, wohl
nicht nach Schmiedeberg, aber doch ganz in Ihre Nähe, so daß
ich Sie und die lieben Ihrigen alle Tage auf vier, fünf Stunden sehen
und in preußisch-berlinischen Bildern und Betrachtungen schwel-
gen könnte. Diese Hochzeit nimmt mir aber die Ruhe, wie wenn ich
Mit- oder Haupt-Akteur sein sollte. Wie's nun mal liegt, käme ich
in diesen schönen Tagen doch nicht zu *der* Freude, die ich wohl haben möchte. Denn ich bin ein Genüßler und wenn eine Flasche
Champagner aufgemacht wird, dann will ich auch was davon haben;
sonst finde ich es nur verdrießlich. ⟨…⟩

Was das freundliche mich einquartieren-wollen angeht, so liegt
es so, daß ich zu diesem Zweck einerseits zu sehr »Papachen« bin
und andrerseits noch wieder nicht genug. Es gibt einen Zustand, wo
man so zu sagen »jenseits von gut und böse« betrachtet wird und
ästhetisch jede Versündigung auf sich laden kann, aber so weit bin
ich noch nicht und doch auch wieder schon an der Peripherie, was
einen ängstlichen Mittelzustand schafft.

An Georg Friedlaender, Berlin, 10. Januar 1892

Eigentlich sollte dies nur eine Karte sein, im Lapidarstil mich ent-
schuldigend und mein Bedauern aussprechend, daß ich im neuen
Jahre noch nicht schreiben und danken konnte. Die Karten sind mir
aber ausgegangen und so muß es denn doch ein weißer Bogen sein.
Ich stecke sehr in Unruhe; übermorgen will Gerhart Hauptmann,
der ein neues Stück geschrieben hat, mit seinen Paladinen Brahm
und Schlenther bei uns essen, wozu natürlich noch ein paar (nur 3
oder 4) andre Menschen gehören. Aber diese drei, vier auszusuchen
und wenn man sie gefunden, sie zusammen zu trommeln, ist eine
Riesenarbeit. Heute kann der nicht und morgen der andre nicht und
so geht es weiter. Dazu kommen Schreibereien, kleine literarische
Fehden (aber manierlich und beinah ritterlich, Gott sei Dank) Abschluß eines kleinen Romans, Druckbeginn einer neuen Auflage der
»Wanderungen« in *Heften*, – all das in dieser Woche noch. Für eine

rüstigere Kraft bedeutet es nicht viel, mich benimmt und verwirrt es. Aber von Sonntag d. 17. an, bin ich wieder frei und dann ist mein Erstes ein Antwortbrief an Sie.

An Georg Friedlaender, Berlin, 14. Januar 1892

Spät genug und doch immer noch früher als ich annahm, komme ich dazu, Ihre lieben Briefe zu beantworten. In meinem vorletzten, etwas längeren Briefe vergaß ich auf die freundlichen Anfragen Ihrer Damen Bescheid zu geben, was immer eine Unart ist. Ich suche es nachträglich wieder gut zu machen und beginne mit Beantwortung jener liebenswürdigen Fragen. Mit meiner Frau geht es »abwechselnd«, an einem Tage will sie sterben, am nächsten (wie beispielsweise heute) poliert sie Bettfüße bei aufstehenden Fenstern. Neulich lag sie anderthalb Tage ganz elend zu Bett, so daß der Arzt über den ganz matten Puls erschrak; um Mittag stand sie dann auf und von 6 bis 12 $^1/_2$ machte sie die Gerhart Hauptmann Gesellschafts-Kampagne tapfer mit. Von den Schwiegertöchtern ist die noch als solche beglaubigte eine nette blonde junge Frau, hat den chic der Offiziersdame und macht ihren Mann glücklich; *mir* gefällt sie; meine Frau findet sie etwas oberflächlich, was richtig sein mag, aber mir nicht viel bedeutet. Es kann nur darauf ankommen, daß man an der Stelle, wo man steht, seinen Platz ausfüllt; in den Geschmack und die Vortrefflichkeitsschablone, die der eine *so*, der andre *so* mitbringt, immer hineinzupassen, ist nicht nötig. Ihrem Mann gefällt sie, das ist das Entscheidende, darauf allein kann es ankommen. – Die andre Schwiegertochter, (die ehemalige) jetzige Frau v. Neve, setzt ihr Merkwürdigkeitsleben fort. Sie hat jetzt ein Töchterchen und übt nach wie vor, speziell auch gegen uns, die Tugenden, die sie schon früher hatte: Freundlichkeit, Artigkeit, Aufmerksamkeit. Sie hat auch wohl einen Schimmer davon, daß ihr erster Mann ⟨George Fontane⟩ ein andres Kraut war, als der zweite; jener überaus fein angelegt, dieser trotz Adel (neu gebacken glaub ich) und Strebertum, doch nichts als ein plattierter Kommißknüppel. Dies alles könnte einem ja nun tiefe Teilnahme einflößen, aber dazu kommt es nicht, weil die »Lady mit der weißen Pelle« doch eigentlich keinen Menscheneindruck macht; sie hat was Amphibiales, Beauté mit dem Fischschwanz, was richtiger ist als Melusine, weil diese letzte von den Lusignans stammte, während meine

Schwiegertochter nur ein Kreuzungsprodukt der Häuser Bechmann und Robert ist. Ihr Großvater Bechmann war bairischer Brauknecht und besaß zuletzt, als vielfacher Millionär, die Spandauer Bock-Brauerei mit Tingeltangel und Karfreitags-Radau; ihr Großvater Robert war ein Lebemann, ihr Vater auch, beide halb verrückt, alles nur auf Geld zugeschnitten, – zwei Häuser ohne jeden Beisatz von Edelmetall (trotzdem sie viel davon im Kasten hatten), alles Tombak, Zinkguß mit Anstrich. Erstaunlich ist es, daß durch einen Regenerationsprozeß, immer wieder Gesundes, Tüchtiges, Erfreuliches mitten hinein in das Elend geboren wird. Der eine Bruder der Schwiegertochter ist ein ganz tüchtiger Offizier geworden, der jüngste Bruder, der alles durchschaut, ein lieber guter Junge mit dem Schwermutsstempel. ⟨...⟩

Unsre Gesellschaft, vor der ich mich ein wenig gegrault hatte, verlief glänzend. Natürlich kann man es nie genau wissen, denn wie man sich persönlich leicht ein x vor ein u macht und sich »befriedigend« findet, so kann es einem auch mit Gesellschaften gehn. Selbst die Zeitdauer ist kein Beweis; mitunter können die Gäste, lethargisch geworden, vor Langerweile nicht mehr aufstehn. – Von Moltkes Briefen habe ich erst bis dahin gelesen, wo er von Salzbrunn aus die verschiedenen Partien macht, auch auf die Koppe. Großartig ist die Vornehmheit und Charakterstärke, mit der die Armut ertragen wird. Arm und zugleich frei und anständig sein, zählt zu den schwersten Aufgaben.

Die Krise des Jahres 1892

Den temperamentvollen Ausbrüchen über gesellschaftliche Mißstände, wie sie sich besonders in den Briefen an Friedlaender häufig finden, stehen die immer bewußter erlebten Alterserfahrungen gegenüber, die bereits die schwere Krise des Jahres 1892 präludieren. Äußeres Zeichen für diese Bewußtheit des Alterns ist die Niederschrift des Testaments.

An August von Heyden, Berlin, 2. März 1892

Am Sonnabend ist Rütli – jetzt meist nur noch richtig gezählter Dreimännerschwur – beim Senator ⟨Karl Eggers⟩. Da könnte man sich sehen. In Erwägung aber, daß Du als kluger Feldherr wohl fehlen wirst, denn die Sache wird immer dünner, will ich doch noch ein paar Zeilen an Dich schreiben und mich entschuldigen, daß ich mich in Haus Heyden immer nur sehen lasse, wenn ich eingeladen bin. Es sollte notwendigerweise anders sein, aber das Alter hält mich seit einiger Zeit doch scharf in den Klauen, und das Wort der guten alten Pietsch, als er mal wieder den Kraftmeier spielte: »Jott, Sie solln 'n mal bloß zu Hause sehn« – dies große Wort ist auch der Fahnenspruch, unter dem ich fechte. Körperlich geht es noch, aber das »innen lebt die schaffende Gewalt« ist für mich leider zur Phrase geworden. Von Federkraft – bei mir doppelsinnig zu verwenden – ist keine Rede mehr. Ich raffe mich mit Anstrengung auf, um wenigstens jeden Abend meinen Spaziergang zu leisten.

An Martha Fontane, Berlin, 10. März 1892

Unser Leben wickelt sich im alten Geleise ab. Aber doch mit kleinen Apartheiten. Am Montag waren wir auf dem Gericht, um unser Testament zu deponieren. Die betr. Gerichtsabteilung hat ihren Sitz im alten Kadettenkorps in der Neuen Friedrichsstraße. Da saßen wir gut anderthalb Stunden in einer gelb gestrichnen Stube, wo noch alles nach alter Zeit und echt preußischer Ruppigkeit schmeckte. Vielleicht ist es recht gut so; alles macht einen merkwürdig unbestochnen Eindruck; bei mehr Schwindel müßte notwendig alles viel anständiger aussehn. Die Inszenierung unsrer Rechtssprecherei hat etwas Proletarierhaftes.

An Georg Friedlaender, Berlin, 22. April 1892

Es sei gewagt, die Feder in die Hand zu nehmen, trotzdem mir noch recht spack ist. Aber doch vergleichsweise golden. Gerade vor 14 Tagen vergiftete ich mich mit Morphium – der Apotheker hatte statt 0,05 die verordnet waren, 0,5 genommen, also das Zehnfache – und dieser Zwischenfall brachte mich sehr herunter, vielleicht nur dadurch, daß die Vorstellung »nun ist es Matthäi am letzten« meine Nerven so aufregte, daß ich mehrere Tage lang nichts genießen konnte, am wenigsten starken Wein, auf dessen belebenden Zuspruch ich seit Wochen angewiesen war. Endlich, nach sehr qualvollen Tagen, gab man mir Brom, was auf der Stelle half, so daß ich mich seitdem, und sogar mehr als vor dem Zwischenfall, als Rekonvaleszenten ansehe. Vor 8 Tagen kam auch meine Tochter wieder, deren Plaudertalent dem Brom zu Hilfe kam, trotzdem beide verschieden wirken, Brom nämlich drückt herab und stellt eine süße Dösigkeit her.

An Georg Friedlaender, Berlin, 9. Mai 1892

Wie Sie sich denken können, sind Ihre freundlichen Vorschläge des Weiteren durchgesprochen worden. Wir stimmen auch überein damit, daß Krummhübel-Brückenberg das allerschönste ist und ginge es nach mir, so rückten wir wieder auf die Brotbaude, die für mich nicht bloß eine von Wald umzirkte Wiesen-Insel, sondern, trotz Inzest und ähnlichem Beiwerk was da blühen soll, die »Insel der Seligen« bedeutet. Ich habe doch manch Stück Landschaft gesehn, große und kleine Szenerie, aber nichts was mir so ans Herz gewachsen wäre, so ganz dem entspräche, was ich von einer stillen Sommerfrische verlange. Es geht aber nicht; meine Tochter darf, nach ärztlicher Verordnung, nicht so hoch hinauf und was noch wichtiger ist, meine Frau steht dort unter dem Doppelgestirn von Graul und Langerweile. Sie sieht nicht genug und dann auch wieder zu viel. An manchen Tagen muß sie sich damit begnügen, Schmidt anspannen, abfahren und wiederkommen zu sehn und wenn wir dann abends in die Schenkstube gehn, um noch persönlich eine »Grätzer« oder einen Ingwer zu bestellen, befinden wir uns plötzlich in einer Abruzzen-Spelunke. Für mich und meine Tochter steigert dies den Reiz, denn wir können es dem Amtsgerichtsrat Friedländer überlassen, sich vorkommenden Falls mit diesen Elementen gemütlich auseinanderzusetzen, meine Frau aber, die als alte Berlinerin, ein beständiges Schutzmannsbedürfnis fühlt, hat diese die Angst lösende Helmspitze dort oben nicht nah genug und will deshalb lieber »zu Tale«. ⟨...⟩ Wir freuen uns sehr auf Schlesien und ein Wiedersehn mit Ihnen, weil wir beide Alten fühlen, daß es hier in der Berliner Luft nichts mit uns wird; die Nachwehen der Influenza wollen nicht weichen und an Arbeit ist gar nicht zu denken. Dem entsprechend ist die ganze Stimmung, nicht geradezu jammervoll, aber resigniert, alles unter der Trauerfahne: »was soll der Unsinn?« Ein sonderbares Gefühl des totalen Überflüssigseins beherrscht mich und wiewohl ich eigentlich nie »eine Zeit« gehabt habe, fühle ich doch, meine Zeit liegt zurück. Alles weggestorben und der Blick der Jüngeren drückt das aus, was Friedrich der Große auf seiner letzten Fahrt durch das Ruppinsche sagte: »mein Gott, lieber Rathnow, ich dachte Er wäre lange tot«. Manche Blicke sind auch nicht so gemütlich und erinnern mehr an »Racker's, wollt ihr denn ewig leben«. In Indien wurden früher die Alten auf große Bäume am Ganges gesetzt und dann begann ein Schütteln. Die sich nicht mehr halten konnten, fielen in den Fluß und wurden weggeschwemmt. Wenn man in die Herzen sehen könnte, würde man finden, daß dies Verfahren auch bei uns stille Anhänger zählt.

An Georg Friedlaender, Zillertal (Schlesien), 10. Juni 1892

⟨Emilie Fontane:⟩
Mein Mann ist heute nach einer schlechten Nacht so schwach und angegriffen, daß er matt und apathisch dasitzt und Sie bittet, den ihm vielleicht gütigst für heut zugedachten Besuch, auf günstigere Tage aufzusparen. – Natürlich sind wir sehr deprimiert. ⟨…⟩

⟨Theodor Fontane:⟩
Ich bin so sehr elend, daß meine Damen – ich konnte es nicht – mit Ihnen sprechen mußten.

Keines Menschen Gespräch hat mich je so gefesselt und angeregt wie das Ihre. Und zwar immer aufs Neu, sagen wir »unentwegt«. Aber alles fordert Kraft und die habe ich nicht mehr. Schmiedeberg bedeutet mir einen Platz zum Rückzug aus dem Leben, bis zum Erlöschen. Bewahren Sie mir Ihre Freundschaft, stehen Sie mir und den Meinen liebevoll bei wie bisher – ohne diesen Beistand hätten wir verspielt – aber stellen Sie mich in unsrem mich beglückenden und eine Lebensbedingung für mich bildenden Verkehr, auf kleine Dosen. Seien Sie viel um mich, aber nur auf halbe Stunden. Vielleicht genese ich noch mal und kann Ihnen dann sagen und im Plaudern betätigen, wie sehr ich an Ihnen hänge.

Die Krankheit, die Fontane in diesen Monaten quält und von der er fürchtet, sie könne ihn für den Rest seines Lebens schreib- und damit verdienstunfähig machen, führt zu einem schweren Entschluß, den Fontane trotz aller Entschiedenheit, die aus dem folgenden Brief an Carl Robert Lessing spricht, schließlich doch nicht ausgeführt hat. Fontane schreibt am 15. Juni 1892:

Eh es in den Zeitungen steht (das »Hirschberger Tageblatt« hat schon begonnen), erscheint es mir Pflicht, Sie, hochgeehrter Herr, wissen zu lassen, daß wir uns entschlossen haben, Berlin aufzugeben und uns nach Schmiedeberg für den Rest unserer Tage zurückzuziehn. Ich habe keine Freude mehr an dem großstädtischen Leben; aber wenn es auch anders läge, die Verhältnisse ließen mir keine Wahl. Seit meiner letzten Krankheit bin ich eine ganz gebrochene Kraft, zurzeit kaum fähig, ein paar Briefzeilen zu schreiben, und so schrumpfen denn meine Einnahmen auf weniger als die Hälfte zusammen. Damit in Schmiedeberg zu leben, wird gehen. In Berlin wäre es unmöglich, und so waren wir eines langen Schwankens überhoben. Einige Freunde drücken mir freilich ihr Entsetzen aus, davon ausgehend, daß ich ohne den Anblick einer Prinzessinnenkutsche nicht leben könne. Ganz gefehlt. In Wahrheit liegt mir nur noch an Ruhe. Finde ich *die,* so bin ich geborgen. Wenn nicht, weil durch Krankheit gequält, so kann auch Berlin mit Matkowsky und der dell Era nicht helfen.

An Karl Zöllner, Zillertal (Schlesien), 8. August 1892

Was mich angeht, so geht es mir recht schlecht, rapide schlechter. Ich soll zwar einen auf 85 Jahre berechneten Korpus haben, mir persönlich ist nicht danach zu Mute. Zudem hat mir eine Breslauer Autorität, Prof. Hirt, mit Hilfe des Augenspiegels ruhig versichert: Gehirn-Anämie, der Sehnerv ganz weiß, also hochgradig, er könne es aber elektrisch heilen. Na na. Die Reise nach Breslau war eine kolossale Strapaze, Martha begleitete mich. Ende des Monats soll die Kur selbst folgen. Der Zustand ist elend und die Kraft von Frau und Tochter hin, auch ihre Geduld. Ich bin ein Quängelpeter und Egoist. Du lieber Gott, die Krankheiten sind verschieden in ihrer Wirkung aufs Gemüt. *Du* wirst mir immer als Heldenvorbild zitiert, was auch stimmt. ⟨...⟩ Mehr als diese Zeilen konnte ich nicht leisten. Es ist nach Kräften.

An Friedrich Fontane, Zillertal (Schlesien), 11. August 1892

Eben habe ich einen kl. Brief an Theo geschrieben und ihm herzliche Grüße an Dich aufgetragen; Mama und Mete sagen aber »so geht das nicht, schick ihm Deine Grüße *direkt*« und das will ich tun in diesen Zeilen, denn Du bist, während dieser ganzen unglücklichen Zeit, sehr aufmerksam und guten Herzens gewesen. Jeder Brief verriet, daß er in der besondern Absicht geschrieben war, mir eine Freude zu machen, durch die eine oder andre freundliche Mitteilung. So die Ausschnitte aus den französischen Zeitungen. Noch vor ein paar Jahren hätte mich das alles entzückt und erhoben, jetzt kommt es zu spät, aber es ist doch nett und hübsch, daß Du's mir schickst, in der Erwartung oder auch bloß in der Möglichkeit, mir eine Freude damit zu schaffen. »Petöfy« soll also möglicherweise übersetzt werden, mir sehr lieb und recht; ich glaube aber, daß z. B. »Quitt« (schon wegen der gelungenen Figur des L'Hermite) besser zur Übersetzung geeignet ist. Außerdem ist die Schilderung dieser schlesischen Gebirgswelt eigenartig und könnte wohl französische Leser interessieren. Vielleicht läßt Du ein Wort in diesem Sinne fallen. Mich persönlich mit den betr. Herren in Verbindung zu setzen, dazu fehlen mir noch immer die Kräfte. Und sie werden auch wohl nicht wiederkommen. Die Decadence ist da. Ich fange an, den armen Onkel Zöllner zu beneiden, der in seinem Elend noch Muck genug hat, bei Josty oder im Café Bellevue eine Tasse Kaffe zu trinken. Zum Schlusse fällt mir auch noch Karl Emil Franzos und sein Buch ein. Das Büchelchen ist *sehr* interessant und verdient allseitig gelesen zu werden, aber ihm schreiben, daß ich mich auf Novellen und Erzählungen nicht mehr einlassen kann, – das bitte ich Dich Deinerseits zu übernehmen. Solche Geschäftskorrespondenz geht über meine Kraft. Ich habe ja noch Arbeiten liegen, sogar, nach dem Maße meiner Kraft, ganz gute, aber sie sind total unfertig in der Form und Mete will sich allmählich der Mühe unterziehn, Klarheit, Ordnung, Abrundung hineinzubringen. Möchte ihr das gelingen. Das würde alles in allem wohl 12,000 Mark bedeuten, die nicht zu verachten sind, um so weniger als mein Kranksein so sehr viel Geld kostet. Mißglückt es, nun so muß es auch so gehn, aber die armen Frauen (Mama und Mete) tun mir leid, denn ein Sparpfennig ist bald aufgezehrt.

Der alte Freund Karl Zöllner, von dem Fontane am 23. August 1891 geschrieben hatte: Der arme Z. ist abgeschieden, er atmet nur zufällig noch, *zeigt sich in seiner Krankheit als durchaus noch lebenslustiger und nicht im geringsten wehleidiger Mann, der Fontane von seiner Familie als Musterbeispiel eines umgänglichen Kranken*

vorgehalten wird. In einem Brief an Zöllner vom 13. August 1892
versucht Fontane, seine Stimmung zu erklären:

Wenn Dein erster Brief wie aus guter alter Zeit war, so war der zweite
wie aus allerbester. Beneidenswert, daß Du's noch kannst, daß der
gehäufte Löffel Resignation und andre gute Dinge Dir so viel Kraft
geben. Wir haben uns alle herzlich an Ton und Inhalt gefreut und
meine zwei Damen haben nur leider wieder Kapital draus geschlagen
oder richtiger einige neue Pfeile gegen mich abgeschossen. Sie werden der Tatsache nicht gerecht, daß nicht bloß die Menschen sondern
auch die Krankheiten verschieden sind und daß unter den letztren
welche sind, die das »leide ohne zu klagen« ganz besonders erschweren. Im übrigen gebe ich zu, daß der Charakter entscheidet und ener-
gische Persönlichkeiten das schier Unmögliche möglich machen.

   Theo hat uns von einer Kaffestunde mit Dir bei Josty oder in Café
Bellevue erzählt; er war sehr angetan davon. Alles das sind Taten,
die mir imponieren. Könnte ich noch eine Freude in meinem Herzen
aufbringen, so wäre mir geholfen; aber leider alles grau in grau, der
Trübsinn hat die Oberhand. Montag über 8 Tagen will ich noch mal
nach Breslau – die ganz aufgezehrte arme Frau mit mir – um bei
Prof. Hirt einen letzten Kurversuch zu machen. Etwa 10 Tage. Dann
zurück nach Berlin. Ach, Berlin! Es liegt schon in Gedanken schwer
auf mir. Der Lärm, all das wüste Treiben, die Jagd nach dem Glück
und die Brücke, die bricht. ⟨…⟩ Ach, man muß an das Leben glauben, um glücklich zu sein; der schöne Wahn hält uns; »nur der Irrtum ist das Leben und die Wahrheit ist der Tod«. Schiller hat es auch
*da*rin getroffen, wie so oft.

Der Sohn Friedrich hatte zunächst erwogen, den Eltern in ihrer
schwierigen Lage beizustehen, doch der Plan wurde aufgegeben. Ob
es in Fontanes augenblicklicher Verfassung klug gehandelt war, ihn
an seinen fünf Jahre zuvor verstorbenen ältesten Sohn George zu
erinnern, mag dahingestellt bleiben.

An Friedrich Fontane, Zillertal (Schlesien), 26. August 1892

Unsre Briefe haben sich gekreuzt. Dein letzter Entschluß ist richtig;
die Reise ist kostspielig und strapaziös und Du kannst uns nicht helfen, – wir müssen es selber durchfechten. Ich bin ganz herunter,

weil ich Nächte lang keinen Schlaf habe, so diese letzte. Und in diesem Zustand und bei dieser Hitze muß ich nach Breslau. Das einzig Gute ist noch mein Magen und meine Verpflegung, das wird aber da schlimm werden. Und dazu die verzweifelte Lokusfrage in Hotels.

Dein Brief hat uns wieder sehr wohlgetan; wie hübsch, daß Du in Lichterfelde warst und wie richtig, was Du bei der Gelegenheit sagst. Theo schickte uns einen Efeuzweig vom Grabe, was uns alle rührte. Von Geschäftlichem schreibe ich nicht, der Sinn dafür ist mir in meinem Leiden abhanden gekommen.

Auch nach der Rückkehr in die Hauptstadt bessert sich Fontanes Zustand nicht; Todesgedanken, genährt durch »Sterbegeschichten«, die ihm unsensible Zeitgenossen erzählen, beherrschen seine Briefe, und er fürchtet, daß er nie mehr wird schreiben können.

An Friedrich Stephany, Berlin, 14. September 1892

Herzlichen Dank für Ihren lieben Brief aus Seelisberg. Ja, so verlaufen »Sommerfrischen«, entweder sind sie so frisch, daß man mit den Zähnen klappert, oder man wird am Spieß gebraten. Jetzt sind Mitteltage, von denen ich wünsche, daß Sie sich ihrer recht erfreuen mögen, zum Segen von Leib und Seele. Ihrem Briefe, nach Inhalt und Handschrift, kann ich entnehmen, daß Sie dem Leben wieder angehören, und trotz allem Schweren was Ihnen vorbehalten war, wieder der Alte oder wenigstens wieder gut im Stande sind; von mir kann ich das nicht sagen und ich habe nur noch ein hart Stück Weg, ob länger oder kürzer, vor mir. Wer nicht schlafen kann, zehrt sich auf, geht ein. So blicke ich in die Zukunft. Die Berliner Luft drückt mich nieder, dennoch bin ich froh, wieder daheim zu sein; in Villa Gottschalk lag man wie ein Handwerksbursch am Heckenzaun. Allein, hülflos, nur eine arme, selbst leidende Frau zur Seite. Dann und wann kam ein Freund und erzählte mir Geschichten, mit Vorliebe Sterbegeschichten, die meist lehrreich und vorbildlich waren. Ein kathol. Pfarrer in Schmiedeberg war so todesmutig, daß er das Menu für die Begräbniskollation entwarf und die Flaschen, die getrunken werden sollten, in eine Zimmerecke stellte. Solche Geschichten folgten eine der andern und zu Pfarrer Himpel (so hieß er) blick ich seitdem auf wie zu einem Ideal. Aber ich bringe die Himpel'sche Forsche nicht 'raus. Weg damit.

Herzlichen Dank für Ihren lieben Brief. Ich schreibe früher als ich wohl eigentlich sollte, denn das rasche Antworten verwickelt Sie in eine immerhin zeitkostende Korrespondenz, aber das Plaudern mit Ihnen ist mir während der letzten Monate so zur Gewohnheit geworden, daß es mir schwer wird darauf zu verzichten. Es war ein sonderbares Leben da draußen in Villa Gottschalk, – die Nacht, bang und oft schlaflos, war lang und der Tag oft noch länger, dennoch stellten sich gute Stunden ein, die Luft erquickte, der Vormittag ging so hin und von 5 Uhr an kam ein Stück erquickliche Zeit, ich sah nach Ihnen aus und dann begannen die Plaudereien und die Spaziergänge auf und ab und dabei die Hoffnung auf ⟨…⟩ ein Stück ruhigen Schlaf. Das ist nun anders, besser in vielem, aber doch nicht in allem. Ich habe viel mehr Schlaf, selbst guten, ruhigen, aber die Gesamtstimmung ist freudlos; man ist eben das gelbe Blatt am Baum, um die Zeit wo der Spätherbst einsetzt, und die Zusprache der Menschen, die's höflich zu bestreiten suchen, während ihre Mienen es bestätigen, ist mitunter gradezu verstimmend. ⟨…⟩

Unter denen, die bei mir vorsprachen, war auch Dr. Max Nordau aus Paris; Sie wissen, er ist eigentlich Mediziner und nahm mich denn auch sofort in Behandlung, dabei so ziemlich alles verwerfend, und in ganz starken Ausdrücken, was unser hiesiger Arzt angeordnet. »Wenn Sie nicht tun, was ich Ihnen vorschlage, so beklage ich Sie, mich gesehn und gesprochen zu haben, es kann Sie dann nur beunruhigen.« Allerdings. So wird man hin und her geworfen, erbarmungslos wie ein Colli. Von Fiduzit kann keine Rede sein; *das*, was *er* mir sagte, schien mir auch Unsinn. Heiße Bäder mit Kopfkühlung, immer Kalbfleisch und Hühnerbrust und Hühnerbrühe statt Wein. Bisher hieß es, ich müsse jeden Tag eine Flasche Rotwein trinken. Kurzum eine jammervolle Geschichte. Die galvanische Kur wird auch angezweifelt, was der eine klug findet, findet der andre dumm. Ich habe mich nun drin ergeben, es ist alles das reine Lotto. Ich könnte noch so fortfahren, aber es ist schon zu viel.

An Georg Friedlaender, Berlin, 14. Oktober 1892

Von mir ist nicht viel zu sagen, alles die alte Geschichte. Gestern setzten mir Frau und Tochter auseinander, daß ich diese meine alten

Tage auch als sehr erträgliche, ja als relativ bevorzugte ansehen könnte. »Du leidest keine Not, bist von Nahrungssorgen nicht bedrückt, hast keine Schmerzen, wirst gepflegt, kannst an allem teilnehmen, – das alles ist schon sehr viel.« Ich gebe das zu, aber das Gefühl von Schwäche und Freudlosigkeit bleibt, das ist eben die Krankheit dran ich laboriere. Des »Wollens«, das Sie mir aus dem väterlichen Erbschatz als Heilwort mit auf den Weg gegeben, befleißige ich mich, aber es bleibt Zwangsarbeit. In voriger Woche war auch meine Frau sehr elend und meine Tochter nicht viel besser im Stande, dabei will denn die couleur de rose nicht recht gedeihn. ⟨…⟩

Roquette ist seit fast 8 Tagen wieder fort. Berlin hat ihm *sehr* gefallen; er kneipte, ganz studentisch, mit jungen Schauspielern bis tief in die Nacht hinein. Man könnte sagen: beneidenswert, aber mir scheint es zu 68 und dem Lebensgesamtzuschnitt nicht recht zu passen. Dabei jeden Abend ins Theater. Auch das ist nicht nach meinem Geschmack. Die Theater, so wie man beginnt das Leben hinter den Kulissen mitzumachen, sind nicht hohe Schulen des Idealen, sondern wahre Brutstätten von Neid, Klatsch, Intrige und in dieser Welt zu leben, ist für einen alten Knaben einfach degoutant. Oder sollte es wenigstens sein. Roquette findet es nett und träumt davon, den »Feind im Hause« noch einmal aufgeführt zu sehn. Es wird nicht geschehn, aber wenn auch, ich begreife nicht, wie man an einer *einzigen* Aufführung (denn zu mehr kommt es nicht) eine Freude haben kann. Ein Stück Kirschkuchen wäre mir lieber. Echte, große Erfolge haben einen Zauber, die kleinen sind ridikül.

Genesung und neue Arbeitsfreude

An Julius Rodenberg, Berlin, 22. Oktober 1892

Gestatten Sie mir, Ihnen in Beifolgendem »Jenny Treibel« in Buchform zu überreichen, unter nochmaligem Ausdruck meines Dankes für die voraufgehende Veröffentlichung in Ihrer »Rundschau«. Man wird durch nichts dem guten Publikum besser empfohlen.

Für eine neue Arbeit wage ich eine gleiche Empfehlung via »Rundschau« kaum zu erbitten, denn meine Kräfte sind hin, und ob sie mir wiederkehren, ist mindestens zweifelhaft. Aber wenn, dann!

Eine gute Woche später ist dieses »Wenn« eingetreten: Für ihn selbst überraschend hat Fontane beim Schreiben seiner Autobiographie wieder Selbstvertrauen gewonnen, und mit dieser Tätigkeit hat sich auch sein Gesundheitszustand deutlich gebessert. An Rodenberg und Friedlaender schreibt er voll Freude über sein neues Projekt, den autobiographischen Roman »Meine Kinderjahre«.

An Julius Rodenberg, Berlin, 30. Oktober 1892

Es freut mich ungemein, daß Sie's, es sei, wie's sei, noch wieder mit mir wagen wollen. Als ich Ihnen das letzte Mal schrieb, erst wenig mehr als eine Woche, war ich noch ohne rechtes Vertraun zu meiner Wiederherstellung, es scheint aber seitdem, als wäre mir noch eine Frist gegönnt. Ist dem so, so werde ich mich am Schluß dieses Jahres, oder doch nicht viel später, mit etwas Autobiographischem bei Ihnen einstellen:

»*Aus meinem Leben*
I. Abschnitt: Meine Kinderjahre«

 Es werden 12 Kapitel werden. Wir sprechen des weitren darüber, wenn ich die Freude habe, Sie zu sehn. ⟨...⟩
 Erschrecken Sie nicht über die anscheinende Weitschweifigkeit, die – wenn ich nicht drüber hinsterbe – viele Bände in Aussicht zu stellen scheint. Ich habe vor, den »Kinderjahren« nur noch die »Schuljahre« folgen zu lassen. Bruchstücke sind besser als Ganzes.

An Georg Friedlaender, Berlin, 1. November 1892

Gestern war es schon eine Woche, daß ich Ihren zweiten lieben Brief empfing und noch immer habe ich nicht geantwortet. Angesichts dieser Tatsache will ich mich wenigstens entschuldigen oder die Säumnis erklären. Es liegt daran, daß ich seit 8 oder 10 Tagen ins Schreiben gekommen bin, etwas das ich von mir total gebrochenem Mann nicht mehr erwartet hätte. Und zwar habe ich schon 4 Kapitel meiner *Biographie* (Abschnitt: Kinderjahre) geschrieben. Da mich dies Unterfangen sehr glücklich macht, so ist alle Korrespondenz ins Stocken geraten; ich trete aber recht bald *doch* an.

Nun endlich! Ich habe die großen Konzeptpapierbogen zurückgeschoben und nehme die kleinen Briefbogen zur Hand. Zunächst greife ich auf Ihren lieben Brief vom 17. Oktober zurück, der nun schon volle drei Wochen in meinen Händen ist. Es heißt darin, es würde Personen wie Ihnen, und wohl auch mir, so vieles als »Laune« angerechnet. Gewiß ist es so und es kann auch sein, daß in dem was man uns vorwirft, »Laune« mit drunter läuft, wenn ich aber speziell auf meine diesjährigen Erlebnisse zurückblicke, auf die, die seit Monaten und dann auf die, die seit kurzem zurückliegen, so liegt, ich will nicht sagen die Laune, aber doch das Anfechtbare überhaupt, ganz wo anders, nämlich auf der Seite der Ankläger. Ich werde jetzt seit drei, vier Wochen mit derselben Liebe und Zärtlichkeit behandelt wie in alten Tagen, was mir natürlich sehr lieb ist, aber mitten in meinem Glück mich doch auch schmerzlich berührt. Was *mich* angeht, so besteht die ganze Differenz darin, daß ich im Sommer viele viele Male nicht *eine* Stunde geschlafen hatte und daß ich jetzt in der angenehmen Lage bin wieder 8 Stunden oder in besonders glücklichen Nächten auch noch eine mehr schlafen zu können. So habe ich denn auch wieder die Kraft heiter zu sein und mich der Heiterkeit andrer freuen zu können. Nichts hat sich geändert, mit Ausnahme des Kraftmaßes mit dem ich so zu sagen frühmorgens ins Feld rücke. Mein Charakter ist unverändert geblieben, ich bin, wenn Egoist, noch gerade so egoistisch wie früher, ich bin auch nicht heldenmäßiger geworden, ich kann nur wieder schlafen und konnte es im Sommer nicht. Meine Widerstandskraft war hin, das war mein ganzes Verbrechen, *da*rum Räuber und Mörder. Ich habe mich wohl gehütet, mich in diesem Sinne hier zu Hause zu äußern, aber es ist genau so wie ich's hier schildre und als Resultat steht für mich fest, daß auch die liebsten und besten Menschen Fatalitäten nicht gut ertragen können und den, der ihnen diese Fatalitäten unschuldig auferlegt, für eben dieselben verantwortlich machen. Wenn Sie diese Stelle Ihren Damen, die ich so sehr liebe und verehre, vorlesen, so bitte ich zunächst um nachsichtige Beurteilung und dann um nochmalige gewissenhafte Prüfung der Rechts- und Sachlage hüben und drüben. Es gibt Menschen, die eine große Kraft über sich haben und es gibt andre, die diese Kraft *nicht* haben. Sie haben dafür was andres. Jeder muß aus sich heraus beurteilt werden; überschreitet die Eigenart ein gewisses Maß, so haben die darunter Leidenden ein gutes Recht sich dagegen zu wehren, aber wo fängt die Überschreitung des noch zulässigen Maßes an? Alle Frauen machen sich die Beantwortung dieser Frage etwas zu leicht. Sie nehmen die Norm aus sich und es ist zuzugestehn, daß die guten Frauen normaler, will sagen gesünder, natürlicher und pflichtmäßiger fühlen, als die dem Bequemen und Egoistischen zuneigenden Männer. Darauf beruht auch der große Einfluß der Frauen, die Männer, im Gefühl ihrer Mängel, ordnen sich freiwillig unter. Aber mehr können sie auch nicht tun, sie können sich nicht »umkrempeln« und – und dies ist die Hauptsache – brauchen es auch nicht. Bin ich von etwas Fehlerhaftem in mir *absolut* durchdrungen, so habe ich die Pflicht diesen Fehler abzulegen oder wenigstens beständig dagegen anzukämpfen. Aber solcher Art sind die Fehler nicht immer, die man hat; wie's bei den Katholiken »läßliche Sünden« gibt, so gibt es »läßliche Fehler«; wer sie nicht hat, wird der korrektere sein, er wird öfter als Musterknabe dastehn, aber viele von den Gaben, Vorzügen und selbst Tugenden des Andern wird er *nicht* haben. Dies fordert dazu auf, mit dem Ausmerzen und Korrektmachen nicht zu energisch vorzugehn. Temperament und Geschmack spielen in diesen Dingen eine große Rolle und wenn ich nach Temperament und Geschmack so geartet bin, daß ich mir unsympathische Personen, darunter auch Schwiegermütter, Schwäger, Vettern und Muhmen, lieber gehen als kommen sehe, so bin ich damit im Recht, ja *mehr* im Recht als diejenigen, die, voll feinen und vornehmen Sinnes, dem Familienkultus und schöner Gastlichkeit huldigen und jedem Gaste der kommt nicht bloß ein Lamm schlachten, sondern auch gleich noch den Mann dazu. Oder ihn bei lebendigem Leibe 3 Tage am Feuer rösten. Es gibt einen Egoismus, der die vollkommenste Berechtigung hat, weil er nur Abwehr, Selbstverteidigung ist. Das »Ich« zu opfern ist etwas Großes, aber es ist eine Spezialbeschäftigung, Vorstufe zur Heiligkeit oder schon die Heiligkeit selbst, ein Etwas, das man bewundert, danach man aber unter gewöhnlichen Verhältnissen nicht leben kann. Dazu gibt es besondre Anstalten: Klöster, Wüstenhöhlen, Lazarette, Hospize.

An Georg Friedlaender, Berlin, 2. Dezember 1892

Das Niederschreiben meiner biographischen Kapitel: »Meine Kinderjahre« (bis zu meinem 12. Jahre) hat mir Freude gemacht, ich bin aber wohl zu emsig dabei vorgegangen und empfinde nun die Nackenschläge. Fertig machen möchte ich es wohl noch, aber ich trau dem Frieden nicht recht; ich habe wieder ein Gefühl von Kälte und Leere im Kopf und der gute Schlaf ist auch wieder weg, wenn ich auch immer noch 5 Stunden herausrechne. Dazu kommt, daß ich aus alter Erfahrung weiß, das erste Niederschreiben ist immer ein Vergnügen, aber das Korrigieren!

Zur Freude an der literarischen Arbeit, die Fontane trotz aller
»Nackenschläge« empfindet, tritt ein weiterer Umstand, der zur
Hebung seines Allgemeinbefindens beiträgt: der gesellschaftliche
Umgang in Gestalt einer sonntäglichen Frühschoppenrunde, bei
der ihm bewußt wird, daß er außerhalb Berlins nicht hätte Fuß fas-
sen können.

An Georg Friedlaender, Berlin, 10. April 1893

Wie sehen die Menschen und Kräfte aus, die die Dinge machen! Da wird einem immer gesagt, die Welt sei *doch* gut, Pessimismus sei dumm und ungerechtfertigt und Schwarzseherei, zu der kein Grund vorhanden, stamme lediglich aus einer kranken Leber. Aber ich kann nicht finden, daß dies richtig ist. Es gibt ehrliche Pflichterfüllungen in Amt, Leben, Familie; diese Pflichterfüllungen, die aber immer was Maschinenmäßiges haben, will ich gelten lassen, so wie aber der Gefühlsapparat zu spielen anfängt, die Wünsche, die Strebungen, die Passionen, oder wohl gar Ehrgeiz und Liebe, so haben wir den Kladderadatsch und von Erfreulichem kann kaum noch die Rede sein. Was sich inszeniert ist vielleicht interessant, aber was groß, schön, edel ist, bleibt, auf die wahren und letzten Motive hin angesehn, ausgeschlossen. Dabei darf ich sagen, ich bin das Gegenteil von einem Schwarzseher, ich *sehe* nur. ⟨…⟩

Sie fragen freundlich an, wegen etwaiger Sommerpläne. Nach Schlesien möchten wir nicht wieder, wiewohl meine Vorliebe für diese Provinz, trotz der traurigen Wochen die ich da verleben mußte, nach wie vor dieselbe ist. Es geht aber nicht; ich bin dagegen und meine Damen noch viel mehr. Haus Friedländer entdeckt aber vielleicht anderswo einen Punkt, wo man sich treffen und freundnachbarlich ein paar Wochen zusammenleben könnte. Vorläufig halten wir noch an Umgegend von Dresden fest. Es ist schade, daß unsre Mark so wenig Akzeptables bietet; die Natur würde mir schon gefallen, aber die miserable Verpflegung und das wenig Liebenswürdige der Bevölkerung schrecken ab.

Mit meiner Gesundheit geht es ganz leidlich und meinen Schlaf hab ich wieder. Ich kann auch arbeiten, aber ein Unsicherheitsgefühl werde ich nicht los, was wohl mehr mit meinen Nerven als mit meinen Jahren zusammenhängt; denn viele Menschen, die erheblich älter und erheblich kränker und leidender sind, haben dies Unsicherheitsgefühl *nicht*. Nur in Gesellschaft fällt dies Gefühl ganz von mir ab, weshalb ich Gesellschaftlichkeit wieder mehr kultiviere; in letzter Zeit bin ich allwöchentlich zwei, dreimal unter Menschen gewesen und noch dazu sehr gründlich, von 5 bis 12. Es ist mir auch immer gut bekommen. Gestern, Sonntag, machte ich ein Frühstück in der Raehmel'schen Weinkneipe mit und hielt aus von 2 bis 6; diese Frühstücke finden immer am ersten Sonntage jedes Monats statt und bestehen, ihrem Personalbestande nach, aus den Mitgliedern der Voss. Ztungs-Redaktion unter Präsidium von Stephany. Nur Schlenther hält sich zurück, weil er mit dem andern Theater-Referenten (Richard Fellner) der Anti-Ibsenianer ist, nicht gut steht. Gestern war dafür Brugsch da. Ich amüsierte mich sehr und empfand wieder, daß es nicht wohlgetan ist, sich in seinem Verkehr auf 3 Menschen zu beschränken. Man lernt sich bald gegenseitig auswendig, was das Interesse mindert und den Einzelnen rasch entwertet.

An Georg Friedlaender, Berlin, 22. Mai 1893

Sie tragen auch Ihren Packen, ein immer wachsendes Aktenbündel. Daß Sie sich da mitunter aus dem Amt heraussehnen und auf eine freie literarische Tätigkeit, wie z. B. die Schlenthersche, mit einem momentanen Neid blicken, ist nur zu begreiflich. Aber es läßt sich auch anders ansehn; in Ihrem Amte tun Sie beständig etwas Nützliches und Nötiges; es ist nötig, daß Streitigkeiten entschieden, Testamente aufgesetzt, Erbschaften geregelt werden, – all das fällt bei der literarischen oder gar dichterischen Tätigkeit fort; wie Paul Heyses Mutter zu sagen pflegte: »der Dichter ist ein nutzloser Brotesser.« Solche Erwägungen sind auch von Bedeutung. Eine Ballade schreiben, namentlich wenn sie glückt, ist interessanter, als Regulierung einer öden Nachbarzänkerei in Quirl, aber andrerseits hat es doch auch etwas tief Deprimierendes, sich am Ende seiner Tage sagen zu müssen: »an dem allem hast nur *Du selbst* eine kurze Freude gehabt; für die Welt war es ganz gleichgültig; nur noch 3 oder 30 haben es gelesen und es als langweilig bei Seite geschoben.« Von einem Stück, das Prof. Otto Gruppe geschrieben hatte, verschickte der Buchhändler 497 Exemplare und erhielt 499 zurück; zwei Oberlehrer, die Frei-Exemplare erhalten hatten, hatten, von Angst gefoltert, ihre 2 Exemplare *auch* noch remittiert. Ähnliches kommt sehr oft vor und das gibt doch zu denken. Soll man sein Leben in Dingen anlegen, die der Welt gar nichts bedeuten?

Trotz aller Skepsis gegenüber dem zeitgenössischen Literaturbetrieb, das aus diesen Zeilen spricht, ist Fontane zu sehr mit dem literarischen Leben verbunden, als daß er sich aus den Debatten um Neuerscheinungen und Uraufführungen zurückziehen könnte. Eine Rezension über eine Ibsen-Schmähung aus der Feder Max Nordaus regt ihn an, sich selbst wieder einmal in einem Literaturstreit zu Wort zu melden. Seine Satire »Der Vater vons Janze« wurde jedoch zu seinen Lebzeiten nicht veröffentlicht.

An Friedrich Stephany, Berlin, 6. Juni 1893

Mit Entzücken bin ich heut früh unter R. Fellners Leitung Nordaus Ibsen-Anti-Ibseniaden usw. gefolgt; mit Entzücken, denn Nordau ist ein ganz grundgescheiter Mann, aber doch ebenso auch unter intensivstem Lachen. Denn so gewiß Nordau ein geistreicher Mann ist, so gewiß ist Ibsen ein großer Dichter. Er hat mich in der »Wildente« erschüttert, in der »Frau vom Meere« aufs äußerste gespannt, und wer mich, der ich sehr nüchtern bin, so packen kann, der ist eben kein Nachtwächter aus Rixdorf. Ibsen ist ein segensreicher Revolutionär, der die ästhetische Welt um einen guten Schritt vorwärts gebracht hat. Schiller saß auch in der Stube und konstruierte sich Schweiz und Schweizer. – Als ich mit der Lektüre des Morgenartikels durch war, stach mich die Tarantel, und ich schrieb das, was ich mir beizuschließen erlaube. Sonst, in zurückliegenden Tagen, als ich mir noch vertraute, hätte ich es ohne weiteres drucken lassen.

Jetzt tu ich es nicht mehr, weil man dadurch nur in Ungelegenheiten kommt. Es heißt dann: »mit gefangen, mit gehangen«, und dem mag ich mich nicht aussetzen. Andrerseits will ich mit meiner total abweichenden Ansicht doch auch nicht feige zurückhalten, und so lege ich denn meinem hochverehrten Gegner auf diesem Gebiete, Friedrich Stephany, das heute früh in dieser Sache Geschriebene ganz ergebenst vor. Vielleicht erheitert es Sie einen Augenblick. So viel werden Sie auch als Gegner zugeben: man kann alles klein machen, und man kann auch *alles beweisen*. Ja, ich verpflichte mich, einen Essay zu schreiben, in dem ich nachweise, daß Bismarck nach einem von Dietrich v. Quitzow hinterlassenen politischen Testament das Deutsche Reich aufgebaut hat, um auf diese geniale Weise die Hohenzollern zu stürzen und dadurch die märkischen Radaubrüder von damals an dem Nürnberger Burggrafentum ein für allemal und zwar großartig zu rächen. Es war auch schon alles fertig: da, im letzten Augenblick, merkte Wilhelm der Zweite Lunte und stürzte den Verschwörer mit Hilfe der Sozialdemokratie. Soll ich solchen Essay schreiben? Ich kann es.

Die Autobiographie »Meine Kinderjahre«, an der sich Fontane gesundgeschrieben hatte, sollte in Julius Rodenbergs »Deutscher Rundschau« erscheinen. Doch ausgerechnet an diesem Werk entzündete sich ein Streit zwischen Rodenberg und seinem langjährigen Autor, der fast zum Bruch zwischen den beiden Männern geführt hätte. Rodenberg schreibt am 2. Juli 1893 an Fontane:

Die Lektüre Ihrer »Knabenjahre« hat im Ganzen einen angenehmen und stellenweis einen sehr starken Eindruck auf mich gemacht. Die Gestalten Ihrer Eltern stehen vor dem Auge des Lesers, als ob sie lebten: hier ist alles, bis in die kleinsten und feinsten Züge, vortrefflich. Desgleichen, im Verhältnis ihres Abstandes, die Nebenfiguren, und alles, was in die Handlung mit hinein spielt, das Haus und die Straße, die kleinstädtische Gesellschaft und vor allem diese köstlichen Gesellschaften selber – man ist, indem Sie davon erzählen, mitten darin. Aber die Hauptfigur, die Sie sind, flößt mir einiges Bedenken ein. Mißverstehen Sie mich nicht: kein Knabe kann liebenswürdiger, offenherziger, in seinen Freuden und Leiden dem Leser verständlicher und sympathischer sein, als der in diesen Blättern; und was ich sage, das sag' ich auch nicht vom Standpunkte des

Lesers, sondern von dem des Herausgebers der »Rundschau«: so betrachtet aber will mir scheinen, die Entwicklung des Kindes, die Geschichte seiner Unternehmungen zu Wasser und zu Lande, seine Spiele usw. sei doch wohl ein wenig zu detailliert ausgeführt – nicht, so weit es sich um die Geschichte des Kindes handelt, versteht sich, wohl aber vielleicht für das Publikum einer Zeitschrift, das eine raschere Bewegung und mehr Abwechslung verlangt. Hierüber also möcht' ich mit Ihnen sprechen, und nur so viel gleich im Voraus, daß von einer Änderung in irgend welchem Sinne keine Rede sein soll noch sein kann; aber ich hoffe dennoch, daß wir, wie bisher stets, uns auch diesmal verstehen und verständigen werden. Denn Keiner von uns will etwas Unbilliges, und Jeder ist von dem guten Willen des Andren überzeugt. Es fragt sich nur, wann wir uns sehen können, da ich jetzt am Vormittag ganz besetzt bin. Würde Ihnen im Laufe dieser Woche mein Besuch (auf ein Viertelstündchen, wie Sie wissen) nachmittags zwischen 6 und 7 passen? – Die Perle des Werkes ist Ihr Vater; dieser Mann hat mein ganzes Herz gewonnen und Ihre letzte Szene mit ihm mich wahrhaft zu Tränen gerührt, obwohl sie nichts weniger als sentimental ist.

Fontane lenkt um des Werkes willen noch einmal ein und ist auch zu Kürzungen bereit. Am 3. Juli 1893 schreibt er an Rodenberg:

Ich antworte gleich, um Ihnen meinen Dank und meine Freude auszusprechen. Rechne ich alle meine Ängste zusammen, so schneide ich immer noch gut ab. Daß ich mich in allem füge, nein, dies ist ein dummes Wort, daß ich Ihnen in allem gern folge, brauche ich kaum noch erst zu versichern. Ich habe mit diesen Detailmalereien, dies wissen Sie so gut wie ich, natürlich was gewollt, etwas an und für sich Gutes und Richtiges gewollt: Abschilderung von Dingen, die bisher noch nicht geschildert wurden, ein Knabenleben in seinem ganzen Tun und Denken, und zwar auf dem Hintergrunde einer ganz bestimmten Zeit; aber was heißt in der Kunst »wollen«, es muß auch »erreicht« sein, und ich bezweifle keinen Augenblick, daß es mit dem »Erreichen« hier und da stark hapert. Ihr Urteil stimmt ganz mit dem, was mir Frau und Tochter, während sie die Abschrift machten, gesagt haben.

Also zwischen 6 und 7. Ihre Güte läßt mich wohl noch den Tag wissen; ich möchte doch auch sicher zu Hause sein.

Seine wahre Einstellung zu Rodenberg und seiner herausgeberischen Politik äußert Fontane in einem selbstbewußten Brief an seine Tochter Martha vom 9. Juli 1893:

Ja, mit Rodenberg! Ich kann da nichts tun. An meiner Haltung liegt es nicht. Ich habe immer gerade so viel Courage, wie mir zuständig; die Verhältnisse haben mir jederzeit eine Bescheidenheitsrolle aufgezwungen, »ach, es war nicht meine Wahl«. Seine Bedenken, die Sache in aller Ausführlichkeit zu geben, sind wahrscheinlich berechtigt. Und doch kann ich es nicht bedauern, und bedaure es nicht, daß ich es so gemacht habe, wie's da liegt. Erst wollte man von den Ausführlichkeiten in »Vor dem Sturm« nichts wissen, jetzt höre ich nur noch: »gerade so, *so* war's richtig«. Wer seinen eignen Weg geht, begegnet immer Widerspruch; die Schablone gilt »und heilig wird sie Rodenberg bewahren«. Aber man muß es eben riskieren. Wer nicht wagt, gewinnt nicht. Vielleicht wird es auch als *Buch* nur sehr mäßiger Anerkennung begegnen, dennoch *mußte* es so sein. Es gibt, dabei bleibe ich, doch wenigstens einen Fingerzeig, wie man die Sache anzufassen hat. Das Operieren mit Größen und sich selber dabei als kleine Größe im Auge haben, immer Kunst, immer Literatur, immer ein Professor, immer eine Berühmteit, – das alles ist vom Übel.

Am 23. Juli 1893 schreibt Rodenberg, er sei das Manuskript der »Kinderjahre« noch einmal von Anfang bis Ende durchgegangen, sehe sich aber außerstande, das komplette Werk in der »Deutschen Rundschau« zu publizieren. Sechs ausgewählte Kapitel seien das äußerste, was er bringen könne. Fontane zieht daraufhin sein Manuskript zurück.

An Julius Rodenberg, Berlin, 24. Juli 1893

Zunächst meinen herzlichen Dank, daß Sie sich noch einmal mit der immerhin langen Geschichte beschäftigt haben; einmal geht, zweimal ist hart. Und was das Schlimmste, nun auch alles noch umsonst. Denn es ist mir ganz unmöglich, auf Ihre Vorschläge einzugehn. Bei mäßigen Streichungen hätte ich mich, bei meiner aufrichtigen und Ihnen oft versicherten »Rundschau«-Passion, in der Sache zurechtgefunden, so kann ich es nicht und muß nun mein Heil woanders versuchen. Ich weiß, daß die Schilderungen breit und in ihrer Breite vielleicht anfechtbar, möglicherweise *sehr* anfechtbar sind, trotzdem ist diese unbarmherzige Kleinmalerei gerade das, worauf es mir ankam. Fällt sie weg, und Drittelung ist wie Wegfall, so ist mein Plan hin. Also Schicksal, nimm deinen Lauf; ich muß es eben wagen und abwarten, was meiner harrt. Journal, Blatt, Zeitung ist, wie Sie mehrfach freundlich hervorgehoben haben, freilich etwas andres wie Buch, aber zum Teil auch zum Guten – es vertut sich in dem stückweisen Erscheinen alles mehr. Das ist, bei den von mir zu tuenden Schritten, meine Hoffnung.

Der Vorabdruck einiger Kapitel der »Kinderjahre« – nur Kapitel 13 und 16, also noch weniger, als Rodenberg hatte bringen wollen – erschien in Karl Emil Franzos' Zeitschrift »Deutsche Dichtung« und im »Magazin für die Literatur des In- und Auslandes«, fast gleichzeitig mit der Buchausgabe im Verlag von Friedrich Fontane.

Theodor Hermann Pantenius, der Redakteur der Zeitschrift »Daheim«, hatte Fontane nach dem Einfluß von Sir Walter Scott und Willibald Alexis auf sein eigenes Schaffen gefragt. Fontane antwortet am 14. August 1893:

Wie mit meinem Lernen auf der Schule, so sieht es auch mit meinem Lesen sehr windig aus, am schlechtesten auf dem Gebiet der Belletristik. Vergleiche ich mich mit andern, so muß ich sagen, ich habe gar nichts gelesen. W. Scott las ich als Junge von 13 oder 14 Jahren, dann (1865 in Interlaken) noch 'mal die ersten Kapitel von Waverley mit ungeheurem Entzücken, aber damals war der erste Band von »Vor dem Sturm« schon geschrieben und der Rest im Entwurf fertig. Das Erscheinen fällt über 12 Jahre später. W. Alexis las ich erst Ende der 60er Jahre und schrieb einen langen Essay darüber, den Rodenberg im »Salon« brachte. Beide Schriftsteller sind mir *sehr* ans Herz gewachsen – in vielen Stücken (trotzdem er neben W. Scott nur ein Lederschneider ist) stell' ich W. Alexis noch höher – und beide, trotzdem ich den einen als Junge und den andern erst als Funfziger las, haben meine spätere Schreiberei beeinflußt, aber nur ganz allgemein, in der *Richtung.* Bewußt bin ich mir im Einzelnen dieses Einflusses nie gewesen. Am meisten Einfluß auf mich übten historische und biographische Sachen: Memoiren des Generals *v. d. Marwitz* (dies Buch ganz obenan), *Droysen* Leben Yorks, *Macaulay* (Geschichte und Essay), *Holbergs* dänische Geschichte, *Büchsel's* »Erinnerungen eines Landgeistlichen« und allerlei kleine von Pastoren und Dorfschulmeistern geschriebene Chroniken oder Auszüge daraus. Bis diesen Tag lese ich dergleichen am liebsten.

Im Sommer 1893 reiste Fontane nicht wie in den vergangenen Jahren nach Schlesien, sondern zum erstenmal ins böhmische Karlsbad. Dort erlebt er jedoch das gleiche furchtbare Gasthofselend, *das ihn auf allen seinen Reisen gestört hat und über das er am 12. August 1895 an seinen Sohn Theodor schreibt:* Um 12 Uhr kommt der letzte Zug: Trampeln, Stiefelschmeißen; um 4 Uhr geht der erste Zug: Klingeln, Wecken, Türenschmeißen. Man hat ein Beefsteak und eine Kulmbacher genossen und am Morgen eine Portion Tee, und für diese Leistung sind mindestens sechs Hände da, die sich nach einem Trinkgeld ausstrecken. Entsetzliche Table d'hôte-Gesellschaft, betrügerische Kutscher, ein Zimmer, drin es nach Schwamm oder, wenn hinten 'raus, nach Pferdestall riecht! Es ist mir ganz lieb, daß ich mich trotz aller dieser Dinge in der Welt umhergetrieben habe; denn man braucht das alles als Studium und Lebensmaterial. Aber wer mir sagt, daß das schön sei, mit dem breche ich die Unterhaltung ab. Schön ist es für die Engländer, die eine Jacht haben und mit dieser die Mittelmeerküsten anlaufen, die grundsätzlich keine Trinkgelder bezahlen und einen Kammerdiener haben, der alles besorgt. Und letzte Rückzugslinie ist immer die eigene Kabine. Mit einer Art Grauen sehe ich auf alle meine Reisen zurück; am besten ist es mir in der Gefangenschaft ergangen. *Aus Karlsbad schreibt er am 20. August 1893 an Tochter Martha:* Ich bin um 4 Uhr früh fertig mit Schlaf, weil dann ein über mir wohnender Trampler aufsteht; trotzdem ist mein Befinden leidlich; natürlich schlechter als in Berlin. »Der gepildete Mensch gehört in die Stube« sagte der sächsische Professor, ganz gewiß gehört er auch nach Haus. Kur- und Badeplätze sind (bei allem Respekt vor dem was Mutter Natur in ihnen leistet) doch im Wesentlichen Schröpfanstalten.

An Martha Fontane, Karlsbad, 21. August 1893

Unser Tag verläuft wie folgt: um 6 ¹/₂ auf, um 7 ¹/₂ an den Theresienbrunnen (der besser für Mama zu passen scheint als Markt- und

Schloßbrunnen), von 7 $^1/_2$ bis 9 Spaziergang bis zum »Posthof«, das Tepeltal hinauf, und auf dem Heimwege Gebäckeinkauf bei Domenico Mannl, Schweizer-Bäcker, von dessen »Weltruhm« die Karlsbader mit Stolz sprechen. Und mit Recht. Was sind Storm oder Heyse neben Mannl! Der ist ein *andres* Mannl. Von 9 bis 9 $^1/_2$ Frühstück. Dann schläft sich Mama viertelstundenweis durch den Vormittag durch, während ich Brugsch oder Pietsch oder Arne Garborgs Schilderungen aus »Kolbotten« lese. Dann Toilette, d. h. bei Mama, das alte Spitzenkleid wird angezogen, bei mir ein neuer Hemdkragen wird umgebunden. Handschuhzwang für die Männerwelt existiert nicht. Dann folgt das Diner: halbes Rebhuhn, hinterher eine Mehlspeise und ein Glas Pilsener. Von 2 bis 4 Stillsitzen in unsrer Wohnung und Erörterung der lieben alten Fragen: »wird es schwül bleiben oder wird es regnen, oder wird ein Gewitter kommen oder wird es bloß wetterleuchten?« Nach endlicher Feststellung, daß das eine so gut möglich sei, wie das andre, geht es um 4 zu Pupp, um Kaffe bez. Milch oder auch bloß Gieshübler zu trinken. Die Kellnerinnen kokettieren (freilich nicht mit mir), die Oblatenmädchen, Bälge von 10 oder 12 Jahren, überbieten noch die Kellnerinnen und von fern her, oder auch im Lokal selbst, hört man Musik. Denn ohne diese geht es hier nicht. Die Session bei Pupp dauert bis 6. Dann wieder Spaziergang bis zum »Posthof«, auf dem Heimwege Schinkeneinkauf bei »Friedel« (unsrem wünschte ich *dies* Geschäft, eine wahre Goldgrube), gegen 8 Abendbrot und um 9 in die Klappe. Bisher ging das alles ganz leidlich, aber das Vergnügen ebbt doch schon und ich sehe den Tag sehr nahe, wo der »Posthof« wo Mannl und wo selbst Pupp ihre Zauber verloren haben werden. »Unter Larven die einzig fühlende Brust«, – selbst von diesem Minimalsatz ist hier nicht zu sprechen, denn auch diese *eine* Brust fehlt. Worin sich übrigens eine Ironie des Schicksals ausspricht, denn wenn es andrerseits etwas gibt, das hier massenhaft auftritt, so ist es Brust als solche. Schon nicht mehr schön!

Fontane hatte in der »Deutschen Rundschau« seine Skizzen »Aus dem Riesengebirge« veröffentlicht und dafür 460 Mark Honorar empfangen. An seine Tochter schreibt er am 24. August 1893:

Ich hielt einen niedrigeren Honorarsatz für möglich, aber freilich auch für provozierend, und hätte in diesem Falle kurzen Prozeß mit

Rücksicht auf die Rodenberg- und Rundschau-Zukunft gemacht, bin nun aber froh, daß mir das erspart wird; ich bin nun mal für Frieden und Kompromisse. Wer diese Kunst des Kompromisses nicht kennt, vielleicht nicht kennen will, solch Orlando furioso und Charakterfatzke kann sich begraben lassen. Ich habe noch nicht gesehn, daß ein Dollbregen oder auch nur Prinzipienreiter heil durchs Leben gekommen ist. All den großen Sätzen in der Bergpredigt haftet zwar etwas Philiströses an, aber wenn ihre Weisheit richtig geübt wird, d. h. nicht in Feigheit sondern in stillem Mut, so sind sie doch das einzig Wahre und die ganze Größe des Christentums steckt in den paar Aussprüchen. Man begreift dann Omar als er die alexandrinische Bibliothek verbrannte: »steht es *nicht* im Koran, so ist es schädlich, steht es im Koran, so ist es überflüssig.« Das ist das Resultat, wenn man lange gelebt hat: alles was da ist, kann verbrannt werden, wenn nur zehn oder zwölf Sätze, in denen die Menschenordnung liegt (nicht die *Welt*ordnung, von der wir gar nichts wissen) übrigbleiben. Es ist auch recht gut so; nur für einen Schriftsteller, der vom Sätzebau lebt, hat es etwas Niederdrückendes.

In Fontanes Altersbriefen finden sich immer wieder die Rückblicke auf das eigene Leben, die Kindheit und Jugend und die harten Jahre der beruflichen Etablierung. Ein Bonmot des Enkels Otto regt eine solche Erinnerung an.

An Theodor Fontane jun., Karlsbad, 10. September 1893

Klein-Ottos Ausruf: »es ist doch eigentlich schöner, wenn man noch klein ist« hat mich amüsiert und mich, wie Dich, zum Nachdenken über die uralte Frage angeregt. Zu den vielen öden Redensarten gehört auch die von der Herrlichkeit der Kindheit. Man liest mitunter dergleichen, und es mag vorkommen, daß eine Witwe ganz in ihrem Jungen und der Junge ganz in seiner Mutter aufgeht, und daß dann das spätere Leben hinter diesem Liebesidyll zurückbleibt. Aber ich habe von solchen Dingen nur gehört und gelesen, gesehen habe ich nichts davon. Ich meinerseits wollte beständig etwas, was ich nicht kriegte – Kuchen, Pflaumen usw. – und ich kriegte beständig etwas, was ich nicht wollte, nämlich Ohrfeigen und dergleichen. Ich ziehe die späteren Jahre vor, selbst die schoflen und harten.

Ohne Vermögen, ohne Familienanhang, ohne Schulung und Wissen, ohne robuste Gesundheit, bin ich ins Leben getreten, mit nichts ausgerüstet als einem poetischen Talent und einer schlecht sitzenden Hose. (Auf dem Knie immer Beutel.) Und nun malen Sie sich aus, wie mir's dabei mit einer gewissen Naturnotwendigkeit ergangen sein muß. Ich könnte hinzusetzen mit einer gewissen preußischen Notwendigkeit, die viel schlimmer ist als die Naturnotwendigkeit. Es gab natürlich auch gute Momente, Momente des Trostes, der Hoffnung und eines sich immer stärker regenden Selbstbewußtseins, aber im Ganzen genommen darf ich sagen, daß ich nur Zurücksetzungen, Zweifeln, Achselzucken und Lächeln ausgesetzt gewesen bin. Immer, auch als ich schon etwas war, ja, auf einem ganz bestimmten Gebiete (Ballade) an der Tête marschierte, sah ich mich beargwohnt und andre, oft wahre Jammerlappen, bevorzugt. Daß ich das alles gleichgültig hingenommen hätte, kann ich nicht sagen, ich habe darunter gelitten; aber andrerseits darf ich doch auch hinzusetzen: ich habe nicht *sehr* darunter gelitten. Und das hing, und hängt noch, damit zusammen, daß ich immer einen ganz ausgebildeten Sinn für *Tatsächlichkeiten* gehabt habe. Ich habe das Leben immer genommen, wie ich's fand und mich ihm unterworfen. Das heißt, nach außen hin; in meinem Gemüte nicht. Sie wissen so gut wie ich oder besser als ich, daß es in unsrem guten Lande Preußen (wie übrigens in jedem andren Lande auch) etablierte Mächte gibt, denen man sich unterwirft. Diese Mächte sind verschieden: Geld, Adel, Offizier, Assessor, Professor. Selbst Lyrik (allerdings als eine Art Vaduz und Liechtenstein) kann als Macht auftreten. Von dem Kugler'schen Hause wurde vor 40 Jahren gesagt: »dort gilt nur, wer einen Band lyrischer Gedichte herausgeben hat.« Es kommt nun darauf an, daß einen das Leben, in Gemäßheit der von einem vertretenen Spezialität, richtig einrangiert. So kam es, daß ich, trotz meiner jämmerlichen Lebensgesamtstellung, doch jeden Sonntag nachmittag von 4 bis 6 richtig untergebracht war, nämlich im Tunnel. Dort machte man einen kleinen Gott aus mir. Und das hielt mich. Ist man aber aus seiner richtigen Rubrik 'raus, so ist das Elend da. Bankiersöhne (z. B. der junge Bleichröder) sind in Offiziers- oder Professorenkreisen der größten Nichtachtung ausgesetzt, Offiziere werden in Bankierkreisen wie

Hungerleider behandelt, Professor Oppert, linguistische Größe ersten Ranges, der aber, wie Ahlwardt, immer vergißt, daß Beinkleider auch Knöpfe haben, würde in Adels- und Offizierkreisen wie Gundling oder Morgenstern behandelt werden, Humboldt, als er zu ausschließlich vom Popokatepetl sprach, mußte erleben, daß Louis Schneider ihm vorgezogen wurde. Jede Gesellschaftsklasse, jeder Hausstand, hat ein bestimmtes Idol. Im Ganzen aber darf man sagen, es gibt in Preußen nur 6 Idole und das Haupt-Idol, der Vitzliputzli des preußischen Kultus, ist der Leutnant, der Reserve-Offizier. Da haben Sie den Salat. Hätten Sie – seien Sie übrigens froh, daß es nicht der Fall war – in eine bocksteife Professoren- oder vor Hochmut platzende Künstlerfamilie hineinge⟨hei⟩ratet, so würden Sie der Leutnants- und Reserve-Offizier-Bewunderung glücklich entgangen sein, aber es hätten sich Übelstände herausgestellt, die gleich bedrücklich wären. Man muß sich darin finden, daß immer wer da ist, der einem vorgezogen wird. Vielfach – namentlich in der Jugend und eh man sich etabliert hat – ist dies kränkend; in spätren Lebensjahren aber hört es auf kränkend zu sein, weil man sich überzeugt, daß niemand, auch der Größte nicht, von dieser Kränkung ausgeschlossen bleibt. Es läuft darauf hinaus, daß immer »das Andre« besser ist. Eine Frau, die einen Schöngeist hat, sehnt sich nach einem Kürassieroffizier, und eine Frau, die einen Kürassieroffizier hat, sehnt sich nach einem Schöngeist. Ist man klug, so kommt es auf Stattlichkeit und ist man stattlich, so kommt es auf Klugheit an. Dem Loyalitätsfatzke steht der Freiheitsapostel und dem Freiheitsfatzke der Loyalitätsapostel gegenüber. Wie mans auch einrichten mag, zur *Hälfte* kommt man immer schlecht weg. Hat man sich damit durchdrungen, daß es nicht anders sein kann, so fällt zwar nicht der momentane Ärger fort, aber man verheiratet sich nicht mit ihm. Eins der schönsten Lutherworte ist das folgende: »ja, die bösen Gedanken! Wir können nicht hindern, daß die Vögel über uns hin fliegen, aber wir können hindern, daß sie auf unsren Köpfen Nester baun.« Dies ist ein *gutes* Bild. Dafür ist es aber auch von Luther.

Trotz der Zwistigkeiten um den Abdruck der »Kinderjahre« kündigt Fontane Julius Rodenberg am 9. November 1893 für Mitte Februar, oder auch noch eine Woche früher ein neues Manuskript an. Titel: »Effi Briest«, für mein Gefühl sehr hübsch, weil viel e und i drin ist;

das sind die beiden feinen Vokale. *Inzwischen sind die »Kinder-jahre« als Buch erschienen und finden begeisterte Leser, zum Bei-spiel den Maler Hermann Scherenberg, einen Halbbruder des Dichters Christian Friedrich Scherenberg, über den Fontane 1885 eine Biographie veröffentlicht hatte. Fontane schreibt ihm am 2. Ja-nuar 1894:*

Wenn ich das Glück gehabt habe, Ihnen mit meinen »Kinderjahren« eine Weihnachtsfreude zu machen, so haben Sie mir mit Ihrem so überaus liebenswürdigen Brief eine große Geburtstagsfreude ge-macht. Solche Leser zu finden, ist das größte Schriftstellerglück. Gegen das Lob auf Löschpapier – ein paar glänzende Ausnahmen zugegeben – brüht man ab; aber solche Herzensstimmen unmittel-bar aus dem Publikum heraus tun unendlich wohl. Lassen Sie mich, was Ihnen vielleicht einen kleinen Spaß macht, hinzusetzen, daß ich mit diesem Buche zum ersten Male das erlebt habe, was ich einen Erfolg nenne; denn den Swinemünder Weihnachtsmarkt habe ich literarisch beherrscht. Freilich nur ein Lokaltriumph, aber besser als der Absatz der üblichen tausend Exemplare auf fünfzig Millionen Deutsche. Das ist ein Tropfen im Ozean, jenes ein tüchtiger Schuß Kognak in einem Glase Wasser.

Fontanes Leben geht in den Altersjahren seinen immer gleichen be-scheidenen Gang. Ich bin alt, lebe ganz weltabgeschieden, *schreibt er am 9. Januar an Annie Neumann-Hofer.* Jeden Abend gehe ich eine Stunde lang in der Tiergartenstraße spazieren, – das ist mein Zusammenhang mit der Welt. *Zu den Themen, die ihn in dieser Zeit immer wieder beschäftigen, gehört die Adelsfrage, über die er sich in einer Reihe von Briefen an Georg Friedlaender Gedanken macht.*

An Georg Friedlaender, Berlin, 1. Februar 1894

Daß Prinz Reuß als Landesfürst nun abdiziert hat, ist ein Glück; mit Schaudern muß ich am Ende meiner Tage, all meinen Adels- und Prinzensympatieen zum Trotz, einräumen, daß bei diesen ganzen Prinzlichkeiten wenig rauskommt und mitunter weniger als wenig. Bei einem seiner letzten Manöver donnerte Friedrich der Große einen Prinzen von Anhalt an: »Ins Dreiteufelsnamen, Herr, Euer Liebden werden wohltun nach Hause zu reiten; ich habe nicht Lust

um prinzlicher Dummheiten willen meine Schlachten zu verlieren.« Goldne Worte. Wenn Prinzen *gut* sind, à la bonne heure, dann
steigert ihre Prinzenschaft ihren Wert, weil das Vorbildliche dann
doppelt mächtig wirkt. Aber wie selten tritt das ein. Sehen Sie
sich die französischen Marschälle der ersten Kaiserzeit an; einige
Gastwirtssöhne wurden Könige, aber Königssöhne, die was geleistet
hätten, oder auch nur vornehme Leute, sucht man unter ihnen vergeblich. Zu einer gewissen natürlichen Unfähigkeit (Degenerie-
rung) kommt die Unfähigkeit, die aus Dünkel und Vorurteil geboren wird. Wir haben oft über diesen Punkt gesprochen; es ist mir
jetzt ganz klar, daß man in seinem Kreise bleiben und auf den Verkehr mit Hochgebornen verzichten muß. Kleinadel – besonders die
Söhne des *Militär*adels, der der weitaus beste, weil frischeste ist –
Kleinadel geht. So wie aber ernsthaft die Vorstellung »wir gehören
einer andern Menschensorte an« anfängt, ist es mit aller Umgangs-
möglichkeit vorbei. Man hofft und hofft, bildet sich ein, einen Son-
derfall zu erleben, so zu sagen eine Seele für die freiere Lebens-
auffassung zu retten, – aber man täuscht sich jedesmal. Selbst die
Klugen (und wie selten sind diese) sind grenzenlos borniert. Die
Welt hat vom alten Adel gar nichts, es gibt Weniges, was so ausster-
bereif wäre wie die Geburtsaristokratie; *wirkliche* Kräfte sind zum
Herrschen berufen, Charakter, Wissen, Besitz, – Geburtsüberlegen-
heit ist eine Fiktion und wenn man sich die Pappenheimer ansieht,
sogar eine komische Fiktion.

An Georg Friedlaender, Berlin, 12. April 1894

Ich habe nichts gegen das Alte, wenn man es innerhalb seiner Zeit
läßt und aus dieser heraus beurteilt; der sogenannte altpreußische
Beamte, der Perückengelehrte des vorigen Jahrhunderts, Friedrich
Wilhelm I., der Kürassieroffizier der mehrere Stunden brauchte eh
er sich durch sein eignes Körpergewicht in seine nassen ledernen
Hosen hineinzwängte, die Ober-Rechenkammer in Potsdam, der an
seine Gottesgnadenschaft glaubende Junker, der Orthodoxe, der mit
dem Lutherschen Glaubensbekenntnis steht und fällt, – all diese
Personen und Institutionen finde ich novellistisch und in einem
»Zeitbilde« wundervoll, räume auch ein, daß sie sämtlich ihr Gutes
und zum Teil ihr Großes gewirkt haben, aber diese toten Seifen-
sieder immer noch als tonangebende Kraft bewundern zu sollen,

während ihre Hinfälligkeit seit nun grade hundert Jahren, und mit jedem Jahre wachsend, bewiesen worden ist, das ist eine furchtbare Zumutung. Von meinem vielgeliebten Adel falle ich mehr und mehr ganz ab, traurige Figuren, beleidigend unangenehme Selbstsüchtler von einer mir ganz unverständlichen Borniertheit, an Schlechtigkeit nur noch von den schweifwedelnden Pfaffen (die immer an der Spitze sind) übertroffen, von diesen Teufelskandidaten, die uns diese Mischung von Unverstand und brutalem Egoismus als »Ordnungen Gottes« aufreden wollen. Sie müssen alle geschmort werden. Alles antiquiert! Die Bülows und Arnims sind 2 ausgezeichnete Familien, aber wenn sie morgen von der Bildfläche verschwinden, ist es nicht bloß für die Welt (da nun schon ganz gewiß) sondern auch für Preußen und die preußische Armee ganz gleichgültig und die Müllers und Schultzes rücken in die leergewordenen Stellen ein. Mensch ist Mensch. Goethe würde sich gehütet haben, es zu bestreiten; aber jeder agrarische Schafzüchter prätendiert eine Sonderstellung. Indessen der Krug geht so lange zu Wasser bis er bricht; in den eignen Reihen dieser Leute wird es zur Revolte kommen und alle die, die das Herz auf dem rechten Flecke haben, werden sich von den selbstsüchtigen Radaubrüdern scheiden. –

An Georg Friedlaender, Berlin, 14. Mai 1894

Die Adelsfrage! Wir sind in allem einig; es gibt entzückende Einzelexemplare, die sich aus Naturanlage oder unter dem Einfluß besondrer Verhältnisse zu was schön Menschlichem durchgearbeitet haben, aber der »Junker«, unser eigentlichster Adelstypus, ist ungenießbar geworden. Als Kunstfigur bleibt er interessant und Historiker und Dichter können sich freun, daß es solche Leute gab und gibt; sie haben einen Reiz wie alles Scharfausgeprägte. Aber was ist damit bewiesen! Alte Geizhälse, alte Weiber die im Kehricht wühlen und wenn sie sterben, einen nicht mit der Kneifzange anzufassenden Unterrock hinterlassen, drin 30 000 Franken eingenäht sind, – alle solche Wesen sind auch interessant und was nach Abruzzen und Mord und Totschlag schmeckt erst recht; jeder Hochstapler ist novellistisch angesehn ein Gott. Im übrigen ist er ein Greul. Und zu solchem Greul entwickeln sich auch die Junker. Je mehr sie überflügelt werden, je mehr sie sich überzeugen müssen, daß die Welt andren Potenzen gehört, desto unerträglicher werden sie in ihren Forderungen; ihre Vaterlandsliebe ist eine schändliche Phrase, sie haben davon weniger als andre, sie kennen nur sich und ihren Vorteil und je eher mit ihnen aufgeräumt wird, desto besser. Der x beinige Cohn, der sich ein Rittergut kauft, fängt an, mir lieber zu werden als irgend ein Lüderitz oder Itzenplitz, weil Cohn die Zeit begreift und alles tut, was die Zeit verlangt, während Lüderitz an der Lokomotive zoppt und »brr« sagt und sich einbildet, sie werde still stehn wie sein Ackergaul.

Immer wieder erreichen Fontane Anfragen nach Manuskripten, zum Beispiel vom Herausgeber der »Romanwelt. Wochenzeitschrift für die erzählende Literatur aller Völker«, Otto Neumann-Hofer. In seinem Absagebrief vom 21. Juli 1894 entwirft Fontane eine kleine Poetologie seiner Alterskunst:

Sie fordern mich freundlichst auf, Ihnen mal was für die »Romanwelt« zu senden. Ich habe den besten Willen dazu, werde von Ihrer Aufforderung auch seinerzeit Gebrauch machen, aber mit Bangen. Ich entferne mich in meinem Geschmack immer mehr von dem, was das Publikum will und was ihm, *weil* es es will, auch geboten wird. Was ich noch einen Zug fühle zur Darstellung zu bringen, das sind die kleinsten, alltäglichsten Hergänge, Verführungen, Entführungen, Radauszenen und alles das, was an den Müllkasten des Polizeiberichts erinnert, ist mir ein Greul, und mit einer Geschichte von mir mich vorzuwagen ist, als ob ich mit einer in lila Barège gekleideten »Einfalt vom Lande« auf einem von Sportsleuten gegebenen Ball erscheinen soll. Ich passe mit meiner Dame nicht auf den Ball, und der Ball paßt nicht zu mir. *Die* exzeptionelle Stellung, die Verwunderung und Zweifel verstummen macht, nehme ich leider nicht ein. Habe ich mal was, was mir einigermaßen zu passen scheint, so – wie ich nur wiederholen kann – werde ich trotz alledem hocherfreut sein, mich bei Ihnen melden zu können.

An den literarischen Neuigkeiten nimmt Fontane immer noch regen Anteil. Am 27. September 1894, zwei Tage nach der ersten öffentlichen Aufführung von Gerhart Hauptmanns »Die Weber« im Berliner »Deutschen Theater«, schreibt er an dessen neuen Leiter Otto Brahm:

Allerherzlichste Glückwünsche zu dem großen Erfolg. Ich hätte Ihnen dies schon gestern ausgesprochen, doktorte aber an einem Artikelchen herum, zu dem mich meine Erregung und der Wunsch, doch auch noch mit dabei zu sein (»letztes Aufgebot«), drängte.

Das Stück ist vorzüglich, epochemachend. Ob jemand dran herumtadelt, meinetwegen selbst mit Recht, ist gleichgültig. An Bismarck wird auch herumgetadelt (ich mit), er bleibt aber Bismarck, und das ist gerade genug. Sprechen Sie dem liebenswürdigen Dichter, der mal wirklich einer ist und ein Mensch dazu, meinen herzlichsten Dank aus. ⟨…⟩

Mit dem Wunsche, daß, wie die deutsche Literatur ein Prachtstück, so das Deutsche Theater ein Zug- und Kassenstück gewonnen haben möge, unter schönsten Grüßen von meiner Frau (die ganz baff war) Ihr

Th. Fontane.

Dr. phil. h. c. Theodor Fontane

Eine besondere Ehre wurde Fontane Anfang November 1894 zuteil: Auf Vorschlag von Theodor Mommsen und Erich Schmidt erhielt er am 8. November 1894 die Ehrendoktorwürde der Philosophischen Fakultät der Universität Berlin. An Theodor Mommsen schreibt er am 26. November 1894:

Gestatten Sie mir, hochgeehrter Herr Professor, Ihnen, allen vorauf, zu danken, Ihnen der zunächst durch das Gewicht seines Namens, etwa Schwankende mit fortriß und noch einmal Ihnen, der Sie die mir zu erweisende Ehrung in Worte kleideten, an die der neue Doktor freilich voll würdigend nicht herankann, von deren Kraft und Schönheit ihm aber bessere Männer erzählt haben.

Ich war von dem Moment wie benommen, trotzdem ich, als er an mich herantrat, noch keine rechte Vorstellung von dem Umfange der mir gewordenen Auszeichnung hatte. Wer schlecht und gerecht sein Feld bestellt, kann den Schatz, den er findet nicht gleich ermessen. Jede neue Situation verlangt einen Faden, sich darin zurecht zu finden und ebenso neues Glück und neue Ehre. Vor nun gerade 50 Jahren führte mich mein Lebensweg auf längere Zeit in ein Oderbruchdorf, dessen damalige höchste Gottheit der alte Domänenrat Koppe war. Bis an *ihn* heran reichte das Verständnis der Bevölkerung. Als dann aber eines Tages Friedrich Wilhelm IV. auf Besuch erschien (eine Hasenjagd war angesagt) starrten ihn die Leute stumm und verlegen an, bis der alte Koppe mit einem mächtigen »Mützen 'runter; das ist ja der König«, dazwischen fuhr. Und nun erst brach ein Hurrah los. Auch in mir war nicht gleich die volle Vorstellung davon da, daß statt des herkömmlichen alten Koppe Friedrich Wilhelm IV. in meinen Gesichtskreis getreten sei.

Nochmals tausend Dank.

An Georg Friedlaender, Berlin, 9. Dezember 1894

Im Ganzen genommen stehe ich mau und flau zu Auszeichnungen derart; diese aber hat doch einen Eindruck auf mich gemacht, trotzdem ich recht gut weiß, wie dergleichen gemacht wird und auch diesmal gemacht worden ist. Erich Schmidt ist mein besonderer Gönner; *der* nahm es in die Hand und versicherte sich zunächst Mommsens, der – wegen »Vor dem Sturm« – auch ein kleines liking für mich hat. Da sagte dann keiner mehr »nein« und alle 51 »ja« kamen glücklich zu Stande; – sie sprangen nach. Aber trotzdem ist es eine Freude; vor strenger Kritik kann überhaupt nichts bestehen. Allerhand kleine Feste schlossen sich an. Auf einem war auch Professor Lehfeldt. Ich sagte zu meinem Nachbar: »er sieht so sehr jüdisch aus«, worauf der Nachbar antwortete: »ja; und doch ist er schon in der 6. Generation Christ; freilich, wenn *so* wenig dabei herauskommt, sollte mans eigentlich lassen.« Der »Ulk« hat in seiner letzten Nummer auch einen Vers über mich gebracht, halb Huldigung, halb Spott, von letztrem wohl eine Spur mehr. Er lautete (ohngefähr):

> Fontane ist nun schön heraus,
> Doktor wurde das alte Haus,
> Und will er nicht bürgerlich mehr bleiben,
> So kann er sich auch *von Tane* schreiben.

Nichts Besonderes, aber doch ganz nett.

Zwischen Oktober 1894 und März 1895 war »Effi Briest« in der »Deutschen Rundschau« publiziert worden. In einem Brief an den Verleger Hans Hertz vom 2. März 1895 schildert Fontane, wie er zu dem Stoff gekommen war, der Ehebruchsgeschichte Elisabeth von

Ardennes mit dem Amtsrichter Emil Hartwich, der im Duell mit
Elisabeths Ehemann Armand von Ardenne fiel.

Ja, die arme Effi! Vielleicht ist es mir so gelungen, weil ich das
Ganze träumerisch und fast wie mit einem Psychographen geschrieben habe. Sonst kann ich mich immer der Arbeit, ihrer Mühe,
Sorgen und Etappen, erinnern – in *diesem* Falle gar nicht. Es ist so
wie von selbst gekommen, ohne rechte Überlegung und ohne alle
Kritik. Meine Gönnerin Lessing (von der Vossin) erzählte mir auf
meine Frage: »Was macht denn *der*?« (ein Offizier, der früher viel
bei Lessings verkehrte und den ich nachher in In⟨n⟩stetten transponiert habe), die ganze Effi-Briest-Geschichte, und als die Stelle kam,
2. Kapitel, wo die spielenden Mädchen durchs Weinlaub in den Saal
hineinrufen: »Effi komm«, stand mir fest: »*Das* mußt du schreiben.« Auch die äußere Erscheinung Effis wurde mir durch einen
glücklichen Zufall an die Hand gegeben; ich saß im Zehnpfund-Ho-
tel in Thale, auf dem oft beschriebenen großen Balkon, Sonnenuntergang, und sah nach der Roßtrappe hinauf, als ein englisches Ge-
schwisterpaar, er 20, sie 15, auf den Balkon hinaustrat und 3 Schritt
vor mir sich an die Brüstung lehnte, heiter plaudernd und doch
ernst. Es waren ganz ersichtlich Dissenterkinder, Methodisten. Das
Mädchen war genau so gekleidet, wie ich Effi in den allerersten und
dann auch wieder in den allerletzten Kapiteln geschildert habe:
Hänger, blau und weiß gestreifter Kattun, Ledergürtel und Matro-
senkragen. Ich glaube, daß ich für meine Heldin keine bessere Erscheinung und Einkleidung finden konnte, und wenn es nicht
anmaßend wäre, das Schicksal als etwas einem für jeden Kleinkram
zu Diensten stehendes Etwas anzusehen, so möchte ich beinah sagen: das Schicksal schickte mir die kl. Methodistin.

Beflügelt von den überwiegend positiven Reaktionen auf den Zeit-
schriftabdruck von »Effi Briest« schmiedet Fontane Pläne für
einen neuen Roman. Doch das Projekt, von dem er in einem Brief
an Hans Hertz vom 16. März 1895 so enthusiastisch erzählt, bleibt
unvollendet.

Ich will einen neuen Roman schreiben (ob er fertig wird, ist gleichgültig), einen ganz famosen Roman, der von allem abweicht, was ich
bisher geschrieben habe, und der überhaupt von allem Dagewese-

nen abweicht, obschon manche geneigt sein werden, ihn unter die
Rubrik »Ekkehart« oder »Ahnen« zu bringen. Er weicht aber doch
ganz davon ab, indem er eine Aussöhnung sein soll zwischen meinem ältesten und romantischsten Balladenstil und meiner modern-
sten und realistischsten Romanschreiberei. Den »Hosen des Herrn
von Bredow« käme diese Mischung am nächsten, bloß mit dem Un-
terschiede, daß die »Hosen« wie es ihnen zukommt, was Humoristi-
sches haben, während mein Roman als phantastische und groteske
Tragödie gedacht ist.

Er heißt »Die Likedeeler« (Likedealer, Gleichteiler, damalige –
denn es spielt Anno 1400 – Kommunisten), eine Gruppe von an Karl
Moor und die Seinen erinnernden Seeräubern, die unter Klaus
Störtebeker fochten und 1402 auf dem Hamburger Grasbrook *en
masse* hingerichtet wurden. Alles steht mir fest, nur eine Kleinig-
keit fehlt noch: das Wissen. Wie eine Phantasmagorie zieht alles an
mir vorbei, und eine Phantasmagorie soll es schließlich auch wieder
werden. Aber eh es dies wieder wird, muß es eine bestimmte Zeit
lang in meinem Kopf eine feste und klare Gestalt gehabt haben.
Dazu gehört genaustes Wissen. Wo nehme ich das nun her? Ich
glaube, daß man in den Hamburger Archiven ein reiches Material
aus jenem großen Prozeß her beherbergt, und wenn es sein müßte,
würde ich mich selbst an derartig Archivalisches machen. Aber ich
denke mir, daß die Hamburger Historiker all dies längst extrahiert
und in ihren Geschichtswerken niedergelegt haben. Reichen nun
Ihre Hamburger Beziehungen und Einflüsse so weit, daß Sie zunächst in Erfahrung bringen können, wie's damit steht, und zweitens, wenn dergleichen da ist, in welchen Schriften und Büchern?
Weiß ich erst, ob und wo dergleichen zu finden ist, so zweifle ich
nicht, daß sich mir die Erlangung ermöglicht, trotzdem unsere Bibliothek ein elendes Institut ist und wohl auch noch lange bleiben
wird. Dafür sind wir das Volk der Denker und Dichter. In Wahrheit
sind wir das Volk für zweieinhalb Silbergroschen.

*In einem Brief an Georg Friedlaender vom 19. März 1895 erinnert
sich Fontane an sein Auftreten als »Revolutionär« bei den Berliner
Barrikadenkämpfen des Jahres 1848:*

Heute vor 47 Jahren feierte ich den Sieg der »Revolution« mit
einem Karabiner in der Hand, den ich, am Tage vorher, aus dem Kö-

nigstädtschen Theater geräubert hatte, um damit für die Freiheit zu kämpfen; ich stellte ihn aber bei Seit' als ich ihn hatte, weil ich seiner Schußkraft fast noch mehr mißtraute, als meiner Heldenschaft. Wer sich in Preußen auf Revolutionen einlassen will, muß sehr optimistisch leichtsinnig oder *sehr* tapfer sein. Das paßt auch heute noch, trotz Sozialdemokratie. Dennoch hängen die Ausgänge, auch für den Starken, immer an einem seidenen Faden. ⟨...⟩

Sie fragen freundlich an, wie's für den Sommer mit einem Ausflug ins Gebirge stehe. Aber offen gestanden, so sehr wir an dem teuren Hause Friedländer hängen, die Lust nach der Brotbaude hin (diese würden wir doch wählen) ist nur gering. Einmal wirkt doch der furchtbare Sommer 92 noch nach und wenn's auch anders wäre, Einsamkeit, Naturschwärmerei und schlechte Betten haben allen Zauber für mich verloren. Ich will bei Pupp in dem kleinen Konzertwäldchen sitzen und wenns sein kann mit Frau Anna Lindau im Hotel Bristol essen. Noch vor 10 Jahren war ich glücklich, in dem vermufften Zimmer von Frau Schiller meine Tage zubringen, bei Exner entsetzliche Polkkartoffeln essen und die furchtbaren Kauwerkzeuge der jungen Frau Exner wie eine Art Naturmerkwürdigkeit bewundern zu können; selbst die Passage durch den (leider nicht petrefakt gewordenen) Enten- und Gänse-Guano, der sich neben einer kleinen Wasser-Rinne hinzog, konnte mir meine Kommunallehrerreiselust und selbst den Appetit kaum verderben; – eine naive Naturfreudigkeit, dazu Luftbegeisterung und vor allem Lust an meiner Arbeit halfen mir über alles weg. Aber davon ist mir auch keine Spur geblieben und nur noch Gesamtzustände, die hinter dem, was ich bescheidentlich zu Hause gewohnt bin, nicht zurückbleiben, können mir eine Sommerfrische genießbar machen. Eigentlich verschlechtert man sich *immer*, auch in dem vornehmsten Hotel, aber man kann sich wenigstens durch allerhand Mumpitz und durch die Erwägung »es sei doch 'mal was andres« über die Sache hinwegtäuschen lassen. So ist es in Karlsbad. Und deshalb liebe ich es beinah.

Immer wieder erhält Fontane Zuschriften von Leserinnen und Lesern seiner »Effi Briest«. Das Echo auf den Roman verstärkt sich noch, nachdem er im Oktober 1895 in Friedrich Fontanes Verlag als Buch erschienen ist. Ernstzunehmende Einwände oder Fragen nimmt Fontane gerne zum Anlaß, sich ausführlicher über das

Buch und seine Figuren zu äußern. Dabei muß er immer wieder Geert von Innstetten gegen seine meist weiblichen Kritiker in Schutz nehmen.

An Anna Catharina Mayer, Berlin, 12. Juni 1895

Natürlich ist alles Recht auf Ihrer Seite, natürlich alles sehr unplatonisch. Ich bin schon ohnehin gegen totschießen, Mord, aus dem Affekt heraus, geht viel eher, aber nun gar totschießen wegen einer 7 Jahre zurückliegenden Courmacherei – an die sich in der Regel ein anständiger Ehemann mit Vergnügen miterinnert – das wäre denn doch über den Spaß. Auch so geht Innstetten, der übrigens von allen Damen härter beurteilt wird als er verdient – sehr ungern 'ran und wäre nicht der Ehrengötze, so lebte Crampas noch.

Es ist nämlich eine wahre Geschichte, die sich hier zugetragen hat, nur in Ort und Namen alles transponiert.

Das Duell fand in Bonn statt, nicht in dem rätselvollen Kessin, dem ich die Szenerie von Swinemünde gegeben habe; Crampas war ein Gerichtsrat, Innstetten ist jetzt Oberst, Effi lebt noch, ganz in Nähe von Berlin. Vielleicht läge sie lieber auf dem Rondel in Hohen-Kremmen. – Daß ich die Sache im Unklaren gelassen hätte, kann ich nicht zugeben, die berühmten »Schilderungen« (der Gipfel der Geschmacklosigkeit) vermeide ich freilich, aber Effis Brief an Crampas und die mitgeteilten 3 Zettel von Crampas an Effi, die sagen doch alles.

An Colmar Grünhagen, Berlin, 10. Oktober 1895

Ich war nie ein Lebemann, aber ich freue mich, wenn andere leben, Männlein wie Fräulein. Der natürliche Mensch will leben, will weder fromm noch keusch noch sittlich sein, lauter Kunstprodukte von einem gewissen, aber immer zweifelhaft bleibenden Wert, weil es an Echtheit und Natürlichkeit fehlt. Dies Natürliche hat es mir seit lange angetan, ich lege nur *dar*auf Gewicht, fühle mich nur *da*durch angezogen und dies ist wohl der Grund, warum meine Frauengestalten alle einen Knax weghaben. Gerade dadurch sind sie mir lieb, ich verliebe mich in sie, nicht um ihrer Tugenden, sondern um ihrer Menschlichkeiten d. h. um ihrer Schwächen und Sünden willen. Sehr viel gilt mir auch die Ehrlichkeit, der man bei den Magdalenen mehr begegnet, als bei den Genoveven. Dies alles, um Cécile und Effi ein wenig zu erklären.

An Clara Kühnast, Berlin, 27. Oktober 1895

Ja, Effi! Alle Leute sympathisieren mit ihr und Einige gehen so weit, im Gegensatze dazu, den Mann als einen »alten Ekel« zu bezeichnen. Das amüsiert mich natürlich, gibt mir aber auch zu denken, weil es wieder beweist, wie wenig den Menschen an der sogenannten »Moral« liegt und wie die liebenswürdigen Naturen dem Menschenherzen sympathischer sind. Ich habe dies lange gewußt, aber es ist mir nie so stark entgegengetreten wie in diesem Effi Briest und Innstetten-Fall. Denn eigentlich ist er (Innstetten) doch in jedem Anbetracht ein ganz ausgezeichnetes Menschenexemplar, dem es an dem, was man lieben muß, durchaus nicht fehlt. Aber sonderbar, alle korrekten Leute werden schon bloß um ihrer Korrektheiten willen, mit Mißtrauen, oft mit Abneigung betrachtet. Vielleicht interessiert es Sie, daß die *wirkliche* Effi übrigens noch lebt, als ausgezeichnete Pflegerin in einer großen Heilanstalt. Innstetten, in natura, wird mit Nächstem General werden. Ich habe ihn seine Militärkarriere nur aufgeben lassen, um die wirklichen Personen nicht zu deutlich hervortreten zu lassen.

An Josef Viktor Widmann, Berlin, 19. November 1895

Herzlichen Dank für Ihre Besprechung. Sie werden aus eigener Erfahrung wissen, daß einem *die* Kritiker, die liebsten sind, die das betonen, worauf es einem beim Schreiben angekommen ist. Es geht das, für einen leidlich vernünftigen Menschen, weit über das bloße Lob hinaus, das, wenn nicht *Leben* drin ist, überhaupt sehr leicht langweilig wird. Ich habe das diesmal reichlich erfahren. Obenan an Schrecknis stehen die, die einem die ganze Geschichte noch mal erzählen und nur gerade das weglassen, worauf es einem angekommen ist. Sie sind der Erste, der auf das Spukhaus und den Chinesen hinweist; ich begreife nicht wie man daran vorbeisehen kann, denn erstlich ist dieser Spuk, so bilde ich mir wenigstens ein, an und für sich interessant und zweitens, wie Sie hervorgehoben haben, steht die Sache nicht zum Spaß da, sondern ist ein Drehpunkt für die ganze Geschichte. Was mich ganz besonders gefreut hat, ist, daß Sie dem armen Innstetten so schön gerecht werden. Eine reizende Dame hier, die ich ganz besonders liebe und verehre, sagte mir: »ja, Effi; aber Innstetten ist ein ›Ekel‹‹.« Und ähnlich urteilen alle. Für den Schriftsteller in mir kann es gleichgültig sein, ob Innstetten, der nicht notwendig zu gefallen braucht, als famoser Kerl oder als »Ekel« empfunden wird, als Mensch aber macht mich die Sache stutzig. Hängt das mit etwas Schönem im Menschen- und namentlich im Frauenherzen zusammen, oder zeigt es, wie schwach es mit den Moralitäten steht, so daß jeder froh ist, wenn er einem »Etwas« begegnet, das er nur nicht den Mut hatte, auf die eigenen Schultern zu nehmen.

An Ernst Heilborn, Berlin, 24. November 1895

Seien Sie schönstens bedankt für all das Freundliche, was Sie für mich und die arme Effi gehabt haben. Sie sind, wie ich zu meiner Freude sehe, auch einverstanden damit, daß ich, in den intrikaten Situationen, der Phantasie des Lesers viel überlasse; dies anders zu machen wäre mir ganz unmöglich und ich würde totale Dunkelheiten immer noch einer Gasglühlichtbeleuchtung von Dingen vorziehen, die, selbst wenn ihre Darstellung geglückt ist (ein sehr selten vorkommender Fall), immer noch mißglückt wirken.

Daß Sie den Menschen betonen, ist mir das Schmeichelhafteste; schließlich steckt da doch alles andre drin.

Noch ein halbes Jahr später erreichen Fontane Leserzuschriften über »Effi Briest«. Hermann Wichmann äußert Bedenken gegen das Motiv der aufgefundenen verräterischen Briefe, und Fontane antwortet ihm am 24. April 1896:

Ja, die nicht-verbrannten Briefe in Effi! Unwahrscheinlich ist es gar nicht, dergleichen kommt immerzu vor, die Menschen können sich nicht trennen von dem, woran ihre Schuld haftet. Unwahrscheinlich ist es nicht, aber es ist leider trivial. Das habe ich von allem Anfang an sehr stark empfunden und ich hatte eine Menge anderer Entdeckungen in Vorrat. Aber ich habe nichts davon benutzt, weil alles wenig natürlich war, und das gesucht Wirkende ist noch schlimmer, als das Triviale. So wählte ich von zwei Übeln das kleinere.

Der letzte Roman

Im Winter 1895 ist Fontane mit seinem neuen Romanprojekt, dem »Stechlin«, beschäftigt. An Carl Robert Lessing schreibt er am 8. Juni 1896: Im Winter habe ich einen politischen Roman geschrieben (Gegenüberstellung von Adel, wie er bei uns sein *sollte* und wie er *ist*). Dieser Roman heißt: »Der Stechlin«. *Über der Arbeit an diesem Buch hat er die Korrespondenz mit seinen Kindern vernachlässigt. Als sein Sohn Theodor sich darüber beschwert, antwortet ihm Fontane am 25. Dezember 1895:*

Was Deinen Gedanken über mein langes Schweigen 〈…〉 angeht, so ist das alles Gott sei Dank Unsinn und muß immer Unsinn sein, weil ich auch keine Spur von einem Muffelpeter in mir habe und ein andauerndes Verstimmtsein oder Übelnehmen nicht kenne. Nur sehr selten in meinem Leben – und ich erachte dies für ein großes Glück – haben mich Dinge beleidigt oder schwer verdrossen, in welchen Fällen ich immer kurzen Prozeß gemacht und jede Beziehung abgebrochen habe. Solche Personen waren von Stund an Luft für mich, aber auf eine sich hinschleppende stille Fehde habe ich mich nie eingelassen. Ich trenne mich von Menschen oder, wenn ich mich *nicht* von ihnen trenne, so lebe ich in Frieden mit ihnen und verwinde kleine und selbst große Unannehmlichkeiten, die ja nun mal nicht aus der Welt zu schaffen sind. All das ist mir auch nie sehr schwer geworden; allerdings hatte ich es leicht, weil ich immer eine freie Rückzugslinie hatte. Beamte, Offiziere, Kompagnons, die zugleich Vettern und Vermögensteilhaber sind, können sich diesen Luxus meist nicht gönnen; ich wäre, wenn ich dergleichen hätte durchmachen müssen, längst tot. Der Grund, warum ich Dir den zugesagten längeren Brief nicht stiftete, war einfach der, daß ich seit vier oder fünf Wochen wie toll gearbeitet und in dieser verhältnismäßig kurzen Zeit einen ganzen Roman niedergeschrieben habe. Ist man mal im Zuge, so darf man sich nicht unterbrechen, man kommt in die entsprechende Stimmung fast nie wieder hinein und hat für die Arbeit, die einen gerade beschäftigt, einen schweren Schaden davon. So ist es denn, weil ich diesen Schaden, wenn irgend möglich, zu vermeiden trachte, dahin gekommen, daß ich neben sehr nötigen Briefen auch sehr nötige Besuche (bei Lessing, der seine Frau verloren, bei Lazarus, der einen schweren Unfall erlitt) unterlassen habe;

man wird mir's auch wohl übelgenommen haben, aber ich mußt es darauf ankommen lassen. Alles läßt sich nicht zwingen, und die Kunst des Lebens läuft darauf hinaus, von 2 Übeln das kleinere zu wählen.

Für die Arbeit an seinem neuen Roman ist indirekt auch die Urauf-
führung von Gerhart Hauptmanns neuem Stück »Florian Geyer«
von Bedeutung. An diesem »Ritterstück« erkennt Fontane den
Wert der »Nuancen« im Roman, die im Drama nach seiner Auffas-
sung von Übel sind.

An Lise Mengel, Berlin, 5. Januar 1896

Gestern abend waren wir, an drei Stellen verteilt, im »Florian Geyer«. Meine Frau und ich vorn im Parkett, gleich hinterm Souffleurkasten, Martha mit Frau Sternheim in einer forschen Loge, Friedel mit einem Korps junger Schriftsteller im ersten Rang. Wir haben aber zur Feirung von Stück und Dichter nichts beigetragen, denn die Sache war nicht bloß lang, sondern auch langweilig. Ritterstücke sind immer langweilig und Hauptmann hat keine Ausnahme von der Regel geschaffen. Der Abend aber war sehr interessant durch die halb fanatische Haltung des Publikums pro und contra.

An Paul Schlenther, Berlin, 7. Januar 1896

Wenn ich Ihre Kritik noch richtig gegenwärtig habe, so geht eine Hauptstelle dahin, daß Hauptmann zwar reich und fein nüanciert habe, daß man von dieser Nüancierung aber nicht viel merkt. Gewiß liegt es so. Und *daran* ist das Stück gescheitert, und ob nun gestrichen wird oder nicht, dieser Kardinalfehler bleibt, und wenn ihn Hauptmann nicht ablegt, so geht er daran zu Grunde. Die Bühne ist kein Schauplatz für Nüancierungen. Sie ist der Schauplatz für Gegensätze. Nur diese schaffen Orientierung, Klarheit. Nüancierungen sind der Stolz des Romans, im Drama sind sie der Ruin. Zwanzig Nüancierungen in Ritterblech sind bloß ein Ameisenhaufen, aber ein Ameisenhaufen ist unterhaltlicher.

Im März 1896 unterzieht sich Fontane einer zeitraubenden und an-
strengenden, aber wegen der dabei gepflegten Unterhaltung doch

auch bereichernden Prozedur: Er läßt sich von Max Liebermann
porträtieren.

An Martha Fontane, Berlin, 19. März 1896

Ich gehe, wie Dir Mama wohl schon geschrieben hat, unruhigen Tagen entgegen, Sitzungstage, Maltage. Ich freue mich aber drauf,
einmal weil es nun doch endlich mal ein richtiger Maler ist, dem ich
in die Hände falle, dann weil Liebermann ein ebenso liebenswürdiger wie kluger Mann ist. – ⟨...⟩
   Liebermann erzählte mir, Bismarck verbringe seine Tage nur noch
mit Schimpfen. Er freue sich über jeden Besuch, weil er dann gleich
wieder loslegen und auf seiner Invektiven-Orgel ein neues Register
ziehen könne. Immer gegen den Kaiser. Sein alter Diener soll neulich zu ihm gesagt haben: »Durchlaucht, ick will lieber en bisken
raus gehn, daß ich es nich alles höre.«. »Ja, geh nur; ich hab mich
noch lange nicht ausgekollert.« Bei jedem andern würd ich drüber
die Achseln zucken, aber zu Bismarck gehört es; es kleidet ihm.

An Max Liebermann, Berlin, 29. März 1896

Im Augenblick, wo ich an Sie schreiben wollte, kommen Ihre
freundlichen Zeilen. Es ist so hundekalt und ich wollte die Bitte aussprechen, daß wir einen wärmeren Tag abwarten, ich erkälte mich so
leicht.
   Ich hoffe, daß Sie das nicht verdrießt, Ihnen auch in Ihren Arrangements nicht allzu störend ist.
   Sollte dies letztere aber doch der Fall sein, so wage ich die Bitte
auszusprechen, daß wir die letzte Sitzung wieder bei mir haben; da
habe ich die »Gräder« in der Hand.

*Im Mai 1896 wurde in Weimar der Neubau des Goethe- und Schil-
ler-Archivs feierlich eingeweiht. Auch Fontane, immerhin inzwischen Ehrendoktor der Philosophie, erhielt eine Einladung – sehr zu
seinem Schrecken. An den früheren Direktor des Archivs, Erich
Schmidt, schreibt er am 25. Mai 1896:*

Ich habe geantwortet »daß ich nicht könne«, was wegen Karlsbad
auch wirklich der Fall ist. Aber wenn es auch anders läge, würde ich

doch »weit vom Schuß« zu bleiben suchen. Ich kann mich da nicht mit einem Male gut einreihen. Abgesehen davon, daß einige in den Verwunderungsruf: »Gott, nun auch hier noch« ausbrechen würden, passe ich wirklich in die Sache nicht recht hinein, weil ich der da zu spielenden Rolle nicht gewachsen bin. Es ist mir gelegentlich passiert, daß ich mit einem lateinischen oder selbst griechischen Zitat wie mit du auf du angeredet worden bin, wobei ich immer das Gefühl gehabt habe: »Erde, tu dich auf« – ein Gefühl, das mir in Weimar leicht noch mal erblühen könnte. Denn trotzdem ich meinen Lewes und sogar meinen Herman Grimm gelesen habe, habe ich doch von Goethewissenschaftlichkeit keinen Schimmer und würde jeden Augenblick die Angst haben: »Jetzt geht es los.«

Ich mußte Ihnen das bekennen.

An Martha Fontane, Berlin, 15. Juli 1896

Mit Mama geht es wieder besser; ich glaube, daß ihr ein paar Stunden lang ganz schrecklich zu Mute gewesen ist, was aber auf Friedel und auch wohl auf Anna den meisten Eindruck macht, ängstigt mich nicht sehr; Mama verfällt nämlich leicht in ein gewisses Irrereden und wenn man ihr einen Kranz einflicht, so ist Ophelia oder ohne Kranz die Lady Macbeth fertig; es ist nicht eigentlich Komödie aber ein sich gehen lassen; zwei Stunden später ißt sie dann eine Sardellensemmel. Ich würde dies noch mehr betonen, wenn ich mir nicht sagte, daß mit beinah 72 mit nichts zu spaßen ist und auch Kleinigkeiten – irgend ein unverdautes Radieschen – sehr gefährlich werden können. ⟨...⟩

Mamas Laune ist verhältnismäßig sehr gut. Heute früh hatte sie das Bedürfnis sich zu unterhalten und trotzdem ich gern noch weiter geschlafen hätte, entspann sich, völlig vom Zaun gebrochen, folgendes Gespräch.

Sie. Ich weiß nicht wie die Frommen so gegen das Verbrennen sein können; Asche oder Erdenstaub ist doch ganz dasselbe, wenn sich's um Auferstehung handelt.

Ich. Ja, so sind die Frommen. Der Kaiser red't auch so.

Sie. Ja, *der.* Das macht, weil sie immer eine Wand um sich 'rum haben. Er sollte nur auch mal unerkannt durch die Straßen gehn und hören wie das Volk spricht, so wie Hassan.

Ich. Harun.

Sie. Ja, Harun al Hassan. Übrigens find' ich, daß Friedels neuer Anzug sehr gut sitzt.

Ich. Ja.

Sie. Und ich will auch gleich mal nachsehn ob mein Knie heilt. (Sie tut es.) Ja, es heilt. Ich habe so sehr gesunde Säfte.

Ich. Ja wohl.

Ich muß sagen, daß solche kleinen Erlebnisse sehr zu meiner Erheiterung beitragen.

Im November 1896 war der kleine Roman »Die Poggenpuhls« in Buchform erschienen. Für eine Besprechung von Siegmund Schott in der »Münchner Allgemeinen Zeitung« bedankt sich Fontane am 14. Februar 1897:

Der heutige Sonntagmorgen führte sich sonntäglich ein und brachte mir Ihre liebenswürdige Besprechung, eine Fülle von Freundlichkeiten, die fast noch mehr dem Menschen als dem Schriftsteller zugute kommen. Etwas, womit ich sehr einverstanden bin: allem vorauf der Mensch! Das Buch ist kein Roman und hat keinen Inhalt, das »Wie« muß für das »Was« eintreten – mir kann nichts Lieberes gesagt werden. Natürlich darf eine Literatur nicht auf den Geschmack ganz, ganz alter Herren aufgebaut werden. Aber so nebenher geht es.

In einer Phase der Arbeitsunfähigkeit schreibt Fontane am 5. April 1897 noch einmal einen langen »politischen« Brief an seinen langjährigen Briefpartner Georg Friedlaender.

Erschrecken Sie nicht. Daß ich Ihnen beinah umgehend für Ihren lieben Brief vom 2. danke, hat ganz egoistischerweise seinen Grund darin, daß ich Schreibezeit habe, während sie sonst so häufig fehlt. Ich bin seit beinah 4 Wochen zu meinem größten Leidwesen arbeitsunfähig und dadurch in der angenehmen Lage – vielleicht angenehmer für mich als für andre – freundliche Briefe mit schrecklicher Promptheit beantworten zu können. Ich erobere mir dadurch auch Arbeitsmuße für die gesunden Tage, die hoffentlich bald kommen. Nehmen Sie diese Bekenntnisse einer schönen Seele freundlich auf. ⟨...⟩

Sie klopfen an wegen der Reden aus hohem Munde, drin so viel gesagt und noch mehr verschwiegen wird. Ich komme, wenn ich dergleichen in meiner guten Vossin lese, jedesmal ganz außer mir, während ich mich doch von Illoyalität frei weiß und für vieles, was an »oberster Stelle« beliebt wird, nicht bloß ein Verständnis, sondern auch eine Dankbarkeit habe. Was mir an dem Kaiser gefällt, ist der totale Bruch mit dem Alten und was mir an dem Kaiser *nicht* gefällt, ist das im Widerspruch dazu stehende Wiederherstellenwollen des Uralten. In gewissem Sinne befreit er uns von den öden Formen und Erscheinungen des alten Preußentums, er bricht mit der Ruppigkeit, der Poplichkeit, der spießbürgerlichen Sechsdreierwirtschaft der 1813er Epoche, er läßt sich, aufs Große und Kleine hin angesehn, neue Hosen machen, statt die alten auszuflicken. Er ist ganz unkleinlich, forsch und hat ein volles Einsehen davon, daß ein Deutscher Kaiser was andres ist, als ein Markgraf von Brandenburg. Er hat eine Million Soldaten und will auch hundert Panzerschiffe haben; er träumt (und ich will ihm diesen Traum hoch anrechnen) von einer Demütigung Englands. Deutschland soll obenan sein, in all und jedem. Das alles – ob es klug und ausführbar ist, laß ich dahingestellt sein – berührt mich sympathisch und ich wollte ihm auf seinem Turmseilwege willig folgen, wenn ich sähe, daß er die richtige Kreide unter den Füßen und die richtige Balancierstange in Händen hätte. Das hat er aber nicht. Er will, wenn nicht das Unmögliche so doch das Höchstgefährliche, mit falscher Ausrüstung, mit unausreichenden Mitteln. Er glaubt das Neue mit ganz Altem besorgen zu können, er will Modernes aufrichten mit Rumpelkammerwaffen; er sorgt für neuen Most und weil er selber den alten Schläuchen nicht mehr traut, umwickelt er eben diese Schläuche mit immer dickerem Bindfaden und denkt: »nun wird es halten.« Es wird aber *nicht* halten. Wer sich neue weite Ziele steckt, darf sein Feuerschloßgewehr nicht bloß in ein Perkussionsgewehr umwandeln lassen, der muß ganz neue Präzisionswaffen erfinden, sonst knallt er vergeblich drauf los. Was der Kaiser mutmaßlich vorhat, ist mit »Waffen« überhaupt nicht zu leisten; alle militärischen Anstrengungen kommen mir vor, als ob man Anno 1400 alle Kraft darauf gerichtet hätte, die Ritterrüstung kugelsicher zu machen, – statt dessen kam man aber schließlich auf den einzig richtigen Ausweg, die Rüstung ganz fortzuwerfen. Es ist unausbleiblich, daß sich das wiederholt; die Rüstung muß fort und ganz andre Kräfte müssen an die Stelle treten: Geld, Klugheit, Begeisterung. Kann sich der Kaiser dieser Dreiheit versichern, so kann er mit seinen 50 Millionen Deutschen jeden Kampf aufnehmen; durch Grenadierblechmützen, Medaillen, Fahnenbänder und armen Landadel, der seinem »Markgrafen durch Dick und Dünn folgt«, wird er es aber *nicht* erreichen. Nur Volkshingebung kann die Wundertaten tun, auf die er aus ist; aber um diese Hingebung lebendig zu machen, dazu müßte er die Wurst gerade vom entgegengesetzten Ende anschneiden. Preußen – und mittelbar ganz Deutschland – krankt an unsren Ost-Elbiern. Über unsren Adel muß hinweggegangen werden; man kann ihn besuchen wie das ägyptische Museum und sich vor Ramses und Amenophis verneigen, aber das Land *ihm* zu Liebe regieren, in dem Wahn: *dieser Adel sei das Land,* – das ist unser Unglück und so lange dieser Zustand fortbesteht, ist an eine Fortentwicklung deutscher Macht und deutschen Ansehns nach außen hin gar nicht zu denken. Worin unser Kaiser die *Säule* sieht, das sind nur *tönerne Füße.* Wir brauchen einen ganz andren Unterbau. Vor diesem erschrickt man; aber wer nicht wagt, nicht gewinnt. Daß Staaten an einer kühnen Umformung, die die Zeit forderte, zu Grunde gegangen wären, – *dieser* Fall ist sehr selten. Ich wüßte keinen zu nennen. Aber das Umgekehrte zeigt sich hundertfältig.

Der Vorabdruck des »Stechlin« sollte in der Stuttgarter Zeitschrift »Über Land und Meer« erscheinen. An den Redakteur dieses Blattes, Adolf Hoffmann, schreibt Fontane im Mai oder Juni 1897:

Die Honorarfrage kann kaum zu Meinungsverschiedenheiten zwischen uns führen und der Stoff, so weit von einem solchen die Rede sein kann – denn es ist eigentlich bloß eine Idee, die sich einkleidet – dieser Stoff wird sehr wahrscheinlich mit einer Art Sicherheit Ihre Zustimmung erfahren. Aber die Geschichte, das was erzählt wird. Die Mache! Zum Schluß stirbt ein Alter und zwei Junge heiraten sich; – das ist so ziemlich alles, was auf 500 Seiten geschieht. Von Verwicklungen und Lösungen, von Herzenskonflikten oder Konflikten überhaupt, von Spannungen und Überraschungen findet sich nichts.

Einerseits auf einem altmodischen märkischen Gut, andrerseits in einem neumodischen gräflichen Hause (Berlin) treffen sich verschiedene Personen und sprechen da Gott und die Welt durch. Alles Plauderei, Dialog, in dem sich die Charaktere geben, und mit ihnen die Geschichte. Natürlich halte ich dies nicht nur für die richtige, sondern sogar für die gebotene Art, einen Zeitroman zu schreiben, bin mir aber gleichzeitig nur zu sehr bewußt, daß das große Publikum sehr anders darüber denkt und Redaktionen – durch das Publikum gezwungen – auch.

Die Redaktion von »Über Land und Meer« war vom »Stechlin« begeistert. In einem Telegramm an Fontane heißt es Anfang August 1897:

Hochverehrter Herr Doktor, intensiv mit allen ihren Menschen mitlebend, vor allem mit dem alten Freiherrn, am Schlusse im Innersten erschüttert, danken wir Ihnen dafür, daß »Über Land und Meer« ein solches Werk veröffentlichen darf.

Fontane antwortet darauf seinerseits mit einem Telegramm:

Ihr Telegramm hat mich sehr beglückt. »Verweile doch, du bist so schön« – ich darf es sagen, denn ich sehe in den Sonnenuntergang. Herzlichen Dank.

An Adolf Hoffmann, Berlin, Anfang August 1897

In meinem gestrigen Telegramm habe ich einen auf diesem Gebiete wohl neuen Ton angeschlagen: den sentimentalen. Aber Sie werden es entschuldigen, wenn Sie hören, daß ich recht elend bin. Unmittelbar nach Absendung des Manuskriptpakets klappte ich zusammen. Ein oft stundenlanger Nervenhusten quälte mich. Doch wozu das? Spreche ich Ihnen lieber noch einmal aus, wie sehr mich Ihre Worte beglückt haben. Wer hörte nicht gern Lob? Aber es ist nicht das Lob als solches, was mir so wohl tut, sondern die *Grundempfindung*, aus der heraus es gesprochen wurde. Scott schrieb einmal: »Ich bin schlimm daran: Tadel verdrießt mich, und Lob erfreut mich nicht.« Ich hab ihm das oft nachgesprochen, denn das meiste Lob ist danach. Lob, aus dem man zugleich berechnende Vorsicht und die beständige Angst vor einem auch nur kleinsten Zuviel herauswittert, macht einen tristen Eindruck. Und diese Lobform ist *hier* noch immer zu Hause und arbeitet, mitten im anscheinenden Schnellzugenthusiasmus, mit der Carpenter-Bremse. Es muß doch einen Grund haben, daß ich einem freien, mit einer gewissen Largesse gepaarten Wesen nur in Süddeutschland und speziell in Ihrem Stuttgart begegnet bin; vor 10 Jahren bei Kröner und nun bei Ihnen.

Bitten um neue Beiträge für Zeitschriften wie die von Ernst Heilborn herausgegebene Revue »Cosmopolis« lehnt Fontane nun mit dem Hinweis auf die hinter ihm liegende Arbeitsanstrengung ab. An Heilborn schreibt er am 23. September 1897:

Wie gerne käme ich mit 'was, sei's Prosa, seien's Verse. Aber die Scheuer ist leer und das Feld draußen ist Brache. Zu meiner großen Freude habe ich einen umfangreichen Roman noch fertig gekriegt – fast gegen eignes Erwarten – aber nun ist es auch vorbei. Die Kräfte sind hin und selbst wenn's nicht so wäre, so würden sie durch die Vorstellung »Du stehst nah vor 78« gelähmt werden. Ranke, als er 80 wurde, sagte vergnügt die Hände reibend »nun werd' ich eine Weltgeschichte schreiben«, – famos, aber doch gewagt. Bringe ich noch was zu Wege, so gehört es Ihnen.

Erst im Mai 1898 gab Fontane einen Teil des »Tunnel«-Kapitels aus seiner Autobiographie »Von Zwanzig bis Dreißig« der »Cosmopolis« zum Vorabdruck.

Ein großes familiäres Ereignis beschäftigt Fontane zu Anfang des Jahres 1898: Seine mittlerweile 38jährige Tochter Martha verlobt sich mit dem 22 Jahre älteren Architekten Karl Emil Otto Fritsch. Erst nach Fontanes Tod, 1899, wird sie ihn heiraten.

An Anna Witte, Berlin, 24. Januar 1898

Es geschehen Zeichen und Wunder (siehe das Folgende) und so kommt es, daß *ich* heute statt Marthas schreibe und gleich vorweg mit einer Bitte mich melde. Würden Sie, hochverehrte Freundin, geneigt sein, wie schon so manchesmal zuvor, bis zu Ihrer bevorstehenden Abreise nach Meran hin, Martha einen Unterschlupf in Ihrem gastlichen Hause zu gewähren?
Es hat sich nämlich Großes zugetragen, ja, vom egoistischen Standpunkte das Größte und in mancher Augen sogar das Unglaublichste: Martha hat sich verlobt. Der Beglückte und Beglückende ist

der Architekt Fritsch, Witwer neuesten Datums, dessen schöne Frau vor zwei Monaten erst starb. Dieser kurze Abstand zwischen Todes- und Verlobungstag, schafft nun, wie Sie sich denken können, allerlei Verlegenheiten, denen das Brautpaar, das vorläufig ganz im Verborgenen blüht, wenigstens nach Möglichkeit entgehen möchte. Dazu bietet Verschwinden von der Bildfläche das beste Mittel. Der Bräutigam will im April und Mai nach Italien und die zwei Monate bis dahin muß die Braut außerhalb Berlins untergebracht werden, sonst ist es, bei den hundert Augen die wachen, mit der Kaschierung vorbei.

Martha rechnet darauf, daß Tante Witte mit gewohnter Güte durch den Februar hin aushilft. Das Weitere findet sich dann wohl und wenn es in einer »Mädchenpension« wäre.

Martha, wie sich's geziemt, ist sehr glücklich und hat glaub ich auch alle Ursach dazu. Fritsch ist ein kluger und gescheiter Mann von guter Gesinnung und sogar guter Kasse, was mir persönlich nicht viel bedeutet, aber den Mann wenigstens nicht entwertet.

Die verhältnismäßig junge Braut ist in einer kleinen Aufregung, wie die geliebte Tante das alles aufnehmen, ob sie sich freuen und zunächst zu dem angedrohten Besuch ihr »ja« sagen wird. In Aufregung aber nicht in Sorge. Wie könnte sie auch.

Im Sommer 1898 ist Fontane mit den Korrekturen für die Buchausgabe des »Stechlin« befaßt. An Georg Friedlaender schreibt er am 7. Juli 1898: Ich stecke bis über die Ohren in der Korrektur meines »Stechlin«; vor grad einem Jahr hatte ich den Roman für den *Blatt*-Abdruck, jetzt diesen für sein Erscheinen als *Buch* zu korrigieren. Hundearbeit! *Die mühevolle Korrektur war wohl auch ein Grund, warum Fontane die Bitte Ernst Heilborns um ein besonderes Gedicht für die »Cosmopolis« zunächst nachdrücklich ablehnte: Am 30. Juli 1898 war Bismarck gestorben, und Heilborn hatte Fontane aus diesem Anlaß um ein Bismarck-Gedicht für seine Zeitschrift gebeten. Am 1. August 1898 schreibt Fontane an Heilborn:*

Leider impossibile!

Ich bin jetzt alt und klapprig. Aber wenn ich auch noch in meiner Sünden Maienblüte stünde, es ginge doch nicht. Wo Tausende Blech sprechen, auch meinerseits noch auf einer Kindertrompete zu blasen, *das* hat mir immer widerstanden. Ich könnte eher ein Gedicht auf den Scharfrichter Krauts – von dem ich gestern zufällig in der Vossin gelesen – machen, als auf Bismarck. Krauts, das wäre doch wenigstens verrückt, Bismarck ist bloß langweilig, also das denkbar schlimmste. Da muß viel Wasser die Spree 'runter eh Bismarck wieder ein Stoff geworden ist. Dann freilich ein gehöriger.

Doch schon am 3. August 1898 erschien in der »Vossischen Zeitung« Fontanes Gedicht »Wo Bismarck liegen soll« mit dem Schlußvers: »Hier unten liegt Bismarck irgendwo.« Fontane entschuldigt sich sofort bei Ernst Heilborn, dem er noch vor wenigen Tagen ein Bismarck-Gedicht verweigert hatte. Am 4. August 1898 schreibt er:

Ich muß mich wegen des kleinen Gedichts, das gestern abend in der Vossin stand, bei Ihnen entschuldigen. Als ich Ihnen schrieb, erschien mir »'was Bismarckliches« in einem komischen Lichte; nicht für 10 000 £str hätte ich mich verpflichtet, 10 Zeilen über den großen Alten zu schreiben, es stand mir einfach als Unmöglichkeit vor der Seele. Gestern früh, als ich meinen Tee eben intus hatte, kam mir mit eins die erste Zeile, noch ganz ohne Plan und ohne Zusammenhang mit etwas Folgendem; dann stellte sich der Reim von Luft auf Gruft ein und der aufsteigende Sachsenwald und die *Schlußzeile*. Bis dahin war alles Spielerei; nun erst war die Lust da und ich schrieb die Zeilen in wenigen Minuten nieder. Alles aus den Wolken gefallen, ein Geschenk, auf das ich vorher nicht rechnen konnte.

Anfang September ist Fontane noch immer mit den Korrekturarbeiten für den »Stechlin« beschäftigt. An seinen Sohn Friedrich, in dessen Verlag auch der letzte Roman Fontanes erscheint, schreibt er am 4. September 1898 aus Karlsbad:

Daß auf den »Stechlin« so gut bestellt wird, erfreut mich natürlich, ängstigt mich aber auch wieder. Ich habe gestern und heut 4 Bogen von den Aushängebogen gelesen und dabei den angenehmen Eindruck gehabt, daß Hayns Erben ihre Sache ganz gut gemacht haben (für noch vorhandene Mängel im Ausdruck hab ich den Schuldigen wo anders zu suchen) aber so angenehm mich das äußerliche Wohlgelungensein berührt hat, so hat sich mir doch auch wieder die

Frage aufgedrängt »ja, wird, ja *kann* auch nur ein großes Publikum drauf anbeißen?« Ich stelle diesmal meine Hoffnungen auf die Kritik. Finden sich Wohlwollende, die der Welt versichern: »ja, das ist was ganz Besondres« so glauben es die Leute. Ob auch aus *eigner* Kraft will mir zweifelhaft erscheinen. Trösten muß mich vorläufig die Erwägung, daß ich persönlich keine Emotionen mehr davon haben kann, weil ich jede Zeile, jede Pikanterie, jeden kleinen Ulk längst auswendig weiß.

Die letzten Briefe Fontanes an seine Frau, die zu Besuch bei ihrer Freundin Johanna Treutler in Neuhof bei Liegnitz weilte, sind ohne jede Wehleidigkeit von einem übermächtigen Ruhebedürfnis geprägt. Die »letzten Zeilen«, von denen er zu Beginn seines Briefes vom 20. September 1898 spricht, sind tatsächlich seine letzten gewesen: Am Abend dieses Tages fand ihn seine Tochter tot über dem Bett liegend. Auf seinem Schreibtisch lag eine Liste mit den Empfängern der Freiexemplare des »Stechlin«.

An Emilie Fontane, Berlin, 18. September 1898

Mete hat Dir schon geschrieben, aber ich will Dir doch auch noch danken für Deinen liebenswürdigen Brief, der in besonders guter Stimmung geboren schien. Ich soll mich statt um das »ewige Friesack« lieber um Otto Lessing und Koner kümmern, und ich habe auch den besten Willen dazu, aber Du vergißt meine 34 Pulsschläge. Wenn ich beim Tee sitze, geht es, und wenn ich meine gute Frau Sternheim sehe, geht es noch besser, aber sowie ich aus der Ruhe heraus und in irgendwelche Aktion hinein soll, ist es mit der ganzen Herrlichkeit vorbei. Ich erschrecke vor allem, und selbst wo sogenannte Vergnüglichkeiten in Sicht stehn, ist mein Trost: »Um 9 ist alles aus.« Nicht im Sinn einer Todessehnsucht, sondern nur in dem tiefen Verlangen nach Ruhe. Freilich spukt das andere darin vor, was auch wohl recht gut ist. Ein so glückliches und bevorzugtes Leben und doch: »Was soll der Unsinn?« Dies kann man beinah wörtlich nehmen; in der Politik gewiß, und in Religion und Moral ist alles Phrase. Früher statuierte ich Ausnahmen, jetzt kaum noch.

Meine liebe Frau.

Dies sind nun also die letzten Zeilen; übermorgen mittag dürfen wir Dich erwarten. Es freut mich, daß Du dies Zusammensein mit Deiner alten Freundin noch haben konntest. Ganz einverstanden bin ich damit, daß Du auf einen Besuch bei Stegemanns verzichtet hast; so nett beide sind, so wäre es doch zuviel gewesen.

Unsre zweite Gesellschaft verlief ebenfalls zufriedenstellend, weil alle voll guten Willens waren. Daß dieser so oft fehlt, daran scheitern so viele Gesellschaften. Zu den Haupttugenden, die Zöllners und wir in alter Zeit vertraten, gehörte diese absolute gesellschaftliche Zuverlässigkeit. Die meisten machen sich ein Vergnügen draus, wenigstens den einen oder andern zu ärgern.

Mit Metes und meinem Befinden ist es soso; man arbeitet am Trapez immer weiter und leistet dasselbe wie andre, aber es fehlt – einzelne Momente abgerechnet, wo einen ein Witz oder eine Skandalgeschichte erheitert – die rechte Freudigkeit, weil die Kräfte nicht ausreichen. Das prädominierende Gefühl bleibt doch immer: »Lägst du nur erst wieder im Bett.« Bei mir ist dies Gefühl so stark, daß selbst meine berühmte Artigkeit zusammenbricht und ich mir sage: »Wird dir das und das übelgenommen, nun, so auch gut.« Es ist vielleicht eine kleine Tugend, von dem Urteil der Menschen abhängig zu sein, aber bequemer haben es die Rüpel, denen all so was ganz gleichgültig ist.

Gestern mittag war ein russischer Wirklicher Staatsrat über eine Stunde bei mir, Wladimir Gringmut, Chefredakteur der »Moskowskije wedmosti«; er bereist alle Länder und Hauptstädte Westeuropas. Sie haben da mehr Geld, und die Kleinstiezigkeiten, in denen wir immer noch groß sind, fehlen. – Nach des Russen Besuch ging ich eine Stunde spazieren und traf Parey; er erzählte mir vom Tode seiner Frau und welchen »goldnen Humor« sie gehabt habe, er sei ganz gebrochen, alles habe jedes Interesse für ihn verloren, auch sein Geschäft, und dabei weinte er beständig. Er sei, um sich rauszureißen, in England gewesen und habe mit zwei englischen Nichten seiner Frau eine Reise nach Schottland gemacht. Die jüngere sei heiter und ausgelassen und habe den »goldenen Humor« seiner Frau; die ältere, die jetzt bei ihm sei, sei aber ernster. Ich glaube, er war ganz aufrichtig in seiner Trauer, und doch habe ich nie so stark den

Eindruck gehabt: »Dieser Trauernde wartet das Trauerjahr nicht ab«; eine der beiden Nichten muß es werden. Wohl die mit dem »goldenen Humor« seiner Frau. So geht es. Und die Witwen sind noch flinker als die Witwer!

Empfiehl mich allerseits aufs herzlichste, besonders Tante Johanna. Wie immer Dein

Alter

Zu diesem Buch

Die in diesem Buch abgedruckten Briefe wurden folgenden Editionen entnommen:

Theodor Fontane: Briefe. 5 in 6 Bden. Hrsg. von Otto Drude, Helmuth Nürnberger u. a. München: Hanser 1976–1994

Theodor Fontane: Briefe. 4 Bde. Hrsg. von Kurt Schreinert. Zu Ende geführt und mit einem Nachwort versehen von Charlotte Jolles. Erste wort- und buchstabengetreue Edition nach den Handschriften. Berlin: Propyläen 1968–1971

Fontanes Briefe in zwei Bänden. Hrsg. von Gotthard Erler. Berlin/Weimar: Aufbau ²1980

*

Theodor Fontanes Briefe an seine Familie. Hrsg. von K. E. O. Fritsch. 2 Bde. Berlin: F. Fontane & Co. 1905

Theodor Fontane: Heiteres Darüberstehen. Familienbriefe. Neue Folge. Hrsg. von Friedrich Fontane. Berlin: Grote 1937

Briefe Theodor Fontanes. Zweite Sammlung (Briefe an die Freunde). Hrsg. von Otto Pniower und Paul Schlenther. Berlin: Fischer 1910

Theodor Fontane: Briefe an die Freunde. Letzte Auslese. Hrsg. von Friedrich Fontane und Hermann Fricke. 2 Bde. Berlin: Grote 1943 (Photomech. Nachdruck mit einem Nachwort von Walter Hettche. Hildesheim: Olms 1995)

*

Theodor Fontane: Briefe an den Verleger Rudolf von Decker. Mit sämtlichen Briefen an den Illustrator Ludwig Burger und zahlreichen weiteren Dokumenten. Hrsg. von Walter Hettche. Heidelberg: Decker / G. Schenck 1988

Theodor Fontane und Friedrich Eggers. Briefwechsel 1858/1859. Hrsg. von Roland Berbig. In: Fontane-Blätter 56 (1993), S. 4–32

Hermann Fricke: Emilie Fontane. Mit unveröffentlichten Gedichten und Briefen von Theodor und Emilie Fontane. Rathenow: Verlag der Rathenower Zeitungsdruckerei 1937

George Fontane: Feldpostbriefe 1870–1871. Berlin: F. Fontane & Co. 1914

Mete Fontane: Briefe an die Eltern 1880–1882. Hrsg. und erläutert von Edgar R. Rosen. Wort- und buchstabengetreue Edition nach den Handschriften. Berlin: Propyläen 1974 (²1975)

Theodor Fontane: Briefe an Georg Friedlaender. Auf Grund der Edition von Kurt Schreinert und der Handschriften neu hrsg. von Walter Hettche. Frankfurt a. M.: Insel 1994

Der Briefwechsel zwischen Theodor Fontane und Paul Heyse. Hrsg. von Gotthard Erler. Berlin/Weimar: Aufbau 1972

Theodor Fontane: Briefe an Wilhelm und Hans Hertz (1859–1898). Hrsg. von Kurt Schreinert. Vollendet und mit einer Einführung versehen von Gerhard Hay. Stuttgart: Cotta 1972

Theodor Fontane: Briefe an Hermann Kletke. In Verbindung mit dem Deutschen Literaturarchiv Marbach a. N. hrsg. von Helmuth Nürnberger. München: Hanser 1969

Theodor Fontane und Bernhard von Lepel. Ein Freundschaftsbriefwechsel. 2 Bde. Hrsg. von Julius Petersen. München: Beck 1940

Die Fontanes und die Merckels. Ein Familienbriefwechsel. 2 Bde. Hrsg. von Gotthard Erler. Berlin/Weimar: Aufbau 1987

Theodor Fontane: Briefe an Julius Rodenberg. Eine Dokumentation. Hrsg. von Hans-Heinrich Reuter. Berlin/Weimar: Aufbau 1969

Briefe Julius Rodenbergs an Theodor Fontane. Hrsg., eingeleitet und kommentiert von Walter Hettche. In: Fontane-Blätter 45 (1988), S. 20–44

Theodor Storm – Theodor Fontane. Briefwechsel. Kritische Ausgabe. In Verbindung mit der Theodor-Storm-Gesellschaft hrsg. von Jacob Steiner. Berlin: E. Schmidt 1981

Die Aufbewahrungsorte der Briefhandschriften und die vollständigen Drucke sind für den interessierten Leser leicht zu ermitteln über das Verzeichnis der Briefe Fontanes:

Die Briefe Theodor Fontanes. Verzeichnis und Register. Hrsg. von Charlotte Jolles und Walter Müller-Seidel. Bearbeitet von Rainer Bachmann, Walter Hettche und Jutta Neuendorff-Fürstenau. München: Hanser 1988.

Die unserer Sammlung zugrundegelegten Editionen befolgen unterschiedliche Prinzipien der Textgestaltung, vom zeichengetreuen Abdruck nach der Handschrift bis hin zur Modernisierung nach den Regeln des »Duden«. Um eine willkürlich anmutende Uneinheitlichkeit zu vermeiden, wurden die Texte hier den heute gültigen Regeln angeglichen, wobei sprachliche Eigenheiten Fontanes – zum Beispiel die Schreibung »Kaffe« für »Kaffee« – beibehalten wurden.

Die vorliegende Ausgabe versteht sich ausdrücklich nicht als Brief-Edition, sondern als dokumentarisches Lesebuch zur Biographie Fontanes. Deshalb werden nicht nur vollständige Brieftexte, sondern auch Auszüge und kurze Zitate aufgenommen: Nicht die Briefe als integrale Texte stehen hier im Vordergrund, sondern die Biographie ihres Autors, und die Brieftexte sind nur insofern relevant, als sie die einzelnen Lebensphasen Fontanes bezeugen und illustrieren. Mitteilungen, die im jeweiligen Zusammenhang keine Bedeutung haben, wurden daher fortgelassen; die Kürzungen werden durch ⟨…⟩ angezeigt. Anrede- und Grußformeln wurden nur beibehalten, wenn sie in einen inhaltlich wichtigen Satz integriert sind, wenn Fontane die Formeln im Brieftext kommentiert (»Meine liebe Herzensfrau / Diese Extra-Anrede muß natürlich was extra's bedeuten ...«) oder wenn sie kulturgeschichtlich interessant sind, wie beispielsweise die vorgeschriebenen Anredefloskeln in Briefen an den preußischen König. Im übrigen wurden Anrede- und Grußformeln ohne besondere Kennzeichnung gestrichen.

Für die erläuternden Zwischentexte wurden die Kommentare zu den genannten Editionen dankbar herangezogen, vor allem der Kommentarband zur Hanser-Briefausgabe:

Theodor Fontane: Briefe. Fünfter Band: Register und Kommentar. Zweiter Teilband: Kommentar. Hrsg. von Walter Hettche, Christian Klug, Helmuth Nürnberger und Bernhard Zand. München: Hanser 1994.

Der Titel dieses Bandes wurde einer Formulierung Fontanes in seinem Brief an Mathilde von Rohr vom 22. August 1876 (S. 160) entnommen.

Personenregister